Die Rechtmäßigkeit des Ausscheidens eines föderativen Mitglieds aus einem Staatsverband – dargestellt am Beispiel der kanadischen Provinz Québec

Europäische Hochschulschriften
Publications Universitaires Européennes
European University Studies

Reihe II
Rechtswissenschaft

Série II Series II
Droit
Law

Bd./Vol. 4582

PETER LANG
Frankfurt am Main · Berlin · Bern · Bruxelles · New York · Oxford · Wien

Caroline Gödel

Die Rechtmäßigkeit des Ausscheidens eines föderativen Mitglieds aus einem Staatsverband – dargestellt am Beispiel der kanadischen Provinz Québec

PETER LANG
Internationaler Verlag der Wissenschaften

Bibliografische Information der Deutschen Nationalbibliothek
Die Deutsche Nationalbibliothek verzeichnet diese Publikation in der Deutschen Nationalbibliografie; detaillierte bibliografische Daten sind im Internet über <http://www.d-nb.de> abrufbar.

Zugl.: Berlin, Freie Univ., Diss., 2006

D 188
ISSN 0531-7312
ISBN 978-3-631-56584-1

www.peterlang.de

Meiner Familie und Christian

Vorwort

Der seit den 1960er Jahren schwelende politische Konflikt um eine Unabhängigkeit der kanadischen Provinz Québec wirft aus völkerrechtlicher Sicht insbesondere die Frage nach einem aus dem Selbstbestimmungsrecht der Völker ableitbaren Recht der Provinz Québec auf Ausscheiden aus dem kanadischen Staatsverband sowie aus der Sicht des kanadischen Verfassungsrechts die Frage nach einer im Wege der Verfassungsänderung zu vollziehenden Sezession der Provinz auf, die – unter Berücksichtigung der hierzu ergangenen Entscheidung des Obersten Gerichtshof Kanadas aus dem Jahre 1998 – den Gegenstand der vorliegenden Arbeit bilden.

Bedanken möchte ich mich bei allen, die maßgeblich zum Gelingen dieser Arbeit, die der Freien Universität Berlin, Fachbereich Rechtswissenschaft, im Dezember 2005 als Dissertation vorgelegen hat, beigetragen haben.

An erster Stelle möchte ich meinem Doktorvater Herrn Professor Dr. Philip Kunig für die Betreuung meiner Arbeit sowie Herrn Professor Dr. Helmut Lecheler für die Erstellung des Zweitgutachtens danken.

Mein besonderer Dank gilt der in Ottawa, Kanada, lebenden Familie Delâge, die mich seit einem Schüleraustausch im Jahre 1993 und zuletzt während der Recherchen für diese Arbeit an der Université d'Ottawa immer mit größter Herzlichkeit bei sich aufgenommen und am frankophonen Leben innerhalb Kanadas hat teilhaben lassen. Ihr verdanke ich mein großes Interesse für die Thematik dieser Arbeit.

Gewidmet ist die Arbeit meiner Familie, die mich während des Studiums, Referendariats und bei der Promotion in jeder Hinsicht, insbesondere durch stetige Gesprächsbereitschaft und Ermunterung, unterstützt hat.

Die Arbeit berücksichtigt die bis einschließlich November 2005 erschienene Literatur.

Berlin, den 25. März 2007

Caroline Gödel

Inhaltsverzeichnis

Abkürzungsverzeichnis

a.A.	anderer Ansicht
AB	Allgemeine Bemerkung des UN-Menschenrechtsausschusses
Abs.	Absatz
A.C.	Appeal Cases, Law Reports
ACDI	Annuaire Canadien de Droit International
ADQ	Action Démocratique du Québec
AFDI	Annuaire Français de Droit International
AJIL	American Journal of International Law
Art.	Artikel
AVR	Archiv des Völkerrechts
Bd.	Band
BDGV	Berichte der deutschen Gesellschaft für Völkerrecht
BGBL.	Bundesgesetzblatt
BQ	Bloc Québécois
BT-Drucks.	Drucksachen des Deutschen Bundestages
BVerfG	Bundesverfassungsgericht
BVerfGE	Entscheidungen des Bundesverfassungsgerichts
BYIL	British Yearbook of International Law
c.	chapitre
ca.	circa
CCRF	Canadian Charter of Rights and Freedoms
ch.	chapter
C.S. (Qué)	Cour Supérieure (du Québec)
CYIL	Canadian Yearbook of International Law
ders.	derselbe
d.h.	das heißt
D.L.R.	Dominion Law Reports
Doc.	Document
dt.	deutsch
EA	Europa Archiv
EG	Europäische Gemeinschaft
EGMR	Europäischer Gerichtshof für Menschenrechte
EJIL	European Journal of International Law
EMRK	Europäische Menschenrechtskonvention
engl.	englisch
EPIL	Encyclopedia of Public International Law
EPZ	Europäische Politische Zusammenarbeit
EU	Europäische Union
EuGRZ	Europäische Grundrechte-Zeitschrift
f.	folgende

ff.	fortfolgende
FG	Festgabe
FLQ	Front de Libération du Québec
Fn.	Fußnote
FS	Festschrift
GAOR	General Assembly Official Records
GG	Grundgesetz für die Bundesrepublik Deutschland
ggf.	gegebenenfalls
GUS	Gemeinschaft Unabhängiger Staaten
GYIL	German Yearbook of International Law
HRLJ	Human Rights Law Journal
Hrsg.	Herausgeber
ICC	International Criminal Court
ICJ	International Court of Justice
ICLQ	International and Comparative Law Quarterly
IGH	Internationaler Gerichtshof
IGH-Statut	Statut des Internationalen Gerichtshofs vom 26. Juni 1945
ILC	International Law Commission
ILM	International Legal Materials
ILO	International Labour Organization
ILR	International Law Reports
insb.	insbesondere
IPbpR	Internationaler Pakt über bürgerliche und politische Rechte
IPwskR	Internationaler Pakt über wirtschaftliche, soziale und kulturelle Rechte
i.V.m.	in Verbindung mit
JBNQA	James Bay and Northern Quebec Agreement
JöR	Jahrbuch des Öffentlichen Rechts der Gegenwart
KSZE	Konferenz über Sicherheit und Zusammenarbeit in Europa
lit.	littera
LNTS	League of Nations Treaty Series
L.R.C.	Lois refondues du Canada
L.R.Q.	Lois refondues du Québec
m.E.	meines Erachtens
m.w.N.	mit weiteren Nachweisen
No.	Number
Nr.	Nummer
OAU	Organization for African Unity
ONUC	Opérations des Nations Unies pour le Congo
P.C.	Privy Council
Parl.	Parliament
PQ	Parti Québécois

PLQ	Parti Libéral du Québec
RBDI	Revue Belge de Droit International
RHDI	Revue Héllenique de Droit International
RdC	Recueil des Cours (Académie de droit international)
Res.	Resolution
Rev.	Revision
RGDIP	Revue Générale de Droit International Public
RJEUL	Revue Juridique des Etudiants et Etudiantes de l'Université Laval
R.J.Q.	Recueils de jurisprudence du Québec
Rn.	Randnummer
RQDI	Revue Québécoise de Droit International
R.S.C.	Revised Statutes of Canada
R.S.Q.	Revised Statutes of Québec
S.	Seite
S.C.	Statutes of Canada
S.C. (Que)	Quebec Superior Court
SC	Security Council
S.C.R.	Canada Supreme Court Reports
Sect.	Section (Artikel der kanadischen Verfassung sowie der Verfassung der USA)
Sess.	Session
SFRJ	Sozialistische Föderative Republik Jugoslawien
Suppl.	Supplement
S.Q.	Statutes of Quebec
SZIER	Schweizerische Zeitschrift für internationales und europäisches Recht
u.a.	unter anderem
UBC	University of British Columbia
UdSSR	Union der Sowjetischen Sozialistischen Republiken
UN	United Nations
UNO	United Nations Organization
UN-Charta	Charta der Vereinten Nationen vom 26. Juni 1945
UNCIO	United Nations Conference on International Organization
UN-Doc.	United Nations-Document
UNTS	United Nations Treaty Series
u.U.	unter Umständen
vgl.	vergleiche
VN	Vereinte Nationen (Zeitschrift)
VRÜ	Verfassung und Recht in Übersee
WVK	Wiener Übereinkommen über das Recht der Verträge vom 23. Mai 1969

YBILC	Yearbook of the International Law Commission
ZaöRV	Zeitschrift für ausländisches Recht und Völkerrecht
z.B.	zum Beispiel
zit.	zitiert
ZÖR	Zeitschrift für öffentliches Recht/Austrian Journal of Public and International Law
ZVglRWiss	Zeitschrift für Vergleichende Rechtswissenschaft

Teil 1: Darstellung der Gründe für die Sezessionsbestrebungen der Provinz Québec

Seit Jahrzehnten wird innerhalb des kanadischen Staatsverbandes eine verfassungsrechtliche und -politische Debatte über die Unabhängigkeit der frankophonen Provinz Québec geführt.

Nachdem sich seit 1960 die Forderungen Québecs nach einer weitgehenden wirtschaftlichen und politischen Eigenständigkeit der Provinz innerhalb des kanadischen Staates verstärkt hatten, erreichte der Québec-Konflikt mit dem nur knappen Votum der Provinzbevölkerung gegen einen unabhängigen Status der Provinz im Referendum am 30. Oktober 1995 einen vorläufigen Höhepunkt. Der Ausgang dieses Referendums hatte zur Folge, dass sich im Jahre 1998 der Supreme Court of Canada mit den völker- und verfassungsrechtlichen Voraussetzungen für ein Ausscheiden Québecs aus dem kanadischen Staatsverband befasst hat. Seit dem Regierungswechsel in Québec im Jahre 2003 ist die einen souveränen Status propagierende *Parti Québécois* zwar nur zweitstärkste politische Kraft nach der regierenden *Parti Libéral du Québec.* Das Zweiparteiensystem in Québec erleichtert jedoch einen Regierungswechsel. Im Falle eines Obsiegens der *Parti Québécois* bei den kommenden Provinzwahlen könnte von dieser ein weiteres Unabhängigkeitsreferendum in der Provinz initiiert werden.

Die Ursachen für das Aufkommen der Separationsbestrebungen in Québec sind neben der sprachlichen Besonderheit der frankophonen Provinz sowohl in der historischen Entwicklung der Beziehungen zwischen Québec und dem überwiegend anglophonen (Rest-) Kanada[1] als auch in den geographischen sowie rechtlichen und politisch-institutionellen Rahmenbedingungen innerhalb der kanadischen Föderation zu finden.

A. Besonderheiten des kanadischen Staatsverbandes

I. Geographische und demographische Aspekte

Der kanadische Bundesstaat besteht aus zehn Provinzen (Newfoundland, Prince Edward Island, Nova Scotia, New Brunswick, Québec, Ontario, Manitoba, Saskatchewan, Alberta und British Columbia) sowie den drei Territorien Northwest, Yukon im Westen und Nunavut im Osten. Bei der im Osten Kanadas gelegenen Provinz Québec, die ca. 15,5 % des gesamten kanadischen Staatsgebietes umfasst, handelt es sich flächenmäßig um die größte und hinsichtlich der Bevölkerungsrate nach Ontario um die zweitgrößte kanadische Provinz, in der mit knapp 7,4 Mio. Einwohnern mehr als ein Viertel der insgesamt ca. 31 Mio. Ein-

[1] Im Rahmen dieser Bearbeitung wird der Begriff „(Rest-) Kanada" als Bezeichnung für den Bund und die kanadischen Provinzen außer Québec verwendet.

wohner umfassenden Gesamtbevölkerung Kanadas lebt[2]. Die kanadische Staatsbevölkerung setzt sich aus einer englischsprachigen Bevölkerungsmehrheit mit 59,1 % der Gesamtbevölkerung, einer französischsprachigen Minderheit, die 22,9 % der kanadischen Bevölkerung umfasst, sowie einer Vielzahl anderer ethnischer Gruppen zusammen, von denen 4,5 % Angehörige indigener Gruppen sind. In der Provinz Québec ist für 81,5 % der Bevölkerung Französisch die Muttersprache, die muttersprachlich Anglophonen stellen mit 8,3 % eine Minderheit dar; 2,2 % der Bevölkerung von Québec sind Angehörige indigener Volksgruppen, die überwiegend in den nördlichen Regionen der Provinz leben[3]. Seit den 1970er Jahren ist ein stetiger Rückgang des Anteils der frankophonen Bevölkerung Kanadas außerhalb der Provinz Québec zu verzeichnen: Dort beläuft sich der Anteil der muttersprachlich Frankophonen insgesamt auf nur 4,3 %; lediglich in der an Québec angrenzenden Provinz New Brunswick beträgt der Anteil der Frankophonen noch 33,3 %, es folgt Ontario mit nur 4,5 %[4].

II. Verfassungsrechtliche und politisch-institutionelle Rahmenbedingungen der Beziehungen zwischen dem Bund und den Provinzen

Das Gründungsdokument der kanadischen Föderation[5], der *British North America Act vom 1. Juli 1867*[6], nimmt lediglich in einigen Passagen in allgemeiner Form auf die föderative Natur des kanadischen Bundesstaates Bezug[7]. Nieder-

---

[2] Québec: Secrétariat aux affaires intergouvernementales canadiennes, Statistique canadien, Tableau 1.3, Stand: 1. Juli 2001, unter: http://www.saic.gouv.qc.ca/publications/tsc.htm (letzter Aufruf am 5. Dezember 2005).

[3] Québec: Secrétariat aux affaires intergouvernementales canadiennes, Statistique canadien, Tableau 1.7, Les portraits (Canada, Québec); Tableau 3.1, 3.2, Recensement 2001, unter: http://www.saic.gouv.qc.ca/publications/tsc.htm (letzter Aufruf am 5. Dezember 2005).

[4] Québec: Secrétariat aux affaires intergouvernementales canadiennes, Statistique canadien, Tableau 3.1, Recensement 2001, unter: http://www.saic.gouv.qc.ca/publications/tsc.htm (letzter Aufruf am 5. Dezember 2005).

[5] Zwar wird der kanadische Staatsverband im allgemeinen Sprachgebrauch als „Konföderation" bezeichnet; nach dem Willen der Verfassungsgeber sollte jedoch ein souveräner Bundesstaat mit vom Bund abhängigen Gliedstaaten und nicht ein aus souveränen Staaten bestehender Staatenbund gegründet werden (Watts, Comparing Federal Systems, S. 23).

[6] *An Act for the Union of Canada, Nova Scotia, and New Brunswick, and the Government thereof; and for the Purposes connected therewith, The British North America Act vom 29. März 1867* (30 & 31 Victoria, c. 3); im Folgenden *„Constitution Act von 1867"*, vgl. Art. 53 Abs. 2 *Constitution Act von 1982.*

[7] Zum einen lautet sein Titel „An Act for the Union of Canada, Nova Scotia, and New Brunswick, and the Government thereof; and for Purposes connected therewith". In der Präambel wird im ersten Absatz der Wille der Gründungsmitglieder proklamiert, sich im Wege der Bildung einer Konföderation zusammenzuschließen: „Whereas the Provinces of Canada, Nova Scotia and New Brunswick have expressed their Desire to be federally united into One Dominion under the Crown of the United Kingdom of Great Britain and Ireland, with a Constitution similar in Principle to that of the United Kingdom". Die Errichtung der Konföderation

schlag gefunden hat das föderative Element in der Aufteilung der Staatsgewalt in Form von legislativen Kompetenzen nach Politikfeldern zwischen dem Bund und den Provinzen in Art. 91 und Art. 92 *Constitution Act von 1867*; in allen Bereichen, die nach Art. 92 *Constitution Act von 1867* und anderen Verfassungsnormen nicht in die ausschließliche Zuständigkeit der Provinzen fallen, besitzt der Bund die Gesetzgebungskompetenz[8]. Von wesentlicher Bedeutung für die Provinzen ist die ihnen in Art. 92 *Constitution Act von 1867* zugewiesene und auf den Wirkungskreis der jeweiligen Provinz beschränkte Steuerhoheit sowie die Zuständigkeit im Bereich des Zivilrechts; in Art. 93 *Constitution Act von 1867* ist den Provinzen darüber hinaus die ausschließliche Kompetenz auf dem Bildungssektor übertragen[9]. Im Gegensatz zu den Provinzen unterstehen die drei Territorien (Yukon, Northwest und Nunavut) der Bundesverwaltung[10].

---

wurde in Art. 3 *Constitution Act von 1867* bekräftigt: It shall be lawful for the Queen, by and with the Advice of Her Majesty's Most Honourable Privy Council, to declare by Proclamation that, on and after the passing of this Act, the Provinces of Canada, Nova Scotia, and New Brunswick shall form and be One Dominion under the Name of Canada; and on and after that Day those Three Provinces shall form and be One Dominion under that Name accordingly".

[8] Vgl. **Art. 91 *Constitution Act von 1867***: (1) It shall be lawful for the Queen, by and with the Advice and Consent of the Senate and House of Commons, to make laws for the Peace, Order, and good Government of Canada (...).

[9] **Art. 92 *Constitution Act von 1867***: In each Province the Legislature may exclusively make Laws in relation to Matters coming within the Classes of Subject next hereinafter enumerated; that is to say,- 2. Direct Taxation within the Province in order or the raising of a Revenue for Provincial Purposes. 13. Property and Civil Rights in the Province.

Art. 93 *Constitution Act von 1867*: In and for each Province the Legislature may exclusively make Laws in relation to Education, subject and according to the following Provisions:-

(1) Nothing in any such Law shall prejudicially affect any right or Privilege with respect to Denominational Schools which any Class of Persons have by Law in the Province at the Union:

(2) All the Powers, Privileges and Duties at the Union by law conferred any imposed in Upper Canada on the Separate Schools and School Trustees of the Queen's Roman Catholic Subjects shall be and the same are hereby extended to the Dissentient Schools of the Queen's Protestant and Roman Catholic Subjects in Quebec:

(3) Where in any Province a System of Separate or Dissentient Schools exists by Law at the Union or is thereafter established by the Legislature of the Province, an Appeal shall lie to the Governor General in Council from any Act or Decision of any Provincial Authority affecting any Right or Privilege of the Protestant or Roman Catholic Minority of the Queen's Subjects in relation to Education:

(4) In case any such Provincial Law as from Time to Time seems to the Governor General in council requisite for the Execution of the Provisions of this Section is not made, or in case any Decision of the Governor General in Council on any Appeal under this Section is not duly executed by the proper Provincial Authority in that Behalf, then and in every such Case, and as far as the Circumstances of each Case require, the Parliament of Canada may make remedial Laws for the due Execution of the Provisions of this Section and of any Decision of the Governor General in Council under this Section.

[10] Vgl. **Art. 32 *Canadian Charter of Rights and Freedoms***: (1) This Charter applies (a) to the Parliament and government of Canada in respect of all matters within the authority of Parlia-

Seit der Gründung der Föderation am 1. Juli 1867 war Kanada ein sich selbst verwaltendes „Dominion" des britischen Königreiches, das jedoch erst am 11. Dezember 1931 mit Inkrafttreten des *Statute of Westminster*[11] seine außenpolitische Unabhängigkeit erhielt. Kanada ist eine parlamentarische Monarchie, deren offizielles Staatsoberhaupt, die britische Königin Elizabeth II., in Kanada durch den Generalgouverneur vertreten wird[12]. Nach dem in Kanada bestehenden parlamentarischen Regierungssystem sind die aus einem Premierminister[13] und Ministerkabinett bestehenden Regierungen auf Bundes- und Provinzebene entsprechend dem britischen Verfassungsprinzip des „responsible government" dem jeweiligen Parlament auf Bundes- bzw. Provinzebene verantwortlich[14]. Die kanadische Legislative besteht formal aus der britischen Königin, vertreten durch den Generalgouverneur, und einem Parlament mit zwei Kammern[15]. Bei Letzteren handelt es sich zum einen um den Senat als Vertretung der Provinzen auf Bundesebene mit höchstens 112 vom Premierminister ausgewählten und einer der Größe der vier großen Regionen des Landes (Ontario, Québec, Westkanada und Atlantikprovinzen) und der drei Territorien entsprechenden Anzahl von Mitgliedern (davon 24 Senatoren aus Québec)[16] sowie um das Unterhaus (House of Commons) mit 308 für fünf Jahre auf der Grundlage des Mehrheitswahlrechts gewählten Abgeordneten, von denen 75 aus Québec stammen[17].
In den Provinzen besteht jeweils ein dem Unterhaus auf Bundesebene entsprechendes Legislativorgan[18], ein Provinzpremier sowie ein die britische Königin

---

ment including all matters relating to the Yukon territory and Northwest Territories (...) (*Canadian Charter of Rights and Freedoms* als Bestandteil des *Canada Act von 1982* (U.K, 1982, c. 11; R.S.C. 1985, Appendix II)).

[11] *An Act to give effect to certain resolutions passed by Imperial Conferences held in the years 1926 and 1930* (22 George V, c. 4 (U.K.)), vgl. **Art. 3 *Statute of Westminster***: It is hereby declared and enacted that the Parliament of a Dominion has full power to make laws having extra-territorial operation.

[12] **Art. 9 *Constitution Act von 1867***: The Executive Government and Authority of and over Canada is hereby declared to continue and be vested in the Queen. Vgl. auch die *„Letters Patent Constituting the Office of Governor General of Canada"* vom 1. Oktober 1947 (R.S.C. 1985, Appendix II, No. 31), Clause II: „We do hereby authorize and empower Our Governor General with the advice of Our Privy Council for Canada or of any members thereof or individuality, as the case requires, to exercise all powers and authorities lawfully belonging to Us in respect of Canada (...)". Generalgouverneurin ist seit dem 27. September 2005 Michaelle Jean.

[13] Seit Februar 2006 ist Stephen Harper (Conservative Party of Canada) Premierminister.

[14] Zu den Regierungsstrukturen in Québec vgl. Kempf, in: Kempf (Hrsg.), S. 180 ff.

[15] Art. 17 *Constitution Act von 1867.*

[16] Art. 22, 23 *Constitution Act von 1867.*

[17] Art. 37 *Constitution Act von 1867*; Handschug, S. 25.

[18] Der ursprünglich in Art. 71 *Constitution Act von 1867* vorgesehene und auch in Québec nach Gründung der Föderation zunächst eingerichtete Gesetzgebende Rat („Legislative Council") als ein dem Senat auf Bundesebene entsprechendes Organ auf Provinzebene wurde in

vertretender und nach Weisungen der Provinzregierung handelnder Provinzgouverneur („Lieutenant-Gouverneur")[19].

Da sich die Provinzen durch die Wahrnehmung der ihnen in der Verfassung zugewiesenen Kompetenzen weitgehend selbst verwalten und im Wege von autonomen legislativen Entscheidungen in den ihnen verfassungsrechtlich zugewiesenen Bereichen eine an den Bedürfnissen der Provinzbevölkerung ausgerichtete und vom Bund unabhängige Politik verfolgen können, fördert dies die Forderungen der Provinzen nach größerer Eigenständigkeit innerhalb der kanadischen Föderation. Das sowohl auf Bundes- als auch auf Provinzebene geltende Mehrheitswahlsystem begünstigt zudem die Etablierung von Regierungsparteien auf Provinzebene, die sich in ihrer Programmatik speziell auf die Situation und Partikularinteressen der Provinzbevölkerung – wie etwa Eigenständigkeits- bzw. Unabhängigkeitsforderungen – konzentrieren können.

B. Historischer Hintergrund: Die Entwicklung des frankophonen Nationalismus in Québec

I. Die englisch-französischen Beziehungen in Kanada vor Gründung der kanadischen Föderation im Jahre 1867 bis zu den 1960er Jahren

Die Herausbildung des frankophonen Nationalismus hat seinen Ursprung bereits in dem im 16. Jahrhundert entstandenen Konflikt zwischen Franzosen und Briten um die Besiedlung des nordamerikanischen Kontinents. Das im 16. Jahrhundert durch Jacques Cartier im Auftrag der französischen Krone in Besitz genommene und seit 1663 als Kolonie Frankreichs verwaltete Gebiet am Saint-Lawrence-Strom im Osten des heutigen Kanadas wurde zunächst „Neufrankreich" („Nouvelle-France") genannt[20]. Nach Neufrankreich und der dort im Jahre 1608 von Samuel de Champlain gegründeten Siedlung Québec emigrierten im 17. und 18. Jahrhundert hauptsächlich Franzosen, während die Gebiete (nord-) westlich von Neufrankreich von den Engländern, darunter auch die 1670 gegründete Handelsgesellschaft „Hudson-Bay-Company"[21], besiedelt wurden; sowohl die französischen Siedler als auch die Engländer waren in der Folgezeit bestrebt, sich mit dem Ziel der Errichtung von Kolonien auszubreiten. Zu Spannungen zwischen den englisch- und französischsprachigen Siedlern hat zum einen die unterschiedliche Religion der überwiegend römisch-katholischen frankophonen Siedler und der Engländer, die mehrheitlich protestantischen Glaubens waren, beigetragen. Darüber hinaus kollidierten insofern ihre wirtschaftlichen Interessen, als sowohl der überwiegende Teil der französischen Siedler als auch die Engländer Landbe-

---

Québec inzwischen abgeschafft; gegenwärtig ist die Nationalversammlung („Legislative Assembly") die einzig gesetzgebende Versammlung in Québec.

[19] Art. 58 ff. *Constitution Act von 1867.*

[20] Sautter, Geschichte Kanadas, 2000, S. 9 f.

[21] Hierzu Handschug, S. 7 Fn. 13; Sautter, Geschichte Kanadas, 1992, S. 39.

sitz für den primär mit Agrarwirtschaft bestrittenen Lebensunterhalt beanspruchten[22]. Dieser Konflikt mündete in den im Jahre 1756 begonnenen Siebenjährigen Krieg, der nach der Kapitulation der Franzosen im Jahre 1760 mit dem Abschluss des Vertrages von Paris am 10. Februar 1763[23] und der Übernahme der Herrschaft über Neufrankreich durch die Briten auch das Ende des französischen Kolonialreiches in Nordamerika bedeutete[24]. Während in der Folgezeit die katholische Kirche einen dominierenden politischen und gesellschaftlichen Einfluss auf die französischsprachige Bevölkerung ausübte[25], strebten die Briten eine Integration der französischen Bevölkerung unter Beibehaltung des französischen Elements auf dem ehemaligen Gebiet Neufrankreichs an. Mit dem *Québec-Act von 1774*[26] des britischen Parlaments, der 1775 in Kraft trat, wurde Neufrankreich als „Province of Canada" konstituiert. Entgegen der *Royal Proclamation von 1763*[27], die zunächst auf eine Assimilierung der Frankophonen im Wege der Etablierung eines ausschließlich anglophonen Regierungs- und Rechtssystems ausgerichtet war, wurde mit dem *Québec-Act* das Ziel verfolgt, im Wege der Anerkennung des Rechts auf Beibehaltung des römisch-katholischen Glaubens, der französischen Sprache und des französischen Zivilrechtssystems, allerdings unter Fortgeltung des englischen Strafrechts, im frankophonen Teil der Kolonie die französische Kultur zu erhalten und hierdurch die Unterstützung der frankophonen Bevölkerung im amerikanischen Unabhängigkeitskrieg zu bekommen[28]. Darüber hinaus war im *Québec Act* keine parlamentarische Volksvertretung vorgesehen, sondern eine an das französische System angelehnte autoritäre Regierung, bestehend aus einem Gouverneur und einem Exekutivrat[29]. Nach dem Ende des amerikanischen Unabhängigkeitskrieges im Jahre 1783 setzte eine Emigration von englandtreuen Siedlern aus den südlichen britischen Kolonien in den Vereinigten Staaten insbesondere nach Québec ein. Dies hatte zur Folge, dass aufgrund der Ansiedlung der englischsprachigen Siedler im frankophonen Umfeld mit dem dort geltenden französischen Zivilrechtssystem sowie der sich verstärkenden Forderungen nach einer parlamentarischen Volksvertretung durch den *Constitutional Act von 1791*[30] auf dem Gebiet der Kolonie Québec zwei Pro-

---

[22] Sautter, Geschichte Kanadas, 1992, S. 55 ff.
[23] Auszug in dt. Fassung abgedruckt in: Handschug, S. 109.
[24] Sautter, Geschichte Kanadas, 1992, S. 63 ff.
[25] Kempf, in: Kempf (Hrsg.), S. 11, 13 f.
[26] *An Act for making more effectual Provision for the Government of the province of Quebec in North America* (14 George III, c. 83 (U.K.)).
[27] Auszug in dt. Fassung abgedruckt in: Handschug, S. 109.
[28] Webber, Reimagining Canada, S. 88; Sautter, Geschichte Kanadas, 2000, S. 28.
[29] „XII. (...) to constitute and appoint a Council for the Affairs of the Province of Quebec, to consist of such Persons resident there (...); shall have Power and Authority to make Ordinances for the Peace, Welfare, and good Government, of the said Province, with the Consent of his Majesty's Governor, or, in his Absence, of the Lieutenant-governor (...)".
[30] *An Act to repeal certain Parts of an Act, passed in the fourteenth Year of his Majesty's Reign, intituled, An Act for making more effectual Provision for the Government of the Prov-*

vinzen mit jeweils eigenen Volksvertretungen errichtet wurden[31]: Zum einen das überwiegend anglophone „Upper Canada", in dem das britische Rechtssystem eingeführt wurde, und zum anderen das mehrheitlich frankophone „Lower Canada" mit einem französischen Rechtssystem. Mit dem *Act of Union* aus dem Jahre 1840[32] wurden die beiden Provinzen jedoch wieder als „Province of Canada" vereinigt, um der andauernden Rivalität zwischen Franzosen und Engländern mit der Unterstellung von „Upper Canada" und „Lower Canada" unter eine gemeinsame Verwaltung zu begegnen. Trotz der zu diesem Zeitpunkt zahlenmäßigen Überlegenheit der französischsprachigen Bevölkerung war der *Act of Union von 1840* mit der darin verankerten formalen Gleichheit beider Kolonien, die insbesondere in der Festlegung von Englisch als offizieller Sprache der gemeinsamen Province of Canada und der gleichen Anzahl von Vertretern beider Kolonien in der gemeinsamen gewählten Volksvertretung zum Ausdruck kam, darauf gerichtet, dass sich die französischsprachige Bevölkerung der englischen Bevölkerung politisch unterordnen und der kulturelle Identitätsanspruch der Frankokanadier unterdrückt werden sollte. In der Konsequenz führte dies zu einer Verstärkung der Spannungen zwischen der englisch- und französischsprachigen Bevölkerung[33].

Unter dem Eindruck der zunehmenden wirtschaftlichen und politischen Macht der Vereinigten Staaten kamen die englischen Kolonien Province of Canada, New Brunswick, Nova Scotia, Prince Edward Island und Newfoundland mit der Zustimmung der britischen Krone im Jahre 1864 schließlich zu Verhandlungen über die Gründung einer gemeinsamen politischen Union in Québec zusammen[34]. Im Rahmen der Debatte über die Ausgestaltung des Regierungssystems der neuen Union formierten sich zwei Bündnisse, von denen eines unter der Führung von John A. Macdonald für eine Föderation mit einer starken Zentralregierung bis hin zu einer gänzlich zentralstaatlichen Ausgestaltung eintrat; die andere Seite mit George-Étienne Cartier an der Spitze bevorzugte entsprechend den Forderungen der französischsprachigen Bevölkerung nach weitgehender Selbstverwaltung eine föderale Struktur des Verbundes[35].

Die Verabschiedung des *British North America Act* durch das britische Parlament am 1. Juli 1867 führte schließlich zur Bildung des kanadischen Bundesstaa-

ince of Quebec, in North America; and to make further Provision for the Government of the said Province (31 Geo. III, c. 31 (U.K.)).

[31] Sautter, Geschichte Kanadas, 2000, S. 30 f.; Monière, in: Kempf (Hrsg.), S. 45.

[32] *An Act to reunite the Provinces of Upper and Lower Canada, and for the Government of Canada* (3 & 4 Vict., c. 35 (U.K.)); Auszüge in dt. Fassung abgedruckt in: Handschug, S. 112.

[33] Sautter, Geschichte Kanadas, 2000, S. 46 f.

[34] Morton, S. 86 ff.

[35] Morin/Woehrling, S. 154; Morton, S. 87 f.; Woehrling, Zeitschrift der Gesellschaft für Kanada-Studien 12 (1992), S. 95.

tes („Dominion of Canada“[36]) mit einer starken Zentralregierung und den vier Provinzen New Brunswick, Nova Scotia sowie Ontario (ehemaliges „Upper Canada“) und Québec (ehemaliges „Lower Canada“), die an die Stelle der früheren „Province of Canada“ traten. Nach der Konzeption des *British North America Act von 1867* sollten die frankophone Provinz Québec mit einem französischen Zivilrechtssystem[37] und die übrigen anglophonen Provinzen gleichberechtigte Partner innerhalb des „Dominion of Canada“ sein[38]. Der kanadischen Föderation traten bis 1873 die Provinzen Manitoba, British Columbia und Prince Edward Island bei; aus dem ehemaligen Territorium der „Hudson's Bay Company“ wurden die Provinzen Alberta und Saskatchewan gebildet, die Territorien von Manitoba, Ontario und Québec wurden nach Norden erweitert und das Yukon Territory und die Northwest Territories in den kanadischen Staatsverband eingegliedert[39]. Newfoundland trat erst im Jahre 1949 als letzte Provinz der kanadischen Föderation bei[40]. Mit der Gründung der kanadischen Föderation im Jahre 1867 erlangte Kanada jedoch noch keine vollständige Souveränität; die Vertretung Kanadas nach außen und die Verfassungshoheit oblagen weiterhin dem britischen Parlament. Nachdem Kanada im Jahre 1926 zunächst Mitglied des „British Commonwealth of Nations“, einem Verband autonomer Staaten innerhalb des britischen Königreiches[41], wurde, erlangte Kanada schließlich mit dem Inkrafttreten des vom britischen Parlament verabschiedeten *Statute of Westminster* im Jahre 1931 die gesetzgeberische Souveränität in Bezug auf die einfache Gesetzgebung und damit einen unabhängigen Status[42]; die Verfassungshoheit verblieb jedoch bei der britischen Krone[43].

---

[36] Die Bezeichnung „Dominion“ ist dem Psalm LXXII:8 entlehnt: „He shall have dominion also from sea to sea, and from the river unto the end of the earth“, hierzu Morton, S. 92; Sautter, Geschichte Kanadas, 1992, S. 134.

[37] Anders als in den übrigen kanadischen Provinzen gilt in der Provinz Québec im Bereich des Zivilrechts das an den französischen *Code Civil* angelehnte kodifizierte „droit civil“ (vgl. *Code Civil du Québec* (S.Q. 1991, c. 64), in Kraft seit dem 1. Januar 1994; zuvor *Code Civil du Bas-Canada vom 1. August 1866*); in anderen Rechtsbereichen, u.a. im Verfassungsrecht, gilt wie in ganz Kanada *Common Law*. Morin/Woehrling, S. 138 ff.; Gall, S. 30, 51. Ausführlich zum Rechtssystem in Québec vgl. Gall, S. 209 ff.

[38] Sautter, Zeitschrift der Gesellschaft für Kanada-Studien 19 (1999), S. 45.

[39] Vgl. die Ausführungen zur Erweiterung des Territoriums von Québec nach 1867 in Teil 3, A. I.

[40] Morton, S. 239; Sautter, Geschichte Kanadas, 2000, S. 65.

[41] Sautter, Geschichte Kanadas, 2000, S. 87 f.

[42] Siehe Fn. 11.

[43] Vgl. **Art. 7 *Westminster-Statute von 1931*** (Fundstelle siehe Fn. 11): (1) Nothing in this Act shall be deemed to apply to the repeal, amendment or alteration of the British North America Acts, 1867 to 1930, or any order, rule or regulation made thereunder.

(3) The powers conferred by this Act upon the Parliament of Canada or upon the legislatures of the Provinces shall be restricted to the enactment of laws in relation to matters within the competence of the Parliament of Canada or of any of the legislatures of the Provinces respectively.

Vor allem von den Frankophonen wurde der *British North America Act von 1867* als verfassungsrechtlicher Vertrag zwischen der französischen Kolonie und den britischen Kolonien („founding nations“) qualifiziert (sog. „compact theory of Confederation“)[44]. Auf der Grundlage dieser Überzeugung, dass es sich bei Québec als ursprünglich französische Kolonie um eine der Gründungsnationen der kanadischen Föderation handelt, werden bis heute Ansprüche auf ein aus dem *British North America Act von 1867* als Gründungsvertrag abzuleitendes historisches Recht der Provinz Québec auf Ausscheiden aus dem kanadischen Staatsverband gestützt[45].

II. Politische Entwicklung in der Provinz Québec seit den 1960er Jahren

Mit dem Sieg der Liberalen unter der Führung von Jean Lesage bei den Provinzwahlen in Québec im Jahre 1960 wurde in Québec vor dem Hintergrund der Dominanz der Anglophonen im wirtschaftlichen, sozialen und politischen Leben der Provinz und dem daraus resultierenden Anpassungszwang der Frankophonen die sog. „Stille Revolution“ eingeleitet[46]. Grundgedanke der „Révolution tranquille“ war es, „Herr im eigenen Haus“ („Maîtres chez nous“)[47] zu werden im Wege eines grundlegenden gesellschaftlichen, sozialen und politischen Wandels in der bis dahin durch eine landwirtschaftlich und klerikal geprägte Gesellschaft gekennzeichneten Provinz[48]; insbesondere war die Politik der Liberalen auf eine weitgehende wirtschaftliche Unabhängigkeit der Provinz von finanziellen Zuwendungen des Bundes gerichtet[49]. Im einsetzenden Modernisierungsprozess war zum einen die Zurückdrängung der Kirche mit ihrem modernisierungsfeindlichen Einfluss von wesentlicher Bedeutung, um verstärkt über die staatlichen Institutionen die Umstrukturierung der Provinz betreiben zu können. Maßnahmen waren außerdem die Verstaatlichung der Energieversorgung, die Einführung einer Québecer Sozial- und Rentenversicherung sowie eine Bildungsreform[50]. In der Folgezeit wurden die französische Sprache und Kultur zu den tragenden Elementen der Selbstdefinition der frankophonen Bevölkerung in Québec[51]. Zu Beginn der 1970er Jahre wurden erstmals Forderungen nach einer verfassungs-

---

[44] Hobe, JÖR 42 (1994), S. 603 f.; eine ausführliche Auseinandersetzung mit der „compact theory“ aus verfassungsrechtlicher Sicht findet sich in Teil 4, unter III.

[45] Schneider/Schultze, Zeitschrift der Gesellschaft für Kanada-Studien 14 (1994), S. 34 ff.

[46] Monière, in: Kempf (Hrg.), S. 48.

[47] Kempf, in: Kempf (Hrsg.), S. 38.

[48] Thunert, S. 20; Kempf, in: Kempf (Hrsg.), S. 15 ff. zur modernisierungsfeindlichen Politik der im Jahre 1936 in Québec an die Macht gekommenen Partei *Union Nationale* unter Maurice Duplessis.

[49] Webber, Reimagining Canada, S. 45 f.; Burgess, The Journal of Commonwealth and Comparative Politics 34 (1996), S. 50 ff.; Bernier/Boily, in: Kempf (Hrsg.), S. 64 f.

[50] Sautter, Zeitschrift der Gesellschaft für Kanada-Studien 19 (1999), S. 49; Webber, Reimagining Canada, S. 44 f.; Kempf, in: Kempf (Hrsg.), S. 21 ff.

[51] Thunert, S. 21 f.

rechtlichen Anerkennung Québecs als eines der Gründungsvölker der kanadischen Föderation und als zwar gleichberechtigte, aber von Restkanada „unterschiedliche Gesellschaft“ („distinct society“), und nach weiteren verfassungsrechtlichen Kompetenzen für eine weitgehende wirtschaftliche und politische Selbstbestimmung sowie zum Schutz und zur Förderung der Québecer Kultur, Sprache und Identität geltend gemacht; die Identifikation der frankophonen Bevölkerung mit Québec nahm zu. Die Spannungen zwischen der frankophonen und anglophonen Bevölkerung Kanadas entwickelten sich allmählich aufgrund der territorialen Selbstdefinition der frankophonen Québecer und der Entwicklung der frankokanadischen Identität zu einer Québécois-Identität (Québec als Repräsentant des französischen Bevölkerungsteils und damit zugleich als eines der beiden Gründungsvölker der kanadischen Föderation) zu einem Konflikt zwischen der Provinz und dem Bund[52].
Im Zuge dieser „Stillen Revolution“ wurde im Jahre 1968 unter der Führung des ehemaligen liberalen Politikers René Lévesque die separatistische *Parti Québecois* gegründet. Bereits bei den Provinzwahlen im Jahre 1970 wurde die *Parti Québécois* zweitstärkste Kraft hinter den Liberalen. Bei den Provinzwahlen in Québec am 15. November 1976 errang die *Parti Québécois* die absolute Mehrheit und übernahm als erste separatistische Partei Regierungsverantwortung in der Provinz[53]. Verfolgt wurde das Ziel der Souveränität Québecs, die es der Provinz erlauben sollte, als unabhängiger Staat mit (Rest-) Kanada über gemeinsame Politikbereiche zu verhandeln. Der Wahlsieg der *Parti Québécois* war allerdings nicht mit einer Unterstützung ihrer separatistischen Programmatik gleichzusetzen, sondern Ausdruck der starken Unzufriedenheit der Provinzbevölkerung mit der Wirtschafts- und Sprachenpolitik der Liberalen[54].
Erstmals gewalttätige Ausmaße nahm die Souveränitätsdebatte an, als die im Jahre 1963 gegründete radikale Separatistenbewegung *Front de Libération du Québec (FLQ)* mit Bombenanschlägen sowie der Ermordung Québecer Politiker die Unabhängigkeit Québecs zu betreiben versuchte[55].
Die „Stille Revolution“ hatte seit den 1970er Jahren auch eine eigenständige Québecer Sprachen- und Kulturpolitik zur Folge, die entgegen dem Bundesgesetz *Official Languages Act*[56] aus dem Jahre 1969, der die in Art. 133 *Constituti-*

---

[52] Webber, Reimagining Canada, S. 99 f.
[53] Howard, Human Rights Quarterly 12 (1991), S. 413; Ergebnisse der Wahlen in Québec am 15. November 1976: Parti Québécois: 71 Sitze; Parti Libéral du Québec: 26 Sitze; Union Nationale: 11 Sitze; Parti National Populaire: 1 Sitz; Social Crédit: 1 Sitz.
[54] Kempf, in: Kempf (Hrsg.), S. 28.
[55] Sautter, Zeitschrift der Gesellschaft für Kanada-Studien 19 (1999), S. 51; Sautter, Geschichte Kanadas, 2000, S. 102; Carlton, Detroit Journal of Law and Practice 7 (1998), S. 472.
[56] *An Act respecting the status and use of the official languages of Canada* ***(Official Languages Act)*** (R.S., 1985, c. 31 (4th Suppl.)), vgl. **Art. 2**: The purpose of this Act is to (a) ensure respect for English and French as the official languages of Canada and ensure equality of status and equal rights and privileges as to their use in all federal institutions, in particular with

on Act von 1867 verankerte offizielle Zweisprachigkeit Kanadas auf Bundesebene deklaratorisch bekräftigte sowie ein Sprachenlernprogramm und finanzielle Unterstützung der Provinzen von Seiten des Bundes zum Gegenstand hatte[57], darauf gerichtet war, vor dem Hintergrund der Dominanz der anglophonen Bevölkerung in Québec insbesondere in den Bereichen Wirtschaft und Bildung die französische Sprache und Kultur als Identifikationsmerkmal der muttersprachlich frankophonen Bevölkerung in Québec zu stärken[58]. Im Juli 1974 wurde unter dem liberalen Provinzpremier Robert Bourassa das Sprachengesetz *An Act respecting the official language (Bill 22)*[59] verabschiedet, das erstmals Französisch zur offiziellen Amts-, Handels-, Geschäfts- und Unterrichtssprache in Québec deklarierte, wobei nicht von einem ausschließlichen Gebrauch der französische Sprache, sondern einer Vorrangstellung des Französischen in der Provinz ausgegangen wurde; darüber hinaus enthielt *Bill 22* Regelungen, die auf die Beschränkung des Zugangs zu englischsprachigen Bildungseinrichtungen gerichtet waren[60]. Dieses Gesetz hat Vorteile für die frankophone Bevölkerung im Québecer Geschäfts-, Arbeits- und politischen Leben und einen Rückgang des Einkommensgefälles zwischen der frankophonen und anglophonen Bevölkerung bewirkt[61]. Nach dem Wahlsieg der *Parti Québécois* wurde der *Bill 22* im August 1977 durch die *Charter of the French Language (Bill 101)*[62] ersetzt, die die Regelungen des *Bill 22* insofern verschärfte, als Französisch zur alleinigen Regierungs- und Amtssprache, Sprache der Wirtschaft, des Handels, der Arbeit und Bildung erklärt wurde; insbesondere durfte die Beschilderung im öffentlichen Leben und im Bereich der Wirtschaft wie zum Beispiel Verkehrsschilder, Reklame, Plakate, Schaufensterdekorationen, Kataloge und Gebrauchsanweisungen nur noch auf Französisch gehalten sein. Darüber hinaus sollten künftig aus-

---

respect to their use in parliamentary proceedings, in legislative and other instruments, in the administration of justice, in communicating with or providing services to the public and in carrying out the work of the federal institutions. (b) support the development of English and French linguistic minority communities and generally advance the equality of status and use of the English and French languages within Canadian society, and (c) set out powers, duties and functions of federal institutions with respect to the official languages of Canada. Hierzu Sautter, Geschichte Kanadas, 1992, S. 224.

[57] Hierzu Morton, S. 280 f.

[58] Webber, Reimagining Canada, S. 100 f.; Thunert, S. 26.

[59] S.Q., 1974, c. 6.

[60] Vgl. **Art. 1** ***Bill 22***: French is the official language of the province of Québec.

Art. 40 ***Bill 22***: The language of instruction shall be French in the schools governed by the school boards, the regional school boards and the corporations of trustees. The school boards, regional school boards and corporations of trustees shall continue to provide instruction in English (...).

Art. 41 ***Bill 22***: Pupils must have a sufficient knowledge of the language of instruction to receive their instruction in that language. Pupils who do not have a sufficient knowledge of the language of instruction must receive their instruction in French.

[61] Kempf, in: Kempf (Hrsg.), S. 31, 38.

[62] S.Q. 1977, c. 5.

schließlich solche Kinder englischsprachigen Unterricht erhalten, deren Eltern bereits in Québec eine englische Schulausbildung erhalten hatten; jeder Immigrant, auch Zuwanderer aus anderen Provinzen Kanadas, hatte künftig französische Bildungseinrichtungen zu besuchen[63].
Im Jahre 1978 hat jedoch der Oberste Gerichtshof Kanadas (Supreme Court of Canada) in der Entscheidung *Québec (A.G) v. Blaikie*[64] entschieden, dass die Restriktion des Gebrauchs der englischen Sprache in der Nationalversammlung Québecs gegen Art. 133 *Constitution Act von 1867* verstoße und Französisch nicht alleinige Amtssprache in Québec sein dürfe, sondern im Parlament und an den Gerichten auch Englisch zugelassen werden müsse. Nach Inkrafttreten der *Canadian Charter of Rights and Freedoms* im Jahre 1982 wurden vom Supreme Court im Urteil *Québec (A.G.) v. Québec Protestant School Boards*[65] die Art. 72 und 73 des *Bill 101*[66] wegen ihrer Unvereinbarkeit mit Art. 23 Abs. 1 lit. b *Constitution Act von 1982*, der das Recht auf Erziehung und Bildung in der Sprache der Minderheit in allen Provinzen postuliert, für unwirksam erklärt. Québec dürfe den Zugang zu öffentlichen englischen Schulen nicht auf solche Kinder beschränken, deren Eltern bereits eine englische Schulausbildung in Québec erhalten haben[67].
Im Jahre 1988 hat der Supreme Court of Canada in der Entscheidung *Ford v. Quebec (A.G.)*[68] die in der *Canadian Charter of Rights and Freedoms (CCRF)* geschützte „freedom of expression“ (Art. 2 lit. b *CCRF*) dahingehend ausgelegt, dass diese den Handelsgesellschaften das Recht garantiere, in Québec mit der Sprache ihrer Wahl Werbung zu betreiben. Hierdurch wurde zwar nicht explizit, jedoch faktisch die Klausel des *Bill 101*, die Französisch als einzige Sprache in der öffentlichen Werbung in Québec zulässt, für ungültig erklärt. Als Konsequenz aus diesem Urteil wurde im Dezember 1988 im Anschluss an eine gescheiterte Verfassungsreform im Jahre 1987, die unter anderem eine Anerken-

---

[63] **Art. 72 *Bill 101***: Instruction in the kindergarten classes and in the elementary and secondary schools shall be solely in French, except where this chapter allows otherwise (…). **Art. 73 *Bill 101***: In derogation of section 72, the following children, at the request of their father and mother, may receive their instruction in English: (a) child whose father or mother received his or her elementary instruction in English in Québec; (b) a child whose father or mother, domiciled in Québec on the date of the coming into force of this act, received his or her elementary instruction in English outside Québec; (c) a child who, in his last year of school in Québec before the coming into force of this act, was lawfully receiving his instruction in English in a public kindergarten class or in an elementary or secondary school; (d) the younger brothers and sisters of a child described in paragraph c.
Zu den Hintergründen der Sprachengesetze *Bill 22* und *Bill 101* vgl. Mc Whinney, JÖR 26 (1977), S. 513 ff.
[64] *Québec (A.G) v. Blaikie* (1979) 2 S.C.R., S. 1016.
[65] *Québec (A.G.) v. Québec Protestant School Boards* (1984) 2 S.C.R., S. 66.
[66] Fundstelle siehe Fn. 62.
[67] Vgl. Woehrling, Zeitschrift der Gesellschaft für Kanada-Studien 12 (1992), S. 105 f.
[68] *Ford v. Quebec (Attorney General)* (1988) 2 S.C.R., S. 712 (766 f.).

nung Québecs als „distinct society" zum Gegenstand hatte[69], der *Bill 101* durch den *Act to amend the Charter of the French Language (Bill 178)*[70] ergänzt. Unter Berufung auf die „notwithstanding-clause" der *CCRF* wurde gegen den Willen der Bundesregierung und der übrigen Provinzen die Regelung eingefügt, dass außen an Geschäften angebrachte Beschilderungen ausschließlich in Französisch gehalten sein müssen; innerhalb von Gebäuden wurden auch zweisprachige Schilder zugelassen, jedoch nur dann, wenn die französische Beschriftung jeweils größer als die englische Beschilderung war[71].
Im Jahre 1993 hat ein in Québec ansässiger englischsprachiger Unternehmer Beschwerde beim UN-Menschenrechtsausschuss gegen die in *Bill 178* vorgesehene Pflicht der kommerziellen (Außen-) Werbung in französischer Sprache eingelegt *(McIntyre et al./Ballantyne vs. Canada)*. Der UN-Menschenrechtsausschuss hat eine Verletzung des Rechts auf Meinungsfreiheit im Sinne des Art. 19 des *Internationalen Pakts über bürgerliche und politische Rechte und Pflichten (IPbpR)* bejaht, das auch den Schutz der kommerziellen Werbefreiheit umfasst[72]. Daraufhin wurde der *Bill 178* dahingehend verändert, dass grundsätzlich eine zweisprachige Werbung zulässig ist, die französischen Bezeichnungen jedoch größer sein müssen[73]. Insgesamt trug die eigenständige Sprachengesetzgebung in Québec dazu bei, das Verhältnis zwischen der anglophonen und frankophonen Bevölkerung Québecs zu verschlechtern.

III. Das Referendum in Québec am 20. Mai 1980

Im Jahre 1979 hat die Québecer Regierung mit dem Provinzpremier René Lévesque (Parti Québécois) die Durchführung des seit Jahren in der Diskussion stehenden Referendums über eine Loslösung Québecs von Kanada beschlossen.

---

[69] Ausführlich zum *Meech Lake-Abkommen* aus dem Jahre 1987 siehe unten C II.

[70] S.Q., 1988, c. 54.

[71] Vgl. Änderung des **Art. 58** ***Bill 101***: Public signs and posters and commercial advertising, outside or intended for the public outside, shall be solely in French. Similarly, public signs and posters and commercial advertising shall be solely in French (1) inside commercial centres and their access ways, except inside locations located there; (2) inside any public means of transport and its access ways; (3) inside the establishments of business forms contemplated in section 136; (4) inside the establishments of business firms employing fewer than fifty but more than five persons, where such firms share, with two or more other business, these of a trademark, a firm name or an appellation by which they are known to the public (...).
Änderung des Art. 58.1 ***Bill 101***: Inside establishments, public signs and posters and commercial advertising shall be in French. They may also be both in French and in another language, provided they are intended only for the public inside the establishments and that French is markedly predominant.

[72] Vgl. Nr. 11.3, 11.4, in: HRLJ 14 (1993), S. 171 (176).

[73] Vgl. Änderung des **Art. 58** ***Bill 101*** (S.Q., 1993, c. 40): Public signs and posters and commercial advertising must be in French. They may also be both in French and in another language provided that French is markedly predominant.

Die Provinzregierung vertrat die Auffassung, die frankophone Provinz würde nicht genügend Anerkennung als „besondere Gesellschaft" („distinct society") innerhalb Kanadas und nicht genügend Eigenständigkeit in der Wahrnehmung von Provinzangelegenheiten, insbesondere im Bereich der Kultur-, Sozial- und Arbeitsmarktpolitik, zuerkannt bekommen.
Am 20. Mai 1980 fand schließlich erstmals eine Volksabstimmung in der Provinz über einen souveränen Status Québecs[74] statt. Gegenstand dieses Referendums, gestützt auf das *Loi sur la consultation populaire* aus dem Jahre 1978[75], war die Frage nach einem „assoziierten Status" der Provinz:

„Le Gouvernement du Québec a fait connaître sa proposition d'en arriver, avec le reste du Canada, à une nouvelle entente fondée sur le principe de l'égalité des peuples; cette entente permettrait au Québec d'acquérir le pouvoir exclusif de faire ses lois, de percevoir ses impôts et d'établir ses relations extérieures, ce qui est la souveraineté – et, en même temps, de maintenir avec le Canada une association économique comportant l'utilisation de la même monnaie; aucun changement de statut politique résultant de ces négociations ne sera réalisé sans l'accord de la population lors d'un autre référendum; en conséquence, accordez-vous au Gouvernement du Québec le mandat de négocier l'entente proposée entre le Québec et le Canada?"[76].

Die im Referendum gestellte Frage bezog sich nicht direkt auf eine Zustimmung zu einem unabhängigen Status der Provinz, sondern auf die Zustimmung zur Erteilung eines Mandates der Regierung von Québec, Verhandlungen mit der kanadischen Bundesregierung über ein „sovereignty-association"-Abkommen zwischen Québec und (Rest-) Kanada zu führen. Das vorgenannte Abkommen beinhaltete die Souveränität Québecs („sovereignty") in Kombination mit einer bilateralen Wirtschafts- und Währungsunion zwischen einem souveränen Québec und (Rest-) Kanada („association") als Kompromiss zwischen einer vollständigen Separation und dem Fortbestand des Status Québecs als Provinz Kanadas[77]. Bei einer Abstimmungsbeteiligung von insgesamt 85,61 % stimmten 59,56 % mit „Non" und 40,44 % mit „Oui"[78], wobei nur knapp 50 % der frankophonen Abstimmungsberechtigten für eine „sovereignty-association" votierten. Die Sezessionsgegner konnten die Mehrheit der Québecer davon überzeugen, dass ein Verbleib der Provinz im kanadischen Staatsverband mit der Aussicht auf Reformen, die die Situation Québecs innerhalb des kanadischen Staatsverbandes verbessern würden – insbesondere mit dem Hinweis auf eine zweifelhafte wirtschaftliche Lebensfähigkeit ohne finanzielle Zuwendungen des Bundes –, vor-

---

[74] Zur politischen Situation in Québec vor dem Referendum im Jahre 1980 vgl. Croisat/Petiteville/Tournon, S. 39 ff.

[75] L.R.Q., c. C-64.1 (Projet de loi no. 92, 1978), Art. 12 *Loi sur la consultation populaire* sieht vor, dass nur einmal pro Legislaturperiode über ein- und dieselbe Frage in einem Referendum abgestimmt werden kann.

[76] Zit. in: Brun/Tremblay, S. 114.

[77] Rommelfanger, S. 251; Rourke/Hiskes/Zirakzadeh, S. 119, 127; vgl. zur Konzeption der „sovereignty-association": Parti Québécois: Québec-Canada: A New Deal, The Government proposal for a new partnership between equals: sovereignty-association, 1979.

[78] Woehrling, JÖR 46 (1998), S. 528.

teilhafter sei als eine völlige Eigenständigkeit der Provinz. Allerdings hatte das einen unabhängigen Status der Provinz ablehnende Votum der Provinzbevölkerung keine Konsequenzen für die weiterhin an ihren Sezessionsforderungen festhaltende *Parti Québécois*, die bei den Provinzwahlen im April 1981 wiedergewählt wurde[79].

C. Die Verfassungsdebatte in Kanada

Auf nationaler Ebene wurden zahlreiche Versuche unternommen, den Québec-Konflikt im Wege von Verfassungsreformen beizulegen, mit denen der Provinz unter anderem ein verfassungsrechtlicher Status als „unterschiedliche Gesellschaft" sowie bestimmte verfassungsrechtliche Privilegien innerhalb der kanadischen Föderation zuerkannt werden sollten. Im Ergebnis haben die in den 1980er Jahren begonnene Verfassungsdebatte und im Besonderen das Scheitern der Verfassungsreformen in den Jahren 1987 und 1992 die Québecer Sezessionsbestrebungen jedoch verstärkt.

I. Die Verfassungspatriierung im Jahre 1982

Für den seit 1968 amtierenden liberalen Bundespremier Pierre Elliot Trudeau war seiner Stellungnahme im Vorfeld des Québecer Referendums im Jahre 1980 zufolge das Votum gegen eine Unabhängigkeit der Provinz als Auftrag zur Erneuerung des kanadischen Föderalismus aufzufassen[80]. Als Ergebnis eines langwierigen Verhandlungsprozesses[81] wurde am 17. April 1982 trotz der fehlenden Zustimmung Québecs der *Canada Act von 1982*[82] als letztes britisches Parlamentsgesetz in Kraft gesetzt, mit dem die bis dahin der britischen Krone obliegende Verfassungshoheit auf den kanadischen Bundesstaat übertragen wurde[83]. Bezeichnet wurde dieser Prozess als „Heimholung" der Verfassung („Patriation")[84]. Gegenstand der Verfassungsänderung war die Inkorporation bisher nicht im *Constitution Act von 1867* enthaltener Verfassungsänderungsverfahren (Art. 38 ff. *Constitution Act von 1982*); bis zum Inkrafttreten des *Constitution Act von 1982* bedurften Verfassungsänderungen mangels einer entsprechenden Kompe-

[79] Ergebnisse der Wahlen in Québec am 13. April 1981: Parti Québécois: 80 Sitze; Parti Libéral du Québec: 42 Sitze.

[80] „(...) If the answer to the referendum question is NO, we have all said, that this NO will be interpreted as a mandate to change the Constitution, to renew federalism (...)", abgedruckt in: Webber, Reimagining Canada, S. 107.

[81] Vgl. hierzu Webber, Reimagining Canada, S. 107 ff.; Thunert, S. 59 ff.

[82] U.K., 1982, c. 11; R.S.C. 1985, Appendix II.

[83] Vgl. Art. 2 *Canada Act von 1982*, durch den *Art. 7 Westminster Statute von 1931* (siehe Fn. 43) aufgehoben wurde: No Act of the Parliament of the United Kingdom passed after the Constitution Act, 1982 comes into force shall extend to Canada as part of its law.

[84] Vgl. Morton, S. 305; Bothe, JÖR 31 (1982), S. 135.

tenz Kanadas jeweils eines britischen Parlamentsgesetzes. Wesentlicher Bestandteil der Verfassungsreform war außerdem die erstmalige Kodifizierung einer Grundrechtscharta *(Canadian Charter of Rights and Freedoms (CCRF))*[85]. Aufgenommen wurde insbesondere ein Sprachengrundrecht (Art. 16 *CCRF*)[86], dem zufolge Englisch und Französisch gleichberechtigte offizielle Sprachen in den Bundesinstitutionen sind, sowie eine „Multikulturalismusklausel" (Art. 27 *CCRF*) als Grundsatz für die Auslegung der *Canadian Charter of Rights and Freedoms* im Sinne der Erhaltung und Förderung des multikulturellen Erbes Kanadas, insbesondere zum Schutze der Kanadier nicht-britischer bzw. nicht-französischer Abstammung[87]. Darüber hinaus wurde in Art. 33 *CCRF* eine sog. „notwithstanding-clause" verankert, die die Provinzparlamente dazu ermächtigt, ein gegen die kodifizierten Grundrechtsgarantien der Art. 2 bis 7 und 15 *CCRF* verstoßendes Provinzgesetz zu erlassen, das allerdings nur für die Dauer von fünf Jahren Geltung beanspruchen kann[88].
Die Anerkennung einer Sonderstellung Québecs und seiner frankophonen Bevölkerung fand jedoch im *Constitution Act von 1982* keine ausdrückliche Berücksichtigung. Die Reform beruhte auf der formalen Gleichheit aller kanadischen Provinzen und war auf eine Stärkung der nationalen Einheit und Identität Kanadas im Wege der Einfügung von einheitlich in Kanada geltenden Grundrechten und Verfassungsänderungsverfahren gerichtet; beispielsweise resultiert aus dem inkorporierten Einstimmigkeitsverfahren des Art. 41 *Constitution Act von 1982* ein faktisches Vetorecht aller Provinzen und nicht ausschließlich Québecs. Insbesondere durch die Einfügung des Grundrechts auf Zweisprachigkeit und der „Multikulturalismusklausel" wollte Premierminister Trudeau der aus den Unabhängigkeitsbestrebungen der frankophonen Bevölkerung in Québec resultierenden Fragilität des kanadischen Bundesstaates entgegenwirken[89]. Grund da-

---

[85] Vgl. zur Geltung von Grundrechten vor der Kodifizierung der *CCRF* im Jahre 1982 über die in der Präambel des *Constitution Act von 1982* vorgesehene Einbeziehung der „Bill of Rights" Großbritanniens in die kanadische Verfassung *A.G. (Can.) and Dupond v. Montréal* (1978) 2 S.C.R., S. 770 (772) „(...) fundamental freedoms of speech, of assembly and association, of the press and of religion which were inherited from the United Kingdom and made part of the Constitution by the preamble of the B.N.A. Act or protected by the Canadian Bill of Rights, (...)". Ausführlich zur ungeschriebenen Verfassung Großbritanniens vgl. Lyall, S. 53 ff.

[86] **Art. 16 *CCRF***: (1) English and French are the official languages of Canada and have equal rights and privileges as to their use in all institutions of the Parliament and government of Canada. (3) Nothing in this Charter limits the authority of Parliament or a legislature to advance the equality of status or use of English and French.

[87] **Art. 27 *CCRF***: This Charter shall be interpreted in a manner consistent with the preservation and enhancement of the multicultural heritage of Canadians.

[88] **Art. 33 *CCRF***: (1) Parliament or the legislature of a province may expressly declare in an Act of Parliament or of the legislature, as the case may be, that the Act or a provision thereof shall operate notwithstanding a provision included in section 2 or section 7 to 15 of this Charter. (3) A declaration made under subsection (1) shall cease to have effect five years after it comes into force or on such earlier date as may be specified in the declaration.

[89] Bothe, JÖR 31 (1982), S. 113.

für, dass Québec als einzige kanadische Provinz der Verfassungsreform nicht zugestimmt hat, war zum einen, dass die „notwithstanding"-Klausel wegen des Ausschlusses der Anwendbarkeit der Klausel insbesondere auf die Sprachengrundrechte der *CCRF* nicht den Interessen Québecs entsprach. Die Québecer Regierung verlangte wegen der überwiegend frankophonen Bevölkerung außerdem einen verfassungsrechtlichen Sonderstatus und ein Vetorecht für Verfassungsänderungen, die den Status und die Kompetenzen der Provinz berühren; abgelehnt wurde darüber hinaus die Inkorporation einer Grundrechtscharta mit der Begründung, dass Québec bereits seit 1975 mit der *Charte des Droits et des Libertés de la Personne*[90] einen kodifizierten Grundrechtskatalog habe[91]. Nach Ansicht der Québecer Regierung sei die *Canadian Charter of Rights and Freedoms* mit den in ihr verankerten Minderheitengrundrechten auf eine Restriktion der Kompetenzen der Provinzparlamente gerichtet[92].
Die Québecer Regierung hat bereits im Jahre 1981 dem Supreme Court of Canada die Frage nach der Verfassungsmäßigkeit der anvisierten Verfassungsreform ohne eine Zustimmung der Provinz Québec vorgelegt. Die Regierung von Québec leitete aus ihrer Überzeugung, dass sie eines der Gründungsvölker der kanadischen Föderation repräsentiere, ein historisches Vetorecht gegen Verfassungsänderungen ab, die den Status und Kompetenzen der Provinz berühren. Am 28. September 1981[93] entschied der Supreme Court, dass die Provinzregierungen bei der Verabschiedung des *Canada Act von 1982*, der Kompetenzen der Provinzen berühre, zu beteiligen seien; die Rede war jedoch nur von einem „substantial measure of provincial consent", d.h. der Zustimmung der „wesentlichen" Mehrzahl der Provinzen, nicht aber von einem rechtlichen Erfordernis der Zustimmung aller Provinzen. In dem daraufhin von der Québecer Regierung initiierten Revisionsverfahren verneinte der Supreme Court in seiner Entscheidung vom 6. Dezember 1982 ausdrücklich die Existenz einer kodifizierten Verfassungsnorm oder ungeschriebenen „constitutional convention", die ein historisches Vetorecht Québecs bei Verfassungsänderungen, die legislative Kompetenzen der Provinz oder den Status der Provinz innerhalb der kanadischen Föderation betreffen, statuiert[94].
Die Regierung von Québec sah durch die Entscheidung des Supreme Court ihre Kompetenzen beschnitten und den Status Québecs als Vertreter des frankophonen Kanada und Gründungsvolk der kanadischen Föderation nicht angemessen berücksichtigt[95]. Die von Trudeau trotz der fehlenden Zustimmung Québecs durchgeführte Verfassungsreform im Jahre 1982 hatte zur Folge, dass sich Qué-

---

[90] L.R.Q., ch. C-12.
[91] Woehrling, in: Levrat (Hrsg.), S. 585.
[92] Webber, Reimagining Canada, S. 110.
[93] *Reference re Amendment of the Constitution of Canada* (1981) 1 S.C.R., S. 753 ff.
[94] Vgl. *Reference re Objection to a Resolution to Amend the Constitution* (1982) 2 S.C.R., S. 793 ff.
[95] Handschug, S. 65.

bec bis zum Ende der Amtszeit Trudeaus von allen gesamtkanadischen Verhandlungen über Verfassungsreformen zurückzog. Auch nach dem Wahlsieg der Liberalen und dem neuen Provinzpremier Robert Bourassa im Dezember 1985[96] hielt die Québecer Regierung am Widerstand gegen die Verfassungsreform von 1982 fest; Bourassa stellte vielmehr im Jahre 1986 die formelle Anerkennung der Verfassungsreform von 1982 unter die Bedingung weiterer Verfassungsänderungen[97]. Im Jahre 1987 nahm der neue Bundespremier Brian Mulroney den Verfassungsprozess wieder auf mit dem Ziel, Québec zur Zustimmung zur Verfassungsreform von 1982 zu bewegen.

II. Das Scheitern des *Meech Lake-Abkommens von 1987*

Mit dem *Meech Lake-Accord* wurde im Jahre 1987 der Versuch unternommen, im Wege einer Verfassungsreform durch die Erfüllung bestimmter, von der Québecer Regierung formulierter verfassungsrechtlicher Bedingungen einen Kompromiss zu schaffen, damit Québec die Verfassungsreform von 1982 *(Canada Act von 1982)* anerkennt[98]. Québecs Forderungen waren neben der verfassungsrechtlichen Verankerung Québecs als „distinct society", d.h. als besondere, von (Rest-) Kanada „unterschiedliche Gesellschaft", ein verstärktes Mitspracherecht in der Einwanderungspolitik, ein Mitbestimmungsrecht bei der Nominierung von Québecer Senatoren und Richtern des Supreme Court of Canada, ein Vetorecht bei Verfassungsänderungen und eine Restriktion der Zuständigkeit der Bundesregierung im Bereich der Ausgabenpolitik[99].

Den Forderungen Québecs wurde in dem am 3. Juni 1987 von der Bundesregierung in Ottawa und den Provinz- und Territorienregierungen verabschiedeten *Meech Lake-Abkommen* entsprochen; für sein Inkrafttreten war die Zustimmung des Bundesparlament sowie aller Provinzparlamente innerhalb von drei Jahren erforderlich[100]. Beschlossen wurde eine Änderung des *Constitution Act von 1867*, der entsprechend den Forderungen Québecs in einem neuen Art. 2 die Anerkennung der Zuständigkeit der Regierung und Legislative Québecs für den Schutz und die Förderung des „besonderen Charakters" der Provinz zum Gegenstand hatte; zugleich sollten der Bund und die Provinzen die Zweisprachigkeit Kanadas wahren[101]. Den Konzepten der „distinct society" und Zweisprachigkeit („lin-

---

[96] Ergebnis der Wahlen in Québec am 2. Dezember 1985: Parti Libéral du Québec: 99 Sitze; Parti Québécois: 23 Sitze.

[97] Croisat/Petiteville/Tournon, S. 87 f.

[98] Morton, S. 321 ff.; Sautter, Zeitschrift der Gesellschaft für Kanada-Studien 19 (1999), S. 50.

[99] Croisat/Petiteville/Tournon, S. 88.

[100] Thunert, S. 304 f.

[101] *Meech-Lake-Accord* abgedruckt unter: http://www.solon.org/Constitutions/Canada/English/Proposals/MeechLake.html (letzter Aufruf am 5. Dezember 2005).
Änderung des **Art. 2** ***Constitution Act von 1867***: (1) The Constitution of Canada shall be interpreted in a manner consistent with (a) the recognition that the existence of French-speaking

guistic duality“) sollte der Rang von Klauseln zukommen, die bei der richterlichen Verfassungsauslegung als Maßstab zugrundelegt werden sollten. In Art. 2 Abs. 4 war ausdrücklich festgelegt, dass die Klausel keine Derogation bzw. Änderung der verfassungsrechtlichen Kompetenzen bewirkt[102]. Darüber hinaus wurden Vereinbarungen getroffen, die in erster Linie auf eine Beschränkung der Bundesgewalt gerichtet waren. So sollte das Einstimmigkeitsverfahren bei Verfassungsänderungen und das daraus resultierende Vetorecht aller Provinzen auf weitere Materien Anwendung finden[103]; die Bundesregierung sollte nur solche Richter des Supreme Court of Canada und Senatoren ernennen können, die sich auf den Vorschlagslisten der Provinzen befanden, wobei Québec das Nominierungsrecht für drei der insgesamt neun Richterstellen des Supreme Court erhielt[104]. Schließlich wurde der Bund zu Verhandlungen mit den Provinzen über Einwanderungsangelegenheiten verpflichtet[105].

Zwar hat Québec dem *Meech Lake-Accord* am 23. Juni 1987 zugestimmt; das Abkommen scheiterte jedoch aufgrund der fehlenden Ratifikationen durch die Provinzen Manitoba und Newfoundland[106]. Im Mittelpunkt der Kritik am *Meech-Lake-Accord* stand sowohl der weitgehende Kompetenzzuwachs aller Provinzen mit der hiermit einhergehenden Restriktion der Kompetenzen des Bundes, wie auch der Sonderstellungsartikel für Québec, der nach Auffassung der anglophonen Provinzen zu weitgehend und in seiner Ausgestaltung als Auslegungsgrundsatz mangels Begründung materieller Rechte und Kompetenzen auch nicht den Forderungen der Provinzregierung Québecs entsprach[107]. Anglophone Québecer und frankophone Kanadier außerhalb Québecs sahen in der „distinct-society”-Klausel eine Abwertung ihres Rechts auf freie Sprachenwahl, da allein die Regierung von Québec aufgefordert wurde, die sprachliche Besonderheit ihrer Provinz und Bevölkerung zu fördern. Das Scheitern des Abkommens wurde von der frankophonen Bevölkerung und der Québecer Regierung als Nichtakzeptanz der Besonderheit Québecs durch das anglophone Kanada und als „Unerwünschtsein“

Canadians, centered in Quebec, but also present elsewhere in Canada, and English-speaking Canadians, concentrated outside Quebec but also present in Quebec, constitutes a fundamental characteristic of Canada; and (b) the recognition that Quebec constitutes a distinct society. (2) The role of the Parliament of Canada and the provincial legislatures to preserve the fundamental characteristic of Canada referred to in paragraph (1) (a) is affirmed. (3) The role of the legislature and Government of Quebec to preserve and promote the distinct identity of Quebec referred to in paragraph (1) (b) is affirmed (...).

[102] **Art. 2 Abs. 4**: Nothing in this section derogates from the powers, rights or privileges of Parliament or the Government of Canada, or of the legislatures or governments of the provinces, including any powers, rights or privileges relating to language.

[103] Änderung des Art. 41 *Constitution Act von 1982.*

[104] Änderung der Art. 25, 101 B, 101 C *Constitution Act von 1867.*

[105] Änderung der Art. 95 A, 95 B *Constitution Act von 1867.*

[106] Bayefsky, in: Bayefsky (Hrsg.), S. 5 Fn. 13; Hobe, JÖR 42 (1994), S. 600.

[107] Zur Kritik an der „distinct society“-Klausel vgl. Webber, Reimagining Canada, S. 134 ff.

in der kanadischen Föderation gewertet[108]. Dies hatte zur Konsequenz, dass der Québecer Provinzpremier Robert Bourassa in den Folgejahren weitere Verhandlungen mit (Rest-) Kanada über Verfassungsreformen ablehnte. Im Jahre 1988 reagierte die Provinzregierung außerdem mit der Verschärfung des Québecer Sprachengesetzes *Bill 101* durch den *Bill 178 (Act to amend the charter of the french language)*[109] und der Ankündigung eines neuen Separationsreferendums für das Jahr 1992.

III. Der *Charlottetown-Accord von 1992* und die politischen Folgen

In Québec wurde von Provinzpremier Robert Bourassa und dem Parteivorsitzenden der *Parti Québécois*, Jacques Parizeau, auf der Grundlage des *Act to establish the Commission on the Political and Constitutional Future of Quebec (Bill 90)*[110] die Bélanger-Campeau-Kommission gegründet[111]. Die nach den Präsidenten der Kommission Michel Bélanger und Jean Campeau benannte und aus Parlamentsabgeordneten sowie Vertretern der Wirtschaft und des Arbeiter-, Künstler- und Akademikerbereichs zusammengesetzte Kommission hatte die Aufgabe, Empfehlungen für den zukünftigen politischen und verfassungsrechtlichen Status der Provinz Québec zu erarbeiten[112]. Die Kommission hat im Ergebnis einen souveränen Status Québecs für den Fall befürwortet, dass es unmöglich ist, den kanadischen Föderalismus grundlegend zu erneuern oder mit (Rest-) Kanada Verhandlungen über die Ausgestaltung einer neuen Partnerschaft zwischen Québec und (Rest-) Kanada innerhalb eines föderalen Rahmens zu führen. Diese Kommissionsempfehlung führte am 20. Juni 1991 zur Annahme des *Act respecting the Process for Determining the Political and constitutional Future of Quebec (Bill 150)*[113], in dem ein Unabhängigkeitsreferendum im Jahre 1992 sowie die Errichtung einer weiteren Kommission, die rechtliche und politische Aspekte einer Sezession Québecs untersuchen sollte, vorgesehen war[114].

---

[108] Webber, Reimagining Canada, S. 4; Gaudreault-DesBiens, Vermont Law Review 23 (1999), S. 812.

[109] S.Q., 1988, c. 54.

[110] S.Q., 1990, c. 34.

[111] Bayefsky, in: Bayefsky (Hrsg.), S. 6.

[112] Hierzu Dunsmuir, The Belanger-Campeau and Allaire Reports, 1991.

[113] S.Q., 1991, c. 34.

[114] Auf der Grundlage des *Bill 150* wurde das *Committee to examine matters relating to the accession of Québec to sovereignty* zur Untersuchung der rechtlichen und politischen Aspekte einer möglichen Sezession Québecs gegründet. Von dieser Kommission wurde im Mai 1992 die Studie „The Territorial Integrity of Quebec in the Event of the Attainment of Sovereignty“ insbesondere zu den territorialen Aspekten sowie der Rechte der Anglophonen und der autochthonen Bevölkerung im Falle einer möglichen Sezession der Provinz Québec erstellt (Studie abgedruckt in: Bayefsky (Hrsg.), S. 241-303). Die Ergebnisse dieser Studie werden an entsprechender Stelle im Rahmen der rechtlichen Würdigung einer Sezession Québecs berücksichtigt.

Das vom Québecer Parlament beschlossene Separationsreferendum veranlasste die kanadische Bundesregierung unter Premierminister Brian Mulroney und die Vertreter der übrigen Provinzen im Jahre 1992 dazu, in Charlottetown/Prince-Edward-Island neue Verhandlungen mit Québec über eine Verfassungsreform aufzunehmen. Diese sollten den Interessen aller Provinzen und Bevölkerungsgruppen Rechnung tragen und nach der aus der Ratifikation des *Constitution Act von 1982* ohne die Zustimmung Québecs resultierenden „Isolation" der Provinz auf eine „Wiedereingliederung" der Provinz Québec in die kanadische „Verfassungsfamilie" gerichtet sein. Gegenstand des *Charlottetown-Abkommens*[115] war zum einen eine Konkretisierung der „distinct-society"-Klausel in einem neuen Art. 2 des *Constitution Acts von 1867* (sog. „Canada Clause")[116]. Diese Bestimmung sollte – wie auch die „distinct-society"-Klausel im *Meech Lake-Accord* – geltende Rechtsnormen unberührt lassen und wegen der ebenfalls in der „Canada Clause" postulierten Gleichheit der Provinzen keine Sonderrechte oder –kompetenzen für Québec begründen, sondern lediglich eine symbolische Anerkennung darstellen, um den eigenständigen Charakter der Provinz mit seinen sprachlichen, kulturellen und rechtlichen Besonderheiten hervorzuheben, der insbesondere bei der Verfassungsauslegung Berücksichtigung finden sollte. Weiterer zentraler Gesichtspunkt der Reform war die Stärkung des föderativen Elements des kanadischen Staates in Form der Erweiterung des Mitsprache- und Entscheidungsrechts des Senats, um auf diese Weise ein stärkeres Gegengewicht zum House of Commons zu schaffen. Ein Bedürfnis für die genannte Senatsreform ergab sich daraus, dass sich das House of Commons prozentual entsprechend dem Bevölkerungsanteil einer jeden Provinz zusammensetzt[117] und faktisch von Québec und Ontario, die gemeinsam mehr als die Hälfte der gesamtkanadischen Bevölkerung repräsentieren, dominiert wird. Durch das *Charlottetown-Abkommen* sollte deshalb der Senat in einen sogenannten „Triple-E-Senate" („*e*-qual", „*e*lected", „*e*ffective")[118] umgewandelt werden, in dem jeder Provinz dieselbe Anzahl an Senatoren zusteht[119]. Zugleich wurde den Provinzen das Recht

---

[115] *Consensus Report on the Constitution, Charlottetown, Final Text*, abgedruckt unter: http://www.uni.ca/charlottetown.html (letzter Aufruf am 5. Dezember 2005).

[116] Neuer **Art. 2 *Constitution Act von 1867* („Canada Clause")**: (1) The Constitution of Canada, including the Canadian Charter of Rights and Freedoms, shall be interpreted in a manner consistent with the following characteristics: (c) Quebec constitutes within Canada a distinct society, which includes a French-speaking majority, a unique culture and a civil law tradition. (h) Canadians confirm the principal of the equality of the provinces at the same time as recognizing their diverse characteristics. (2) The role of the legislature and government of Quebec to preserve and promote the distinct society of Quebec is affirmed.

[117] Vgl. Art. 37 *Constitution Act von 1867*, Art. 42 Abs. 1 lit. a *Constitution Act von 1982*.

[118] Sturm, Zeitschrift der Gesellschaft für Kanada-Studien 18 (1998), S. 62; Elton, McRoberts/Monahan (Hrsg.), S. 37 ff.; Webber, Reimagining Canada, S. 168.

[119] ***Charlottetown-Accord*: II. Institutions, A. The Senate, 8. An equal Senate**: The Senate should initially total 62 Senators and shoud be composed of six Senators from each province and one Senator from each territory.

eingeräumt, autonom zu entscheiden, ob ihre Senatoren direkt vom Volk oder vom jeweiligen Provinzparlament gewählt werden sollen[120]. Die Wahl des letztgenannten Verfahrens hätte ermöglicht, dass die Senatoren durch das Provinzparlament nach parteipolitischen Kriterien entsprechend den Interessen der Mehrheitspartei ausgewählt würden und auf diese Weise eine einheitliche Repräsentation der politischen Interessen der Provinz auf Bundesebene gewährleistet wäre. Die Senatsreform war grundsätzlich darauf gerichtet, dem Senat mehr Befugnisse zu gewähren, wie beispielsweise ein absolutes Vetorecht im Falle einer qualifizierten Mehrheit in Bezug auf Gesetze, die die französische Sprache und Kultur betreffen. Darüber hinaus sollte für alle legislativen Entscheidungen, die mit der französischen Sprache und Kultur im Zusammenhang stehen, die Zustimmung sowohl der Mehrheit im Senat als auch der Mehrheit aller frankophonen Senatoren (sog. Doppelmehrheit) erforderlich sein[121].
Der *Charlottetown-Accord* vom 28. August 1992 wurde in einem am 26. Oktober 1992 bundesweit durchgeführten Referendum von der kanadischen Bevölkerung mit 54 % der Stimmen abgelehnt. In einem separat in Québec durchgeführten Referendum waren es 55,4 % Nein- und 42,4 % Ja-Stimmen (2,2 % ungültige Stimmen), wobei 65 % der stimmberechtigten Frankophonen und 85 % der Anglophonen in Québec gegen eine Verfassungsänderung gestimmt haben[122]. Die Gründe für das Scheitern der Verfassungsreform sind vielfältig. Zum einen ist es auf die Unzufriedenheit der indigenen Bevölkerung Kanadas aufgrund der aus ihrer Sicht im *Charlottetown-Abkommen* nur ungenügenden Zuerkennung von Rechten bzw. der mangelnden Umsetzbarkeit der ihnen gewährten Rechte zurückzuführen. Außerdem stieß die Garantie von 25 % der Sitze des Unterhaus für Québec auf Ablehnung bei den übrigen Provinzen[123]. Die Kritik von Seiten der *Parti Québécois* bezog sich darauf, dass Provinzpremier Bourassa unter der Bedingung, dass Québec weiterhin 25 % der Unterhaussitze garantiert werde,

---

[120] ***Charlottetown-Accord*: II. Institutions, A. The Senate, 7. An elected Senate**: The Constitution should be amended to provide that Senators are elected, either by the population of the province and territories of Canada or by the members of their provincial or territorial legislative assemblies (...).

[121] ***Charlottetown-Accord*: II. Institutions, A. The Senate, 12. Approval of Legislation**: (...) Bills that materially affect French language culture would require approval by a majority of Senators voting and by a majority of the Francophones Senators voting. The House of commons would not be able to override the defeat of a bill in this category by the Senate. 14. Double Majority: (...) On entering the Senate, Senators should be required to declare whether they are Francophones for the purpose of the double majority voting rule (...).

[122] Die Referendumsfrage lautete wie folgt: „Do you agree that the Constitution of Canada should be renewed on the basis of the agreement reached on August 28, 1992?" (zit. in: Bayefsky, in: Bayefsky (Hrsg.), S. 6). Das Referendum wurde auf der Grundlage des *Referendum Act* (S.C. 1992, c. 30) durchgeführt. Zu den Ergebnissen siehe Schultze, in: Schultze/Schneider (Hrsg.), S. 5.

[123] Schultze, in: Schultze/Schneider (Hrsg.), S. 21, 27; Thunert, in: Schultze/Schneider (Hrsg.), S. 95.

den „Triple-E-Senate" akzeptiert hat. Nach Auffassung der *Parti Québécois* trage die gleiche Repräsentation aller kanadischen Provinzen im „Triple-E-Senate" dem historischen Status des frankophonen Québecs als einem der Gründungsvölker der kanadischen Föderation sowie den Besonderheiten der kanadischen Provinz nicht angemessen Rechnung. Nicht genügend war aus Sicht Québecs die wiederum nur symbolische Anerkennung eines „distinct society"-Status der Provinz ohne die Zuerkennung damit verbundener verfassungsrechtlicher Sonderrechte oder -kompetenzen[124].
Eine Folge des Scheiterns des *Charlottetown-Abkommens* zeigte sich bei den Unterhauswahlen am 25. Oktober 1993. Im Jahre 1990 ist Lucien Bouchard als Mitglied des Kabinetts unter Premierminister Brian Mulroney aus der *Progressive Conservative Party* ausgetreten und hat auf Bundesebene die separatistische Partei *Bloc Québécois* gegründet. Ziel Bouchards war es, die Interessen der frankophonen Bevölkerung in Québec, einschließlich der Unabhängigkeitsbestrebungen, im kanadischen Parlament zu vertreten[125]. Bei den Unterhauswahlen am 25. Oktober 1993, die die Liberalen mit dem frankophonen Québecer Jean Chrétien an ihrer Spitze gewannen, wurde der *Bloc Québécois* mit 54 Sitzen im Unterhaus zweitstärkste Partei; gleichzeitig erhielt die in West-Kanada agierende rechtsgerichtete *Reform Party* mit Preston Manning an der Spitze 52 Sitze im Unterhaus[126]. Mit der Repräsentation der *Reform Party* im Unterhaus erhielten die Separationsforderungen der Provinz Québec insofern indirekt Unterstützung, als von dieser unter anderem propagiert wurde, dass den Forderungen Québecs nach Eigenständigkeit entsprochen werden sollte, um die Provinz nicht weiter mit Steuergeldern des Bundes subventionieren und sich zukünftig nicht mehr mit den Forderungen Québecs nach einer Sonderstellung innerhalb des kanadischen Staatsverbandes bzw. den Sezessionsforderungen der Provinz befassen zu müssen[127]. Nach der erneuten Übernahme der Regierungsverantwortung in Québec durch die *Parti Québécois* bei den Provinzwahlen am 12. September 1994[128], die unter anderem auf das Scheitern der Verfassungsreformen und der von der Provinzbevölkerung empfundenen Benachteiligung durch (Rest-) Kanada zurückzuführen war, hat Provinzpremier Jacques Parizeau der Nationalversammlung am

---

[124] Zur Kritik an der „distinct society"-Klausel vgl. Schultze, in: Schultze/Schneider (Hrsg.), S. 27; Thunert, in: Schultze/Schneider (Hrsg.), S. 95.

[125] Handschug, S. 65; Rieken, Zeitschrift der Gesellschaft für Kanada-Studien 13 (1993), S. 14 f.

[126] Ergebnis der Unterhauswahlen am 25. Oktober 1993: Liberale: 177 Sitze, Bloc Québécois: 54 Sitze, Reform Party: 52 Sitze, NDP: 9 Sitze, Konservative: 2 Sitze, Sonstige: 1 Sitz (Fundstelle: Sautter, Geschichte Kanadas, 2000, S. 115).

[127] Webber, Reimagining Canada, S. 12; Rieken, Zeitschrift der Gesellschaft für Kanada-Studien 13 (1993), S. 14 f.

[128] Ergebnisse der Wahlen in Québec am 12. September 1994: Parti Québécois: 77 Sitze, Parti libéral du Québec: 47 Sitze, Action démocratique du Québec: 1 Sitz; Howard, Human Rights Quarterly 13 (1991), S. 414; ausführlich zu den Wahlen vgl. Schneider, in: Schultze/Schneider (Hrsg.), S. 554 ff.

6. Dezember 1994 einen 17 Artikel umfassenden *Act respecting the sovereignty of Quebec (Draft Bill)*[129] vorgelegt. Dieser Gesetzesentwurf sah eine Unabhängigkeitserklärung Québecs ohne die Einhaltung des Verfassungsänderungsverfahrens vor, über die die Provinzbevölkerung in einem Referendum abstimmen sollte.
Daraufhin hat der Québecer Anwalt Guy Bertrand im August 1995 ein Verfahren vor dem Obersten Provinzgericht (Québec Superior Court) zur Überprüfung der verfassungsrechtlichen Gültigkeit des *Draft Bill* und der Rechtmäßigkeit einer einseitigen Sezession Québecs ohne die Einhaltung des Verfassungsänderungsverfahrens eingeleitet. Nach Auffassung des Klägers überschreite der *Draft Bill* insofern die Kompetenzen der Provinz, als im Gesetzentwurf dem in einem aus verfassungsrechtlicher Sicht unverbindlichen Referendum erzielten Votum die Wirkung beigemessen werde, ohne Einhaltung des Verfahrens für Verfassungsänderungen eine Unabhängigkeit vollziehen zu können. Der Québec Superior Court hat in seinem „declaratory judgment" vom 8. September 1995 entschieden, dass der *Draft Bill* die in der kanadischen Verfassung in Art. 2, 3, 6, 7, 15 und 24 Abs. 1 *Canadian Charter of Rights and Freedoms* niedergelegten Grundrechte des Klägers Bertrand verletzen würde[130].

D. Das Referendum in Québec am 30. Oktober 1995

Nach dem erneuten Scheitern einer Verfassungsreform durch den negativen Ausgang des Referendums zum *Charlottetown-Abkommen* im Jahre 1992 hat die im September 1994 in Québec wiedergewählte Regierung unter Führung der *Parti Québécois* mit Jacques Parizeau am 30. Oktober 1995 als Erfüllung ihres zentralen Wahlversprechens ein zweites Referendum über die Souveränität Québecs durchgeführt[131]. Die zur Abstimmung gestellte Frage lautete diesmal:

> „Acceptez-vous que le Québec devienne souverain, après avoir offert formellement au Canada un nouveau partenariat économique et politique, dans le cadre du projet de loi sur l'avenir du Québec et de l'entente signée le 12 juin 1995?"[132].

Bei diesem Referendum mit einer sehr hohen Beteiligung von 93,5 % der Bevölkerung stimmten lediglich 50,6 % gegen und 49,4 % für ein Ausscheiden Québecs aus dem kanadischen Staatsverband[133]; ein im Vergleich zum Referendum von 1980 sehr knappes, eine Unabhängigkeit der Provinz ablehnendes Ergebnis, welches zum Ausdruck bringt, dass der Konflikt um den politischen Status der

---

[129] *An Act respecting the Sovereignty of Québec*, National Assembly, 1st Sess., 35th Leg., Québec, 1994.
[130] *Bertrand v. Québec (Attorney-General)* (1995) 127 D.L.R. (4th), S. 408.
[131] Zur politischen Debatte im Vorfeld des Referendums im Jahre 1995 vgl. Conley, Journal of Commonwealth and Comparative Politics 35 (1997), S. 67 ff.
[132] Zit. in: Brun/Tremblay, S. 118.
[133] Schneider, in: Schultze/Schneider (Hrsg.), S. 379; Bayefsky, in: Bayefsky (Hrsg.), S. 11.

Provinz mit der Durchführung dieses Referendums jedenfalls keinen Abschluss gefunden hat.

Die 1995 gestellte Frage unterscheidet sich insofern von dem im Jahre 1980 abgehaltenen Referendum, als nicht lediglich über ein Mandat der Québecer Regierung für Verhandlungen mit (Rest-) Kanada über eine „sovereignty-association" abgestimmt wurde, sondern über die Zustimmung zu einer einseitigen Unabhängigkeitserklärung. Eine solche war im Falle eines positiven Votums nach einem an die kanadische Bundesregierung zu richtenden Angebot einer wirtschaftlichen und politischen Partnerschaft eines souveränen Québecs mit (Rest-) Kanada auf der Grundlage des im Wesentlichen mit dem vorangehenden *Draft Bill* übereinstimmenden und am 7. September 1995 von der Provinzregierung in der Nationalversammlung vorgestellten *Act respecting the future of Québec (Bill 1)*[134] bis zum 30. Oktober 1996 vorgesehen. Die Unabhängigkeitserklärung sollte unabhängig davon erfolgen, ob bis zu diesem Zeitpunkt tatsächlich ein derartiges Partnerschafts-Abkommen mit (Rest-) Kanada zustandegekommen ist. Als Anhang enthielt *Bill 1* das in der Fragestellung genannte Abkommen vom 12. Juni 1995 *(Tripartite-Agreement)*[135], das von den Vorsitzenden der auf Provinz- und Bundesebene vertretenen separatistischen Parteien Parti Québécois (Jacques Parizeau), des Bloc Québécois (Lucien Bouchard) und der Action Démocratique du Québec (Mario Dumont) abgeschlossen wurde. Das *Tripartite-Agreement* konkretisierte in Anlehnung an die in den europäischen Verträgen verankerten Strukturen die Inhalte eines wirtschaftlichen und politischen Partnerschaftsvertrages zwischen einem unabhängigen Québec und (Rest-) Kanada[136].

An dem Festhalten der Québecer Separatisten an ihren Unabhängigkeitsforderungen nach der Niederlage im Referendum am 30. Oktober 1995 änderte auch der Versuch von Premierminister Jean Chrétien Ende 1995 nichts, den Interessen der Provinzregierung durch das Angebot der Anerkennung eines symbolischen Status der Provinz als „distinct society" und eines Vetorechts der Provinz, das zwar nicht in der Verfassung, aber in einem Bundesgesetz verankert sein sollte, entgegenzukommen. Dies entsprach jedoch nicht den Forderungen Québecs, so dass Lucien Bouchard, der im Januar 1996 die Nachfolge des infolge des gescheiterten Referendums 1995 zurückgetretenen Québecer Provinzpremiers Jacques Parizeau antrat, weitere Verhandlungen mit der kanadischen Regierung

---

134 *Act respecting the future of Québec (The Sovereignty Bill)*, 1st Sess., 35th Leg., Québec, 1995.

135 *Tripartite Agreement between the Parti Québécois, the Bloc Québécois and the Action démocratique* vom 12. Juni 1995, Journals of the National Assembly, September of 1995, as an attachment to Bill 1.

136 Zu verweisen ist auf die nähere Auseinandersetzung mit der konkreten Ausgestaltung der im *Tripartite-Agreement* vom 12. Juni 1995 für den Fall der Sezession der Provinz vorgesehenen „wirtschaftlichen und politischen Partnerschaft" zwischen einem souveränen Québec und (Rest-) Kanada in Teil 5, unter C.

über Verfassungsreformen, die einen Verbleib der Provinz in der kanadischen Föderation voraussetzen, ablehnte[137].

E. Die *Reference re Secession of Québec* vor dem Supreme Court of Canada im Jahre 1998

Als Konsequenz des knappen Votums der Provinzbevölkerung gegen eine Unabhängigkeit der Provinz im Referendum des Jahres 1995 hat die kanadische Regierung am 30. September 1996 dem Obersten Gerichtshof Kanadas (Supreme Court of Canada) folgende auf die Vereinbarkeit einer einseitigen Unabhängigkeitserklärung der Provinz Québec sowohl mit dem Völkerrecht als auch mit der kanadischen Verfassung sowie auf die Lösung eines möglichen Konflikts sich widersprechender völker- und verfassungsrechtlicher Normen gerichtete Fragen vorgelegt[138]:

"1. Under the Constitution of Canada can the National Assembly, legislature[139] or government of Quebec effect the secession of Quebec from Canada unilaterally?

2. Does international law give the National Assembly, legislature or government of Quebec the right to effect the secession of Quebec from Canada unilaterally? In this regard, is there a right to self-determination under international law that would give the National Assembly, legislature or government of Quebec the right to effect the secession of Quebec from Canada unilaterally?

3. In the event of a conflict between domestic and international law on the right to the National Assembly, legislature or government of Quebec to effect the secession of Quebec from Canada unilaterally, which would take precedence on Canada?".

Im Gutachten vom 20. August 1998[140], auf dessen Entscheidungsgründe im Rahmen der rechtlichen Würdigung der Loslösung Québecs eingegangen werden soll, hat der Supreme Court ein völker- oder verfassungsrechtliches Sezessionsrecht der Provinz Québec verneint. Die Entscheidung des Gerichts wurde von den Föderalisten in der politischen Debatte als „Sieg" deklariert, hatte aber keine unmittelbaren Auswirkungen auf die Separationsbestrebungen in Québec, wie es die Wiederwahl der *Parti Québécois* und Lucien Bouchards bei den Provinzwah-

---

[137] Woehrling, in: JÖR 46 (1998), S. 544 f.; vgl. *Act respecting constitutional amendments (Regional Veto Act) (Bill C-110)*, S.C. 1996, c. 1 vom 2. Februar 1996, der ein ausdrückliches Vetorecht für die Provinzen Ontario, Québec, British Columbia und Alberta gewährt; über weitere Veto-Stimmen verfügen jeweils zwei Atlantik- und zwei Prärie-Provinzen, wenn die beiden Provinzen zusammen mehr als 50 % der Bevölkerung der Atlantik- bzw. Prärie-Regionen umfassen.

[138] Order in Council P.C.1996-1497 vom 30. September 1996, abgedruckt in: ILM 37 (1998), S. 1340 (1348).

[139] Die Unterscheidung zwischen der „National Assembly" und der „Legislature" beruht auf Art. 71 *Constitution Act von 1867*, der neben der „Legislative Assembly" und dem inzwischen in Québec abgeschafften „Legislative Council" den „Lieutenant Governor" (Repräsentant der britischen Krone in der Provinz) als Bestandteil der Legislative der Provinz Québec nennt.

[140] ILM 37 (1998), S. 1340 ff.

len in Québec am 30. November 1998 zeigte[141]. Bereits kurz nach der Wahl rückte Provinzpremier Lucien Bouchard von seinem strikten Kurs der Souveränität der Provinz Québec ab und kündigte an, ein weiteres Unabhängigkeitsreferendum nur dann abzuhalten, wenn ein positives Votum der Provinzbevölkerung zugunsten einer Sezession Québecs zu erwarten wäre; allerdings wurde nach dem Rücktritt Lucien Bouchards am 11. Januar 2001 mit Bernard Landry ein entschiedener Befürworter eines souveränen Québecs dessen Nachfolger[142].

F. Ausblick unter Berücksichtigung der Wahlen in Québec am 14. April 2003

Zwar erfolgte bei den Provinzwahlen in Québec am 14. April 2003[143] durch den Wahlsieg der Liberalen mit dem überzeugten Föderalisten Jean Charest an ihrer Spitze nach neun Jahren ein Regierungswechsel. Allerdings ist der Wahlsieg der *Parti Libéral du Québec* nicht in erster Linie auf eine mangelnde Unterstützung der Separationsbestrebungen der *Parti Québécois* durch die Provinzbevölkerung zurückzuführen, sondern die „Douche froide“[144] für die *Parti Québécois* und den erst seit zwei Jahren amtierenden Provinzpremier Bernard Landry hatte vielmehr eine ihrer zentralen Ursachen im Wahlkampfverhalten der Parteien sowie der gegenwärtigen sozialpolitischen Situation in der Provinz Québec. Insgesamt war der Wahlkampf von einer fehlenden Transparenz bezüglich der Souveränitätsfrage geprägt; im Vordergrund der Debatte vor den Wahlen stand die soziale und wirtschaftliche Situation der Provinz, die die Unabhängigkeitsthematik weitgehend in den Hintergrund verdrängt hat. Während des Wahlkampfes ist Jean Charest mit dem Slogan „La souveraineté ou la santé“[145] auf Stimmenfang gegangen und hat durch die Betonung der Gesundheits- und Sozialpolitik die Frage des zukünftigen verfassungsrechtlichen Status der Provinz innerhalb des kanadischen Staatsverbandes offengelassen. Auch Bernard Landry hat bis kurz vor der Wahl nicht eindeutig Stellung zur Souveränitätsfrage bezogen; die Rede war lediglich von einem „bon gouvernement“[146]. Bernard Landry hat ferner zunächst keine Aussage darüber getätigt, ob es im Falle des Wahlsieges der *Parti Québécois* zu

---

[141] Ergebnisse der Wahlen in Québec am 30. November 1998: Parti Québécois: 76 Sitze (42,7 %); Parti Libéral du Québec: 48 Sitze (43,7 %); Action Démocratique du Québec: 1 Sitz.

[142] Massicotte, Zeitschrift der Gesellschaft für Kanada-Studien 23 (2003), S. 96 ff.

[143] Ergebnis der Wahlen in Québec am 14. April 2003: Parti Libéral du Québec: 76 Sitze (46 %); Parti Québécois: 45 Sitze (32 %); Action Démocratique du Québec: 4 Sitze (18,3 %).

[144] *Le Devoir*, „Douche froide pour le PQ“, 15. April 2003, S. A1.

[145] *The Ottawa Citizen*, „Voters choose health over sovereignty", 15. April 2003, S. D2.

[146] *Le Devoir*, „Le mouvement souverainiste joue son avenir aujourd'hui, prévient Landry“, 14. April 2003, S. A3; hierzu auch *The Globe and Mail*, „Strong leaders needed to revive PQ credibility“, 15. April 2003, S. A5.

einem dritten Unabhängigkeitsreferendum in Québec kommen würde[147]. Dies hat die Liberalen zu dem Vorwurf gegenüber Bernard Landry veranlasst, dieser habe eine „agenda caché“ und würde seine Souveränitätsbestrebungen nicht offenbaren. Wenige Tage vor der Wahl hat sich Bernard Landry schließlich zur Souveränitätsfrage geäußert und im Falle des Wahlsieges der *Parti Québécois* die Durchführung eines dritten Unabhängigkeitsreferendums noch vor dem Jahre 2005 in Betracht gezogen, sofern „la moindre chance de le gagner“ besteht; es müsse eine „assurance morale“ geben, dass das Referendum zugunsten der Unabhängigkeit der Provinz ausgeht[148]. Zugleich hat Bernard Landry jedoch eine weitere Amtsperiode der *Parti Québécois* ohne die Durchführung eines Referendums nicht ausgeschlossen[149].

Aufgrund der sozialpolitischen Situation der Provinz waren die Wähler in Québec zum Zeitpunkt der Wahlen besorgter um das Beibehalten der Vorteile innerhalb des kanadischen Staatsverbandes und der finanziellen Unterstützung der Provinz durch den Bund. Hierfür haben sie die *Parti Libéral du Québec* als auch Jean Charest als kompetenteren Verhandlungsführer in den Beziehungen zwischen dem Bund und der Provinz angesehen, insbesondere auch im Hinblick auf die Aushandlung weiterer Verfassungsreformen zur Verbesserung der Stellung der Provinz innerhalb des kanadischen Staatsverbandes[150]. Der Regierungswechsel in Québec hat zur Konsequenz, dass mit der Wahl der liberalen Regierung zugleich die Frage der Souveränität Québecs als zentrale Programmatik zumindest für die kommende Regierungszeit der *Parti Libéral du Québec* ausgeklammert worden ist. Die *Parti Libéral du Québec* strebt eine neue Ausgestaltung des Verhältnisses zwischen Québec und Kanada an, so dass ein nächstes Referendum voraussichtlich eher eine Verfassungsänderung im Sinne einer Erweiterung der Kompetenzen der Provinz innerhalb des kanadischen Staatsverbandes als die Souveränität der Provinz zum Gegenstand haben würde. Die Ergebnisse früherer Provinzwahlen zeigen allerdings, dass die *Parti Québécois* die *Parti Libéral du Québec* mehrfach – meist nach zwei Legislaturperioden – als Regierungspartei abgelöst hat[151], was bei den kommenden Wahlen im Falle der Unzufriedenheit der Provinzbevölkerung mit der Bundesregierung in Ottawa sowie der Politik der

---

147 *Le Devoir*, „PQ ne rime plus avec référendum“, 7. April 2003, S. A3: „Si une fois que vous avez écouté ce que j'ai dit, vous ne saviez pas s'il y avait un référendum ou s'il n'y en avait pas, vous avez bien compris parce que c'est ca que je voulais dire: je ne le sais pas moi non plus. Ce que je sais, c'est qu'il n'y a qu'un parti souverainiste dans la course“.

148 Aussage von Bernard Landry wiedergegeben in: *La Presse*, „Pas de deux sur la souveraineté“, 8. April 2003, S. Cahier B1.

149 *La Presse*, „Pas de deux sur la souveraineté“, 8. April 2003, S. Cahier B1.

150 *Le Devoir*, „Le Québec fédéral", 16. April 2003, S. A 7.

151 Québec-Wahlen: 1998: PLQ: 48 Sitze, PQ: 76 Sitze, ADQ: 1 Sitz; 1994: PLQ: 47 Sitze, PQ: 77 Sitze, ADQ: 1 Sitz; 1989: PLQ: 92 Sitze, PQ: 29 Sitze, Equality Party: 4 Sitze; 1985: PLQ: 99 Sitze, PQ: 23 Sitze; 1981: PLQ: 42 Sitze, PQ: 80 Sitze; 1976: PLQ: 26 Sitze, PQ: 71 Sitze, Union Nationale: 11 Sitze, Crédits Social: 1 Sitz, Other: 1 Sitz (Quelle: *Toronto Star* vom 15. April 2003, S. A7).

Liberalen in Québec wieder eintreten könnte. Ein Regierungswechsel wird zudem durch die rechtlichen Rahmenbedingungen, insbesondere durch das in Québec geltende Mehrheitswahlsystem, das im Falle von zwei annähernd gleich starken Parteien und einer relativ hohen Zahl an Wechselwählern tendenziell zu Zweiparteiensystemen mit alternierenden Parteien führt, begünstigt[152]. Im Falle einer derartigen Entwicklung würde die *Parti Québécois* als zweitstärkste Kraft in der Provinz die einzige Alternative zur *Parti Libéral du Québec* darstellen. Die Wahlniederlage der *Parti Québécois* bedeutet daher jedenfalls keine vollständige Abkehr von den sezessionistischen Bestrebungen in Québec. Insbesondere ist die Wahl der *Parti Québécois* nicht zwingend gleichzusetzen mit dem Wunsch nach Unabhängigkeit der Provinz und umgekehrt bedeutet die „Abwahl" der *Parti Québécois* auch kein Votum gegen einen souveränen Status der Provinz. Die Frage der Souveränität der Provinz dominiert zwar in der aktuellen Legislaturperiode nicht das politische Spektrum, bleibt jedoch angesichts des Stellenwertes der Unabhängigkeitsfrage in der Programmatik der *Parti Québécois* als zweitstärkster Partei in der Provinz weiterhin wesentlicher Bestandteil der politischen Auseinandersetzung.

[152] Nohlen, S. 303 ff.; Schneider, in: Schultze/Schneider (Hrsg.), S. 351.

Teil 2: Völkerrechtliche Zulässigkeit einer einseitigen Unabhängigkeitserklärung Québecs

A. Ausscheiden eines Gliedstaates aus einem Staatsverband als Sezession

Ein einseitiges Ausscheiden der Provinz Québec aus dem kanadischen Staatsverband, wie es Gegenstand des Referendums vom 30. Oktober 1995 war, ist völkerrechtlich als Sezession einzuordnen. Es handelt sich bei einer Sezession um die Abtrennung des Teils eines Staatsgebietes, mit der die Bevölkerung des sich abspaltenden Teilgebietes bezweckt, entweder einen neuen Staat im abgespaltenen Gebietsteil zu gründen oder sich einem anderen bereits bestehenden Staat anzuschließen[153].

Abzugrenzen von einer Sezession als einseitiger Lostrennung eines Teilgebietes gegen den Willen des Mutterstaates ist sowohl die Separation, die die Entlassung des Teilgebietes aus dem Staatsverband im Einverständnis mit dem Mutterstaat bezeichnet[154], als auch die ebenfalls zu einem Übergang der Souveränität und der Entstehung von Neustaaten führende Dismembration, bei der der Staat in mehrere souveräne Einzelstaaten zerfällt, der Altstaat hierdurch untergeht und damit dessen Existenz als Völkerrechtssubjekt endet[155]. Eine Dismembration kann sich beispielsweise in einem Bundesstaat im Wege der Auflösung des Staates durch gleichzeitige Entlassung aller Gliedstaaten in die Unabhängigkeit oder einer Kette von Sezessionen der Gliedstaaten vollziehen[156].

Im Falle der von Québec angestrebten Neubildung eines unabhängigen Staates würde auf dem Gebiet des ehemaligen Gliedstaates die staatliche Souveränität, soweit sie bisher beim Bund lag, auf den neuen Staat übergehen[157]. Der alte Staat, in diesem Fall (Rest-) Kanada, würde nicht untergehen, sondern mit verkleinertem Staatsgebiet fortbestehen und nach der Lehre von der völkerrechtlichen Kontinuität der Staaten unabhängig von der territorialen Veränderung seines Staatsgebietes seine Völkerrechtssubjektivität behalten[158]; eine Ausnahme

---

[153] Haverland, Secession, in: EPIL IV, S. 354 ff.; Dahm/Delbrück/Wolfrum, Bd. I/1, S. 151 f.; Craven, Dalhousie Law Journal 14 (1991), S. 232 f.
In diesem Sinne definiert auch der Supreme Court of Canada in der *Reference re Secession of Québec* eine Sezession als „(...) the effort of a group or section of a state to withdraw itself from the political and constitutional authority of that state, with a view to achieving statehood for a new territorial unit in the international plane. (In a federal state, secession typically takes the form of a territorial unit seeking to withdraw from the federation)" (ILM 37 (1998), S. 1340 ff. (1363), § 83).

[154] Crawford, BYIL 69 (1998), S. 85 f.; ders., The Creation of States, S. 247; Willlershausen, S. 157.

[155] Doehring, Völkerrecht, Rn. 148; Dahm/Delbrück/Wolfrum, Bd. I/1, S. 151 f.; Schweisfurth, BDGV 35 (1996), S. 164; zur Abgrenzung zwischen Dismembration und Separation bzw. Sezession auch Dörr, Inkorporation, S. 133.

[156] Dahm/Delbrück/Wolfrum, Bd. I/1, S. 152.

[157] Craven, Dalhousie Law Journal 14 (1991), S. 233.

[158] Zimmermann, S. 20 f.; Fastenrath, BDGV 35 (1996), S. 12; Ipsen, § 5 Rn. 12, § 29 Rn. 8.

wird lediglich bei einer radikalen Veränderung des Staatsgebietes angenommen, die aufgrund der Größe des Territoriums der Provinz Québec im Verhältnis zum Staatsgebiet von (Rest-) Kanada nicht vorliegen würde[159].
Für die Beurteilung, ob und unter welchen Voraussetzungen die nach dem historischen Hintergrund allein in Betracht kommende Sezession zulässig ist, bedarf es der Klärung, welches Recht insoweit zur Anwendung kommt.

B. Anwendbarkeit von Völkerrecht auf den Québec-Konflikt

Das Ausscheiden der Provinz Québec aus dem kanadischen Staatsverband betrifft das Verhältnis der Provinz zum kanadischen Mutterstaat, stellt also einen sich innerhalb der Grenzen eines Staates vollziehenden Vorgang dar. Allerdings strebt die Provinz Québec mit dem Ausscheiden aus dem Bundesstaat an, ein eigenständiger Staat und damit Völkerrechtssubjekt zu werden. Deshalb bedarf es der Klärung, ob auf die Geltendmachung einer Sezession durch einen Gliedstaat Völkerrecht Anwendung findet oder ob es sich hierbei um einen nur nach nationalem Recht zu beurteilenden Sachverhalt handelt. Für die Beurteilung dieser Frage kann von Bedeutung sein, ob und inwieweit das Völkerrecht auch Gliedstaaten Rechte zuerkennt und auf Vorgänge „innerhalb eines Staates" Anwendung findet. Auch können sich aus den Rechtsfolgen, die das Völkerrecht an das Ausscheiden eines Gliedstaates knüpft, Rückschlüsse darauf ergeben, inwieweit das Völkerrecht auch die Voraussetzungen für den Eintritt dieser Rechtsfolgen, nämlich der Sezession, bestimmt[160].

---

[159] Dahm/Delbrück/Wolfrum, Bd. I/1, S. 141; das Territorium der Provinz Québec stellt ca. 15,5 % des gesamten kanadischen Staatsgebietes dar.

[160] Zur Frage der Anwendbarkeit von Völkerrecht auf die Beziehungen zwischen Rechtssubjekten innerhalb eines Staates besitzen die unterschiedlichen Positionen zum Verhältnis von Völkerrecht und innerstaatlichem Recht sowie die im innerstaatlichen Recht gewählte Form der Umsetzung völkerrechtlicher Normen in das staatliche Recht keine Aussagekraft (zu den verschiedenen Umsetzungsvarianten vgl. Kunig, in: Vitzthum (Hrsg.), Rn. 37 ff.; Stern, Staatsrecht I, S. 480; Rojahn, in: Münch/Kunig, Art. 25 Rn. 5; Verdross/Simma, §§ 848, 863). Diese betreffen die Erforderlichkeit und konkrete Ausgestaltung der Umsetzung völkerrechtlicher Normen in das innerstaatliche Recht als Voraussetzung für deren innerstaatliche Geltung und sind für die Lösung der Fälle einer Kollision sich inhaltlich widersprechender völkerrechtlicher und innerstaatlicher Normen von Bedeutung. Zu den verschiedenen Theorien – dualistische und monistische Theorie – vgl. Berber, S. 94 ff.; Verdross/Simma, §§ 71 ff.; Kunig, in: Vitzthum (Hrsg.), Rn. 28 ff.; vgl. Rojahn, in: Münch/Kunig, Art. 25 Rn. 4 dazu, dass diese Theorien angesichts ihres geringen Erklärungswerts heute kaum mehr eine praktische Bedeutung besitzen. Demgegenüber stellt sich hier die Frage, ob überhaupt Völkerrecht Anwendung findet.

I. Völkerrechtssubjektivität des Gliedstaates eines Bundesstaates

1. Rechtsnatur der Beziehungen zwischen Bund und Gliedstaat

Grundsätzlich regelt das Völkerrecht die Beziehungen zwischen Völkerrechtssubjekten, d.h. den Rechtseinheiten, denen die Völkerrechtsordnung die Fähigkeit zuerkennt, Träger von völkerrechtlichen Rechten und Pflichten zu sein[161]. Hierzu gehören in erster Linie die Staaten, die kraft ihrer Existenz Völkerrechtssubjektivität besitzen[162]. Die Anwendung von Völkerrecht auf das Verhältnis zwischen der Provinz Québec und dem kanadischen Mutterstaat wäre somit zu bejahen, wenn beide Völkerrechtssubjektivität besitzen. Kanada ist, wie in Teil 1 dargelegt, ein Bundesstaat, somit ein sich aus mehreren Gliedstaaten zusammensetzender Staatsverband[163]. Zwar besitzen in einem Bundesstaat der Bund selbst und die Gliedstaaten jeweils Staatsqualität[164], d.h. die für einen Staat konstitutiven Elemente Staatsgebiet, Staatsvolk sowie Staatsgewalt in den Kompetenzbereichen, die die Bundesverfassung den Gliedstaaten zur eigenverantwortlichen Wahrnehmung zuerkennt[165]. Allerdings begründet allein deren Staatsqualität aufgrund der fehlenden Souveränität der Gliedstaaten weder die Völkerrechtssubjektivität des Gliedstaates noch ist sie hierfür eine zwingende Voraussetzung[166].

Anders als in einem Staatenbund, in dem zwischen den assoziierten Staaten, die auch nach dem Zusammenschluss ihre volle Souveränität und somit Völkerrechtssubjektivität behalten, allein Völkerrecht zur Anwendung kommt[167], sind die Beziehungen im Bundesstaat zwischen dem Bund und den Gliedstaaten sowie zwischen den Gliedstaaten untereinander aufgrund der in der jeweiligen Bundesverfassung festgelegten Kompetenzen staatsrechtlicher und nicht völkerrechtlicher Natur[168]. Durch die sich in der Regel im Wege der Verfassungsgebung vollziehende Gründung des Bundesstaates verlieren die sich zusammenschließenden Glieder ihre etwaige zuvor bestehende Völkerrechtssubjektivität;

---

161 Mosler, Völkerrechtsfähigkeit, in: Strupp/Schlochauer (Hrsg.), 3. Bd., S. 665.

162 Mosler, Völkerrechtsfähigkeit, in: Strupp/Schlochauer (Hrsg.), 3. Bd., S. 668 ff.

163 Zu den Besonderheiten des kanadischen Staatsverbandes vgl. die Ausführungen in Teil 1, A.

164 Stern, Staatsrecht I, S. 645; Rudolf, AVR 27 (1989), S. 1.

165 Zur „Drei-Elementen-Lehre" vgl. stellv. Verdross/Simma, §§ 378 ff.

166 Nach Kisker (S. 59 f.) betrifft die Staatsqualität der Gliedstaaten allein die Ausgestaltung des Verhältnisses zwischen dem Bund und den Gliedstaaten; so auch Krüger, in: FG Erich Kaufmann, S. 241 f.; Mallmann, Völkerrecht und Bundesstaat, in: Strupp/Schlochauer (Hrsg.), 3. Bd., S. 641; Dörr, in: Aulehner (Hrsg.), S. 213 f.

167 Doehring, Völkerrecht, Rn. 128; Stern, Staatsrecht I, S. 654; Berber, S. 139 f.; Rojahn, in: Münch/Kunig, Art. 32 Rn. 33; differenzierend: Krüger, in: FG für Erich Kaufmann, S. 241 ff.: Bei nicht rein privatrechtlichen Angelegenheiten könne man auf die Beziehungen zwischen Bund und Gliedstaat grundsätzlich die Regeln des Völkerrechts anwenden.

168 Rudolf, AVR 27 (1989), S. 3; Stern, Staatsrecht I, S. 644.

nur der Bundesstaat besitzt völkerrechtliche Vollrechtsfähigkeit[169]. Auch ein in der bundesstaatlichen Verfassung verankertes Recht der föderativen Mitglieder auf Austritt aus dem Staatsverband oder die etwaige Vertragseigenschaft des Gründungsdokuments begründet keine Völkerrechtssubjektivität der Gliedstaaten eines Bundesstaates[170].

2. Bedeutung einer verfassungsrechtlichen Kompetenzzuweisung in völkerrechtlichen Angelegenheiten

Allerdings können die Bundesstaaten in ihren jeweiligen Bundesverfassungen bestimmte Zuständigkeiten festlegen, durch die den Gliedstaaten auf verfassungsrechtlicher Grundlage eine völkerrechtliche (Teil-) Rechtsfähigkeit, in der Regel in Form einer Vertragsschlusskompetenz auf völkerrechtlicher Ebene, eingeräumt wird[171]. Im Falle der verfassungsrechtlichen Zuerkennung einer Vertragsschlusskompetenz können die Gliedstaaten auf völkerrechtlicher Ebene im Rahmen der ihnen zugewiesenen Kompetenzen verbindlich völkerrechtliche Rechte und Pflichten – unter Umständen auch mit einer Bindung des Gesamtstaates – begründen[172]. Beispielhaft ist auf Art. 32 des Grundgesetzes der Bun-

---

[169] Berber, S. 143; Doehring, Völkerrecht, S. 127, 139. Kanada war bis 1931 aufgrund der Abhängigkeit von Großbritannien kein Völkerrechtssubjekt. Erst mit dem Inkrafttreten des *Statute of Westminster* am 11. Dezember 1931 erlangte Kanada schließlich die vollständige Souveränität und das Recht, völkerrechtliche Verträge zu schließen (Fundstelle siehe Fn. 11); *Reference re Offshore Mineral Rights of British Columbia* (1967) S.C.R., S. 792 (816)); a.A. Slattery (Supreme Court Law Review 5 (1983), S. 391 ff.) sieht im *Statute of Westminster* keine zureichende Rechtsgrundlage für die Unabhängigkeit Kanadas und erachtet das in der kanadischen Rechtsprechungspraxis anerkannte Prinzip der Kontinuität als maßgebend.

[170] Stern, Staatsrecht I, S. 654; Blumenwitz, VRÜ 3 (1970), S. 440; zu Sezessionsrechten in den Verfassungen ehemaliger Bundesstaaten vgl. Teil 4, A, Fn. 710.

[171] Rudolf, AVR 27 (1989), S. 6. Die *International Law Commission (ILC)* hat im Jahre 1966 während der Kodifikationsarbeiten an einem völkerrechtlichen Vertragsrecht das Nichtbestehen einer völkerrechtlichen Norm, die es Gliedstaaten verbietet, völkerrechtliche Verträge zu schließen, bekräftigt: vgl. „Report of the International Law Commission on the Work of its eighteenth session" (A/CN.4/191, S. 26) vom 28. Juli 1966: Article 5: „(1) Every State possesses capacity to conclude treaties. (2) States members of a federal union may possess a capacity to conclude treaties if such capacity is admitted by the federal constitution and within the limits there laid down".

Aufgrund des Widerstandes der Mehrheit der Bundesstaaten (darunter Kanada, vgl. „Intervention du représentant canadien, H. Wershof, à la Conférence des Nations Unies sur le droit des traités, 2ème session, Vienne, 9 avril-22 mai 1969" (A/Conf.39/11/Add.1 (1970)), abgedruckt in: Morin/Rigaldies/Turp, S. 11 ff.) wurde diese Klausel letztlich jedoch nicht in das *Wiener Übereinkommen über das Recht der Verträge (WVK)* vom 23. Mai 1969 (BGBl. 1985 II S. 926) aufgenommen (vgl. hierzu Morin, in: RQDI 1 (1984), S. 185; Kempen, in: v. Mangoldt/Klein/Starck, GG II, Art. 32 Rn. 10; Arbour, S. 78 f.). Zur Vertragsschlusskompetenz der Provinz Québec vgl. Teil 3, B I. 2. a.

[172] Dahm/Delbrück/Wolfrum, Bd. I/3, S. 526; Gotlieb, S. 25 f.; Lauterpacht, in: YBILC 1953, Vol. II, S. 139; a.A. Fitzmaurice, in: YBILC 1958, Vol. II, S. 24: „The component units of a

desrepublik Deutschland zu verweisen, der eine Kompetenzverteilung zwischen Bund und Ländern im Bereich der Beziehungen zu auswärtigen Staaten und anderen Völkerrechtssubjekten vornimmt. Nach Art. 32 Abs. 3 des Grundgesetzes können die Bundesländer mit Zustimmung des Bundes im völkerrechtlichen Verkehr Verträge abschließen, soweit sie für die Gesetzgebung zuständig sind. Aus der Wahrnehmung der verfassungsrechtlich zugewiesenen Kompetenzen in völkerrechtlichen Angelegenheiten durch die Gliedstaaten kann jedoch lediglich eine beschränkte Völkerrechtssubjektivität der Gliedstaaten resultieren[173], die von der Völkerrechtssubjektivität des Bundesstaates abgeleitet ist und sich auf die in der Verfassung eingeräumten völkerrechtlichen Kompetenzen beschränkt, also weder originär noch umfassend ist[174]. Für die hier zu beurteilende Frage ist folgender Umstand entscheidend: Eine verfassungsrechtliche Kompetenzzuweisung als Voraussetzung für eine partielle Völkerrechtssubjektivität des Gliedstaates stellt zwar die verfassungsrechtliche Ermächtigung des Gliedstaates für das Handeln im völkerrechtlichen Verkehr dar[175], betrifft jedoch in erster Linie das Verhältnis der Gliedstaaten zu Drittstaaten sowie anderen Völkerrechtssubjekten und beinhaltet keine völkerrechtliche Berechtigung der Gliedstaaten gegenüber dem Bund.

II. Anwendung von Völkerrecht auf traditionell innerstaatliche Regelungsbereiche

Für die Anwendbarkeit von Völkerrecht auf innerstaatliche Vorgänge könnte aber die Entwicklung in der Völkerrechtspraxis sprechen, der zufolge sich das

---

federal union, not possessing any international personality apart from that of the union, do not possess treaty-making capacity. In so far as they are empowered or authorized under the constitution of the union to negotiate or enter into treaties with foreign countries, even if it is in their own name, they do so as agents for the union which, as alone possessing international personality, is necessarily the entity that becomes bound by the treaty and responsible for carrying it out".

[173] Rudolf, AVR 27 (1989), S. 7; Rojahn, in: Münch/Kunig, Art. 32 Rn. 32; Mallmann, Völkerrecht und Bundesstaat, in: Strupp/Schlochauer (Hrsg.), 3. Bd., S. 641.

[174] Dörr, in: Aulehner (Hrsg.), S. 213; Rojahn, in: Münch/Kunig, Art. 32 Rn. 32.
Die Zuweisung einer völkerrechtlichen Handlungskompetenz der Gliedstaaten in bundesstaatlichen Verfassungen begründet nicht ipso iure die Völkerrechtssubjektivität von Gliedstaaten, sondern stellt hierfür lediglich die verfassungsrechtliche Voraussetzung dar, hierzu Mallmann, Völkerrecht und Bundesstaat, in: Strupp/Schlochauer (Hrsg.), 3. Bd., S. 641; Rudolf, AVR 27 (1989), S. 6 f.; Kempen, in: v. Mangoldt/Klein/Starck, GG II, Art. 32 Rn. 9 f.; Beyerlin, S. 185 f.; Opeskin, Netherlands International Law Review 43 (1996), S. 366; nicht eindeutig differenzierend: Bleckmann, Grundgesetz und Völkerrecht, S. 210. Dörr (in: Aulehner (Hrsg.), S. 214) verweist darauf, dass auch ein nach Vertragsschluss erfolgendes Einverständnis der jeweiligen Bundesregierung ausreichend ist (vgl. hierzu die nachträgliche Zustimmung der kanadischen Bundesregierung zu einem von der Provinz Québec geschlossenen Abkommen mit Frankreich in Teil 3, B I. 2. a.).

[175] Kempen, in: v. Mangoldt/Klein/Starck, GG II, Art. 32 Rn. 10.

früher auf zwischenstaatliche Beziehungen beschränkte Völkerrecht heute auch mit ursprünglich ausschließlich dem innerstaatlichen Recht unterliegenden Regelungsgegenständen befasst. Insbesondere in der zweiten Hälfte des 20. Jahrhunderts hat sich der Kreis der an völkerrechtlichen Beziehungen Beteiligten wie auch der Regelungsgegenstände derartiger Beziehungen bedeutend erweitert[176]. Im Gegensatz zum klassischen Völkerrecht, das im Wesentlichen nur die Staaten als Völkerrechtssubjekte anerkannt hat[177], begründet das gegenwärtige Völkerrecht in gewissen Bereichen auch Individualrechte und -pflichten, insbesondere die Möglichkeit der Geltendmachung einer Rechtsverletzung durch den Einzelnen vor internationalen Instanzen[178], und geht damit über die ursprüngliche völkerrechtliche Mediatisierung des Einzelnen durch den Staat, dessen Staatsbürger er ist, hinaus[179]. Zu nennen sind beispielhaft der ursprünglich dem domaine réservé[180] der Staaten zugehörige und heute bestehende universelle völkerrechtliche Menschenrechtsschutz[181], insbesondere die im *Internationalen Pakt über bürgerliche und politische Rechte (IPbpR) vom 19. Dezember 1966*[182] niedergelegten Individualrechte in ihren Ausprägungen als politische Rechte im Sinne des Art. 25 *IPbpR* und als Rechte von Angehörigen einer Minderheit nach Art. 27 *IPbpR*.

Auch geht die Entwicklung dahin, bestimmten Gruppen, wie Befreiungsbewegungen[183] und „Völkern" als Subjekte des Prinzips der Selbstbestimmung[184], einzelne völkerrechtliche Rechte einzuräumen; das Selbstbestimmungsrecht könnte dabei auf die Beziehungen zwischen Mutterstaat und Gliedstaat im Falle der

---

176 Beispiele bei Ipsen, § 1 Rn. 6 ff.; Vitzthum, in: Vitzthum (Hrsg.), Rn. 14 ff.

177 Außer den Staaten gelten der Heilige Stuhl, das Internationale Komitee vom Roten Kreuz und der Malteserorden als traditionelle Völkerrechtssubjekte (hierzu Ipsen, § 8 Rn. 1 ff.; Hailbronner, in: Vitzthum (Hrsg.), Rn. 42 f.).

178 Vgl. das Individualbeschwerdeverfahren vor dem EGMR nach Art. 34 der *Konvention zum Schutze der Menschenrechte und Grundfreiheiten (EMRK)* vom 4. November 1950 (BGBl. 1952 II S. 685, 953); die Regelungen des *III. Genfer Abkommens über die Behandlung von Kriegsgefangenen* vom 12. August 1949 (BGBl. 1954 II S. 838), des *IV. Genfer Abkommens zum Schutze von Zivilpersonen in Kriegszeiten* vom 12. August 1949 (BGBl. 1954 II S. 917) sowie die *Zusatzprotokolle zu den Genfer Abkommen* vom 8. Juni 1977 (BGBl. 1990 II S. 1551, S. 1637); die *Genfer Flüchtlingskonvention* vom 28. Juli 1951 (BGBl. 1953 II S. 560); die Straftatbestände im *Rome Statute of the International Criminal Court* vom 17. Juli 1998 (Abdruck in: ILM 37 (1998), S. 999 ff.).

179 Doehring, Völkerrecht, Rn. 21, ausführlich zur Völkerrechtssubjektivität von natürlichen Personen Rn. 243 ff.; Verdross/Simma, §§ 47, 423; Ipsen, § 7 Rn. 1 ff.

180 Zum Begriff des „domaine réservé" Cottier, SZIER 9 (1999), S. 408 ff.

181 Cottier, SZIER 9 (1999), S. 408 ff.

182 BGBl. 1973 II S. 1534.

183 Im Sinne von Art. 1 Abs. 4 des *Ersten Zusatzprotokolls* vom 8. Juni 1977 (vgl. Fn. 178); Ipsen, § 67 Rn. 7 f.; Dahm/Delbrück/Wolfrum, Bd. I/1, S. 24 Fn. 18; Verdross/Simma, § 409; Bennigsen, in: Wolfrum (Hrsg.), Hdbuch VN, Nr. 6 Rn. 19.

184 Cottier, SZIER 9 (1999), S. 418; siehe Art. 1 Nr. 2 der *UN-Charta*; Art. 1 der *UN-Menschenrechtspakte von 1966*.

Qualifizierung der Bevölkerung des Gliedstaates als „Volk“ im Sinne des Selbstbestimmungsrechts Anwendung finden. Die zunehmende Berücksichtigung des Individuums und einzelner Gruppen sowie die Erweiterung des Menschenrechts- und Minderheitenschutzes auf völkerrechtlicher Ebene zeigen, dass das moderne Völkerrecht durch eine „fortschreitende Verrechtlichung der internationalen Beziehungen über den Staat hinaus- und in den Staat hineinwirkend geprägt ist“[185]. Da nur Staaten unbeschränkte Völkerrechtssubjekte sind, kommt aber nur eine auf einzelne völkerrechtliche Rechte und Pflichten beschränkte Völkerrechtssubjektivität von „Völkern“ in Betracht, was bedeutet, dass ihnen nur in Bezug auf die insbesondere aus dem Selbstbestimmungsprinzip ableitbaren Ansprüche Rechtspersönlichkeit zukommen kann[186].
Hieraus folgt zugleich, dass die Staaten auch dann völkerrechtlich verpflichtet sein können, wenn es sich nicht um zwischenstaatliche, sondern um innerstaatliche Sachverhalte handelt. In ihrer Eigenschaft als Völkerrechtssubjekte obliegt den Staaten dann die Pflicht, die an sie gerichteten völkerrechtlichen Normen gegenüber einem in der Norm berechtigten Subjekt auch dann zu beachten, wenn dieses keine generelle, sondern nur eine auf die Wahrnehmung bestimmter Rechte bezogene Völkerrechtssubjektivität besitzt. Das Prinzip der Souveränität der Staaten steht einem Geltungsanspruch des Völkerrechts im innerstaatlichen Bereich nicht entgegen[187].

III. Auswirkungen der Sezession eines Gliedstaates auf völkerrechtlicher Ebene

Für die Anwendbarkeit von Völkerrecht auf das Verhältnis zwischen Glied- und Mutterstaat könnte sprechen, dass der Gliedstaat mit dem Ausscheiden aus dem Staatsverband und der Gründung eines unabhängigen Neustaates das Ziel verfolgt, sich außerhalb der Bundesverfassung zu stellen. Er strebt die Anerkennung als neuer Staat durch die internationale Gemeinschaft und somit die Erlangung der unbeschränkten Völkerrechtssubjektivität an. Auswirkungen auf völkerrechtlicher Ebene hat die Sezession eines Gliedstaates auch für die Beurteilung der Rechtmäßigkeit einer vorzeitigen Anerkennung sowie der Unterstützung von Se-

---

[185] So Ipsen, § 1 Rn. 12.
[186] Klein, S. 41 f.
[187] Vgl. *The Corfu Channel Case*, ICJ Reports 1949, S. 4 (43): „We can no longer regard sovereignty as an absolute and individual right of every State (...) according to which States were only bound by the rules which they had accepted. Today (...) the States are bound by many rules which have not been ordered by their will. The sovereignty of States (...) has to be exercised in accordance with the new international law"; *United Nations: Report of the Secretary-General on an Agenda for Peace-Preventive diplomacy, Peacemaking and Peace-keeping* (abgedruckt in: ILM 31 (1992), S. 953 ff.), § 17: „(...) The time of absolute and exclusive sovereignty, however, has passed; its theory was never matched by reality. (...)"; Carrillo-Salcedo, RdC 235 (1996), S. 56 f.; Murswiek, AVR 31 (1993), S. 312.

zessionsbestrebungen einzelner Gruppen innerhalb eines Staates durch Drittstaaten oder andere Völkerrechtssubjekte, in deren Rahmen insbesondere das in Art. 2 Nr. 1 *UN-Charta* verankerte Interventionsverbot zum Tragen kommt[188]. Des Weiteren können die durch den Gesamtverband abgeschlossenen völkerrechtlichen Verträge durch die Sezession des Teils eines Staatsgebietes berührt werden. So ist beispielsweise nicht ausgeschlossen, dass sich ein Vertragspartner auf den Beendigungs- und Rücktrittsgrund der clausula rebus sic stantibus im Sinne von Art. 62 des *Wiener Übereinkommens über das Recht der Verträge* beruft; dies könnte für einen völkerrechtlichen Vertrag in Betracht kommen, dessen Gegenstand sich in besonderer Weise auf den sezedierenden Gliedstaat bezieht.
Aus dem Eintreten dieser völkerrechtlichen Rechtsfolgen könnte der Schluss gezogen werden, dass eine entsprechende völkerrechtliche Rechtsgrundlage für die Sezession eines Teilgebietes aus einem Staatsverband vorauszusetzen ist. Insbesondere von Teilen der älteren Völkerrechtslehre wird hiergegen eingewandt, dass die Loslösung eines Teilgebietes aus einem bestehenden Staatsverband ein rein innerstaatlicher oder „völkerrechtsneutraler" Sachverhalt sei, dessen Rechtsfolgen vom Völkerrecht anerkannt würden[189]. Diesen Einwänden ist insofern zuzustimmen, als das Völkerrecht eine faktisch vollzogene Sezession anerkennt. Die Entstehung eines Neustaates aus völkerrechtlicher Sicht ist ein nach dem Effektivitätsprinzip zu beurteilender Vorgang, der sich in erster Linie nach tatsächlichen und nicht nach rechtlichen Gesichtspunkten beurteilt[190], d.h. für die völkerrechtliche Anerkennung eines durch eine Sezession entstandenen Neustaates ist die effektive, auf Dauer angelegte Durchsetzung der neuen Staatsgewalt auf dem Gebiet des Neustaates maßgebend, die dem Staat eine uneingeschränkte Handlungsfähigkeit sowohl in innerstaatlichen Angelegenheiten als auch in Beziehungen zu Drittstaaten ermöglicht[191]. Allerdings schließt das Effektivitäts-

---

[188] Doehring, BDGV 14 (1974), S. 30.

[189] Rousseau, S. 81; Lauterpacht, S. 409: „International law acknowledges as a source of rights and obligations such facts and situations that are not the result of acts which it prohibits and stigmatizes as unlawful. Thus, for instance, secession from an existing State, although constituting a breach of the law of the State concerned, is not contrary to international law. Although rebellion is treason in the eyes of municipal law, it results – (...) – in a duty of other States to recognize the change and to treat the new government as representing the State in the international sphere"; Crawford, The Creation of States, S. 268: „(...) secession is neither legal nor illegal in international law, but a legally neutral act the consequences of which are, or may be, regulated internationally"; vgl. aus dem neueren Schrifttum: Shaw, BYIL 67 (1996), S. 143 f.; Antonopoulos, RHDI 49 (1996), S. 74; Musgrave, S. 192 f., 210; Binette, CYIL 34 (1996), S. 227.

[190] Haverland, Secession, in: EPIL IV, S. 355: „Events leading to the creation of a new State generally entail matters within the domestic jurisdiction of a State. International law has traditionally acknowledged secession subsequent to a factual state of events which has led to a situation in which the constitutive elements of a State are present rather than conditions of its legality".

[191] Krieger, S. 88; Verdross/Simma, §§ 380, 383; Rauschning, in: FS Jaenicke, S. 383, 391; Ipsen, § 5 Rn. 10.

prinzip die Beurteilung eines Vorganges nach völkerrechtlichen Maßstäben nicht aus[192]. Denn es sagt nichts darüber aus, nach welchen rechtlichen Maßstäben ein Gliedstaat berechtigt ist, sich vom Mutterstaat zu lösen. Insoweit ist an dieser Stelle nur darauf hinzuweisen, dass das Völkerrecht für den Prozess der Entstehung eines neuen Staates Regelungen, wie zum Beispiel das Recht eines Volkes auf Selbstbestimmung einerseits, oder wie erwähnt, ein Interventionsverbot andererseits, bereithält. An der Geltung dieser völkerrechtlichen Regelungen würde es grundsätzlich nichts ändern, dass eine Lösung vom Mutterstaat, die völkerrechtlichen Maßstäben widerspricht, wegen des Effektivitätsprinzips bei völkerrechtlichen Anerkennungen gleichsam sanktionslos bleibt. Dies spricht dagegen, dass ein Sezessionsprozess einer völkerrechtlichen Regelung grundsätzlich entzogen ist.
Dementsprechend ist in der neueren Völkerrechtslehre auch eine Abkehr von der Einordnung der Sezession als rein innerstaatliche Angelegenheit festzustellen: Beispielsweise geht Doehring zwar im Grundsatz davon aus, dass in den Fällen einer staatsrechtlichen Verbindung zwischen einer ausscheidenden Gruppe und dem Rest des Verbundes kein Sezessionsrecht auf völkerrechtlicher Ebene bestehe[193]. Allerdings relativiert er zugleich seine Feststellung, indem er darauf verweist, dass man aufgrund der auch im Völkerrecht berücksichtigten staatlichen Schutz- und der Treuepflicht der Staatsbürger „in Ansehung eines möglichen Sezessionsrechts als Inhalt des Selbstbestimmungsrechts die Verbindung zwischen Staats- und Völkerrecht herstellen muss, und Sezessionsrecht sowie Sezessionsverbot auch auf völkerrechtlichen oder doch mittelbar völkerrechtlichen Grundlagen beruhen können“[194]. Diese Position vertritt auch der kanadische Rechtswissenschaftler Turp, der von der Anwendbarkeit von Völkerrecht ausgeht, einer völkerrechtlichen Rechtsgrundlage jedoch lediglich eine Auffangfunktion für den Fall zuerkennt, dass das nationale Recht eine solche – er beruft sich dabei ausdrücklich auf das Selbstbestimmungsrecht – nicht gewähre[195].
Angesichts der völkerrechtlichen Rechtsfolgen kann eine Sezession folglich nicht als rein innerstaatlicher Sachverhalt betrachtet werden; es handelt sich vielmehr um einen Vorgang, der sowohl die Völkerrechtsordnung als auch den innerstaatlichen Rechtsbereich berührt. Dies wird von Norman wie folgt anschaulich beschrieben: „Secession is essentially the changing of a region's legal status within the constitutional law of its former state and the acceeding to a new legal status in international law“[196]. Aufgrund der im Grenzbereich der beiden Rechtsordnungen liegenden Materie ist daher von einer Gemengelage zwischen

[192] Verdross/Simma, § 70.
[193] Doehring, BDGV 14 (1974), S. 31.
[194] Doehring, BDGV 14 (1974), S. 32; vgl. auch ders., Völkerrecht, Rn. 797.
[195] Turp, in: Clark/Williamson (Hrsg.), S. 278.
[196] Norman, in: Moore (Hrsg.), S. 49.

staatsrechtlicher und völkerrechtlicher Regelung auszugehen[197], die für die Anwendbarkeit auch von Völkerrecht auf die Sezession eines Gliedstaates spricht.

IV. Ergebnis

Zusammenfassend ist festzustellen, dass das Ausscheiden eines Gliedstaates aus einem Staatsverband grundsätzlich nicht nur nationalem Recht, sondern auch dem Anwendungsbereich des Völkerrechts unterliegt. Zwar spricht die auf bestimmte Rechte und Pflichten beschränkte Völkerrechtssubjektivität des Gliedstaates zunächst gegen eine Anwendbarkeit von Völkerrecht auf die Beziehungen zwischen Gliedstaat und Bund. In Betracht kommt allerdings, dass der Gliedstaat Rechtssubjekt einer an den Bund gerichteten, ein Sezessionsrecht gewährenden völkerrechtlichen Norm ist und aus der Einräumung dieser Rechte eine partielle Völkerrechtssubjektivität des Gliedstaates resultiert, die die Anwendbarkeit dieser konkreten Völkerrechtsnorm gegenüber dem Bund ermöglicht. Bei der Loslösung eines Gliedstaates von einem Staatsverband handelt es sich außerdem um einen Vorgang, der aufgrund der auf völkerrechtlicher Ebene eintretenden Rechtsfolgen im Grenzbereich von innerstaatlichem Recht und Völkerrecht angesiedelt, also nicht rein innerstaatlich und einer völkerrechtlichen Regelung nicht von vornherein entzogen ist. In bestimmten Bereichen wurden innerstaatlich relevante Vorgänge dem Regelungsbereich des Völkerrechts unterstellt; bisher bestehen jedoch nur punktuelle Regelungen, die nicht ausdrücklich die Beziehungen zwischen Gliedstaat und Bund betreffen. Jedenfalls ist eine ergänzende Heranziehung völkerrechtlicher Prinzipien auf die Beziehung zwischen Rechtssubjekten innerhalb eines Bundesstaates nicht grundsätzlich ausgeschlossen.

C. Das Prinzip der Selbstbestimmung der Völker als Grundlage eines Sezessionsrechts?

Ein ausdrückliches Sezessionsrecht oder ein ausdrückliches Sezessionsverbot für Teilgebiete souveräner Staaten, die sich einseitig vom Mutterstaat lösen wollen, findet sich in völkerrechtlichen Quellen weder auf Vertragsebene noch in anderen Dokumenten. Ein Indiz dafür, dass das Völkerrecht Sezessionen nicht grundsätzlich verbietet, lässt sich den *Wiener Konventionen über die Staatennachfolge* aus den Jahren 1978 und 1983[198] entnehmen, die die Sezession jeweils als Unterfall der ausdrücklich geregelten „Separation" erfassen und die Anwendbarkeit der Regelungen der *Wiener Konventionen* an die Völkerrechtsmäßigkeit der er-

---

[197] Bothe, in: FS für Mosler, S. 115; in diesem Sinne auch Geiger, S. 15.

[198] *Wiener Übereinkommen über Staatennachfolge in Verträge* vom 22. August 1978 (in: ILM 17 (1978), S. 1488 ff.); *Wiener Konvention über die Staatennachfolge in Staatsvermögen, -archive und –schulden* vom 8. April 1983 (in: ILM 22 (1983), S. 306 ff.).

folgten Separation knüpfen[199]. Aussagen über die völkerrechtliche Zulässigkeit der Sezession eines Gliedstaates sind vor allem dem Prinzip der Selbstbestimmung der Völker und dem Prinzip der territorialen Integrität zu entnehmen. Das Prinzip der Selbstbestimmung der Völker hat in zahlreichen völkerrechtlichen Dokumenten Niederschlag gefunden. Als mögliche Grundlage eines Sezessionsrechts sollen die Rechtsqualität sowie die in Betracht kommenden Rechtsträger und inhaltlichen Gewährleistungen des Prinzips der Selbstbestimmung untersucht werden, wobei sich die folgenden Ausführungen auf die für den Québec-Konflikt maßgeblichen Aspekte beschränken.

I. Rechtsquellen in völkerrechtlichen Verträgen und anderen völkerrechtlichen Dokumenten

1. Das Prinzip der Selbstbestimmung in völkerrechtlichen Verträgen

In der für Kanada als Gründungsmitglied der Vereinten Nationen[200] verbindlichen *Charta der Vereinten Nationen vom 26. Juni 1945*[201] wurde der Grundsatz der Selbstbestimmung der Völker erstmals in einem universalen völkerrechtlichen Vertragswerk aufgenommen[202]. In Art. 1 Nr. 2 der *UN-Charta* heißt es:

„The purposes of the United Nations are: (...) 2. To develop friendly relations among nations based on respect for the principle of equal rights and self-determination of peoples, and to take other appropriate measures to strengthen universal peace; (...)".

Auch Art. 55 der *UN-Charta* erwähnt die auf der „Achtung vor dem *Grundsatz der Selbstbestimmung der Völker* beruhenden Beziehungen"[203]. In den gleichlautenden Art. 1 der für Kanada am 19. August 1976 in Kraft getretenen *UN-*

[199] Art. 34 ff. der *Wiener Konvention von 1978*; Art. 17 Abs. 1 lit. c und Art. 40 der *Wiener Konvention von 1983*; Ebenroth (BDGV 35 (1996), S. 274 f.) vertritt die Auffassung, dass die Völkerrechtsmäßigkeit des Übergangs der Souveränität keine Voraussetzung für eine Staatensukzession sei, maßgebend sei allein die Effektivität des Hoheitswechsels.

[200] Unterzeichnung der *Charta der Vereinten Nationen* durch Kanada am 26. Juni 1945, Beitritt am 9. November 1945 (siehe Vedder, in: Simma (Hrsg.), Art. 110 Rn. 11; Fastenrath, in: Simma (Hrsg.), Art. 3 Rn. 9).

[201] BGBl. 1973 II S. 431, im Folgenden *„UN-Charta"*.

[202] Zur historischen und ideellen Entwicklung des Prinzips der Selbstbestimmung bis 1945 vgl. Brühl-Moser, S. 3 ff.

[203] **Art. 55 *UN-Charta***: With a view to the creation of conditions of stability and well-being which are necessary for peaceful and friendly relations among nations based on respect for the principle of equal rights an self-determination of peoples, the United States shall promote: (a) higher standards of living, full employment, and conditions of economic and social progress and development; (b) solutions of international economic, social, health, and related problems; and international cultural and educational co-operation; (c) universal respect for, and observance of, human rights and fundamental freedoms for all without distinction as to race, sex, language, or religion.

Menschenrechtspakte vom 19. Dezember 1966[204] ist vom Selbstbestimmungs-*recht* die Rede:

„All peoples have the *right of self-determination*. By virtue of that right they freely determine their political status and freely pursue their economic, social and cultural development".

2. Das Prinzip der Selbstbestimmung in UN-Resolutionen

Die von der UN-Generalversammlung erlassenen Deklarationen und Resolutionen gehören mangels Rechtsqualität nicht zu den Völkerrechtsquellen, sondern besitzen lediglich den Charakter von Empfehlungen ohne Bindungswirkung für die UN-Mitgliedstaaten. Dies ergibt sich aus Art. 10 f., 13 f. der *UN-Charta*, die der Generalversammlung im Gegensatz zum Sicherheitsrat keine Kompetenz für den Erlass verbindlichen Rechts zuerkennen[205]. Auch wenn die Resolutionen der Generalversammlung keine formellen Völkerrechtsquellen sind, tragen sie zur Fortbildung des Völkerrechts bei[206] und konkretisieren den Auslegungsrahmen für das geltende Völkerrecht[207]. Schließlich können die Resolutionen der Generalversammlung zur Herausbildung von Völkergewohnheitsrecht beitragen, wenn die postulierten Grundsätze als Ausdruck einer opinio iuris durch die nachfolgende Staatenpraxis übernommen werden[208].
Der Grundsatz der Selbstbestimmung der Völker wurde in zahlreichen UN-Resolutionen berücksichtigt[209]. Grundlegende Bedeutung kommt dabei vor allem folgenden Resolutionen der Generalversammlung der Vereinten Nationen zu: Zum einen der Resolution 1514 (XV) vom 14. Dezember 1960 („*Declaration on the Granting of Independence to Colonial Countries and Peoples*")[210], die insbesondere im Rahmen des Dekolonisierungsprozesses zum Tragen kam. In Nr. 2 heißt es:

„All peoples have the right of self-determination; by virtue of that right they freely determine their political status and freely pursue their economic, social and cultural development".

Anerkannt wurde die freie Entscheidung der Völker über ihren politischen Status, unter anderem in Form einer Aufzählung der aus dem Selbstbestimmungs-

---

[204] *Internationaler Pakt über bürgerliche und politische Rechte (IPbpR)* (BGBl. 1973 II S. 1534); *Internationaler Pakt über wirtschaftliche, soziale und kulturelle Rechte (IPwskR)* (BGBl. 1973 II S. 1570). Im Folgenden wird allein auf den *IPbpR* Bezug genommen, da es Québec vordergründig um politische Selbstbestimmung geht.
[205] Ipsen, § 16 Rn. 23; Fastenrath, Lücken im Völkerrecht, S. 108 f.
[206] Verdross/Simma, §§ 128 ff.
[207] Verdross/Simma, § 636; Fastenrath, Lücken im Völkerrecht, S. 115.
[208] Verdross/Simma, § 637; Ipsen, § 16 Rn. 23; Fastenrath, Lücken im Völkerrecht, S. 115 m.w.N.; *Case Concerning Military and Paramilitary Activities in and against Nicaragua*, ICJ Reports 1986, S. 14 (97 f., § 184).
[209] Doehring, Self-Determination, in: Simma (Hrsg.), nach Art. 1, Rn. 15: „The sheer number of resolutions concerning the right of self-determination makes their enumeration impossible".
[210] GAOR, 15th Sess., Suppl. No. 16 (UN Doc.A/4684), S. 66.

prinzip ableitbaren Verwirklichungsformen, auch im Fünften Grundsatz der Resolution 2625 (XXV) vom 24. Oktober 1970 *(„Declaration on Principles of International Law Concerning Friendly Relations and Co-Operation Among States in accordance with the Charter of the United Nations")*[211]:

„By virtue of the principle of equal rights and self-determination of peoples enshrined in the Charter of the United Nations, all peoples have the right freely to determine, without external interference, their political status and to pursue their economic, social and cultural development, and every State has the duty to respect this right in accordance with the provisions of the Charter".

Bekräftigt wurde das Selbstbestimmungsrecht der Völker in neuerer Zeit in der Deklaration der UN-Generalversammlung aus Anlass des fünfzigsten Gründungstages der Vereinten Nationen (Resolution 50/6) vom 9. November 1995:

„(...) the Member states and observers of the United Nations: „1. (...) Continue to reaffirm the right of self-determination of all peoples, taking into account the particular situation of peoples under colonial or other forms of alien domination or foreign occupation, and recognize the right of peoples to take legimate action in accordance with the Charter of the United Nations to realize their inalienable right of self-determination"[212].

3. Sonstige internationale Abkommen

Das Prinzip der Selbstbestimmung hat auch auf regionaler Ebene, wie in Teil VIII der auch von Kanada unterzeichneten – nicht rechtsverbindlichen – *Schlussakte der Konferenz über Sicherheit und Zusammenarbeit in Europa (KSZE-Akte)* vom 1. August 1975[213] Niederschlag gefunden:

„The participating States will respect the equal rights of peoples and their right to self-determination, acting at all times in conformity with the purposes and principles of the Charter of the United Nations and with the relevant norms of international law, including those relating to territorial integrity of States. By virtue of the principle of equal rights and self-determination of peoples, all peoples have the right, in full freedom, to determine, when and as they wish, their internal and external political status, without external interference, and to pursue as they wish their political, economic, social and cultural development".

Hinzuweisen ist schließlich auf Teil I Nr. 2 des *Schlussdokuments der Weltkonferenz über Menschenrechte* in Wien *vom 25. Juni 1993* („Wiener Erklärung und Aktionsprogramm")[214], in dem die Verpflichtung der teilnehmenden Staaten,

---

[211] GAOR, 25th Sess., Suppl. No. 18 (UN Doc.A/8018), im Folgenden *„Friendly Relations Declaration"*.
[212] GAOR, 50th Sess., Suppl. No. 49 (UN Doc.A/50/49/1995), S. 13.
[213] ILM 14 (1975), S. 1292 ff.; zur Rechtsnatur der *KSZE-Akte* vgl. Schweisfurth, ZaöRV 36 (1976), S. 681 ff.; vgl. auch Art. 20 der *Banjul Charter on Human Rights and Peoples' Rights (Organization of African Unity)* (in: ILM 21 (1982), S. 58 ff.) sowie *Charter of Paris for a New Europe* vom 21. November 1990 (in: ILM 30 (1991), S. 193 ff.).
[214] Abdruck in dt. Fassung in: EA 48 (1993/2), S. D 498 ff.

hierunter auch Kanada, zur Achtung des Selbstbestimmungsrechts der Völker bekräftigt wurde[215].

II. Normativer Gehalt des Prinzips der Selbstbestimmung der Völker

In Art. 1 und Art. 55 der *UN-Charta*[216], die erstmalig in einem völkerrechtlichen Vertragswerk ausdrücklich die Selbstbestimmung der Völker ansprechen, wird in der englischen Fassung der Begriff „principle of self-determination" verwendet. Im deutschen Vertragstext wird die Selbstbestimmung als „*Ziel*" und „*Grundsatz*" bezeichnet. Hingegen ist im französischen Text vom „*droit* à disposer d'eux-mêmes" die Rede. Aufgrund dieser unterschiedlichen begrifflichen Umschreibungen stellt sich die Frage, ob aus dem Prinzip der Selbstbestimmung überhaupt *Rechte* herzuleiten sind, oder ob es als rechtlich nicht verbindlicher, politischer Handlungsgrundsatz auf der Ebene völkerrechtlicher Beziehungen zu qualifizieren ist, auf dessen Grundlage die rechtliche Durchsetzung einer Selbstbestimmungsforderung nicht möglich ist. Die in der *UN-Charta* gewählten Formulierungen sprechen angesichts ihrer Unbestimmtheit im Hinblick auf den Rechtsträger und die inhaltlichen Gewährleistungen nicht für eine rechtliche Verbindlichkeit des Selbstbestimmungsprinzips. Auch Art. 55 der *UN-Charta*, der lediglich die auf der „Achtung vor dem Grundsatz der Selbstbestimmung der Völker beruhenden Beziehungen" erwähnt, kann keine Aussage über den normativen Charakter des Selbstbestimmungsrechts entnommen werden[217]. In der völkerrechtlichen Literatur ist vor allem umstritten, ob Art. 1 der *UN-Charta* aufgrund seiner systematischen Stellung zwischen der Präambel und dem unmittelbar Rechte und Pflichten begründenden Art. 2 der *UN-Charta*, wie die Präambel selbst als rechtlich unverbindliche Norm bzw. als primär politischer Grundsatz zur Auslegung der *UN-Charta* zu qualifizieren ist[218]. Dieser sich speziell auf die

---

[215] Ausführlich hierzu Wolfrum, in: EA 48 (1993/1), S. 681 ff.

[216] Vor der Gründung der Vereinten Nationen im Jahre 1945 wurde das Konzept der Selbstbestimmung – wenn auch nicht ausdrücklich – am 8. Januar 1918 in die „Vierzehn Punkte"-Erklärung des amerikanischen Präsidenten Wilson aufgenommen; hierdurch erlangte es jedoch noch keine Rechtsgeltung, sondern fand lediglich als politisches Prinzip Anerkennung (hierzu Rabl, S. 76 ff.; Thürer, Jurafrage, S. 17 ff.). Im Aaland-Gutachten der vom Völkerbundrat beauftragten Juristenkommission aus dem Jahre 1920 wurde es nicht eindeutig als Prinzip des Völkerrechts anerkannt, sondern wiederum nur als politisches Konzept (vgl. „Report of the International Committee of Jurists entrusted by the Council of the League of Nations with the task of giving an advisory opinion upon the legal aspects of the Aaland Islands question", abgedruckt in: Raschhofer, S. 73 ff.). Auch in der *Atlantik-Charta vom 14. August 1941* (englische Fassung abgedruckt in: AVR 1 (1948/49), S. 89) wurde das Selbstbestimmungskonzept zwar berücksichtigt, jedoch nicht als Selbstbestimmungsrecht, sondern wiederum nur als politischer Grundsatz.

[217] Doehring, Self-Determination, in: Simma (Hrsg.), nach Art. 1, Rn. 2.

[218] Leder (S. 30 ff.) kommt zum Schluss der rechtlichen Unverbindlichkeit von Art. 1 Nr. 2 der *UN-Charta*; so auch Partsch, in: Wolfrum (Hrsg.), Hdbuch VN, Nr. 101 Rn. 11; Heidelmeyer,

Rechtsverbindlichkeit des Art. 1 der *UN-Charta* konzentrierende Streit verliert jedoch im Hinblick darauf an Bedeutung, dass das Prinzip der Selbstbestimmung auch nach Abschluss des durch Besonderheiten gekennzeichneten Dekolonisierungsprozesses[219], in dessen Kontext die Staatenpraxis den Rechtscharakter des Selbstbestimmungsprinzips anerkannt hat[220], in zahlreiche völkerrechtliche Konventionen aufgenommen wurde; dies spricht dafür, dass es zumindest im Laufe seiner Entwicklung Rechtsverbindlichkeit erlangt hat. Zu nennen sind an erster Stelle die der *UN-Charta* nachfolgenden *UN-Menschenrechtspakte von 1966*, die ausdrücklich vom *„Recht“* auf Selbstbestimmung bzw. *„right* of self-determination“ und *„droit* de dispenser d'eux-mêmes“ sprechen und zudem in ihren gleichlautenden Artikeln eine – wenn auch nicht abschließende – Konkretisierung der inhaltlichen Gewährleistungen dieses Rechts enthalten sowie die Verpflichtung aller Mitgliedstaaten statuieren, die Verwirklichung des *Rechts* auf Selbstbestimmung zu fördern und zu achten[221].

Zwar hat sich der UN-Menschenrechtsausschuss in den 1990er Jahren eindeutig gegen die Zulässigkeit der Geltendmachung von Ansprüchen aus dem Recht auf Selbstbestimmung im Wege der Individualbeschwerde nach dem Fakultativprotokoll zum *Internationalen Pakt über bürgerliche und politische Rechte vom 19. Dezember 1966*[222] ausgesprochen. Dies wurde jedoch mit den Besonderheiten des Selbstbestimmungsrechts, insbesondere seinem kollektiven Charakter, und nicht mit der mangelnden Rechtsqualität des Selbstbestimmungsprinzips begründet[223]. Von einem rechtsverbindlichen Charakter des in den *UN-Menschenrechts-*

S. 181 f., 243; Pomerance, S. 9; Thürer, Jurafrage, S. 93 ff., 193 ff. und Thürer, AVR 22 (1984), S. 119; a.A. Doehring, BDGV 14 (1974), S. 18.

[219] Siehe hierzu Teil 2, unter F. II. 2. b. aa.

[220] Vgl. Nr. 2 der Resolution 1514 (XV): „All peoples have the right to self-determination; by virtue of that right they freely determine their political status and freely pursue their economic, social and cultural development“ (Fundstelle in Fn. 210); Klein, Der Staat 32 (1993), S. 361; Thürer, AVR 22 (1984), S. 128 f.

[221] Doehring, Self-Determination, in: Simma (Hrsg.), nach Art. 1, Rn. 20; Klein, Der Staat 32 (1993), S. 361; Leder (S. 35 ff.), der auf die nicht hinreichende Bestimmtheit des Regelungsgehalts des Selbstbestimmungsrechts in der *UN-Charta* (so auch Thürer, AVR 22 (1984), S. 119) und den *UN-Menschenrechtspakten* verweist.

[222] BGBl. 1992 II S. 1247.

[223] Vgl. den *Südtirol-Fall*, in dem der UN-Menschenrechtsausschuss zwar vom „Recht“ auf Selbstbestimmung spricht, jedoch die Geltendmachung von Ansprüchen aus diesem Recht nach dem Fakultativprotokoll ausschließt (§ 3.2, abgedruckt in dt. Fassung in: EuGRZ 18 (1991), S. 159). In § 3 seiner Allgemeinen Bemerkung 12/21 hat der UN-Menschenrechtsausschuss ausdrücklich festgestellt, dass das Selbstbestimmungsrecht im Rahmen des Staatenbeschwerde- und Berichtsverfahrens gemäß Art. 40 bis 42 *IPbpR* Anwendung findet (abgedruckt in: Nowak, S. 884 ff.). Bis zu den 1990er Jahren wurden die sich auf das Selbstbestimmungsrecht der Völker stützenden Beschwerden von Einzelpersonen vor dem UN-Menschenrechtsausschuss lediglich aus verfahrensrechtlichen Gründen als unzulässig abgewiesen: Im Fall *Mikmaq Nation v. Canada* verneinte der UN-Menschenrechtsausschuss die Zulässigkeit der Klage aufgrund der fehlenden Vertretungsmacht des Repräsentanten des

pakten von 1966 normierten Selbstbestimmungsrechts kann daher ausgegangen werden[224]. Eine Bestätigung für die Anerkennung des Selbstbestimmungsprinzips als völkerrechtsverbindliche Norm findet sich auch in zahlreichen für die Auslegung der *UN-Charta* heranzuziehenden Resolutionen der UN-Generalversammlung[225]. Zu nennen ist zum einen die Resolution 3314 (XXIX) vom 14. Dezember 1974[226], die ausdrücklich vom Selbstbestimmungs*recht* spricht und in Absatz 6 ihrer Präambel und Art. 7 den Kampf eines Volkes für sein Selbstbestimmungsrecht von der Aggressionsdefinition ausnimmt[227]. Die *„Friendly Relations Declaration"* aus dem Jahre 1970 befasst sich als einziges völkerrechtliches Dokument mit den Möglichkeiten der Realisierung des Selbstbestimmungs*rechts*, die über den Kontext der Dekolonisierung hinausgehen[228]. Als Beispiel aus der völkerrechtlichen Praxis ist das Gutachten Nr. 2 der im Rahmen des Auflösungsprozesses der Sozialistischen Föderativen Republik Jugoslawien eingesetzten Badinter-Kommission[229], die als Schiedskommission zwar kein Recht setzen kann, deren Auffassungen jedoch die Staatengemein-

---

Mikmaq-Volkes sowie aufgrund einer nicht hinreichenden Behauptung einer Rechtsverletzung (Nr. 8.2; in: HRLJ 5 (1984), S. 197). Im Fall *Chief Bernard Ominayak and the Lubicon Lake Band v. Canada* erklärte der UN-Menschenrechtsausschuss die Frage, ob der Lubicon Lake-Stamm ein „Volk" im Sinne des Art. 1 *IPbpR* sei, nach dem Ersten Fakultativprotokoll für unzulässig (Nr. 32.1; in: HRLJ 11 (1990), S. 311).

[224] Kiss, HRLJ 7 (1986), S. 174; Thürer, AVR 22 (1984), S. 119; a.A. Partsch (in: Wolfrum (Hrsg.), Hdbuch VN, Nr. 101, Rn. 14), der sich auf die Unbestimmtheit der Art. 1 der *UN-Menschenrechtspakte* hinsichtlich des Norminhalts und Rechtsträgers beruft.

[225] Vgl. auch Resolution 50/6 der UN-Generalversammlung vom 9. November 1995 (Fundstelle in Fn. 212); zur Wirkung von Resolutionen der UN-Generalversammlung siehe C. I. 2.

[226] *„Definition of Aggression"*, GAOR 29th Sess., Suppl. No. 31 (1974), S. 142.

[227] Abs. 6 der Präambel: „Reaffirming the duty of States not to use armed force to deprive peoples of their right to self-determination, freedom and independence, or to disrupt territorial integrity (...)"; Art. 7: „Nothing in this Definition (...) could in any way prejudice the right to self-determination, freedom and independence, as derived from the Charter, of peoples forcibly deprived of that right and referred to in the Declaration on Principles of International Law concerning Friendly Relations and Co-operation among States in accordance with the Charter of the United Nations, particularly peoples under colonial and racist regimes or other forms of alien domination; nor the right of these peoples to struggle to that end and to seek and receive support, in accordance with the principles of the Charter and in conformity with the above mentioned Declaration".

[228] Vgl. Fünfter Grundsatz, Abs. 4 der *„Friendly Relations Declaration"*(Fundstelle in Fn. 211): „The establishment of a sovereign and independent State, the free association or integration with an independent State or the emergence into any other political status freely determined by a people constitute modes of implementing the right of self-determination by that people"; Berber, S. 76: „spätestens seit der Resolution der Generalversammlung der UN vom 24. Oktober 1970 muss es (das Prinzip der Selbstbestimmung) als Bestandteil des geltenden Rechts angesehen werden"; näher zur Weiterentwicklung des Prinzips der Selbstbestimmung durch die UN-Resolutionen: Cristescu, UN-Doc.E/CN.4/Sub.2/404/Rev.1, §§ 141-151.

[229] Abgedruckt in: ILM 31 (1992), S. 1497 ff.

schaft gefolgt ist, heranzuziehen, in dem das Selbstbestimmungsprinzip als Völkerrechtsnorm anerkannt wurde.
Die das Selbstbestimmungsprinzip betreffenden Entscheidungen des IGH in den vergangenen 30 Jahren zeigen ebenfalls eine Entwicklung bis zur heutigen Anerkennung als generelles Rechtsprinzip des Völkerrechts[230]. Hierbei ist allerdings zu beachten, dass die Entscheidungen und Gutachten des IGH auf Fälle der Dekolonisierung beschränkt waren.
Unterstützt wird die Annahme des Rechtscharakters des Selbstbestimmungsprinzips als Bestandteil des positiven Völkerrechts schließlich durch die in der völkerrechtlichen Lehre geführte Diskussion, ob das Selbstbestimmungsrecht Bestandteil des ius cogens im Sinne des Art. 53 Satz 2 des *Wiener Übereinkommens über das Recht der Verträge* ist. Der ius cogens-Charakter hätte zwar keinen höheren Rang des Selbstbestimmungsrechts gegenüber anderen völkerrechtlichen Normen zur Folge, würde der Norm jedoch insoweit eine erhöhte Bestandskraft verleihen, als jede dem ius cogens inhaltlich widersprechende Völkerrechtsnorm nichtig wäre[231]. Angesichts der Uneinigkeit in der völkerrechtlichen Lehre[232] ist eine Anerkennung des Selbstbestimmungsrechts als ius cogens zwar zum gegenwärtigen Zeitpunkt abzulehnen. Die Diskussion zeigt aber, dass der Rechtscharakter – bis auf vereinzelte Gegenstimmen in der Literatur[233] – nicht mehr in Frage zu stellen ist.

---

[230] Vgl. Im *Namibia-Fall (Legal Consequences for States of the continued Presence of South Africa in Namibia (South West Africa) Notwithstanding Security Council Resolution 276/1970* (ICJ Reports 1971, S. 16 (31)) spricht der IGH noch nicht vom „Recht" auf Selbstbestimmung: „ (...) the subsequent development of international law in regard to non-self-governing territories, as enshrined in the Charter of the United Nations, made the principle of self-determination applicable to all of them"; in der *Western Sahara (Advisory Opinion)* (ICJ Reports 1975, S. 12 (31)) ist erstmals vom –allerdings auf die Dekolonisierung bezogen – Selbstbestimmungsrecht die Rede: „The principle of self-determination as a right of peoples for the purpose of bringing all colonial situations to a speedy end (...)"; im *Case Concerning East Timor (Portugal v. Australia)* (ICJ Reports 1995, S. 90 (102)) wurde schließlich die Entwicklung des Selbstbestimmungsrechts zu einem generellen Prinzip des Völkerrechts mit erga omnes-Charakter bestätigt.

[231] Ipsen, § 15 Rn. 45; Stein/von Buttlar, Rn. 147 ff.

[232] Den ius cogens-Charakter des Selbstbestimmungsrechts vertreten: Stöcker, EuGRZ 14 (1987), S. 476; Gros-Espiell, VN 2 (1982), S. 56 f.; ders., UN-Doc.E/CN.4/Sub.2/405/Rev.1, S. 11 ff.; Doehring, Self-Determination, in: Simma (Hrsg.), nach Art. 1, Rn. 57 ff.; vgl. auch *„Draft Articles on State Responsibility"* der International Law Commission (in: YBILC 1976 II/2, S. 121); Kadelbach (S. 265 ff.) erörtert den ius cogens-Charakter anhand unterschiedlicher Selbstbestimmungssituationen; Frowein, in: Tomuschat (Hrsg.), S. 218 ff.; Kiss, HRLJ 7 (1986), S. 174; Cassese, Self-determination of Peoples, S. 133 ff.; a.A. Cristescu, UN-Doc.E/CN.4/Sub.2/404/Rev.1, S.23 f.; Pomerance, S. 70 f.

[233] Leder, S. 41 f.; den Rechtscharakter des Selbstbestimmungsprinzips anzweifelnd: Silagi, Recht in Ost und West 32 (1988), S. 153 f.

III. Ergebnis

Ein ausdrückliches Sezessionsrecht oder Sezessionsverbot findet sich in völkerrechtlichen Quellen nicht. Aussagen über die völkerrechtliche Zulässigkeit der Sezession eines Gliedstaates sind vor allem den Prinzipien der Selbstbestimmung der Völker und der territorialen Integrität zu entnehmen. Das Prinzip der Selbstbestimmung der Völker, das erstmals in die *UN-Charta* vom 26. Juni 1945 aufgenommen wurde und seitdem in zahlreichen völkerrechtlichen Dokumenten Niederschlag gefunden hat, ist heute als Rechtsprinzip des Völkerrechts anerkannt.

D. Anwendbarkeit des Selbstbestimmungsrechts der Völker auf den Québec-Konflikt

I. Völkerrechtliche Definition des Volksbegriffs

In den völkerrechtlichen Dokumenten, die sich mit dem Selbstbestimmungsrecht der Völker befassen, wird der Begriff des „Volkes" nicht im Wege einer allgemeingültigen Definition festgelegt[234]. Auch der UN-Menschenrechtsausschuss hat bisher keine eindeutige Begriffsbestimmung vorgenommen[235], so dass für eine Definition des Trägers des Selbstbestimmungsrechts die in der völkerrechtlichen Lehre und Praxis verwandten Begriffsbestimmungen heranzuziehen sind, die sich sowohl aus rechtlichen als auch außerrechtlichen Komponenten zusammensetzen. Fraglich ist insbesondere, ob sich die Rechtsträgereigenschaft des Québecer Volkes nach territorialen Gesichtspunkten bestimmt und die gesamte Bevölkerung innerhalb der administrativen Grenzen der Provinz einbezieht oder ob auf spezifische ethnische Merkmale der unterschiedlichen in der Provinz siedelnden Bevölkerungsgruppen, insbesondere der Frankophonen, der Anglophonen sowie der indigenen Völker, abzustellen ist.

1. „Volk" als Bevölkerung eines Staatsgebietes

Grundsätzlich ist die gesamte Bevölkerung eines souveränen Staates als „Volk" und damit als Träger des Rechts auf Selbstbestimmung anzusehen. Hierfür spricht insbesondere der Wortlaut von Art. 1 Nr. 2 der *UN-Charta*, der von den Beziehungen zwischen den „Nationen"[236] spricht und den Grundsatz der Selbstbestimmung der Völker im Zusammenhang mit dem Grundsatz der Gleichheit der Staaten nennt. Allerdings ist das Bedürfnis für eine Anerkennung des Selbst-

---

[234] Elsner, S. 96 ff.

[235] Vgl. *Südtirol-Fall* (abgedruckt in: EuGRZ 18 (1991), S. 158 f.); *Mikmaq Nation v. Canada* (in: HRLJ 5 (1984), S. 194 ff.).

[236] Zur Bedeutung der Begrifflichkeiten in den fünf Amtssprachen der Vereinten Nationen vgl. Elsner, S. 24 ff.

bestimmungsrechts des Staatsvolkes angesichts des Schutzes der inneren Ordnung des Staates gegenüber Drittstaaten durch das völkerrechtliche Interventionsverbot (vgl. Art. 2 Nr. 1 der *UN-Charta*) und Selbstverteidigungsrecht (vgl. Art. 51 der *UN-Charta*)[237] in Frage zu stellen. Zudem hätte eine ausschließliche Gleichsetzung des Staatsvolkes mit dem „Volk" als Rechtsträger des Selbstbestimmungsrechts die Nichtanwendbarkeit dieses Rechts auf Kolonialvölker oder andere Gruppen, die keine Staatsvölker sind, zur Folge[238]; ebenso wäre die in der *„Friendly Relations Declaration"*[239] aufgeführte Gründung eines souveränen und unabhängigen Staates als Verwirklichungsform des Selbstbestimmungsrechts entbehrlich. Dass mit einem Volk nicht zwingend die gesamte Staatsbevölkerung gemeint ist, zeigen auch die in der *UN-Charta* verwandten unterschiedlichen Begriffe „Nation" und „Volk", die gewählt wurden, um auch Bevölkerungsgruppen ohne Staatsqualität in den Schutzbereich einzubeziehen[240]. Hierfür spricht außerdem die auf ein weites Verständnis hinweisende Formulierung „Recht aller Völker" in den genannten, das Selbstbestimmungsrecht behandelnden völkerrechtlichen Dokumenten[241]. Eine Beschränkung auf die gesamte Staatsbevölkerung wäre bereits damit nicht vereinbar, dass das Selbstbestimmungsrecht einen permanenten Charakter hat, d.h. nicht durch einmalige Ausübung beispielsweise in Form einer Staatsgründung „verbraucht" ist, sondern fortbesteht[242]. Dies bestätigt die Aufnahme des Prinzips der Selbstbestimmung in die *KSZE-Schlussakte*, die sich in erster Linie auf den europäischen Raum bezieht, in dem der Entkolonisierungsprozess keine Rolle spielt. Da es sich bei der Bevölkerung eines auch Staatsqualität besitzenden Gliedstaates[243] nicht um ein Staatsvolk im Sinne der gesamten Bevölkerung des Bundesstaates handelt, ist für die Beantwortung der Frage der Rechtsinhaberschaft der Québecer Bevölkerung auf andere Kriterien zurückzugreifen.

---

237 Doehring, Self-Determination, in: Simma (Hrsg.), nach Art. 1, Rn. 31; Heintze, Selbstbestimmungsrecht und Minderheitenrechte, S. 42; dahingehend auch Murswiek, in: Blumenwitz/Gornig/Murswiek (Hrsg.), S. 87 f.; Klein (S. 59 f.) setzt sich mit der Frage auseinander, inwieweit das Selbstbestimmungsrecht mit dem Interventionsverbot gleichgesetzt werden kann.

238 Klein, S. 40.

239 Fundstelle in Fn. 211.

240 So auch der Supreme Court of Canada in der *Reference re Secession of Quebec* (abgedruckt in: ILM 37 (1998), S. 1340 ff. (1370 f.), § 124); Cristescu, UN-Doc.E/CN.4/Sub.2/404/Rev.1, §§ 268 ff.

241 Siehe die Auflistung unter C I.

242 In diesem Sinne auch Doehring, Self-Determination, in: Simma (Hrsg.), nach Art. 1, Rn. 46; zum permanenten Charakter des Selbstbestimmungsrechts vgl. Heintze, Selbstbestimmungsrecht und Minderheitenrechte, S. 24 ff.

243 Vgl. hierzu ausführlich Teil 2, B I. 1.

2. „Volk“ im ethnischen Sinn unter Berücksichtigung der Bedeutung des uti possidetis-Prinzips

Für Völker innerhalb eines Vielvölkerstaates hat sich in der völkerrechtlichen Literatur und Praxis ausgehend vom allgemeinen Sprachgebrauch[244] eine auf ethnischen Kriterien basierende Bestimmung des Volksbegriffs herausgebildet, der sich aus einer Kombination von subjektiven und objektiven Elementen zusammensetzt[245]. Danach ist in subjektiver Hinsicht das Selbstverständnis einer Menschengruppe als „Volk“ mit einer eigenen Identität sowie der Wille zur Bewahrung der Eigenheit der betreffenden Gruppe im Wege der Selbstbestimmung maßgebend[246]. Ein Bedürfnis für das Heranziehen von objektiven Kriterien besteht insofern, als aus einer rein subjektiven Bestimmung durch jede noch so kleine, sich zusammengehörig fühlende Splittergruppe die Gefahr der Förderung von Sezessionstendenzen und daraus zugleich die Instabilität der innerstaatlichen Ordnung resultiert[247]. Für einen Volksstatus der Gruppe maßgebliche objektive Kennzeichen sind unter anderem eine gemeinsame Sprache, die historische Entwicklung der Gruppe, eine gemeinsame Kultur und Religion sowie das Verfügen über ein abgrenzbares relativ geschlossen besiedeltes Territorium[248]; letzteres ist insbesondere aufgrund der auf das Territorium bezogenen Selbstbestimmungsentscheidung von übergeordneter Bedeutung. Diese Kriterien müssen nicht voll-

---

[244] Stellvertretend zum Begriff des „Volkes“ die Brockhaus-Enzyklopädie (S. 405): „eine Gruppe von Menschen, die sich als ideelle Einheit begreift, d.h. als eine durch gemeinsame Herkunft, Geschichte, Kultur und Sprache, z. T. auch Religion verbundene Gemeinschaft“; so auch Meyers Enzyklopädisches Lexikon (S. 662).

[245] In seiner Studie über das Selbstbestimmungsrecht unterbreitet der UN-Spezialberichterstatter Cristescu folgende Definition des Volkes (UN-Doc.E/CN.4/Sub.2/404/ Rev.1, § 279): „(...) the elements of a definition which have emerged from discussions on this subject in the United Nations cannot be taken into consideration in specific situations in which it is necessary to decide whether or not an entity constitutes a people fit to enjoy and exercise the right of self-determination: (a) The term „people“ denotes a social entity possessing a clear identity and its own characteristics; (b) It implies a relationship with a territory, even if the people in question has been wrongfully expelled from it and artificially replaced by another population; (c) A people should not be confused with ethnic, religious or linguistic minorities, whose existence and rights are recognized in art. 27 of the International Convenant on Civil and Political Rights".
Vgl. auch UNESCO-Schlussbericht und Empfehlungen des internationalen Expertentreffens in Paris vom 27.-30. November 1989: Neue Überlegungen zum Problem der „Rechte der Völker“ (SHS-89/Conf.602/7) (dt. Fassung abgedruckt in: EuGRZ 17 (1990), S. 77 ff.).

[246] Heintze, Selbstbestimmungsrecht und Minderheitenrechte, S. 43 ff.; Doehring, BDGV 14 (1974), S. 27.

[247] Murswiek, Der Staat 23 (1984), S. 530; *United Nations: Report of the Secretary-General on an Agenda for Peace-Preventive diplomacy, Peacemaking and Peace-keeping* (abgedruckt in: ILM 31 (1992), S. 953 ff.), § 17: „(...) Yet if every ethnic, religious or linguistic group claimed statehood, there would be no limit to fragmentation, and peace, security and economic well-being for all would become ever more difficult to achieve“.

[248] Murswiek, AVR 31 (1993), S. 328; Doehring, BDGV 14 (1974), S. 27.

ständig erfüllt sein; es handelt sich nur um Indizien zur Bestimmung des Volksbegriffs. Manche verlangen zusätzlich für die Geltendmachung des Selbstbestimmungsrechts ein das Volk repräsentierendes Vertretungsorgan[249].
Der Begriff des „Volkes" korrespondiert andererseits mit dem Inhalt des (geltend gemachten) Selbstbestimmungsrechts. So ist die Lebensfähigkeit einer Gruppe als eigenständiger Staat kein Kriterium, wenn das Selbstbestimmungsrecht nicht im Wege der Staatsgründung verwirklicht werden soll[250]. Soll sich die Selbstbestimmung einer Gruppe dagegen in der Bildung eines Neustaates vollziehen, ist für die Rechtsträgerschaft zum Zwecke der praktischen Umsetzbarkeit eine bestimmte zahlenmäßige Größe, eine kompakte Siedlungsstruktur sowie die Handlungsfähigkeit der Einheit zur wirtschaftlichen und politischen Selbstbehauptung vorauszusetzen[251].
Für die hier zu behandelnde Thematik ist auch das völkerrechtliche uti possidetis-Prinzip zur Bestimmung des „Volkes" als Träger des Selbstbestimmungsrechts von Bedeutung[252]. Es entwickelte sich im Rahmen der Dekolonisierung: Im Zeitpunkt der Erlangung von Unabhängigkeit wurden die früheren kolonialen Verwaltungsgrenzen als Grenzen des neuen unabhängigen Staates beibehalten[253]. Damit wurde bei der Bestimmung des Trägers des Selbstbestimmungsrechts die in dem Kolonialgebiet lebende Bevölkerung ohne Berücksichtigung ihrer ethnischen Zusammensetzung als ein Volk betrachtet[254]. Aus diesem Prinzip könnte sich über den Rahmen der Dekolonisierung hinaus eine territoriale Bestimmung des „Volkes" ergeben; damit ist gemeint, dass alle Einwohner eines bestimmten Gebietes, beispielsweise eines Gliedstaates als bereits staatlich organisierte Gebietseinheit, als selbstbestimmungsberechtigtes „Volk" zu qualifizieren wären. Zwar kann die Staatenpraxis im Zusammenhang mit dem Zerfall der UdSSR und der Sozialistischen Föderativen Republik Jugoslawien darauf hinweisen, dass das ursprünglich im Rahmen der Dekolonisierung entwickelte uti possidetis-Prinzip auch auf neue unabhängige Staaten, die ehemals Mitglieder einer Föderation gewesen sind, anwendbar sein und eine universelle völkergewohnheitsrechtliche

---

[249] Vgl. stellvertretend Heintze, Selbstbestimmungsrecht und Minderheitenrechte, S. 48.
[250] Kimminich, in: Tomuschat (Hrsg.), S. 96; a.A. Murswiek, in: Blumenwitz/Gornig/Murswiek (Hrsg.), S. 92, 94.
[251] Dahingehend mit Blick auf die Kolonien Murswiek, in: Blumenwitz/Gornig/Murswiek (Hrsg.), S. 85, 88; zu verweisen ist auch auf die „Drei-Elemente-Lehre", die für die Existenz eines Neustaates im Sinne des Völkerrechts das Ausüben einer effektiven Staatsgewalt über ein Staatsvolk auf einem bestimmten Staatsgebiet voraussetzt; siehe hierzu unten G I. 1.
[252] Vgl. die ausführliche Behandlung des uti possidetis-Prinzips im Zusammenhang mit der Frage der Grenzziehung eines unabhängigen Staates Québec in Teil 3, A III.
[253] *Burkina Faso v. Mali*, ICJ Reports 1986, S. 554 (566), § 23 f.; Shaw, BYIL 67 (1996), S. 98; Simmler, VRÜ 32 (1999), S. 216; Sorel/Mehdi, AFDI 40 (1994), S. 22.
[254] Thürer, AVR 22 (1984), S. 117; Kunig, in: Wolfrum (Hrsg.), Hdbuch VN, Nr. 15, Rn. 11; Simmler, S. 116 f.; Hertig, S. 421; Pritchard, S. 316; Corten, in: Corten/Delcourt/Klein/Levrat (Hrsg.), S. 409 ff.; Murswiek, in: Blumenwitz/Gornig/Murswiek (Hrsg.), S. 88.

Geltung erlangt haben könnte[255]. Dies würde bedeuten, dass nicht nur koloniale Außengrenzen, sondern auch bundesstaatsinterne Verwaltungsgrenzen eines Gliedstaates im Moment der Erlangung der Unabhängigkeit in internationale Grenzen umgewandelt werden[256].

Gegen eine ausschließlich territoriale, die anerkannten ethnischen Kriterien überlagernde Definition des Volkes als Rechtsträger spricht jedoch zum einen, dass das uti possidetis-Prinzip als Kriterium für die Grenzziehung des Neustaates als ein der Erlangung der Unabhängigkeit nachfolgender Aspekt für die gleichsam vorgelagerte Frage der Rechtsinhaberschaft des Selbstbestimmungsrechts nicht allein maßgeblich sein kann. Hinzu kommen weitere Gründe, die einer Übertragbarkeit der Praxis im Rahmen der Entkolonisierung auf Gliedstaaten eines Bundesstaates entgegenstehen. Auch wenn für die Bildung von Gliedstaaten ethnische Gesichtspunkte oder allgemein die Zusammengehörigkeit von Bevölkerungsgruppen von Bedeutung sein können, sind es regelmäßig vor allem administrative und staatsorganisatorische Zwecke, die mit der Grenzziehung zwischen den einzelnen Gliedstaaten innerhalb des Bundesstaates verfolgt werden. Administrative Kriterien sind jedoch zur Bestimmung des Volksbegriffs ungeeignet. Außerdem würde bei Zugrundelegung von ausschließlich territorialen Grenzen als Kriterium für den Volksbegriff der (Bundes-) Staat, der Adressat des Selbstbestimmungsrechts ist, zugleich selbst, wenn auch nur mittelbar durch die föderative Grenzziehung, den Anspruchsinhaber ohne Rücksicht auf die ethnische Zusammengehörigkeit der Gruppe „fremdbestimmen". In diesem Fall würde das Selbstbestimmungsrecht zur Disposition der Staaten gestellt und, wenn Staaten keine territoriale Gliederung ihres Staatsgebietes in Verwaltungseinheiten vornehmen, leerlaufen. Die Konsequenz zeigt, dass die Bestimmung eines Volkes als Rechtsträger des Selbstbestimmungsrechts nicht ausschließlich territorial vorgenommen werden kann. Es bedarf vielmehr einer Kombination mit ethnischen Kriterien, um zu ermitteln, ob es sich um ein von der gesamten Staatsbevölkerung zu unterscheidendes Volk im Sinne des Selbstbestimmungsrechts handelt.

Unter Berücksichtigung des Schutzzwecks des Selbstbestimmungsrechts, der auf die Wahrung und Entfaltung der Identität und der ethnischen Besonderheiten eines Volkes und nicht auf den Schutz des Territoriums gerichtet ist, würde eine

---

[255] Hierzu ausführlich Teil 3, A III.; vgl. auch das Gutachten Nr. 2 der im Jahre 1991 im Rahmen der Jugoslawienkonferenz durch die EPZ-Erklärung zu Jugoslawien (dt. Fassung abgedruckt in EA 46 (1991), S. D 543 f.) eingesetzten Badinter-Kommission, die das Selbstbestimmungsrecht über die Nennung des „uti possidetis-Prinzips" nur Gliedstaaten zuordnet und somit mittelbar das „Volk" als Rechtsträger des Selbstbestimmungsrechts mit der Mehrheitsbevölkerung eines Gliedstaates gleichsetzt. In Bezug auf die in den Gliedstaaten lebenden Minderheiten wurde von der Kommission das Recht der Angehörigen der Minderheit auf Entscheidung über die Zugehörigkeit zu einer ethnischen, sprachlichen und religiösen Gemeinschaft betont (abgedruckt in: ILM 32 (1991), S. 1497 ff.).

[256] Eide, in: Tomuschat (Hrsg.), S. 154.

Beschränkung nur auf territoriale Kriterien zur Bestimmung des Volksbegriffs zudem der Konzeption des Selbstbestimmungsrechts widersprechen, das auch dann Anwendung finden soll, wenn sich der Siedlungsbereich eines „Volkes" über die Bundesstaats- und Gliedstaatsgrenzen hinweg erstreckt[257]. Gegen eine rein territoriale Bestimmung des Rechtsträgers spricht schließlich, dass im Falle der Erlangung von Unabhängigkeit durch ein ethnisch nicht homogenes „Volk", dieses möglicherweise von sezessionistischen Bestrebungen der mit in die Unabhängigkeit „gezwungenen" anderen, auf dem sezedierenden Territorium siedelnden ethnischen Gruppen betroffen wäre. Festzuhalten ist somit, dass das uti possidetis-Prinzip zwar zur Erleichterung der Durchführung des Selbstbestimmungsrechts und im Interesse der Sicherung der internationalen Stabilität die Bestimmung des Rechtsträgers nach ethnischen Kriterien beeinflussen kann, nicht aber dazu führt, das Volk ausschließlich nach territorialen Gesichtspunkten zu charakterisieren. Dem Gliedstaat als durch innerstaatliche Verwaltungsgrenzen festgelegtes Territorium kommt allenfalls mittelbar über die auf dem Gebiet des Gliedstaates lebende und von der übrigen Staatsbevölkerung ethnisch unterschiedliche Mehrheitsbevölkerung Rechtssubjektivität in Bezug auf das Selbstbestimmungsrecht der Völker zu.

3. Zwischenergebnis

Der Begriff des „Volkes" als Inhaber des Selbstbestimmungsrechts bestimmt sich in erster Linie nicht nach territorialen Gesichtspunkten (z.B. die auf dem Gebiet des Gliedstaates lebende Bevölkerung), sondern entsprechend dem Schutzzweck des Selbstbestimmungsrechts nach ethnischen Kriterien. In subjektiver Hinsicht kommt es auf das Selbstverständnis der Gruppe als „Volk" mit einer eigenen Identität und auf den Willen zur Bewahrung der Eigenheit der Gruppe im Wege der Selbstbestimmung an. Für einen Volksstatus der Gruppe maßgebliche objektive Kriterien sind unter anderem eine gemeinsame Sprache, eine gemeinsame historische Entwicklung der Gruppe, eine gemeinsame Kultur und Religion sowie das Verfügen über ein abgrenzbares, relativ geschlossen besiedeltes Territorium. Diese Kritieren müssen nicht vollständig erfüllt sein; es handelt sich um Indizien zur Bestimmung des Volksbegriffs.

II. Volkseigenschaft der in Québec lebenden Bevölkerungsgruppen

Kanada ist, wie in Teil 1 dargestellt, durch einen multiethnischen Föderalismus geprägt, in dem weder der Bundesstaat noch die einzelnen Gliedstaaten ethnisch homogen sind. Insbesondere die Provinz Québec besteht aus mehreren ethnischen Gruppen; sie setzt sich unter anderem aus einer frankophonen Mehrheit, einem anglophonen Bevölkerungsteil sowie der indigenen Bevölkerung zusam-

---

[257] Murswiek, in: Blumenwitz/Gornig/Murswiek (Hrsg.), S. 91.

men[258]. Unter Berücksichtigung der genannten Merkmale des völkerrechtlichen Volksbegriffs ist zu untersuchen, ob es in der Provinz Québec nur ein einziges oder mehrere „Völker“ gibt, die als Rechtsträger des Selbstbestimmungsrechts in Betracht kommen. Kommen mehrere Bevölkerungsgruppen in Québec als Rechtsträger in Frage, können unter Umständen die Selbstbestimmungsrechte miteinander „kollidieren“.

1. Stellungnahmen im Rahmen der *Reference re Secession of Québec* vor dem Supreme Court of Canada

Konkrete Aussagen zur Volksqualität der Bevölkerung und der einzelnen Bevölkerungsgruppen in Québec sind den Stellungnahmen der Parteien und Rechtsexperten im Rahmen der *Reference re Secession of Québec* vor dem Supreme Court of Canada nicht zu entnehmen. Sie vermitteln vielmehr den Eindruck, dass bewusst eine Auseinandersetzung mit dem Volksbegriff und dessen Anwendung auf Québec vermieden wurde. So hat der Supreme Court in seinem Gutachten vom 20. August 1998 die genaue Bestimmung des Volksstatus der frankophonen Bevölkerung in Québec zwar offengelassen, jedoch von mehreren Gruppen in Québec gesprochen, die als Volk angesehen werden könnten:

„While much of the Quebec population certainly shares many of the characteristics (such as common language and culture) that would be considered in determining whether a specific group is a „people", as do other groups within Quebec and/or Canada, it is not necessary to explore this legal characterization to resolve Question 2 appropriately. Similarly, it is not necessary for the Court to determine whether, should a Quebec people exist within the definition of public international law, such as people encompasses the entirety of the provincial population or just a portion thereof. Nor is it necessary to examine the position of the aboriginal population within Quebec"[259].

Der Attorney General of Canada (kanadisches Justizministerium) erkennt in seiner Stellungnahme vom 27. Februar 1997 die Bevölkerung von Québec nicht als eigenständiges Volk an; die Rede ist nur vom Selbstbestimmungsrecht „aller Kanadier“:

„(...) In independent states, the external aspect of the right of self-determination is the right of the people of the state to determine, without external interference, their form of government and international status. This right is exercised fully by all Canadians, including Quebecers, within Canada"[260].

Im „Reply Factum of the Attorney General of Canada" vom 15. Januar 1998 wird hingegen von mehreren Gruppen in Québec gesprochen:

---

[258] Vgl. hierzu Teil 1, A. I.
[259] ILM 37 (1998), S. 1340 (1371), § 125.
[260] „Factum of the Attorney General of Canada", in: Bayefsky (Hrsg.), S. 310, § 123.

"Clearly there is a Quebec people in a sociological, historical and political sense, as there may also be other groups, living in Quebec and elsewhere in Canada, that constitute a people in that sense. (...)"[261].

Schließlich geht der die Interessen der Provinz Québec vertretende *Amicus Curiae*[262] in seinem „Factum" vom 18. Dezember 1997 von einem „Québecer Volk" unter Einbeziehung aller Einwohner der Provinz aus[263]. Widersprüchlich sind die Aussagen des *Amicus Curiae* insofern, als von ihm zugleich die Existenz eines die gesamte kanadische Staatsbevölkerung einschließenden „kanadischen Volkes" angezweifelt wird[264].

2. Frankophone Bevölkerung als „Volk" von Québec

Die frankophone Bevölkerung in Québec müsste sich, um sich auf das Selbstbestimmungsrecht berufen zu können, nach den in der völkerrechtlichen Praxis und Lehre herangezogenen ethnischen Kriterien zur Rechtsträgerbestimmung in subjektiver Hinsicht selbst als „Volk" identifizieren sowie durch gemeinsame objektive Merkmale als „Volk" kennzeichnen lassen. Objektive Merkmale, die die frankophone Bevölkerung als „Volk" im Sinne des Selbstbestimmungsrechts qualifizieren, sind unter anderem eine gemeinsame Sprache, Kultur und Religion, ein gemeinsames historisches Schicksal der Frankokanadier sowie das Verfügen über ein abgrenzbares Territorium[265].

Für ca. 81,5 % der Québecer Bevölkerung ist Französisch die Muttersprache, die sich in nahezu allen Teilen der Provinz behauptet hat[266]; lediglich in den hauptsächlich von indigenen Bevölkerungsgruppen besiedelten nördlichen Gebieten der Provinz ist Französisch in der Regel nur eine Zweitsprache[267]. In kultureller Hinsicht ist in Québec der „frankophone Kulturkreis" dominierend, in den die Anglophonen und Allophonen nur bedingt integriert sind[268]. Mit 83 % gehört die Mehrheit der Québecer Bevölkerung der römisch-katholischen Kirche an, während 5,6 % nicht Mitglieder einer religiösen Gemeinde sind; im Übrigen bekennt sich jeweils ein geringer Prozentsatz zu zahlreichen weiteren Religionen[269].

---

[261] „Reply of the Attorney General of Canada", in: Bayefsky (Hrsg.), S. 376, § 91.

[262] *Amicus Curiae* als bestellter Vertreter der Interessen der Regierung von Québec, die sich nicht am Verfahren beteiligen wollte.

[263] „Factum of the Amicus Curiae" (in: Bayefsky (Hrsg.), S. 341): „(§ 105) There is a Quebec people".

[264] Vgl. „Written Response of the Amicus Curiae to the Questions from the Supreme Court of Canada, Question 21", in: Bayefsky (Hrsg.), S. 434 ff.

[265] Murswiek, AVR 31 (1993), S. 328; Doehring, BDGV 14 (1974), S. 27.

[266] Bernier/Boily, in: Kempf (Hrsg.), S. 98.

[267] Vgl. hierzu unten D II. 3.

[268] Bernier/Boily, in: Kempf (Hrsg.), S. 107.

[269] Statistique Canada, Recensement 2001, unter: http://www40.statcan.ca/l01/cst01/demo30b.htm (letzter Aufruf am 5. Dezember 2005).

Schließlich teilen die frankophonen Quebecer ein gemeinsames geschichtliches Schicksal, geprägt durch die französische Kolonialzeit im 17. und 18. Jahrhundert sowie die Annexion und Beherrschung ihrer ursprünglichen Siedlungsgebiete durch die Briten[270]. Dass in Québec eine eigenständige Rechtsordnung im Bereich des Zivilrechts, angelehnt an den französischen Code Civil, gilt[271], trägt ebenfalls zu einer Unterscheidung Québecs von (Rest-) Kanada bei und bringt die Besonderheiten der Frankophonen zum Ausdruck.

Der subjektive Wille der frankophonen Québecer, ein Volk zu sein, ist eng verbunden mit den historischen, sprachlichen, kulturellen und religiösen Besonderheiten der Provinz Québec[272]. Insbesondere aufgrund der Dominanz des Englischen im gesamten kanadischen Staatsverband im wirtschaftlichen, politischen und gesellschaftlichen Bereich und der regionalen Konzentration der frankophonen Bevölkerung in der Provinz Québec, wurde die Identifikation der Mehrheit der frankophonen Québecer mit ihrer Provinz seit Gründung der kanadischen Föderation kontinuierlich stärker als die Verbundenheit mit dem kanadischen Staat; der ursprünglich frankokanadische Nationalismus entwickelte sich zu einem Québecer Nationalismus[273]. Dementsprechend wird das Territorium der Provinz Québec heute als Repräsentant der frankophonen Gesellschaft innerhalb des kanadischen Staatsverbandes angesehen. Im Ergebnis ist festzustellen, dass sich die frankophone Bevölkerung in Québec von den übrigen Bevölkerungsgruppen der Provinz in ethnischer Hinsicht unterscheidet und somit die Voraussetzungen erfüllt, die aus völkerrechtlicher Sicht an die Existenz eines „Volkes“ als Rechtsträger des Selbstbestimmungsrechts gestellt werden.

---

[270] Zu verweisen ist auf die in Teil 1 enthaltene ausführliche Darstellung der historischen Hintergründe.

[271] Vgl. *Code Civil du Québec* (S.Q. 1991, c. 64). Im Bereich des Zivilrechts gilt im übrigen Kanada *Common Law* (hierzu ausführlich Teil 4).

[272] Brossard, CYIL 15 (1977), S. 96 ff.

[273] Monière, in: Kempf (Hrsg.), S. 52.

3. Rechtsstellung der indigenen Bevölkerung Québecs

„Does the road to Quebec's sovereignty run through Aboriginal territory?"[274]

a. Selbstverständnis der in Québec lebenden „Aboriginal peoples"[275]

Zu prüfen ist, ob außer den Frankophonen auch die in der Provinz Québec lebenden Angehörigen der indigenen Bevölkerung, die insgesamt 2,2 % der Bevölkerung von Québec ausmachen, ein „Volk" darstellen und ebenfalls als Träger des Selbstbestimmungsrechts in Betracht kommen. Die indigene Bevölkerung Québecs lebt hauptsächlich in den dünnbesiedelten nördlichen zwei Dritteln der Provinz (Ungava und Nouveau Québec). Es gibt eine Inuit-Bevölkerungsgruppe sowie zehn von der Québecer Regierung anerkannte indianische Gruppen, die wiederum aus zahlreichen „communities" bestehen (sog. „First Nations"): Abenaki, Algonquin, Attikamek, Cree, Huron-Wendat, Malecite, Micmac, Mohawk, Montagnais und Naskapi[276]. Die „Aboriginal peoples" deklarieren, dass auch sie Träger des Selbstbestimmungsrechts der Völker seien; hierzu kann stellvertretend die Auffassung der James Bay Cree-Indianer als zweitgrößte indianische Gruppe in Québec dienen:

> „(...) the Cree Nation reaffirms its fundamental status and rights in the context of the possible secession of Quebec from Canada, including our right to self-determination and to freely determine our political status and that of our traditional territory (...)" (Grand Council of the Crees, Annual General Assembly, 24. August 1994)[277].

Die Cree-Indianer in Québec identifizieren sich nicht gemeinsam mit den in der Provinz Québec lebenden Frankophonen oder Anglophonen als ein „Québecer Volk". Sie sehen sich vielmehr als Staatsbürger Kanadas und durch das zwischen der kanadischen Bundesregierung, der Québecer Regierung und dem Grand Council of the Crees of Quebec geschlossene *James Bay and Northern Quebec Agreement (JBNQA) vom 11. November 1975* vertraglich an Kanada gebun-

---

[274] Zit. von Turpel, in: Clark/Williamson (Hrsg.), S. 284.

[275] Ungeachtet dessen, dass es sich bei der Bezeichnung „Aboriginal peoples" nicht um einen Begriff des Völkerrechts handelt, wird auf diesen unter Berücksichtigung des herrschenden Sprachgebrauchs in der kanadischen Rechtsordnung im Rahmen dieser Bearbeitung rekurriert und als gleichbedeutend mit dem völkerrechtlichen Begriff „Indigenous peoples" verwendet. In der kanadischen Verfassung ist in Art. 35 *Constitution Act von 1982* der Begriff „Aboriginal peoples" verankert, um alle indigenen Völker Kanadas, also sowohl die Indianer, die Métis (Bevölkerung mit englisch- oder französisch-indianischer und teilweise europäischer Abstammung) als auch die Inuit-Bevölkerung in den Schutzbereich einzubeziehen (Art. 35 *Constitution Act von 1982*: (2) In this Act, „aboriginal peoples of Canada" includes the Indian, Inuit, and Métis peoples of Canada). Der Begriff „Indianer" im Sinne des *Indian Act von 1867* (R.S.C. 1970 I-6) erfasst hingegen nicht die Inuits und Métis.

[276] Vgl. Québec Indian Communities Guide, Minister of Indian Affairs and Northern Development, unter: http://www.ainc-inac.gc.ca/qc/gui/index_e.html (letzter Aufruf am 5. Dezember 2005).

[277] Zitat aus Grand Council of the Crees, Sovereign Injustice, S. 9.

den[278]. In diesem Abkommen, dessen wesentlicher Inhalt durch Art. 25 und Art. 35 Abs. 3 *Constitution Act von 1982* eine verfassungsrechtliche Absicherung erfahren hat, wurde die Abtretung der Rechte an Territorien durch die Cree- und Inuit-Bevölkerung vereinbart, wofür im Gegenzug Kompensationszahlungen geleistet, Nutzungsrechte gewährt und der Cree- und Inuit-Bevölkerung eigenständige administrative Strukturen zugesichert wurden[279].
Für den Fall der Unabhängigkeit Québecs wird von den indigenen Gruppen in Québec der Verlust der in der kanadischen Verfassung eingeräumten Schutzrechte, insbesondere der „aboriginal rights and treaty rights", befürchtet[280]. Zum Ausdruck gekommen ist die Ablehnung einer Sezession Québecs[281] durch die in Québec lebenden indigenen Völker auch in den Ergebnissen der in zeitlicher Nähe zu dem von der Regierung von Québec am 30. Oktober 1995 durchgeführten Unabhängigkeitsreferendum abgehaltenen eigenen Referenden des Grand Council of the Crees am 24. Oktober 1995 sowie der in Québec lebenden Inuit von Nunavik am 26. Oktober 1995 („Cree Special Referendum"). Das Abstimmungsergebnis war jeweils eindeutig: Bei den James Bay Crees stimmten 96,3 % gegen eine Unabhängigkeit Québecs[282], im Inuit-Referendum haben sich 95 % gegen eine Unabhängigkeit der Provinz ausgesprochen[283].

---

[278] Grand Council of the Crees, Sovereign Injustice, S. 393; Grand Council of the Crees, Never without consent, S. 61.

[279] Siehe hierzu Teil 3, A I.

[280] Vgl. **Art. 25 *CCRF***: The guarantee in this Charter of certain rights and freedoms shall not be construed so as to abrogate or derogate from any aboriginal, treaty or other rights or freedoms that pertain to the aboriginal peoples of Canada including
(a) any rights or freedoms that have been recognized by the Royal Proclamation of October 7, 1763; and
(b) by any rights or freedoms that may be acquired by the aboriginal peoples of Canada by way of land claims settlement.
Art. 35 *Constitution Act von 1982*: (1) The existing aboriginal and treaty rights of the aboriginal peoples of Canada are hereby recognized and affirmed.
(2) In this Act, „aboriginal peoples of Canada" includes the Indian, Inuit, and Metis peoples of Canada.
(3) For greater certainty, in subsection (1) „treaty rights" includes rights that now exist by way of land claims agreements or may be so acquired.

[281] Zur Ablehnung einer Sezession Québecs durch die indigene Bevölkerung vgl. Cairns, McGill Law Journal 42 (1997), S. 86; Grand Council of the Crees, Sovereign injustice. Forcible Inclusion of the James Bay Crees and Cree Territory into a sovereign Quebec, Nemaska (Eeyou Astchee), Québec, 1995; Grand Council of the Crees (Eeyou Astchee), Never without consent – James Bay Crees' Stand Against Forcible Inclusion into an independent Quebec, Toronto, 1998.

[282] Wherett, Aboriginal Peoples and the 1995 Quebec Referendum: A Survey of Issues, Ottawa, 1996; Frage des Cree-Referendums am 23. Oktober 1995: „Do you agree/consent, as a people, that the Government of Québec separate the James Bay Crees and Cree traditional territory from Canada in the event of a Yes vote in the Quebec referendum?".

[283] Die Inuit haben am 14. Mai 1980 – vor dem Québec-Referendum am 20. Mai 1980 – ein eigenes Referendum abgehalten, in dem eine Mehrheit von 94,4 % für einen Verbleib Québecs

Exemplarisch für die Nichtidentifikation der in Québec angesiedelten „Aboriginal peoples“ mit einem „Québecer Volk“ ist auch der Fall der Mohawk-Indianer, die ihr traditionelles Siedlungsgebiet in Québec haben und sich bis heute als eigenständige und souveräne Nation verstehen. Ihrer Auffassung zufolge gehöre das von ihnen besiedelte Gebiet weder zu Kanada noch zu den USA:

„The neighbour that borders us to the south is the state of New York. The neighbour in the north-east is the province of Quebec, and the neighbour to the north-west is Ontario. The Mohawks are surrounded. Our community is called Akwesasne, but the French and English people call it St. Regis. Canada claims that half of it is located in Canada. The United States claim that the other half is located in the United States. If you ask the Mohawks, they will say it is in neither of those countries. This is the way it has been told by our elders, and that is the way we believe it to be"[284].

Ein Ausscheiden aus dem kanadischen Staatsverband war niemals Ziel der in Kanada lebenden indigenen Bevölkerungsgruppen[285]. So gibt es beispielsweise keine Unabhängigkeitsbewegung der Cree-Indianer; diese Gruppe behält sich lediglich ein Recht auf Sezession von einem unabhängigen Québec vor, wenn sie in ein unabhängiges Québec gezwungen würde[286]. So lauten auch die Aussagen eines Vertreters der Cree-Indianer:

"It should be clear to everyone by now that we are not separatists. You have never heard about a Cree independence movement, because there is no Cree independence movement. We most certainly have grievances against the government of Canada. Our relationship is in need of profound reform. But we are no separatists"[287].

Die von Seiten der in Québec lebenden Ureinwohner vertretenen Positionen dokumentieren, dass eine Loslösung Québecs aus dem kanadischen Staatsverband nicht ohne eine Berücksichtigung der Interessen der Ureinwohner Québecs er-

---

in Kanada gestimmt hat (Grand Council of the Crees, Sovereign injustice, S. 317; Hogg, NJCL 8 (1997), S. 43 Fn. 43). Frage des Inuit-Referendums am 29. Oktober 1995: „Do you agree that Quebec should become sovereign?“. Vgl. stellvertretend die folgende Stellungnahme der Inuit zu ihrer engen Verbundunheit mit dem kanadischen Staatsverband: „The special relationship with the federal government has been our salvation many a time and it cannot be cut. We will not be spectators and bystanders while this exercise is being attempted. We will never allow our ties and our relationships with that jurisdiction to be cut as a result of any project in sovereignty" (zitiert in: Sanders, UBC Law Review 29 (1994), S. 156).

[284] Zu den gewaltsamen Auseinandersetzungen zwischen den Mohawks und der Surêté du Québec in Kanesatake (Oka), Québec, im Juli 1990 und den Hintergründen vgl. Weimann, S. 146 ff.

[285] Grand Council of the Crees, Sovereign Injustice, S. 62; Weimann (S. 159 ff.) analysiert unter dem Aspekt der demographischen, rechtlichen und politischen Strukturen sowie der finanziellen Lebensfähigkeit, ob eine eigene Provinz im Hinblick auf die Land- und Selbstverwaltungsansprüche der indigenen Bevölkerung eine akzeptable Lösung sein könnte.

[286] Grand Council of the Crees, Sovereign Injustice, S. 62, 66 ff., 408 f.

[287] Zitat des Grand Chef Matthew Coon Come, abgedruckt in: Grand Council of the Crees, Never without consent, S. 47 f.

folgen kann. Hierfür wiederum ist von Bedeutung, welche Rechtsstellung der indigenen Bevölkerung im Völkerrecht zukommt.

b. Völkerrechtliche Abgrenzung zwischen einer „Minderheit“ und einem „Volk“

Die indigenen Gruppen in Québec bilden nur einen zahlenmäßig geringen Teil der Québecer Bevölkerung. Dies wirft die Frage auf, ob die indigene Bevölkerung aus völkerrechtlicher Sicht eine als „Volk“ anzusehende Gruppe mit der Möglichkeit der Berufung auf das Selbstbestimmungsrecht oder lediglich eine „Minderheit“ ist, die durch spezielle Minderheitenrechte geschützt wird. Die unterschiedlichen Gewährleistungsgehalte kommen insbesondere in dem in Art. 1 *IPbpR* enthaltenen Selbstbestimmungsrecht und dem in Art. 27 *IPbpR* niedergelegten Minderheitenschutz zum Ausdruck. Art. 27 *IPbpR* enthält einen allgemeinen Minderheitenschutzartikel:

„In these states in which ethnic, religious or linguistic minorities exist, persons belonging to such minorities shall not be deemed the right, in community with the other members of their group, to enjoy their own culture, to profess and practise their own religion, or to use their own language“.

Der wesentliche Unterschied zwischen dem Selbstbestimmungsrecht und den Minderheitenschutzrechten besteht darin, dass letztere innerhalb der territorialen Grenzen des jeweiligen Staates durch eine innerhalb des Staatsgebietes lebende Gruppe wahrzunehmen sind und keinen Anspruch auf Selbstbestimmung oder Sezession begründen[288].

Art. 1 und Art. 27 *IPbpR* unterscheiden sich insbesondere dadurch, dass das Selbstbestimmungsrecht durch einen kollektiven Rechtsträger auszuüben, hingegen Art. 27 *IPbpR* als Individualrecht der Angehörigen der Minderheit ausgestaltet ist; aus diesem Grund ist im Gegensatz zu dem in Art. 1 *IPbpR* verankerten Selbstbestimmungsrecht die Geltendmachung der Rechte des Art. 27 *IPbpR* vor dem UN-Menschenrechtsausschuss im Wege der Individualbeschwerde nach

---

[288] Dies hat der UN-Menschenrechtsausschuss in seiner Allgemeinen Bemerkung 23/50 zu Art. 27 *IPbpR* vom 4. April 1994 festgestellt: „(Nr. 3.1) The Covenant draws a distinction between the right to self-determination and the right protected under article 27. The former is expressed to be a right belonging to peoples and is dealt with in a separate part (Part I) of the Covenant. Self-determination is not a right cognizable under the Optional Protocol. Article 27, on the other hand, relates to rights conferred on individuals as such and is included, like the articles relating to other personal rights conferred on individuals, in Part II of the Convenant and is cognizable under the Optional Protocol“; „(Nr. 3.2) The enjoyment of the rights to which article 27 relates does not prejudice the Sovereignty and territorial integrity of a State party (...)” (abgedruckt in: HRLJ 15 (1994), S. 235), vgl. auch Nr. 5.1, 5.2, 6.2); siehe auch Wortlaut des Art. 27 *IPbpR*: „in these States“; Franck, in: Brölmann/Lefeber/Zieck (Hrsg.), S. 11; Tomuschat, in: FS Mosler, S. 974 f; Krugmann, S. 342, der auf erhebliche strukturelle Unterschiede zwischen den Minderheitenschutzbestimmungen und dem „inneren Selbstbestimmungsrecht“ hinweist.

dem Ersten Fakultativprotokoll möglich[289]. Bei den Minderheitenrechten handelt es sich in erster Linie um einen besonderen Diskriminierungsschutz, das Recht zur Bewahrung und Entfaltung der kulturellen und ethnischen Identität sowie um politische Teilhaberechte[290]. Die *Minderheiten-Deklaration* der UN-Generalversammlung („*Declaration on the Rights of Persons Belonging to National or Ethnic, Religious and Linguistic Minorities*" (Res. 47/135)) vom 18. Dezember 1992[291] enthält ausschließlich Garantien, die unterhalb der Schwelle der externen Statusbestimmung der Minderheit verbleiben[292].
Sowohl Art. 27 *IPbpR* als auch die rechtlich unverbindliche *Minderheiten-Deklaration* der UN-Generalversammlung von 1992 enthalten keine Definition des Begriffs der „Minderheit". Angesichts der Notwendigkeit einer völkerrechtlichen Definition des Begriffs der „Minderheit", die eine restriktive Anwendung des Art. 27 *IPbpR* durch die Vertragsstaaten verhindert, ist auf die Definition des UN-Spezialberichterstatters Caportorti aus dem Jahre 1979 zurückzugreifen, die in Theorie und Praxis breite Zustimmung erfahren hat[293]. Hiernach werden Gruppen als Minderheiten bezeichnet, die zahlenmäßig kleiner sind als der Rest der gesamten Staatsbevölkerung und sich in einer politisch, wirtschaftlich, kulturell oder sozial schwächeren Position befinden[294]. Die Gruppenangehörigen müssen von der restlichen Staatsbevölkerung zu unterscheidende ethnische, religiöse oder sprachliche Gemeinsamkeiten aufweisen sowie ein Solidaritätsbewusstsein

---

289 *Chief Bernard Ominayak and the Lubicon Lake Band v. Canada* (abgedruckt in: HRLJ 11 (1990), S. 311; Nr. 32.1, 32.2); vgl. auch *Südtirol-Fall* (dt. Fassung abgedruckt in: EuGRZ 18 (1991), S. 158 ff.), § 3.2 (S. 159); Caportorti, UN-Doc.E/CN.4/Sub.2/384/Rev.1 (1979), §§ 206 ff., S. 35 f.; Murswiek, in: Blumenwitz/Gornig/Murswiek (Hrsg.), S. 92 f.; zur Frage einer aus Art. 27 *IPbpR* ableitbaren staatlichen Schutzpflicht vgl. Williams-Vedder, S. 171 ff.

290 Vgl. Art. 2, 18, 25, 26, 27 *IPbpR*; Wolfrum, ZaöRV 59 (1999), S. 371; Gornig, in: Blumenwitz/Gornig/Murswiek (Hrsg.), S. 20.

291 ILM 32 (1993), S. 911 ff.; ausführlich zur *UN-Minderheiten-Deklaration* Dicke, EA 23 (1993/1), S. 107 ff.

292 Vgl. Art. 8 Abs. 4 der *Declaration on the Rights of Persons Belonging to National or Ethnic, Religious and Linguistic Minorities* (Resolution 47/135): „Nothing in this Declaration may be construed as permitting any activity contrary to the purposes and principles of the United Nations, including sovereign equality, territorial integrity and political independence of states".

293 Caportorti, UN Doc.E/CN.4/Sub.2/384/Rev.1 (1979); Nowak, Art. 27 Rn. 31 ff.; De Zayas, in: Heintze (Hrsg.), Selbstbestimmungsrecht der Völker, S. 173; Heintze, Selbstbestimmungsrechte und Minderheitenrechte, S. 125 ff.; Gornig, in: Blumenwitz/Gornig/Murswiek (Hrsg.), S. 34 ff.

294 Caportorti, UN-Doc.E/CN.4/Sub.2/384/Rev.1 (1979), § 568: „A group numerically inferior to the rest of the population of a State, in a non-dominant position, whose members - being nationals of the State - possess ethnic, religious or linguistic characteristics differing from those of the rest of the population and show, if only implicitly, a sense of solidarity, directed towards preserving their culture, traditions, religion or language". Zur Kontroverse um die Staatsangehörigkeit als konstitutives Merkmal für die Bestimmung einer „Minderheit" vgl. Gornig, in: Blumenwitz/Gornig/Murswiek (Hrsg.), S. 38 ff.

erkennen lassen, das auf die Erhaltung ihrer Kultur, Tradition, Religion oder Sprache gerichtet ist[295].

Die Definition von Caportorti zeigt Überschneidungen mit dem ethnischen Volksbegriff auf, die gegen eine konsequente Trennung von Selbstbestimmungs und Minderheitenrechten sprechen. Aus ihr wird deutlich, dass auch eine „Minderheit" im Sinne der Minderheitenrechte den Begriff des „Volkes" im Sinne des Selbstbestimmungsrechts erfüllen kann. „Minderheit" und „Volk" sind insoweit keine Gegensätze.

Da sich nach dem Wortlaut des Art. 27 *IPbpR* die zahlenmäßige Unterlegenheit auf die Gesamtbevölkerung eines Staates bezieht („in these states"), besitzt eine Bevölkerungsgruppe auch dann einen Minderheitenstatus im Staat, wenn sie in einer bestimmten Region zahlenmäßig die ausschließliche oder deutliche Mehrheitsbevölkerung darstellt und nach ethnischen Gesichtspunkten als „Volk" im Sinne des Selbstbestimmungsrechts zu qualifizieren ist; dies trifft auf die frankophone Bevölkerung in Québec zu. Ein Mehrheitsvolk im Gesamtstaat, dessen Teile lediglich in einer bestimmten Region in der Minderzahl sind, wird dagegen nicht vom Schutz des Art. 27 *IPbpR* erfasst[296].

c. Volksstatus der indigenen Bevölkerung Québecs

aa. Stand der völkerrechtlichen Praxis

Wie oben dargelegt, will die indigene Bevölkerung in Québec selbst nicht nur als ethnische Minderheit im Sinne von Art. 27 *IPbpR* behandelt, sondern als Volk mit der Möglichkeit der Berufung auf das Selbstbestimmungsrecht anerkannt werden. Zwar werden die indigenen Völker weder in der *UN-Charta* noch in den *UN-Menschenrechtspakten von 1966* ausdrücklich berücksichtigt; allerdings belegen die zahlreichen Individualbeschwerden vor dem UN-Menschenrechtsausschuss, dass den Ureinwohnern jedenfalls ein Minderheitenstatus im Sinne des Art. 27 *IPbpR* zuerkannt wird[297]. Hervorzuheben ist der Fall „Sandra Lovelace", in dem der UN-Menschenrechtsausschuss von einem Minderheitenstatus der indigenen Bevölkerung ausgeht: Der Schutz des Art. 27 *IPbpR* stehe allen Personen zu, „die in einem Reservat geboren oder aufgewachsen sind, die Bindungen mit ihrer Gemeinschaft bewahrt haben und diese Bindungen zu bewahren wünschen"[298]. Auch in seiner Allgemeinen Bemerkung 23/50 zu Art. 27

---

[295] Vgl. Caportorti, UN-Doc.E/CN.4/Sub.2/384/Rev.1 (1979), § 567.

[296] Siehe hierzu die Erörterungen zur Volksqualität der in Québec lebenden Anglophonen unter D II. 4.; Nowak, Art. 27 Rn. 15; wenn ein Volk zugleich eine Minderheit ist, finden die Regelungen des Minderheitenschutzes und das Selbstbestimmungsrecht der Völker kumulativ Anwendung, so Murswiek (in: Blumenwitz/Gornig/Murswiek (Hrsg.), S. 91 f.).

[297] Vgl. *Mikmaq Nation v. Canada* (abgedruckt in: HRLJ 5 (1984), S. 194 ff.); *Chief Bernard Ominayak and the Lubicon Lake Band v. Canada* (abgedruckt in: HRLJ 11 (1990), S. 305 ff.).

[298] Dt. Übersetzung abgedruckt in: EuGRZ 8 (1981), S. 522 ff., insb. § 14.

IPbpR hat der UN-Menschenrechtsausschuss ausdrücklich die „indigenous peoples“ als Minderheiten im Sinne des Art. 27 *IPbpR* anerkannt und deren spezifische, insbesondere kulturelle Rechte aufgezählt[299].
Dass die Staatengemeinschaft allerdings auch von einer Volksqualität der indigenen Bevölkerung ausgeht, zeigt sich in der Anerkennung als Völker („indigenous *peoples*“) in der *„ILO-Convention 169 Concerning Indigenous and Tribal Peoples in Independent Countries*“ vom 27. Juni 1989[300]. Zugleich wird in der Konvention ausgeführt, dass die darin verankerten Rechte nur innerhalb des Staates zu verwirklichen sind[301]. Über die *ILO-Convention 169* geht die *„Draft Declaration on the Rights of Indigenous Peoples"* der UN-Unterkommission „United Nations Commission on Human Rights Sub Commission on Prevention of Discrimination and Protection of Minorities“ aus dem Jahre 1994 (Res. 1994/45) hinaus[302]. In Art. 3 der *„Draft Declaration Declaration on the Rights of Indigenous Peoples“* wird den „indigenous peoples“ ausdrücklich das Selbstbestimmungsrecht zuerkannt; bisher hat diese Regelung allerdings (noch) keine Zustimmung der Staaten erfahren[303]. Dennoch spiegelt sich in der Arbeit der UN-Unterkommission die Ansicht der Vereinten Nationen wider, dass die Rechte der indigenen Bevölkerung über die Minderheitenrechte hinausgehen[304]. Zu

---

[299] „(Nr. 7) With regard to the exercise of the cultural rights protected under article 27, the Committee observes that culture manifests itself in many forms, including an particular way of life associated with a use of land ressources, specifically in the case of indigenous peoples. That right may include such traditional activities as fishing or hunting and the right to live in reserves protected by law. The enjoyment of these rights may require positive legal measures of protection and measures to ensure the effective participation of members of minority communities in decisions which affect them" (in: HRLJ 15 (1994), S. 235 f.).

[300] Abdruck in: ILM 28 (1989), S. 1382 ff. (in Kraft getreten am 5. September 1991); zuvor „ILO-Convention concerning the Protection and Integration of Indigenous and Other Tribal and Semi-Tribal Populations in Independent Countries (No. 107)“ aus dem Jahre 1957, in der lediglich von „Indigenous populations" die Rede war (zur Revision der *ILO-Convention Nr. 107* vgl. Barsh, AJIL 81 (1987), S. 756 ff.).

[301] Auszug aus der Präambel der *ILO-Convention 169*: „Recognizing the aspirations of these peoples to exercise control over their own institutions, ways of life and economic development and to maintain and develop their identities, languages and religions, within the framework of the States in which they live“.

[302] Vom 26. August 1994, abgedruckt in: ILM 34 (1995), S. 541 ff.; vgl. Foster, EJIL 12 (2001), S. 141 ff.

[303] Art. 3 *Draft Declaration on the Rights of Indigenous Peoples*: Indigenous peoples have the right of self-determination. By virtue of that right they freely determine their political status and freely pursue their economic and cultural development.

Vgl. auch das *Schlussdokument der Wiener Weltmenschenrechtskonferenz* aus dem Jahre 1993, das in Teil I Nr. 20 zwar von „eingeborenen Bevölkerungsgruppen" spricht, aber in diesem Zusammenhang nicht von einem Selbstbestimmungsrecht die Rede ist (abgedruckt in: EA 48 (1993/2), S. D 498 ff.).

[304] UN-Doc.E/CN.4/Sub.2/1993/29, S. 13: „(...) by recognizing that the rights of indigenous peoples must be treated as distinct from the minorities issue and by establishing the Working

verweisen ist in diesem Zusammenhang auch auf die „Explanatory note concerning the Draft Declaration on the Rights of Indigenous Peoples“ der Vorsitzenden der UN-Unterkommission Erica-Irene Daes:

„Indigenous groups are unquestionably „peoples“ in every political, social, cultural and ethnological meaning of this term. They have their own specific languages, laws, values and traditions; their own long histories as distinct societies and nations; and a unique economic, religious and spiritual relationship with the territories in which they have lived. It is neither logical nor scientific to treat them as the same „peoples" as their neighbours, who obviously have different languages, histories and cultures"[305].

Schließlich wird auch in der Völkerrechtslehre mehrheitlich das Bedürfnis des Schutzes der indigenen Völker als Gemeinschaft betont und eine ausschließliche Zuordnung indigener Gruppen zu den „Minderheiten“ als Inhaber der Individualrechte im Sinne des Art. 27 *IPbpR* abgelehnt. Befürwortet werden vielmehr angesichts des besonderen historischen Schicksals und der Schutzbedürftigkeit aufgrund der Gefahr der Diskriminierung durch die „moderne Zivilisation“[306] über den Minderheitenschutz hinausgehende Rechte indigener Volksgruppen[307]. Der gegenwärtige Stand in der Völkerrechtspraxis lässt sich demzufolge dahingehend kennzeichnen, dass indigenen Gruppen ein Minderheitenstatus zuerkannt wird. Erkennbar ist außerdem die Tendenz, sie als Volk anzusehen, ohne dass jedoch bisher der endgültige Schritt zu einer ausdrücklichen Anerkennung eines Selbstbestimmungsrechts vollzogen wurde.

bb. Indigene Bevölkerung Québecs als „Volk“ im ethnischen Sinn

Von Bedeutung für die Beurteilung der Volksqualität der indigenen Bevölkerung in Québec ist zunächst die völkerrechtliche Bestimmung des Begriffs der „Ureinwohner“. Innerhalb der Vereinten Nationen wird die Definition des UN-Spezialberichterstatters Cobo aus dem Jahre 1986 als Leitlinie verwendet:

„(§ 379) Indigenous communities, peoples and nations are those, which, having a historical continuity with pre-invasion and pre-colonial societies that developed on their territories, consider themselves distinct from other sectors of the societies now prevailing in those territories, or parts of them. They form at present non-dominant sectors of society and are determined to preserve, develop and transmit to future generations their ancestral territories, and their ethnic identity, as the basis of their continued existence as peoples, in accordance with their own cultural patterns, social institutions and legal systems (...). (§ 381) On an individual basis, an indigenous person is one who belongs to these indigenous populations through self-

Group (on Indigenous Populations), thereby giving indigenous peoples a forum for standard setting activities as well as a place to raise matters of concern to them".

305 UN Doc.E/CN.4/Sub.2/1993/26/Add.I, 2, § 7.

306 Zit.: Nowak, Art. 27 Rn. 30.

307 Nowak, Art. 27 Rn. 30.

identification as indigenous (group consciousness) and is recognized and accepted by these populations as one of its members (acceptance by the group)"[308].

In dieser Definition zeigen sich Gemeinsamkeiten mit der Minderheitendefinition von Caportorti sowohl im Hinblick auf objektive Elemente wie historische Kontinuität, besondere Kultur, soziale Organisation und Nichtdominanz in der Gesellschaft als auch in subjektiver Hinsicht hinsichtlich der Selbstidentifikation als eigenständige Gesellschaft. Dass die indigenen Völker, eingeschlossen die Inuit, mehr als nur eine „Minderheit" sind, lässt sich sowohl durch historische, geographische als auch ethnische Aspekte begründen. Der Definition des UN-Spezialberichterstatters Cobo zufolge teilen indigene Völker als ursprüngliche Eigentümer des Landes ein gemeinsames historisches Schicksal, das eng mit dem besiedelten Territorium zusammenhängt, das sie als urspüngliche Siedler („First Nations") während der Kolonisierung verloren haben[309]. Die indigenen Völker haben als ursprüngliche Siedler zu dem von ihnen bewohnten Land eine enge Beziehung sowohl aufgrund ihrer wirtschaftlichen Erwerbstätigkeit in Form der traditionellen Aktivitäten wie Jagd und Fischfang – insoweit dient ihnen das Territorium als Existenzgrundlage – als auch in spiritueller Hinsicht[310].

---

[308] Vgl. Studie des UN-Spezialberichterstatters José Martinez Cobo aus dem Jahre 1983 („Study of the Problems of Discrimination Against Indigenous Populations") zum Problem der Diskriminierung der Urbevölkerung (UN-Doc./CN.4/Sub.2/1983/21/Add.8). Vgl. auch Art. 1 *ILO-Convention 169*: This convention applies to: (b) people in independent countries who are regarded as indigenous on account of their descent from the population which inhabited the country, or a geographical region to which the country belongs, at the time of conquest or colonisation or the establishment of present state boundaries and who, irrespective of their legal status, retain some or all of their own social, economic, cultural and political institutions.

[309] Studie des UN-Spezialberichterstatters Martinez Cobo, E/CN.4/Sub.2/1994/77Add.4, §§ 509-514, §§ 197-199; Brölmann/Zieck, in: Brölmann/Lefeber/Zieck (Hrsg.), S. 193. Die enge Beziehung der indigenen Völker zu ihrem Territorium kommt unter anderem in den Art. 13 ff. *ILO-Convention 169* und der *Draft Declaration on the Rights of Indigenous Peoples* von 1994 (E/CN.4/Sub.2/1994/56, S. 103) zum Ausdruck; zum historischen Schicksal der indigenen Völker Kanadas vgl. Carstens, Law and Anthropology 11 (2001), S. 249, 256.

[310] Vgl. die Studie des UN-Spezialberichterstatters Martinez Cobo: „(§ 509) It must be understood that, for indigenous populations, land does not represent simply a possession or means of production. It is not a commodity that can be appropriated, but a physical element that must be enjoyed freely. It is also essential to understand the special and profoundly spiritual relationship of indigenous peoples, with Mother Earth as basic to their existence and to all their beliefs, customs, traditions and culture". „(§ 510) It is also essential to increase understanding of the profound sense of deprivation experienced, by indigenous populations when the land to which they, as peoples, have been bound for thousands of years is taken away from them. No one should be permitted to destroy that bond. Systematic violations of the rights of indigenous peoples to land and its resources should cease" (E/CN.4/Sub.2/1996/7/Add.4); siehe auch §§ 197-199; Torres, Yale Journal of International Law 16 (1991), S. 138; Carstens, Law and Anthropology 11 (2001), S. 249.

Die mehrheitlich von der indigenen Bevölkerung besiedelten (Reservats-) Gebiete im Norden der Provinz Québec wurden erst in den Jahren 1898[311] und 1912[312] infolge der Gebietsabtretung durch die kanadische Regierung Bestandteil der Provinz Québec[313]. Die indigene Bevölkerung in Québec besitzt eine – wenn auch in den einzelnen Gemeinschaften unterschiedliche – eigenständige Kultur, die durch besondere überlieferte Traditionen geprägt ist. Sie haben ihre eigenen Sprachen (z.B. Cree, Abenaki, Algonquian, Attikamek, Micmac, Mohawk, Montagnais, Inuktitut, Naskapi sowie überwiegend Englisch und nicht Französisch als Zweitsprache) und sind mehrheitlich protestantischen Glaubens. In politischer Hinsicht besitzen die indigenen Bevölkerungsgruppen eine gewisse Eigenständigkeit durch die ihnen ausdrücklich zuerkannten Selbstverwaltungsrechte in den Bereichen Kultur, Bildung, Gesundheit, Sozialfürsorge und wirtschaftliche Entwicklung, die in zwischen der Bundesregierung, der Regierung Québecs und Vertretern der indigenen Bevölkerung abgeschlossenen „land claims agreements" begründet wurden (vgl. *James Bay Northern Quebec Agreement* vom 11. November 1975 und *Northeastern Quebec Agreement* von 1978)[314]. In subjektiver Hinsicht verstehen sich die indigenen Völker Québecs als zusammengehörige Gruppe; insbesondere teilen sie den gemeinsamen Willen, sich nicht mit den übrigen Québecern als ein Volk zu identifizieren[315].

Die Rechte der Ureinwohner finden sich in der kanadischen Verfassung in Art. 25 *CCRF*[316] sowie in einem eigenen Teil II, der mit „Rights of the Aboriginal *Peoples* of Canada" überschrieben ist[317]. Diese innerstaatliche Anerkennung der Ureinwohner als Völker und nicht nur als Minderheiten hat zwar auf völkerrechtlicher Ebene keine unmittelbaren Auswirkungen, gibt aber zu erkennen, dass die Ureinwohner im kanadischen Recht als „Völker" im Sinne des Selbstbestimmungsrechts anerkannt sind[318]. Durch die Berücksichtigung in der *CCRF* hat sich

---

[311] *An Act respecting the north-western, northern and north-eastern boundaries of the province of Québec* (S.C. 1898, c. 3).

[312] *An Act to extend the Boundaries of the Province of Québec* (S.C. 1912, c. 45).

[313] Grand Council of the Crees, Never without consent, S. 98 ff., 110; siehe hierzu Teil 3, A I.

[314] Vgl. hierzu Teil 3 A. I.

[315] Grand Council of the Crees, Never without consent, S. 32.

[316] **Art. 25 *CCRF*** siehe oben in Fn. 280.

[317] **Art. 35 *Constitution Act von 1982*** siehe oben in Fn. 280.

[318] Im „Factum of the Grand Council of the Crees (Eeyou Istchee)" vom 10. April 1997 (abgedruckt in: Bayefsky (Hrsg), S. 355) wird aus der Abwesenheit einer verbindlichen völkerrechtlichen Definition des Volksbegriffs auf Begriffsbestimmungen im nationalen Recht abgestellt und auf deren Bedeutung auch auf völkerrechtlicher Ebene hingewiesen; im Rahmen der *Reference re Secession of Québec* vor dem Supreme Court of Canada im Jahre 1998 hat der *Amicus Curiae* einen Volksstatus der Ureinwohner vertreten: „These nations, and among them the Cree, the Algonquin and the Inuit, are very likely peoples as understood under domestic and international law" („Written Response of the Amicus Curiae to Questions from the Supreme Court of Canada, Question 14", abgedruckt in: Bayefsky (Hrsg.), S. 432). „The First Nations of Canada, including the Aboriginal peoples of Quebec, constitute peoples as the term is understood in international law and are entitled to self-determination, whether or not this appears

zumindest der besondere Rechtsstatus der indigenen Völker innerhalb der kanadischen Verfassungsordnung verfestigt[319]. Im Ergebnis kann somit die in den nördlichen Gebieten der Provinz in Reservaten lebende indigene Bevölkerung als „Volk“ im Sinne des Selbstbestimmungsrechts qualifiziert werden; auf die Teile der indigenen Bevölkerung, die weitgehend angepasst an die Lebensweise der übrigen Provinzbevölkerung außerhalb von indigenen Gemeinschaften leben, trifft dies wohl nicht zu[320].

d. Inhalt des Selbstbestimmungsrechts der Autochthonen

Allerdings ist zwischen den als „Volk“ zu qualifizierenden Gruppen zu differenzieren; denn nicht jedem „Volk“ im Sinne des Selbstbestimmungsrechts stehen in vollem Umfang alle aus dem Selbstbestimmungsrecht ableitbaren Rechte zu. Als Voraussetzung für die Wahrnehmung des äußeren Selbstbestimmungsrechts in Form einer Sezession und Neustaatengründung ist jedenfalls eine in hohem Maße geschlossene Siedlungsstruktur der sezedierenden Gruppe sowie die aus der zahlenmäßigen Größe resultierende Fähigkeit der Gruppe zur Erfüllung der Mindestanforderungen für eine Eigenstaatlichkeit zu verlangen[321]. Diese Voraussetzungen dürfte die in Québec ansässige indigene Bevölkerung nicht erfüllen, die nur einen Anteil von 2,2 % der Québecer Bevölkerung ausmacht und deren Angehörige hauptsächlich in den dünn besiedelten nördlichen Regionen der Provinz in Reservaten siedeln oder vereinzelt in den Städten ein der übrigen Provinzbevölkerung angepasstes Leben führen. Ein Selbstbestimmungsrecht unter Einschluss eines Sezessionsrechts ist den indigenen Gruppierungen auch nicht mit Blick auf ihre besondere Stellung in völkerrechtlichen Dokumenten zuerkannt worden. In keinem völkerrechtlichen Dokument hat ein Recht der indigenen Völker auf Selbstbestimmung Niederschlag gefunden; ausdrücklich anerkannt ist in der völkerrechtlichen Praxis lediglich ihr „Volksstatus“. In Art. 1 Abs. 3 *ILO-Convention 169* wird ausdrücklich betont, dass aus der Anerkennung des Volksstatus nicht auf die Anerkennung des Selbstbestimmungsrechts geschlossen werden kann[322], wobei es nahe liegt, diese Formulierung dahingehend auszulegen, dass den indigenen Völkern zwar das äußere Selbstbestimmungsrecht als Recht zur Bildung eines eigenen Staates vorenthalten, jedoch zumindest ein Recht auf Selbstbestimmung innerhalb des Staatsverbandes zugestanden

---

suitable to the federal government“ („Reply of the Amicus Curiae to Written Responses of the Attorney General of Canada to Questions from the Supreme Court of Canada“, in: Bayefsky (Hrsg.), S. 452).

[319] Williams-Vedder, S. 216.

[320] Williams-Vedder, S. 209 ff.

[321] Siehe oben unter D. I. 2.

[322] Art. 1 Abs. 3 *ILO-Convention 169*: „The use of the term „peoples“ in this Convention shall not be construed as having any implications as regards the rights which may attach to the term under international law“.

wird[323]. Zwar könnte der Wortlaut des Art. 3 der *Draft Declaration on the Rights of Indigenous Peoples*[324] sowohl ein inneres als auch ein äußeres Selbstbestimmungsrecht umfassen; allerdings ist der Systematik der Entwurfsfassung, die in erster Linie Bestimmungen über Autonomie und politische Mitbestimmung als Ausgestaltungsformen der inneren Selbstbestimmung enthält, eine Beschränkung auf ein inneres Selbstbestimmungsrecht zu entnehmen[325]. Auch im *Schlussdokument der Wiener Menschenrechtsweltkonferenz* vom 25. Juni 1993 wird in dem auf die Rechte der Ureinwohner bezugnehmenden § 20 nicht auf ein Selbstbestimmungsrecht der Ureinwohner eingegangen[326]. Die Wiedergabe des Wortlauts bereits bestehender Dokumente zum Selbstbestimmungsrecht in § 2 des Schlussdokuments dokumentiert vielmehr die Zurückhaltung der beteiligten Staaten, ein weitergehendes Selbstbestimmungsrecht der indigenen Völker zu postulieren, was insbesondere auf die Gefahr einer Verstärkung von Fragmentierungstendenzen zurückzuführen ist, die zur Beeinträchtigung des Friedens und der Sicherheit im innerstaatlichen als auch internationalen Bereich führen können[327]. Um dem besonderen Status der indigenen Völker Rechnung zu tragen, beinhaltet das Recht der indigenen Völker auf innere Selbstbestimmung daher das Recht, sich politisch in den für das jeweilige Volk wichtigen Bereichen selbst zu organisieren und zu verwalten. Als Umsetzungsform kommt beispielsweise die Errichtung autonomer Gebiete in den Siedlungsgebieten der ethnischen Minderheiten[328] oder die Errichtung eigener Gliedstaaten in Betracht[329].

e. Zwischenergebnis

Die indigene Bevölkerung Québecs identifiziert sich nicht mit den in Québec lebenden Frankophonen und Anglophonen als ein „Volk", sondern beansprucht selbst ein Selbstbestimmungsrecht. Sie stellt jedenfalls eine ethnische „Minderheit" im Sinne der Minderheitenrechte dar. Dies schließt nicht aus, dass sie auch als „Volk" zu qualifizieren ist; „Minderheit" und „Volk" sind keine Gegensätze. Die Staatengemeinschaft geht davon aus, dass die indigene Bevölkerung den

---

323 Dahingehend Heintze, Selbstbestimmungsrecht und Minderheitenrechte, S. 138; Labeau, Les Cahiers de Droit 37 (1990), S. 534 f.

324 Fundstelle in Fn. 350.

325 Vgl. Art. 31 *Draft Declaration on the Rights of Indigenous Peoples*: Indigenous peoples, as a specific form of exercising their right to self-determination, have the right to autonomy or self-government in matters relationg to their internal and local affairs, including culture, religion, education, information, media, health, housing, employment, social welfare, economic activities, land and resource management, environmental and entry by non-members, as well as ways and means for financing these autonomous functions.

326 EA 48 (1993/2), S. D 498 ff.

327 Heintze, Selbstbestimmungsrecht und Minderheitenrechte, S. 111; zu „Minderheiten" vgl. Wolfrum, EA 48 (1993/1), S. 686.

328 Williams-Vedder, S. 230.

329 Williams-Vedder, S. 229.

Begriff des Volkes erfüllt. Angesichts des geringen Anteils von 2,2% der Québecer Bevölkerung und des Fehlens einer geschlossenen Siedlungsstruktur fehlen ihr aber die Voraussetzungen zur Wahrnehmung eines äußeren Selbstbestimmungsrechts; die indigene Bevölkerung ist folglich auf ein Recht zur inneren Selbstbestimmung beschränkt.

4. Völkerrechtlicher Status der Anglophonen in Québec

Im Falle einer Sezession der Provinz Québec wird nicht nur das Territorium, sondern auch der in der Provinz lebende anglophone Bevölkerungsteil vom überwiegend anglophonen (Rest-) Kanada getrennt. Befürchtet wird von den Anglophonen neben einer rechtlichen Benachteiligung, dass in einem unabhängigen Québec mit seiner französischen Sprache, Kultur und Lebensweise die durch Kanada repräsentierte nationale Identität der Anglophonen verloren geht. Es stellt sich für die in Québec lebenden Anglophonen die Frage, inwieweit sie ein Recht auf Selbstbestimmung geltend machen können, das auf den Verbleib im kanadischen Staatsverband im Falle der Unabhängigkeit der Provinz Québec gerichtet ist. Die Inanspruchnahme des Selbstbestimmungsrechts setzt die Qualifizierung der anglophonen Bevölkerung in Québec als „Volk" voraus. Zwar sind die Anglophonen eine durch eine gemeinsame Sprache gekennzeichnete Gruppe und bilden innerhalb des kanadischen Staatsverbandes die Bevölkerungsmehrheit; allerdings sind hier lediglich die Anglophonen in Québec von einer Sezession Québecs unmittelbar betroffen, so dass für die Bestimmung des Trägers des Rechts auf Selbstbestimmung auch nur die Anglophonen in Québec als Volk in Betracht kommen. Gegen eine Volksqualität der Anglophonen in Québec spricht zum einen der geringe zahlenmäßige Anteil der anglophonen Bevölkerung in der Provinz Québec; aufgrund der Ansiedlung hauptsächlich in der Region von Montréal kann ihnen kein für den Volksstatus konstitutives mehrheitlich besiedeltes abgrenzbares Territorium zugeordnet werden.

In Betracht kommt somit allenfalls ein Minderheitenstatus mit der Möglichkeit der Berufung auf den völkerrechtlichen Minderheitenschutz. Der UN-Menschenrechtsausschuss hat im Rahmen der Beschwerde *McIntyre et al./Ballantyne vs. Canada*[330] jedoch in Einklang mit der Minderheiten-Definition von Caportorti einen Minderheitenstatus der Anglophonen in Québec mit der Begründung abgelehnt, dass von Art. 27 *IPbpR* nur sprachliche Minderheiten im Gesamtstaat und nicht Minderheiten ausschließlich in einem Gliedstaat erfasst werden[331].

---

[330] HRLJ 14 (1993), S. 171, vgl. Nr. 11.3, 11.4, S. 176.

[331] „(Nr. 11.2) As to article 27, the Committee observes that this provision refers to minorities in States; this refers, as do all references to the „State" or to „States" in the provisions of the Covenant, to ratifying States. Further article 50 of the Covenant provides that its provisions extend to all parts of Federal States without any limitations or exceptions. Accordingly, the minorities referred to in article 27 are minorities within such a State, and not minorities within any province. A group may constitute a majority in a province but still be a minority in a State

Auch im völkerrechtlichen Schrifftum wird überwiegend die Minderheitenposition im Gesamtstaat als maßgebend erachtet und ein Schutz des Art. 27 IPbpR für Angehörige der Mehrheitsbevölkerung, die lediglich in den einzelnen Regionen zahlenmäßig unterlegen sind, ausgeschlossen[332]. Der anglophone Bevölkerungsteil in Québec ist danach – jedenfalls vor der Erlangung eines souveränen Status der Provinz – weder ein Volk im Sinne des Selbstbestimmungsrechts noch eine dem völkerrechtlichen Minderheitenschutz unterfallende Gruppe.

III. Ergebnis

Unter Berücksichtigung der in der völkerrechtlichen Lehre und Praxis anerkannten Kriterien zur Bestimmung des „Volkes" als Rechtsträger im Sinne des Selbstbestimmungsrechts sind sowohl der frankophone Bevölkerungsteil als auch die in Québec lebende indigene Bevölkerung als Volk und somit Träger des Selbstbestimmungsrechts anzusehen. Für die indigene Bevölkerung besteht allerdings nur ein Anspruch auf Wahrnehmung von Selbstbestimmungsrechten innerhalb des zugehörigen Staatsverbandes, also kein aus dem Selbstbestimmungsrecht ableitbares Recht auf Sezession. Hingegen ist es der anglophonen Bevölkerung in Québec als bloßer „Minderheit" in Québec und Mehrheitsbevölkerung im Gesamtstaat Kanada nicht möglich, unter Berufung auf das Selbstbestimmungsrecht Rechte auf einen Verbleib im kanadischen Staatsverband geltend zu machen.

E. Völkerrechtliche Relevanz der Québecer Unabhängigkeitsreferenden

Mit der Prüfung, wer als Träger des Selbstbestimmungsrechts in Betracht kommt, ist eng die Frage verknüpft, wie der Wille des Rechtsträgers zur Ausübung des Selbstbestimmungsrechts gebildet bzw. festgestellt wird, und welche Anforderungen das Völkerrecht insoweit stellt.
In diesem Zusammenhang ist insbesondere die völkerrechtliche Relevanz der in den Jahren 1980 und 1995 in Québec durchgeführten Referenden über einen un-

---

and thus be entitled to the benefits of article 27. English speaking citizens of Canada cannot be considered a linguistic minority. The authors therefore have no claim under article 27 of the Covenant" (in: HRLJ 14 (1993), S. 176).

[332] Nowak, Art. 27 Rn. 15; Tomuschat, in: FS Mosler, S. 957 f.; a.A. Pritchard (S. 188), die auf den Schutzzweck des Art. 27 *IPbpR* abstellt und einen Minderheitenstatus auch der Mehrheitsbevölkerung auf gesamtstaatlicher Ebene bejaht, wenn sich die Mehrheitsbevölkerung in bestimmten Regionen des Staates zahlenmäßig in der Minderheit befindet und ihre Identitätswahrung und Existenz innerhalb des Staates bedroht ist. Diese Ansicht ist hier jedoch insofern nicht diskussionswürdig, als diese Kriterien im Fall der Anglophonen in Québec nicht einschlägig sind.

abhängigen Status der Provinz[333] in den Blick zu nehmen. Die völkerrechtliche Bedeutung eines Unabhängigkeitsreferendums bestimmt sich in erster Linie danach, welche Funktion einem Referendum im Rahmen der Ausübung des Selbstbestimmungsrechts zukommt und ob insbesondere die Bildung eines unabhängigen Staates unter Berufung auf das Selbstbestimmungsrecht eine unmittelbare Beteiligung des Volkes an der Entscheidung über den politischen und rechtlichen Status eines Gebietes im Wege der Abstimmung voraussetzt. Die Frage, ob sich aus verfassungsrechtlicher Sicht ein Sezessionsrecht der Provinz aus dem Demokratieprinzip auf der Grundlage eines positiven Votums in einem Unabhängigkeitsreferendum ableiten lässt, wird im Rahmen der Untersuchung der Rechtmäßigkeit einer Sezession nach kanadischem Verfassungsrecht in Teil 4 behandelt.

I. Unabhängigkeitsreferenden in den Jahren 1980 und 1995

Die in der Provinz Québec im Jahre 1980 und 1995 durchgeführten Referenden hatten jeweils die Entscheidung über einen unabhängigen Status der Provinz zum Gegenstand, was jedoch in den Fragestellungen nicht eindeutig zum Ausdruck gebracht worden ist. So sollten im Referendum am 20. Mai 1980 mit der angestrebten „sovereignty-association" zwischen Québec und (Rest-) Kanada diejenigen Bevölkerungsteile in Québec angesprochen werden, die zu diesem Zeitpunkt zwar eine Eigenständigkeit Québecs innerhalb des kanadischen Staatsverbandes vorgezogen, jedoch eine vollständige Loslösung der Provinz vom kanadischen Staatsverband abgelehnt haben[334]. Zudem wurde in der Fragestellung von 1980 ausdrücklich ein erneutes Referendum über die Ergebnisse der mit der kanadischen Bundesregierung zu führenden Verhandlungen angekündigt, was zur Folge hatte, dass die Provinzbevölkerung bei dieser ersten Abstimmung mit dem Bewusstsein votierte, eine nicht endgültige Entscheidung über den politischen Status der Provinz treffen zu müssen. Es stimmten 59,56 % gegen die „sovereignty-association", 40,44 % waren dafür[335].

Im Referendum am 30. Oktober 1995 hat die Regierung von Québec die im Vergleich zu 1980 knapp gefasste Frage bewusst unklar formuliert, indem zwar ausdrücklich nach der Zustimmung zu einem „souveränen Québec" gefragt wurde, jedoch zugleich von einer „wirtschaftlichen und politischen Partnerschaft" zwischen Québec und (Rest-) Kanada die Rede war. Im Jahre 1995 stimmten 50,6 %

---

[333] Zu den politischen Hintergründen der Referenden von 1980 und 1995 vgl. die Ausführungen in Teil 1, B. III., und D. Aufgrund des Fehlens einer allgemeinverbindlichen Begriffsbestimmung und der nicht eindeutig abgrenzbaren Interpretationen werden die Begriffe „Referendum", „Plebiszit" und „Volksabstimmung" entsprechend der Behandlung im völkerrechtlichen Schrifttum im Folgenden gleichbedeutend verwendet (vgl. stellvertretend Peters, S. 30 f.).

[334] Siehe Teil 1, B. III.

[335] Woehrling, JÖR 46 (1998), S. 528.

für und 49,4 % gegen die „Souveränität" Québecs[336]. Die Verknüpfung der „Souveränität" Québecs mit einer Partnerschaft mit Kanada führte dazu, dass bei den Abstimmungsberechtigten kein einheitliches Verständnis hinsichtlich der Bedeutung von „Souveränität" – Unabhängigkeit der Provinz oder Partnerschaft Québecs mit Kanada mit weitgehenden „souveränen" Rechten der Provinz bei Verbleib Québecs im kanadischen Staatsverband – vorhanden war[337]. Unter Berücksichtigung der in der Québecer Bevölkerung vorherrschenden Vorstellungen über eine Souveränität der Provinz hätte eine eindeutige und unmissverständliche Frage nach der Zustimmung zu einem „unabhängigen" Québec in den Referenden von 1980 und 1995 wohl zu anderen Abstimmungsergebnissen geführt; es kann davon ausgegangen werden, dass eine deutliche Mehrheit jeweils gegen einen unabhängigen Status der Provinz gestimmt hätte[338].

II. Funktion eines Referendums im Rahmen der Ausübung des Selbstbestimmungsrechts der Völker

Zu untersuchen ist zum einen, ob die Durchführung eines Referendums Voraussetzung für die Ausübung des Selbstbestimmungsrechts ist; zu klären ist ferner die völkerrechtliche Bindungswirkung eines Referendumsergebnisses.

1. Völkerrechtliche Pflicht zur Durchführung eines Referendums

In den sich mit dem Selbstbestimmungsrecht der Völker befassenden völkerrechtlichen Dokumenten wird von der „freien Entscheidung des Volkes" oder einer Feststellung des Volkswillens durch demokratische Mittel gesprochen. Von Bedeutung sind in diesem Zusammenhang neben den vertraglichen Normierungen der gleichlautenden Art. 1 S. 2 der *UN-Menschenrechtspakte von 1966* insbesondere die Resolution 637 (VII) der UN-Generalversammlung vom 20. Dezember 1952:

> „(...) the wishes of the peoples being ascertained through plebiscite or other recognized democratic means"[339],

die Resolution 1514 (XV) der UN-Generalversammlung vom 14. Dezember 1960:

---

[336] Schneider, in; Schultze/Schneider (Hrsg.), S. 379; Bayefsky, in: Bayefsky (Hrsg.), S. 11.

[337] VanNijnatten, in: Kempf (Hrsg.), S. 252; Grand Council of the Crees, Never without consent, S. 155; Conley, The Journal of Commonwealth and Comparative Politics 35 (1997), S. 88.

[338] Hierzu ausführlich Schneider, in: Schultze/Schneider (Hrsg.), S. 373 f.

[339] Volltext unter: http://www.un.org/documents/resga.htm (letzter Aufruf am 5. Dezember 2005).

„Principle VII (a) Free association should be the result of a free and voluntary choice by the peoples of the territory concerned expressed through informed and democratic processes (...)"[340],

sowie der Fünfte Grundsatz der Resolution 2625 (XXV) der UN-Generalversammlung vom 24. Oktober 1970:

"(...) all peoples have the right freely to determine without external interference their political status (...)"[341].

In den UN-Dokumenten wird zwar ein freier und demokratischer Willensbildungsprozess postuliert. Eine ausdrückliche Pflicht zur Durchführung eines Referendums als Voraussetzung für die Ausübung des Selbstbestimmungsrechts oder zur Beachtung eines anderen Verfahrens zur Ermittlung des Volkswillens hat jedoch bislang auf völkerrechtlicher Ebene in kodifizierter Form keinen Niederschlag gefunden.

Demzufolge ist allenfalls eine völkergewohnheitsrechtliche Pflicht zur Durchführung eines Referendums in Betracht zu ziehen. Die Herausbildung von Völkergewohnheitsrecht setzt nach den in Art. 38 Abs. 1 lit. b *IGH-Statut* genannten Kriterien in objektiver Hinsicht eine allgemeine Übung sowie als subjektives Element eine diese Übung tragende allgemeine Rechtsüberzeugung der überwiegenden Zahl von Staaten voraus. Das Vorliegen einer allgemeinen Übung erfordert eine weitgehend einheitliche und dauerhafte völkerechtliche Praxis[342].

Auf die Staatenpraxis im Zusammenhang mit den in den neunziger Jahren erfolgten Auflösungsprozessen in Mittel- und Osteuropa kann aufgrund ihrer Uneinheitlichkeit und einer fehlenden opinio iuris der Staaten nicht zum Nachweis eines völkergewohnheitsrechtlichen Abstimmungserfordernisses zurückgegriffen werden: Im Rahmen der Auflösung der Tschechoslowakei wurden keine Referenden in den beiden Teilrepubliken Tschechien und Slowakei durchgeführt[343]. Zwar beruhten die Unabhängigkeitserklärungen der Teilrepubliken der ehemaligen Sozialistischen Föderativen Republik Jugoslawien (SFRJ) auf Referenden; diese wurden jedoch nicht als zwingende Voraussetzung für die Ausübung des Selbstbestimmungsrechts angesehen, sondern sollten in erster Linie den Unabhängigkeitsbestrebungen eine demokratische Legitimation verleihen[344].

Die in den Teilrepubliken der UdSSR abgehaltenen Referenden können insofern nicht als Grundlage einer im Rahmen der Ausübung des Selbstbestimmungs-

---

[340] „Principle IX (b), in dem festgelegt wird, dass die Entscheidung über die Art der Selbstbestimmung „should be a result of the freely expressed wishes of the territory's peoples acting with full knowledge of the change in their status, their wishes having been expressed through informed and democratic processes, impartially conducted and based on universal adult suffrage" (Fundstelle in Fn. 210).

[341] Fundstelle in Fn. 211.

[342] Berber, S. 42 ff.; Ipsen, § 16 Rn. 7 ff.

[343] Hierzu ausführlich Peters, S. 264 ff.; Junkers, S. 114, 138.

[344] So im Ergebnis Peters, S. 124 ff.; ausführlich zu den einzelnen Unabhängigkeitsreferenden in den Teilrepubliken der SFRJ Peters, S. 86 ff.

rechts geltenden völkergewohnheitsrechtlichen Pflicht zur Durchführung von Referenden dienen, als die Auflösung der UdSSR letztlich auf der Grundlage einer einvernehmlichen Vereinbarung vollzogen wurde und nicht durch einseitige Sezessionen der einzelnen Teilrepubliken zustande kam[345]. Die Referenden dienten zwar der demokratischen Legitimierung der Unabhängigkeitsforderungen; hierin kommt jedoch keine Rechtsüberzeugung eines völkergewohnheitsrechtlichen Abstimmungsgebotes zum Ausdruck[346]. Auch den Referenden in den baltischen Republiken im Jahre 1991 sind keine allgemeingültigen Aussagen zu entnehmen, da es sich aufgrund der völkerrechtswidrigen Annexion dieser Gebiete durch die Sowjetunion im Jahre 1940 nicht um Sezessionen unter Berufung auf das Selbstbestimmungsrecht, sondern um die „Wiederherstellung der Eigenstaatlichkeit“ handelte[347]. Es ist in diesem Zusammenhang in der völkerrechtlichen Praxis keine Rechtsüberzeugung erkennbar, dass allein im Wege von Referenden der Selbstbestimmungswille der Bevölkerung auf demokratischem Wege ermittelt werden kann.

Ebenso wenig ist das im Rahmen der Sezession Eritreas, wie Québec Teilgebiet eines unabhängigen Staates, im April 1993 durchgeführte Unabhängigkeitsreferendum zum Nachweis eines gewohnheitsrechtlichen Abstimmungserfordernisses geeignet. Das Referendum in Eritrea erfolgte erst nach der bereits formell vollendeten Sezession von Äthiopien; außerdem bestand die Besonderheit, dass die Zentralmacht mit der Durchführung des Sezessionsreferendums einverstanden war und es sich letztlich um keine einseitige Unabhängigkeitserklärung handelte[348].

Zwar haben die Vereinten Nationen in vielen Fällen Plebiszite und Referenden als Vorbereitung des Dekolonisierungsprozesses durchgeführt[349]; diese Praxis sollte jedoch wegen der geographischen und rechtlichen Besonderheiten der Entkolonisierung nicht überwertet werden.

In der Literatur wird eine völkergewohnheitsrechtliche Pflicht zur Abhaltung von Referenden im Falle von Gebietsveränderungen auf der Grundlage des Selbstbestimmungsrechts überwiegend abgelehnt[350]. Als Begründung wird angeführt,

---

[345] Zu den Unabhängigkeitsreferenden in den Teilrepubliken der UdSSR vgl. Peters, S. 167 ff.; vgl. die *„Alma Ata Declaration“* vom 21. Dezember 1991: „With the establishment of the Commonwealth of independent States, the Union of Soviet Socialist Republics ceases to exist“ (abgedruckt in: ILM 31 (1992), S. 149).

[346] Peters, S. 225 ff.

[347] Vgl. hierzu Teil 2, F 2. b. cc. (2); Peters, S. 136 ff.

[348] Peters, S. 228.

[349] Vgl. Uibopuu, Plebiscite, in: EPIL III, S. 1051 f.; Massa, Wisconsin International Legal Journal 14 (1995), S. 214; zu den einzelnen Dekolonisierungsreferenden Peters, S. 58 ff.; Beigbeder, S. 91, 98; Johnson, S.59; Beispiele nennt Cassese, Self-determination of Peoples, S. 76 ff.; Rudrakumaran, Houston Journal of International Law 12 (1989), S. 31.

[350] Brossard, ACDI 15 (1977), S. 129; Grazin, Notre Dame Law Review 66 (1991), S. 1409; Kunz, in: Strupp/Schlochauer (Hrsg.), 2. Bd., S. 772, 774; nicht eindeutig: Turp, ACDI 29 (1982), S. 77; a.A. Rudrakumaran, Houston Journal of International Law 12 (1989), S. 31;

dass die Durchführung eines Plebiszits als Voraussetzung für den Übergang der Gebietshoheit historisch vor allem auf Gebietsabtretungen beschränkt war und die in der Staatenpraxis durchgeführten Unabhängigkeitsreferenden primär einer politischen Legitimationswirkung dienten[351]. Vom Schrifttum wird nicht das gewählte Verfahren als maßgebend erachtet, in dem eine Selbstbestimmungsentscheidung ergeht, sondern dass diese demokratischen Grundsätzen folgt[352]. Mangels der Herausbildung eines einheitlichen Verfahrens in der Völkerrechtspraxis stellt ein Referendum folglich keine Voraussetzung für die Ausübung des Selbstbestimmungsrechts der Völker dar[353]. Denkbar sind vielmehr auch andere demokratische Verfahren zur Ermittlung des Volkswillens, wie beispielsweise eine mittelbare Beteiligung des selbstbestimmungsberechtigten Volkes über das Votum eines durch das Volk gewählten und dieses repräsentierenden Parlaments[354].

2. Bindungswirkung des Referendumsergebnisses

Zwar existiert nach dem gegenwärtigen Stand kein völkergewohnheitsrechtliches Abstimmungsgebot als Voraussetzung für die Ausübung des Selbstbestimmungsrechts; allerdings ist damit nicht zugleich ausgeschlossen, dass das in einem Unabhängigkeitsreferendum erzielte Ergebnis für die Regierung verbindlich sein kann. Mangels einer ausdrücklichen völkerrechtlichen Regelung könnte die Herausbildung einer gewohnheitsrechtlichen Pflicht zur Umsetzung eines positiven Abstimmungsergebnisses in Betracht kommen.

Luchterhand, AVR 31 (1993), S. 46; Kimminich (VN 41 (1993), S. 7) spricht vom Erfordernis eines Plebiszits für den Fall einer Zession auf der Grundlage des Selbstbestimmungsrechts; Klein, in: Kloss (Hrsg.), S. 12: „Ausfluss des Selbstbestimmungsgedankens ist das Plebiszit, ein (...) Mittel zu seiner Verwirklichung“; Kloss, in: Kloss (Hrsg.), S. 155: „Das Plebiszit ist nicht Selbstzweck, sondern ein Mittel zu dem Zweck, dem Selbstbestimmungsrecht Geltung zu verschaffen“. a.A. Colak, S. 56: Das Plebiszit zur Feststellung des Volkswillens als formale Voraussetzung für die Wahrnehmung des Selbstbestimmungsrechts.

351 Farley, S. 145; Heintze, Selbstbestimmungsrecht und Minderheitenrechte, S. 50; Kunz, in: Strupp/Schlochauer (Hrsg.), 2. Bd., S. 771 f., 774; Frankel, Houston Journal of International Law 14 (1992), S. 551; Verdross/Simma, § 1159; Doehring, in: Simma, nach Art. 1, Rn. 49 ff.; Jennings/Watts, S. 683 f., § 248; dahingehend auch Weller, AJIL 86 (1992), S. 606 f.

352 Rabl, S. 500 f.

353 Peters, S. 474; Doehring, Self-Determination, in: Simma, nach Art. 1, Rn. 49 ff.; Turp, Le droit de choisir, S. 436 f.

354 Dahingehend Wildhaber (in: FS Bernhardt, S. 933) mit Verweis auf die Wahlen in der Tschechoslowakei im Juni 1992.

a. Stellungnahmen im Rahmen der *Reference re Secession of Québec* vor dem Supreme Court of Canada

Dass das Völkerrecht eine einseitige Sezession nicht allein auf der Grundlage eines bestätigenden Votums in einem Unabhängigkeitsreferendum legitimiert, wurde im Rahmen des Vorlageverfahrens vor dem Supreme Court of Canada im Jahre 1998 von den einzelnen Beteiligten in Bezug auf Québec bekräftigt. Im „Factum of the Grand Council of the Crees (Eeyou Istchee)" vom 10. April 1997 wird eine Bindungswirkung bereits deshalb abgelehnt, weil die in Québec lebende indigene Bevölkerung sowohl aus völkerrechtlicher Sicht als auch nach der nationalen Rechtsordnung von der übrigen Provinzbevölkerung zu unterscheiden sei und dieser Umstand der Durchführung eines einheitlichen Referendums unter Beteiligung der gesamten Provinzbevölkerung entgegenstehe[355]. Zudem wird die fehlende Verbindlichkeit eines positiven Referendums u.a. damit begründet, dass eine Sezession Québecs Auswirkungen auf (Rest-) Kanada habe und deshalb auch die Rechtsfolgen für die Gesamtbevölkerung Kanadas zu berücksichtigen seien. Insofern könne das Votum der Bevölkerung nur einer Provinz nicht allein maßgeblich sein.

Ebenso stellt der vom Supreme Court konsultierte Rechtsexperte Crawford in seiner Stellungnahme zu den vorgelegten Fragen klar, dass aus dem erzielten Abstimmungsergebnis keine zwingenden völkerrechtlichen Folgen resultieren und die Entscheidung im Einzelfall – unabhängig vom Abstimmungsergebnis – der jeweiligen Regierung obliegt:

> „Even where there is a strong and sustained call for independence (measured, for example, by referenda results showing substantial support for independence), it is a matter for the government of the state concerned to consider how to respond. It is not required to concede independence in such a case, but may take into account the national interest and the interests of all those concerned"[356].

Auch in der „Written Response of the Attorney General of Canada to Questions from the Supreme Court of Canada" vom 6. März 1998 wird ein Referendum als

[355] „Factum of the Grand Council of the Crees (Eeyou Istchee)", in: Bayefsky (Hrsg.), S. 366 f.: „Aboriginal peoples in the province of Québec are clearly recognized as distinct from the „French-Canadian people" or the „Québec people" under Canadian and international law. Therefore, it is invalid and unjust for the Québec government and National Assembly to purport to determine the future of Aboriginal peoples and their traditional territories through a majority vote in a single province-wide referendum. Such action is contrary to Aboriginal peoples' right to self-determination and self-identification. In light of the presence of distinct Aboriginal peoples and territories in the province of Québec, the Crees and other Aboriginal peoples assert the right to hold their own referendums or other democratic consultation processes. Moreover, there is precedent for holding separate referendums in a territory in order to determine the wishes of different claimants".

[356] „Report of James Crawford: State Practice and International Law in Relation to Unilateral Secession", in: Bayefsky (Hrsg.), S. 32.

Grundlage für eine Sezession abgelehnt und diesem allenfalls eine politische Bedeutung beigemessen:

"(...) the right of Quebecers to express themselves in a consultative referendum, (...), while the outcome of a referendum may carry great political weight, this does not alter the legal reality that a referendum is not a prescribed mechanism for constitutional change and cannot, in or itself, alter the basic constitutional protections which they enjoy. No one government has a monopoly over-decision-making that could result from a consultative referendum on secession. The Government of Canada has a responsibility for all citizens of Canada, including those living in the province whose government is proposing secession"[357].

Schließlich hat auch der Supreme Court in seinem Gutachten vom 20. August 1998 festgestellt, dass allein ein die Sezession favorisierendes Abstimmungsergebnis nicht zur Vornahme derselben berechtigt:

„Quebec could not, despite a clear referendum result, purport to invoke a right of self-determination to dictate the terms of a proposal secession to the other parties to the federation. The democratic vote, by however strong a majority, would have no legal effect on its own and could not push aside the principles of federalism and the rule of law, the rights of individuals and minorities, or the operation of democracy in the other provinces or in Canada as a whole (...)"[358].

b. Auffassungen des völkerrechtlichen Schrifttums

Einem Unabhängigkeitsreferendum wird mangels einer ausdrücklichen völkergewohnheitsrechtlichen Abstimmungspflicht von der völkerrechtlichen Lehre mehrheitlich lediglich eine politische Legitimationswirkung beigemessen[359]. Eine Umsetzungspflicht des in einer Abstimmung erzielten Ergebnisses kann demnach allenfalls im Falle einer völkerrechtlichen Verbindlichkeit der Durchführung von Referenden, beispielsweise völkervertragsrechtlich vereinbarter Referenden, bejaht werden[360]. Für diese Auffassung spricht, dass einem positiven Abstimmungsergebnis anderenfalls eine rechtsverbindliche Wirkung für eine territoriale Gebietsveränderung beigemessen würde, die unter Umständen im Widerspruch zum geltenden Völkerrecht stehen und das Umgehen ausdrücklicher Normierungen zur Folge haben würde. Zudem würde eine Verbindlichkeit des Abstimmungsergebnisses zu der bei der Beurteilung der völkerrechtlichen Zulässigkeit einer Sezession gebotenen Abwägung der Sezessionsinteressen mit dem Interesse des Zentralstaates an der territorialen Integrität seines Staatsgebietes in Widerspruch stehen. Das Interesse des Mutterstaates an der Wahrung seiner territorialen Integrität bleibt bei einem Unabhängigkeitsreferendum weitgehend unberücksichtigt.

---

[357] Abgedruckt in: Bayefsky (Hrsg.), S. 419.

[358] ILM 37 (1998), S. 1340 (1376), § 151.

[359] Young, S. 100; Massa, Wisconsin International Law Journal 14 (1995), S. 212; Uibopuu, Plebiscites, in: EPIL III, S. 1052; Dahm/Delbrück/Wolfrum, Bd. I/1, S. 375 f.

[360] Dahm/Delbrück/Wolfrum, Bd. I/1, S. 375 f.; Uibopuu, Plebiscites, in: EPIL III, S. 1052.

Die Bedenken gegen eine bindende Rechtswirkung eines Referendums können sich auch darauf stützen, dass sowohl der Kreis der Abstimmungsberechtigten als auch die erforderlichen Mehrheiten sowie die Anforderungen an die Fragestellung mangels völkerrechtlich verbindlicher Vorgaben zu unbestimmt sind[361].

3. Ergebnis

Eine völkerrechtliche Pflicht zur Durchführung eines Referendums als Voraussetzung für die Ausübung des Selbstbestimmungsrechts der Völker besteht nicht. Denkbar sind auch andere demokratische Verfahren zur Ermittlung des Volkswillens. Im Falle der Durchführung eines Unabhängigkeitsreferendums kann ein positives Votum der Bevölkerung zwar eine politische Verpflichtung zur Umsetzung des Abstimmungsergebnisses begründen. Dem Referendum kommt jedoch angesichts der Unbestimmtheit des dabei zu beachtenden Verfahrens und des Kreises der Abstimmungsberechtigten nicht die Qualität einer rechtlichen Grundlage zu, die völkerrechtliche Ansprüche begründen könnte[362]. Auf politischer Ebene wäre ein positives Abstimmungsergebnis mit Blick auf die von den Separatisten in Québec jeweils angestrebten Verhandlungen mit (Rest-) Kanada geeignet, die Separationsforderungen zu unterstützen und auf diese Weise zumindest mittelbar Druck auf die kanadische Bundesregierung auszuüben sowie die Bereitschaft der Staatengemeinschaft zur Anerkennung des unabhängig gewordenen Neustaates zu fördern[363].

F. Inhalt des Selbstbestimmungsrechts der Völker

Ein Rechtsträger, z.B. der frankophone Bevölkerungsteil in Québec, kann einen auf demokratische Weise ermittelten Willen zur Unabhängigkeit nur durchsetzen, wenn sich aus dem Selbstbestimmungsrecht ein Recht auf Sezession ergibt. Der Wortlaut der völkerrechtlichen Dokumente, die sich mit dem Selbstbestimmungsrecht der Völker befassen[364], gibt über ein aus dem Selbstbestimmungsrecht ableitbares Recht eines Gliedstaates auf einseitiges Ausscheiden aus dem Staatsverband und dessen konkrete inhaltliche Ausgestaltung allein noch keinen Aufschluss. Ausdrücklich genannt ist nur das Recht der Völker auf „freie Entscheidung" über ihren politischen Status" sowie auf „freie Gestaltung ihrer wirtschaftlichen, sozialen und kulturellen Entwicklung" (Art. 1 Abs. 1 *IpbpR*); ein Sezessionsrecht als Verwirklichungsform des Selbstbestimmungsrechts wird nicht erwähnt.

---

[361] Peters, S. 492 f.; Dahm/Delbrück/Wolfrum, Bd. I/1, S. 375 f.
[362] Dahm/Delbrück/Wolfrum, Bd. I/1, S. 375.
[363] Massa, Wisconsin International Law Journal 14 (1995), S. 212.
[364] Vgl. hierzu die Auflistung in Teil 2, C I.

Dass Selbstbestimmung grundsätzlich auch die freie Entscheidung der Völker über ihren „politischen Status“ *innerhalb* des Staatsverbandes einschließt[365], wird insbesondere in Teil VIII der *KSZE-Schlußakte* von 1975 deutlich:

„By virtue of the principle of equal rights of self-determination of peoples, all peoples have the right, in full freedom, to determine, when and as they wish, their internal and external political status, without external interference, and to pursue as they wish their political, economic, social and cultural development“[366].

Dementsprechend wird von der völkerrechtlichen Literatur[367] zwischen einem „inneren“ und einem „äußeren“ Selbstbestimmungsrecht unterschieden. Grundsätzlich stellt das Selbstbestimmungsrecht jedoch ein einheitliches Recht dar; die unterschiedlichen Begrifflichkeiten sind lediglich als Kennzeichnung der vom konkreten Rechtsträger und Anspruchsgegenstand abhängigen Ausübungsformen des Selbstbestimmungsrechts zu verstehen[368]. Das innere und äußere Selbstbestimmungsrecht und deren Bedeutung für ein Sezessionsrecht der Provinz Québec sollen im Folgenden gesondert behandelt werden, um insbesondere auch der Frage nach den Konsequenzen einer möglichen Verletzung des inneren Selbstbestimmungsrechts eines Volkes durch den Mutterstaat nachzugehen.

I. Inneres Selbstbestimmungsrecht

Nach den gleichlautenden Art. 1 der *UN-Menschenrechtspakte von 1966* entscheiden die Völker kraft ihres Selbstbestimmungsrechts „frei über ihren politischen Status“. Für das innere Selbstbestimmungsrecht bedeutet dies das Recht des Volkes auf freie Entscheidung über den innerstaatlichen politischen Status[369]. Aus dieser Zielsetzung des inneren Selbstbestimmungsrechts ergibt sich zugleich dessen Begrenzung. Denn das innere Selbstbestimmungsrecht kommt, im auf zwischenstaatliche Beziehungen ausgerichteten Völkerrechtssystem eine Ausnahme darstellend, innerhalb eines Staatsverbandes zum Tragen und betrifft den Status eines selbstbestimmungsberechtigten Volkes innerhalb des Völkerrechtssubjekts „Staat“[370]. Im Falle der Qualifizierung der Bevölkerung des Gliedstaates eines Bundesstaates als „Volk“ im Sinne des Selbstbestimmungsrechts betrifft folglich das innere Selbstbestimmungsrecht das Verhältnis zwischen dem auf dem Gebiet des Gliedstaates lebenden Volk und seinem Mutterstaat als Inhaber der Gebietshoheit über das Gebiet des Gliedstaates.

---

[365] Klein, S. 43.
[366] ILM 14 (1975), S. 1292 ff.
[367] Vgl. Nowak, Art. 1 Rn. 34; Thornberry, in: Tomuschat (Hrsg.), S. 101 ff.; Rosas, in: Tomuschat (Hrsg.), S. 225 ff.
[368] Gusy, AVR 30 (1992), S. 397 f.; Mohr, in: Heintze (Hrsg.), Selbstbestimmungsrecht der Völker, S. 136; Pritchard, S. 344; Kimminich, VN 41 (1993), S. 6 f.
[369] Gusy, AVR 30 (1992), S. 405; Thürer, AVR 22 (1984), S. 126; Klabbers/Lefeber, in: Brölmann/Lefeber/Zieck (Hrsg.), S. 42.
[370] Gusy, AVR 30 (1992), S. 398.

Die Ausübung dieses Rechts schließt eine Veränderung des völkerrechtlichen Territorialstatus, beispielsweise die Entscheidung über die volle Unabhängigkeit eines bestimmten Gebietes, nicht ein, sondern hat sich innerhalb der staatlichen Ordnung eines souveränen Staates zu vollziehen[371]. Umfasst ist demzufolge ein Maß an Eigenständigkeit, das unterhalb der Schwelle eines unabhängigen Status verbleibt. Unter Berücksichtigung des vom Selbstbestimmungsrecht primär bezweckten Schutzes der Identität und der Besonderheiten eines Volkes[372] handelt es sich dabei insbesondere um ein Recht auf soziale, wirtschaftliche und kulturelle Entwicklung, ein Recht auf Schutz der besonderen Lebensform und Eigenheiten eines Volkes sowie ein der Bedeutung der jeweiligen Bevölkerungsgruppe im Staat entsprechendes Teilhaberecht am politischen Willensbildungsprozess innerhalb des bestehenden Staates[373], oder weitergehend um ein Recht auf Selbstverwaltung in Form der eigenverantwortlichen Wahrnehmung bestimmter Kompetenzen durch eine Bevölkerungsgruppe im Staat[374].
Im Fall der Unabhängigkeitsforderung der frankophonen Bevölkerung in Québec handelt es sich zwar um einen Anspruch „innerhalb" eines Staates, der gegen den Mutterstaat gerichtet ist. Allerdings ist die Forderung der Frankophonen in der Provinz Québec nicht lediglich auf die Bewahrung ihrer Identität gerichtet und betrifft nicht eine Entscheidung über den politischen Status innerhalb des kanadischen Staatsverbandes, sondern Ziel ist ein Ausscheiden aus dem Staatsverband und die Erlangung vollständiger Unabhängigkeit, d.h. die Gründung eines eigenständigen Staates und Schaffung einer eigenen Verfassungsordnung. Die einseitige Sezession als Abtrennung des Teiles eines Staatsgebietes mit anschließender Staatenneubildung ist daher nicht mehr vom inneren Selbstbestimmungsrecht erfasst. Ein Sezessionsrecht der als „Volk" qualifizierten frankophonen Québecer kann demzufolge allenfalls aus dem äußeren Selbstbestimmungsrecht abgeleitet werden.

II. Äußeres Selbstbestimmungsrecht als Sezessionsrecht für Gliedstaaten eines Bundesstaates?

Das äußere oder „offensive"[375] Selbstbestimmungsrecht bedeutet das Recht jedes nicht bereits staatlich organisierten Volkes, über seinen politischen Status nach außen gegenüber Drittstaaten und anderen Völkerrechtssubjekten frei von jeglichen Einwirkungen entscheiden zu können[376]. Die zwar rechtlich unverbindliche, jedoch für die Auslegung der *UN-Charta* heranzuziehende *„Friendly Relations*

[371] Vgl. in: Heintze, in: Heintze (Hrsg.), Selbstbestimmungsrecht der Völker, S. 20 ff.
[372] Baer, S. 218
[373] Nowak, Art. 1 Rn. 34.
[374] Heintze, in: Heintze (Hrsg.), Selbstbestimmungsrecht der Völker, S. 21 ff.; ausführlich zum völkerrechtlichen Konzept von Autonomie vgl. Hannum/Lillich, AJIL 74 (1980), S. 858 ff.
[375] Gusy, AVR 30 (1992), S. 400; Nowak, Art. 1 Rn. 32.
[376] Nowak, Art. 1 Rn. 32; Thürer, Jurafrage, S. 48 f.

Declaration"[377] der UN-Generalversammlung nennt in ihrem Fünften Grundsatz in Abs. 4 unter anderem die „Gründung eines souveränen und unabhängigen Staates" als mögliche Form der Ausübung des Selbstbestimmungsrechts[378]. Zwar beinhaltet diese in der *„Friendly Relations Declaration"* enthaltene Formulierung angesichts der gegenwärtig nicht mehr existierenden terra nullius-Territorien die Loslösung eines Teilgebietes von einem bestehenden Staat zum Zwecke der Gründung eines unabhängigen Staates[379]; zu klären gilt allerdings, ob diese zugleich einer Auslegung als Sezessionsrecht für föderative Mitglieder eines Staatsverbandes zugänglich ist. Mangels eines ausdrücklichen Sezessionsrechts in der Völkerrechtsordnung können Aussagen über die Völkerrechtsmäßigkeit der Sezession eines Gliedstaates nur unter Heranziehung auch anderer völkerrechtlicher Prinzipien getroffen werden.

1. Konflikt eines Sezessionsrechts mit dem Prinzip der territorialen Integrität

Beinhaltet das äußere Selbstbestimmungsrecht ein Sezessionsrecht des in einem Teilgebiet eines Staates siedelnden Volkes, dann werden durch die Wahrnehmung eines solchen Rechts die territorialen Interessen des Restverbandes berührt, d.h. es stehen sich die Sezessionsinteressen des Volkes und die auf den Schutz seiner inneren Angelegenheiten und seiner staatlichen Einheit gerichteten Interessen des Mutterstaates gegenüber[380]. Völkerrechtlich bedeutet dies einen Konflikt zwischen dem auch Veränderungen des völkerrechtlichen Status eines Gebietes einschließenden äußeren Selbstbestimmungsrecht und dem auf Beibehaltung der Territorialgrenzen gerichteten und somit die inner- und zwischenstaatliche Stabilität sichernden Prinzip der territorialen Integrität[381]. Daher ist fraglich, ob das Selbstbestimmungsrecht nur insoweit zur Anwendung kommt, als es nicht die territoriale Integrität des Mutterstaates beeinträchtigt mit der Konsequenz, dass das Selbstbestimmungsrecht keine Rechtsgrundlage für die Sezession eines Gliedstaates darstellen würde.

a. Völkerrechtliche Grundlagen des Prinzips der territorialen Integrität

Der völkerrechtliche Begriff der territorialen Integrität kann als „Unversehrtheit der Gebietshoheit" oder als „Erhaltung des territorialen Kompetenzbereichs" de-

---

[377] Fundstelle in Fn. 211.

[378] „The Establishment of a sovereign and independent State, the free association or integration with an independent State or the emergence into any other political status freely determined by a people constitute modes of implementing the right of self-determination by that people".

[379] Verdross/Simma, § 1144; Daillier/Pellet, No. 340.

[380] Murswiek, Der Staat 23 (1984), S. 540 f.; Ipsen, § 29 Rn. 2.

[381] Murswiek, Der Staat 23 (1984), S. 532 f.

finiert werden[382]. Das Recht auf Achtung der territorialen Integrität eines Staates beinhaltet, dass die staatliche Einheit nicht durch Handlungen anderer Staaten beeinträchtigt werden darf[383]. Das Prinzip der territorialen Integrität ist Bestandteil der staatlichen Souveränität und damit vom Schutz des in Art. 2 Nr. 1 der *UN-Charta* verankerten Grundsatzes der souveränen Gleichheit aller Staaten erfasst[384]. Niederschlag gefunden hat es auch in Art. 2 Nr. 4 der *UN-Charta*, der den Schutz der territorialen Unversehrtheit des Staates vor jeglicher Gewaltanwendung als Grundsatz zwischenstaatlicher Beziehungen bestimmt[385]. Über den Wortlaut des Art. 2 Nr. 4 der *UN-Charta* hinaus ist nicht nur jegliche Gewaltanwendung, sondern sind auch sonstige Handlungen anderer Staaten und Völkerrechtssubjekte verboten, die geeignet sind, die Gebietshoheit des Territorialstaats zu beeinträchtigen, also grundsätzlich auch die Abspaltung eines Teilgebietes von einem Staatsverband auf nicht gewaltsamen Wege[386]. Die das Selbstbestimmungsrecht der Völker anerkennenden Resolutionen der Vereinten Nationen[387] sowie die *KSZE-Schlußakte*[388] zeigen ein Spannungsverhältnis zwischen dem

---

[382] Rumpf, Integrität, in: Strupp/Schlochauer (Hrsg.), 2. Bd., S. 26 ff.

[383] Ipsen, § 26 Rn. 14.

[384] Steinberger, Sovereignty, in: EPIL IV, S. 513.

[385] **Art. 2 Nr. 4 *UN-Charta*:** „The Organisation and its Members; in pursuit of the Purposes stated in Article 1, shall act in accordance with the following Principles: (4) All Members shall refrain in their international relations from the threat or use of force against the territorial integrity or political independence of any state, or in any other manner inconsistent with the Purposes of the United Nations"; Randelzhofer, in: Simma (Hrsg), Art. 2 Rn. 35 ff.; Verdross/Simma, § 456.

[386] Verdross/Simma, § 456.

[387] Fünfter Grundsatz der *„Friendly Relations Declaration"* (Fundstelle in Fn. 211), Resolution 2625 (XXV) vom 24. Oktober 1970, „(Abs. 7) Nothing in the foregoing paragraphs shall be construed as authorizing or encouraging any action which would dismember or impair, totally or in part, the territorial integrity or political unity of sovereign and independent States conducting themselves in compliance with the principle of equal rights and self-determination of peoples as described above and thus possessed of a government representing the whole people belonging to the territory without distinction as to race, creed or colour. (Abs. 8) Every State shall refrain from any action aimed at the partial or total disruption of the national unity and territorial integrity of any other State or country"; vgl. auch Resolution 1514 (XV) vom 14. Dezember 1960 in Nr. 6: „Any attempt aimed at the partial or total disruption of the national unity and the territorial integrity of a country is incompatible with the purposes and principles of the Charter of the United Nations" (Fundstellen in den Fn. 255 f.).

[388] *KSZE-Schlußakte* (ILM 14 (1975), S. 1292 ff.): (Teil VIII) „The participating States will respect the equal rights of peoples and their right to self-determination, acting at all times in conformity with the purposes and principles of the Charter of the United Nations and with relevant norms of international law, including those relating to territorial integrity of States". Vgl. auch Teil V: „The participating states (including Canada) (...) confirm their commitment strictly and effectively to observe the principle of the territorial integrity of States. They will refrain from any violation of this Principle and thus from any action aimed by direct or indirect means, in contravention of the purposes and principles of the Charter of the United Nations, other obligations under international law or provisions of the (Helsinki) Final Act, at

Selbstbestimmungsrecht und dem Prinzip der territorialen Integrität auf; eine ausdrückliche Rangordnung beider Prinzipien wird jedoch nicht festgelegt.

b. Geltung des Prinzips der territorialen Integrität innerhalb eines Staatsverbandes

Die Sezession der Provinz Québec würde eine Beeinträchtigung der territorialen Interessen Kanadas „von innen" darstellen. Angesichts des zwischenstaatlichen Charakters der Völkerrechtsordnung stellt sich daher die Frage nach der Anwendbarkeit des Prinzips der territorialen Integrität innerhalb eines Staatsverbandes, d.h. auf das Verhältnis zwischen dem selbstbestimmungsberechtigten Volk, hier den Frankophonen in der Provinz Québec, und seinem Mutterstaat. In der völkerrechtlichen Literatur wird das Problem der Geltung des Prinzips der territorialen Integrität innerhalb eines Staatsverbandes aufgeworfen, ohne dass sich mit diesem jedoch näher auseinandergesetzt wird[389].

Das Prinzip der territorialen Integrität schützt als Bestandteil der staatlichen Souveränität in erster Linie die Stabilität der zwischenstaatlichen Beziehungen[390]; auch der Wortlaut des Art. 2 Nr. 4 der *UN-Charta* („all members") spricht dafür, das Prinzip der territorialen Integrität ausschließlich auf zwischenstaatliche Beziehungen anzuwenden. Gegen eine Anwendbarkeit im Verhältnis von selbstbestimmungsberechtigtem Volk und Mutterstaat könnte auch sprechen, dass das Volk mangels Völkerrechtssubjektivität nicht Adressat des Rechts des Mutterstaates auf Schutz seiner territorialen Interessen ist. Dieses Argument ist jedoch dann nicht tragfähig, wenn aus der Geltendmachung der Rechte durch das selbstbestimmungsberechtigte Volk eine sich auf die aus dem Selbstbestimmungsrecht ergebenden Rechte und Pflichten beschränkte Völkerrechtssubjektivität des Rechtsträgers resultiert; das Volk ist dann wie jedes andere Völkerrechtssubjekt verpflichtet, die territoriale Integrität des Mutterstaates nicht zu beeinträchtigen.

Teile des Schrifttums sehen einen Konflikt zwischen dem Prinzip der territorialen Integrität und dem Selbstbestimmungsrecht ausschließlich in Fällen der militärischen oder politischen Unterstützung der Selbstbestimmungsforderung eines Volkes durch einen Drittstaat[391]. In dieser Konstellation sei der Drittstaat zur

---

violating the territorial integrity, political independence or the unity of a State. No actions or situations in contravention of this principle will be recognized as legal by the participating States".

[389] Vgl. Dahm/Delbrück/Wolfrum, Bd. I/3, S. 795.

[390] Ipsen, § 26 Rn. 14, § 29 Rn. 2.

[391] „Report by George Abi-Saab: The Effectivity Required of an Entity that Declares its Independence in Order for it to be Considered a State in International Law", in: Bayefsky (Hrsg.), S. 73; Shaw, BYIL 67 (1996), S. 143 f.; Rauert, S. 186; Baer, S. 215, dahingehend auch Binette, CYIL 34 (1996), S. 227; Musgrave (S. 192 f., 210) verweist darauf, dass eine Sezession keiner völkerrechtlichen Regelung zugänglich sei und daher eine Verletzung der territorialen

Achtung der Souveränität und territorialen Integrität des Mutterstaates verpflichtet. Diese Meinung verkennt jedoch, dass es keinen Unterschied machen kann, ob die Sezession allein durch Kräfte aus dem sezedierenden Gebiet oder mit der Unterstützung von Drittstaaten vollzogen wird. Insbesondere lässt die letztgenannte Meinung eine Begründung dafür vermissen, warum die territorialen Interessen des Mutterstaates weniger schutzbedürftig sind, wenn in die Sezessionsbestrebungen zwar kein Drittstaat involviert ist, aber das sezessionswillige Volk aus eigener Kraft in der Lage ist, sowohl politisch als auch militärisch seine Sezessionsforderungen gegenüber dem Mutterstaat durchzusetzen. Ausfluss der staatlichen Souveränität ist das Recht auf Existenzwahrung, was jedoch nicht allein Schutz gegenüber Drittstaaten bedeuten kann; vielmehr muss dieser auch innerhalb der Grenzen eines Staates zum Tragen kommen, um destabilisierenden Tendenzen von Kräften innerhalb des Staates entgegenzuwirken[392].

Für eine Geltung des Prinzips der territorialen Integrität innerhalb eines Staatsverbandes sprechen auch die zahlreichen mit dem Selbstbestimmungsrecht der Völker befassten UN-Resolutionen, die zwar den Konflikt mit dem Prinzip der territorialen Integrität aufzeigen, aber keine Aussagen dahingehend enthalten, dass dieser Konflikt ausschließlich im Falle von Selbstbestimmungsforderungen eines Volkes gegen einen anderen Staat oder gegen den eigenen Mutterstaat unter Beteiligung eines Drittstaates bestehen würde[393]. Auch die Badinter-Kommission, die sich im Rahmen des Zerfalls Jugoslawiens gegen eine völkerrechtliche Anerkennung von Grenzveränderungen, die nicht auf friedlichem Wege oder im Wege einer Vereinbarung mit dem Mutterstaat zustandegekommen sind, ausgesprochen hat, hat der Sache nach auf das Prinzip der territorialen Integrität verwiesen[394]. Umfasst ist von der territorialen Integrität folglich ein Schutz gegenüber jeglichen, die Einheit des Staates beeinträchtigenden Handlungen von „außen“ und „innen“. Da die Sezession eines Teilgebietes in gleicher Weise geeignet ist, die territoriale Integrität des Mutterstaates zu beeinträchtigen wie Angriffe auf den Staat von außen, spricht der Schutzzweck des Prinzips der territorialen Integrität für einen sich auch auf die Beziehungen zwischen dem Bund und dem selbstbestimmungsberechtigten Volk erstreckenden Anwendungsbereich.

Integrität des Mutterstaates durch eine Sezession des Gliedstaates nicht in Betracht komme („internal theory“).

392 Murswiek AVR 31 (1993), S. 309.

393 Vgl. Resolution 1514 (XV), Nr. 6; Resolution 2625 (XXV), Fünfter Grundsatz Abs. 7 (Fundstellen in den Fn. 210 f.).

394 Gutachten Nr. 3 (ILM 31 (1992), S. 1499 f.): „The Boundaries between Croatia and Serbia, between Bosnia-Herzegovina and Serbia, and possibly between other adjacent independent States may not be altered except by agreement freely arrived at. Except where otherwise agreed, the former boundaries become frontiers protected by international law. This conclusion follows from the principle of respect for the territorial status quo (...). According to a well-established principle of international law the alteration of existing frontiers of boundaries by force is not capable of producing any legal effect (...)”.

c. Zwischenergebnis

Ob das äußere Selbstbestimmungsrecht auch das Recht auf Sezession eines Teilgebiets umfasst, kann nur unter Heranziehung auch anderer – kollidierender – völkerrechtlicher Prinzipien durch Auslegung ermittelt werden. Ein Konflikt ergibt sich mit dem auf die Beibehaltung des Staatsgebiets gerichteten Prinzip der territorialen Integrität. Dieses Prinzip, das in erster Linie auf den Schutz des Staates vor Einwirkungen „von außen" – durch Drittstaaten – gerichtet ist, findet auch innerhalb der Grenzen eines Staates im Verhältnis zum selbstbestimmungsberechtigten Volk Anwendung. Ausfluss der staatlichen Souveränität ist das Recht auf Existenzwahrung, das nicht weniger schutzbedürftig ist, wenn die Sezession nicht mit der Unterstützung durch Drittstaaten, sondern ausschließlich durch Kräfte aus dem Teilgebiet vollzogen wird.

2. Ansätze zur Lösung des Konflikts in der völkerrechtlichen Lehre und Praxis

a. Stand der völkerrechtlichen Diskussion

Herauskristallisiert haben sich im Schrifttum zwei Ansätze zur Lösung des Konflikts zwischen dem äußeren Selbstbestimmungsrecht und dem Prinzip der territorialen Integrität. Zum einen wird ein genereller Vorrang entweder des Prinzips der territorialen Integrität mit der Konsequenz der Verneinung eines aus dem Selbstbestimmungsrecht ableitbaren Sezessionsrechts angenommen. Als anderer Lösungsweg werden eine grundsätzliche Gleichrangigkeit beider Prinzipien und nur ein an bestimmte Bedingungen geknüpfter und im konkreten Einzelfall bestehender Vorrang eines der Prinzipien mit entsprechenden Rechtsfolgen vertreten.

aa. Grundsätzliches Sezessionsverbot

Teile der völkerrechtlichen Literatur gehen von einer völkerrechtlichen Rangordnung und gegenseitigen Aussschließlichkeit des Selbstbestimmungsrechts und des Prinzips der territorialen Integrität aus; sie bejahen einen grundsätzlichen Vorrang der staatlichen Souveränität sowie der von dieser umfassten territorialen Interessen des Mutterstaates gegenüber den sich auf das Selbstbestimmungsrecht der Völker stützenden Sezessionsinteressen des Gliedstaates[395]. Konsequenz dieser Auffassung ist ein Sezessionsverbot. Die Anwendung des Selbstbestimmungsrechts kommt nach dieser Auffassung nur insoweit in Betracht, als die völkerrechtlich garantierte staatliche Souveränität nicht beeinträch-

[395] Armbruster, Selbstbestimmungsrecht, in: Strupp/Schlochauer (Hrsg.), 3. Bd., S. 253; Emerson, AJIL 65 (1971), S. 464 f.; dahingehend auch Heidelmeyer (S. 244) und Thürer, AVR 22 (1984), S. 137.

tigt wird; die Verwirklichung des Selbstbestimmungsrechts muss danach unterhalb der Schwelle der Unabhängigkeit bleiben. Würde das Selbstbestimmungsrecht die Sezession eines Teilgebietes erlauben, dann würde hierdurch die Gebietshoheit des Mutterstaates – wenn auch nur bezogen auf das Gebiet des sezedierenden Gliedstaates – verletzt. Hieraus zieht Armbruster den Schluss, dass „(…) das Souveränitätsprinzip das Selbstbestimmungsrecht als Sezessionsrecht logisch ausschließt“[396]. Diese Auffassung beruht auch auf der Annahme, dass die Ableitung eines Sezessionsrechts aus dem Selbstbestimmungsrecht wegen dessen Unbestimmtheit im Hinblick auf den Rechtsträger und Norminhalt abzulehnen ist[397].

Gegen ein striktes Sezessionsverbot ist jedoch einzuwenden, dass dem Prinzip der territorialen Integrität als solchem ein generelles Sezessionsverbot nicht zu entnehmen ist[398]. Von den Grundsätzen, die die *UN-Charta* für das zwischenstaatliche Handeln postuliert, gilt zwar das Souveränitätsprinzip als eines der wichtigsten völkerrechtlichen Prinzipien, was durch dessen Kodifizierung an exponierter Stelle in Art. 2 Nr. 1 der *UN-Charta* unterstrichen wird[399]. Durch die Systematik des Vertragstextes der *UN-Charta* wird jedoch – auch im Falle einer Ausklammerung der in Art. 1 der *UN-Charta* kodifizierten „Ziele“ als unverbindliche Leitsätze – keine Festlegung einer Rangordnung oder Wertigkeit zwischen den einzelnen völkerrechtlichen Prinzipien bezweckt, aus der etwa die Nachrangigkeit der im Vertragstext in systematischer Hinsicht nachgeordneten Prinzipien resultieren würde. Auch aus der Rechtsnatur des Prinzips der territorialen Integrität ergibt sich kein Vorrang, da es sich nicht um ein absolutes Prinzip handelt[400]. Die Souveränität der Staaten kommt nur insoweit zum Tragen, als sie durch das Völkerrecht nicht eingeschränkt ist[401], d.h. sie beinhaltet keine unbegrenzte Kompetenz des Staates zur ausschließlichen Regelung seiner inneren Angelegenheiten, sondern ist an völkerrechtliche Grundsätze, darunter auch das Selbstbestimmungsrecht der Völker, gebunden[402].

Gegen ein absolutes Sezessionsverbot spricht außerdem, dass aus einer Verhinderung von Sezessionsinteressen nicht zwingend die internationale und innerstaatliche Stabilität resultiert[403], sondern unter bestimmten Umständen eine Sezession auch im Interesse der Stabilität der Staatengemeinschaft liegen kann, wenn zum Beispiel ein Konflikt nicht auf andere Weise beigelegt werden kann

[396] Armbruster, Selbstbestimmungsrecht, in: Strupp/Schlochauer (Hrsg.), 3. Bd., S. 253.
[397] Heidelmeyer, S. 252 ff.
[398] Murswiek, AVR 31 (1993), S. 312.
[399] Bleckmann, Völkerrecht, Rn. 147: „(...) das Souveränitätsprinzip das wesentlichste, wenn nicht sogar das einzige Strukturprinzip der innerstaatlichen und vor allem der internationalen Rechtsordnung darstellt, das den Inhalt fast aller Rechtssätze des Völkerrechts prägt“.
[400] Mack, S. 121.
[401] Mack, S. 121; Murswiek, AVR 31 (1993), S. 312.
[402] Murswiek, Der Staat 23 (1984), S. 539.
[403] Demissie, Suffolk Transnational Law Review 20 (1996), S. 192.

und eine Sezession für den Schutz des selbstbestimmungsberechtigten Volkes zwingend notwendig ist[404]. Der Verwirklichung des Selbstbestimmungsrechts im Wege einer Sezession kann in diesem Fall zugleich eine den Schutz der territorialen Integrität und Souveränität der Staaten unterstützende Funktion zukommen[405]. Ferner ist zu berücksichtigen, dass ein Sezessionsrecht bereits von den Voraussetzungen her auf besondere Ausnahmefälle beschränkt ist; denn die Verwirklichung dieses Rechts würde voraussetzen, dass der Rechtsträger aus eigener Kraft als eigenständiger Staat „lebensfähig" wäre, wofür jedenfalls eine bestimmte zahlenmäßige Mindestgröße der auf einem abgrenzbaren Territorium lebenden Bevölkerung gegeben sein müßte. Für die meisten Rechtsträger wird eine Sezession und Neustaatenbildung keine wirkliche Alternative darstellen, weil sie nicht über die Voraussetzungen für eine Eigenstaatlichkeit verfügen[406].
Diese Gründe sprechen gegen einen a priori bestehenden Vorrang des Prinzips der territorialen Integrität[407] und für den Schluss, dass der Schutz der territorialen Integrität und das Selbstbestimmungsrecht nicht grundsätzlich unvereinbare Prinzipien sind, sondern vielmehr eine Zuordnung beider Prinzipien möglich ist, die beiden zur Wirksamkeit verhilft.
Im Ergebnis ist jedenfalls, auch wenn die Ablehnung eines grundsätzlichen Sezessionsverbots nicht zugleich die Anerkennung eines Rechts auf Sezession bedeutet, die Auffassung, dass das Völkerrecht eine Sezession generell verbiete, nicht haltbar. Zu befürworten ist daher ein an bestimmte Voraussetzungen geknüpftes, aus dem Selbstbestimmungsrecht ableitbares Sezessionsrecht.

bb. Allgemeines Sezessionsrecht

Konträr zur ersten Meinung nehmen andere Autoren einen grundsätzlichen Vorrang des Selbstbestimmungsrechts vor dem Prinzip der territorialen Integrität an und befürworten auf dieser Grundlage ein allgemeines Sezessionsrecht. Der Vorrang des Selbstbestimmungsrechts wird zum Teil mit dessen ius cogens-Charakter begründet[408]. Beran, Vertreter der sog. „liberal democratic theory of secession", hält ein generelles Sezessionsrecht für geboten, wenn „secession (...) is effectively derived by a territorially concentrated group within a State and is morally and practically possible"[409]. Aus den Verfassungsprinzipien Liberalismus, Volkssouveränität und Demokratie folge, dass ein liberaler demokratischer

---

[404] Vgl. Kymlicka, in: Lehning, (Hrsg.), S. 111.
[405] Oeter, ZaöRV 52 (1992), S. 761; Klein, S. 45.
[406] Nanda (Case Western Reserve Journal of International Law 13 (1981), S. 263 f.) führt gegen ein allgemeines Sezessionsrecht den pacta sunt servanda-Grundsatz an; dem zufolge können nur grundlegend gewandelte Umstände gemäß der clausula rebus sic stantibus, wie etwa die Existenzbedrohung eines Volkes im Staat, ein Sezessionsrecht rechtfertigen.
[407] Murswiek, AVR 31 (1993), S. 314.
[408] Anonyme Note, The Yale Law Journal 89 (1979/1980), S. 802 ff.
[409] Beran, Political Studies 32 (1984), S. 23.

Staat ein freiwilliger und auf Konsens beruhender Zusammenschluss sein müsse. Wenn eine politische Einheit im Staat mehrheitlich wünsche, vom Mutterstaat unabhängig zu werden und in einer separaten Einheit zu leben, dann stehe dieser Gruppe ein Sezessionsrecht zu. Voraussetzung sei die territoriale Konzentration der eine Sezession befürwortenden Bevölkerungsgruppe mit einer zahlenmäßigen Größe, die eine Lebensfähigkeit als eigenständiger Staat gewährleiste[410]. Die von Beran angeführten außerrechtlichen Aspekte können zwar bei der Auslegung geltenden Rechts herangezogen werden, vermögen jedoch nicht Recht zu begründen; sie entbehren einer hinreichenden Bestimmtheit sowohl in Bezug auf den Rechtsträger als auch den konkreten Regelungsgehalt. Darüber hinaus fehlt jeglicher Aussagegehalt über das Verhältnis des Selbstbestimmungsrechts zum Prinzip der territorialen Integrität[411].

Ebenfalls abzulehnen ist aus den genannten Gründen das von Buchheit vertretene „parochiale Modell", demzufolge – das Prinzip der territorialen Integrität vollständig aus den Überlegungen ausklammernd – die Legitimität einer Regierung auf der Zustimmung der Regierten beruhen müsse. Besitze eine sich in historischer, kultureller, sprachlicher und religiöser Hinsicht unterscheidbare Bevölkerungsgruppe im Staat den Willen zur politischen Unabhängigkeit, dann könne sie sich jederzeit vom Mutterstaat lösen; einziges Legitimitätskriterium für ein Sezessionsrecht sei die Eigenschaft der Gruppe als selbstbestimmungsberechtigte Einheit[412].

Den Vertretern eines allgemeinen Sezessionsrechts ist ebenfalls entgegenzuhalten, dass keine völkerrechtlich festgelegte Rangfolge zwischen den widerstreitenden Grundsätzen existiert. Auch das Selbstbestimmungsrecht der Völker ist angesichts der aus der Geltendmachung eines unbeschränkten Sezessionsrechts resultierenden Fragmentierungstendenzen und der Gefahr der innerstaatlichen und internationalen Destabilisierung restriktiv auszulegen und kann keinen absoluten Vorrang vor dem die Existenz der Staaten schützenden Prinzip der territorialen Integrität haben. Auf die Befürchtung eines aus der Anerkennung eines allgemeinen Sezessionsrechts resultierenden destabilisierenden Effekts ist auch, wie sich aus der Studie des UN-Spezialberichterstatters Cristescu aus dem Jahre 1981 ergibt, die grundsätzlich ablehnende Haltung der Vereinten Nationen gegenüber einem allgemeinen Sezessionsrecht gestützt[413]. Schließlich hält auch das Argument, der ius cogens-Charakter des Selbstbestimmungsrechts der Völker verleihe diesem einen Vorrang gegenüber dem Prinzip der territorialen Integrität, insofern einer Überprüfung nicht stand, als die Eigenschaft des Selbstbestim-

[410] Beran, Political Studies 32 (1984), S. 21 ff., insb. S. 23; Beran, in: Macartney (Hrsg.), S. 23 ff., insb. S. 27.

[411] Beran, Political Studies 32 (1984), S. 21 ff.

[412] Buchheit, S. 223 f.

[413] Cristescu, UN-Doc.E/CN.4/Sub.2/404/Rev.1, § 173: „It would be dangerous to recognize in international law a general and unlimited right of secession (...)"; so auch Gros-Espiell, UN-Doc.E/CN.4/Sub.2/405/Rev.1 (1980), S. 13 f., § 90.

mungsrechts als ius cogens-Norm zum einen bisher völkerrechtlich nicht gesichert ist und zum anderen der ius cogens-Charakter dem Selbstbestimmungsrecht keinen höheren Rang[414], sondern nur eine erhöhte Bestandskraft verleihen würde[415]. Ein genereller Vorrang des Selbstbestimmungsrechts der Völker ist daher abzulehnen.

cc. Harmonisierende Auslegung

Eine dritte Ansicht stellt angesichts des Fehlens einer völkerrechtlichen Regelung, die verbindlich festlegt, in welchen Situationen entweder das Selbstbestimmungsprinzip oder das Prinzip der territorialen Integrität Vorrang hat, darauf ab, dass diese Lücke im Wege der Abwägung zwischen den widerstreitenden Prinzipien im konkreten Einzelfall zu schließen sei[416]. Zwar hält die Völkerrechtsordnung keine allgemeingültigen Maßstäbe für die vorzunehmende Auslegung bereit. Aus der *„Friendly Relations Declaration"* ergibt sich aber das Postulat der harmonisierenden Auslegung der *UN-Charta*. Die *„Friendly Relations Declaration"* enthält abschließend die ausdrückliche Erklärung, dass jeder in der *„Friendly Relations Declaration"* enthaltene Grundsatz, der zugleich in der *UN-Charta* verankert ist, in Zusammenhang mit den anderen Grundsätzen auszulegen ist[417]. Dies bedeutet die Herstellung der Konkordanz beider Prinzipien[418]. Insoweit bestehen Parallelen zu dem verfassungsrechtlichen Auslegungsgrundsatz der praktischen Konkordanz, auf dessen Grundgedanken die völkerrechtliche Lehre zurückgreift[419]. Auslegungsziel ist danach, die im Spannungsverhältnis zueinander stehenden Prinzipien im Wege einer Verhältnismäßigkeitsprüfung zum Ausgleich zu bringen und beide Prinzipien in ihrer Geltung soweit zuzuord-

---

414 So aber Mack, S. 246.

415 Ipsen, § 15 Rn. 45, § 20.

416 In diesem Sinne Maguire, Virginia Journal of International law 22 (1982), S. 860; Haltern (ZVglRWiss 93 (1994), S. 260 f.) verweist auf die mangelnde Geschlossenheit der auf dem Konsens der Staaten beruhenden Völkerrechtsordnung und zieht daraus den Schluss, dass das Fehlen einer völkerrechtlichen Anspruchsgrundlage nicht zugleich einen Ausschluss des betreffenden Anspruchs bedeutet.

417 (Fundstelle in Fn. 211) Zweiter Grundsatz: "In their interpretation and application the above principles are interrelated and each principle should be construed in the context of the other principles. Nothing in this Declaration shall be construed as prejudicing in any manner the provisions of the Charter or the rights and duties of Member States under the Charter or the rights of peoples under the Charter, taking into account the elaboration of these rights in this Declaration". „(3.) The principles of the Charter which are embodied in this Declaration constitute basic principles of international law, and consequently appeals to all States to be guided by these principles in their international conduct and to develop their mutual relations on the basis of the strict observance of these principles".

418 Oeter, ZaöRV 52 (1992), S. 748 f.; Randelzhofer, in: Wolfrum (Hrsg.), Hdbuch VN, Nr. 158, Rn. 8.

419 *UN-Charta* als „Verfassung" der Staatengemeinschaft: Fastenrath, Lücken im Völkerrecht, S. 150 f.; Verdross/Simma, § 374; Héctor, S. 187 f.

nen und zu begrenzen, dass beide zu größtmöglicher Wirksamkeit gelangen können[420].

Im Rahmen einer Abwägung zwischen dem Prinzip der territorialen Integrität und dem Selbstbestimmungsrecht der Völker kann sich allenfalls bei Vorliegen bestimmter Voraussetzungen ein Vorrang des Selbstbestimmungsrechts mit der Folge eines Sezessionsrechts ergeben[421]. In der Völkerrechtslehre wird hierfür überwiegend ein Zusammenhang zwischen innerer Selbstbestimmung und einem Sezessionsrecht hergestellt und ein Sezessionsrecht einer Bevölkerungsgruppe im Staatsverband als Ausnahmetatbestand bejaht, wenn dieser Gruppe die Wahrnehmung des inneren Selbstbestimmungsrechts von Seiten des Mutterstaates dauerhaft versagt wird[422]. Steht einem Volk hingegen uneingeschränkt das innere Selbstbestimmungsrecht zu, dessen Wahrnehmung es ihm ermöglicht, seine Existenz und Identität innerhalb des Staatsverbandes gleichberechtigt mit allen anderen Völkern im Staat zu wahren und zu schützen, gehen die territorialen Interessen des Mutterstaates den Sezessionsinteressen des selbstbestimmungsberechtigten Volkes vor[423]. In dieser Konzeption stellt sich eine Sezession als „ultima ratio" dar, d.h. als letztes Mittel zur Durchsetzung des verweigerten inneren Selbstbestimmungsrechts[424].

Von Bedeutung ist dieser Aspekt nicht nur für die als „Volk" im Sinne des Selbstbestimmungsrechts anzusehende frankophone Bevölkerung in Québec, sondern auch für die Völker, beispielsweise die in Québec lebenden indigenen Völker, denen aus völkerrechtlicher Sicht nur ein inneres und kein äußeres Selbstbestimmungsrecht zuerkannt wird[425].

Unter Bezugnahme auf den in den *UN-Menschenrechtspakten von 1966* enthaltenen menschenrechtlichen Mindeststandard werden als Formen der Verletzung des inneren Selbstbestimmungsrechts, die ein weiteres Verbleiben des „Volkes" im Staatsverband unzumutbar machen, massive Diskriminierungen und systematische Menschenrechtsverletzungen durch den Mutterstaat, die sich einseitig gegen eine bestimmte Bevölkerungsgruppe im Staat richten, angesehen[426]. Bei-

---

420 Stern, Staatsrecht I, S. 133; Luchterhand, AVR 31 (1993), S. 58 f.

421 Murswiek, Der Staat 23 (1984), S. 540 f.; Klein, Der Staat 32 (1993), S. 365.

422 Cristescu, UN-Doc.E/CN.4/Sub.2/404/Rev.1, S. 26, § 173; dahingehend auch Nanda, Case Western Reserve Journal of International law 13 (1981), S. 265; Mohr, in: Heintze (Hrsg.), Selbstbestimmungsrecht der Völker, S. 134; Heintze, in: Heintze (Hrsg.), Selbstbestimmungsrecht der Völker, S. 21; Franck, in: Brölmann/Lefeber/Zieck (Hrsg.), S. 13 f.

423 Doehring, in: Simma (Hrsg.), nach Art. 1, Rn. 34; Heintze, Selbstbestimmungsrecht und Minderheitenrechte, S. 87 f.; Murswiek, AVR 31 (1993), S. 329; Verdross/Simma, § 511; Sornarajah, Georgia Journal of International and Comparative Law 11 (1981), S. 53 ff.

424 Doehring, BDGV 14 (1974), S. 10 f.; Oeter, ZaöRV 52 (1992), S. 764; Marauhn, in: Heintze (Hrsg.), Selbstbestimmungsrecht der Völker, S. 112.

425 Vgl. hierzu Teil 2, C. II. 3. d.; Blumenwitz, Volksgruppen und Minderheiten, S. 72; Mohr, in: Heintze (Hrsg.), Selbstbestimmungsrecht der Völker, S. 137 f.

426 Doehring, Self-Determination, in: Simma (Hrsg.), nach Art. 1, Rn. 40; Marauhn, in: Heintze (Hrsg.), Selbstbestimmungsrecht der Völker, S. 110 ff.; Hannum, Washington and Lee

spielhaft zu nennen sind jegliche Formen einer grundsätzlichen Existenzbedrohung, gegen die kein Rechtsschutz in der innerstaatlichen Rechtsordnung erlangt werden kann, das Verbot der Religionsausübung oder des Gebrauchs der Muttersprache im öffentlichen Leben sowie die generelle Versagung von Teilnahmerechten am politischen Willensbildungsprozess und an Wahlen[427].
Dabei sind jedoch Beschränkungen des inneren Selbstbestimmungsrechts im gesamtstaatlichen Interesse, die die gesamte Staatsbevölkerung betreffen, nicht ausreichend.
Gegen ein „Heranziehen" von Menschenrechten zur Begründung der Verletzung des inneren Selbstbestimmungsrechts wird zwar eingewandt, dass im Falle der Verletzung von Menschenrechten auf die speziellen völkerrechtlichen Verfahren, insbesondere im Rahmen der Vereinten Nationen, zu verweisen sei; ein Sezessionsrecht sei kein Rechtsinstitut zum Schutz der Menschenrechte[428]. Gegen diesen Einwand lässt sich jedoch anführen, dass in der dezentral ausgerichteten Völkerrechtsordnung kein effektiver Rechtsschutz in Form der Durchsetzbarkeit von Sanktionen gewährleistet ist. Wenn folglich die völkerrechtlichen oder innerstaatlichen Sanktionsmechanismen keinen effektiven Schutz vor Menschenrechtsverletzungen seitens des Mutterstaates gewährleisten können, kann der von Menschenrechtsverletzungen betroffenen Gruppe nicht zugemutet werden, im Staatsverband zu verbleiben[429]. Diese Konzeption eines Sezessionsrechts wird damit begründet, dass im Falle von rechtlichen oder faktischen Diskriminierungen einer Volksgruppe von Seiten des Mutterstaates keine legitime Staatsgewalt (mehr) vorhanden ist[430]. Doehring verweist auf das im Fall schwerer Menschenrechtsverletzungen eines Volkes zerissene Schutz- und Loyalitätsband zwischen

Law Review 55 (1998), S. 773 ff.; Nanda, Case Western Reserve Journal of International Law 13 (1981), S. 265; Franck, in: Brölmann/Lefeber/Zieck (Hrsg.), S. 13 f.; Cristescu, UN-Doc.E/CN.4/Sub.2/404/Rev.1, S. 26, § 173: „The right of secession unquestionably exists (...) in a special, but very important case: that of peoples, territories and entities subjugated in violation of international law. In such cases, the peoples concerned have the right to regain their freedom and constitute themselves independent sovereign countries".

427 Dahm/Delbrück/Wolfrum, Bd. I/3, S. 795 f.; Hannum, Virginia Journal of International Law 34 (1993), S. 45 ff.; dahingehend auch Buchanan (S. 151 ff.), der von einem „moral right to secede" spricht und dies an bestimmte Voraussetzungen, wie Menschenrechtsverletzungen, Diskriminierungen und Kulturbedrohung, knüpft. Buchanan bezeichnet das Sezessionsrecht als „remedial right": „a right to secede is understood to be , (...), a remedial right only – a right which groups come to have if seceding is the remedy of last resort for reasons of injustices perpetrates against them by the state" (in: Moore (Hrsg.), S. 15, 25).

428 Mohr, in: Heintze (Hrsg.), Selbstbestimmungsrecht der Völker, S. 135 f.; Gusy, AVR 30 (1992), S. 407; Leder, S. 42; dahingehend auch Hilpold (ZÖR 54 (1999), S. 561 ff.), der die Sezession als Faktum begreift, die beim Vorliegen von Menschenrechtsverletzungen nicht als Instrument zur Abhilfe dienen kann.

429 Doehring, Self-Determination, in: Simma (Hrsg.), nach Art. 1, Rn. 39; Mack, S. 238; Thürer, AVR 22 (1984), S. 127 f.

430 Oeter, ZaöRV 52 (1992), S. 741.

dem Mutterstaat und seinen Staatsbürgern[431]. Diese den Staatsangehörigen obliegende Pflicht zur Treue gegenüber dem Mutterstaat kann nur insoweit und solange bestehen, wie der Mutterstaat sein Verhalten an den in der *UN-Charta* enthaltenen völkerrechtlichen Maßstäben ausrichtet[432]. Kommt der Staat seiner Schutzpflicht gegenüber seinen Staatsangehörigen nicht nach, indem er etwa Menschenrechtsverletzungen aktiv begeht oder zulässt, so ist korrespondierend hierzu die Loyalitätspflicht der Staatsbürger aufgehoben. Diese Begründung eines Sezessionsrechts steht mit dem Fünften Grundsatz in Abs. 7 der *„Friendly Relations Declaration"*[433] in Einklang, dem zufolge der aus dem Prinzip der territorialen Integrität resultierende staatliche Schutzanspruch nur dann Geltung beanspruchen kann, wenn der souveräne Staat selbst den Grundsatz der Selbstbestimmung respektiert und die Staatsgewalt das gesamte Staatsvolk angemessen repräsentiert[434]. Allerdings kann hieraus nicht der Schluss gezogen werden, dass generell allen Völkern, deren Repräsentanz im Staat nicht diesen Anforderungen entspricht, ein Sezessionsrecht zusteht; vielmehr findet dies seine Grenze im Verhältnismäßigkeitsprinzip[435].
Unterstützt wird diese Auslegung schließlich durch die in der völkerrechtlichen Literatur geführte Diskussion über die Anerkennung eines sogenannten „föderalen Selbstbestimmungsrechts", das bisher (noch) kein völkerrechtlich anerkanntes Rechtsinstitut ist[436]. Es ist darauf gerichtet, Sezessionen von Teilgebieten eines Staates zu verhindern, indem es auf die Verwirklichung von Selbstbestimmung innerhalb eines Föderalstaates, insbesondere auf das Recht einer selbstbestimmungsberechtigten Gruppe im Staat auf einen weitgehend autonomen Status

---

[431] Doehring, Self-Determination, in: Simma (Hrsg.), nach Art. 1, Rn. 38 ff.; Doehring, BDGV 14 (1974), S. 31 ff.
[432] Kimminich, VN 41 (1993), S. 8.
[433] (Fundstelle in Fn. 211) „Nothing in the foregoing paragraphs shall be construed as authorizing or encouraging any action which would dismember or impair, totally or in part, the territorial integrity or political unity of sovereign and independent States conducting themselves in compliance with the principle of equal rights and self-determination of peoples as described above and thus possessed of a government representing the whole people belonging to the territory without distinction as to race, creed or colour". Aus der ausdrücklichen Nennung der drei Merkmale Rasse, Glauben und Hautfarbe in der *Friendly Relations Declaration* folgt mit Blick auf das Fehlen einer Beschränkung auf bestimmte ethnische Merkmale in der ansonsten wortgleichen Passage im Abschlussdokument der Wiener Menschenrechtsweltkonferenz keine restriktive Auslegung, zumal auch der *Friendly Relations Declaration* grundsätzlich keine ausdrückliche beschränkte Anwendbarkeit auf Kolonialvölker immanent ist (Kimminich, VN 41 (1993), S. 7).
[434] Vgl. hierzu Kirgis, AJIL 88 (1994), S. 308 ff.; Crawford, BYIL 69 (1998), S. 113 f.; Sharma, S. 226 f.
[435] In diesem Sinne Oeter, ZaöRV 52 (1992), S. 757 f.
[436] Kimminich, VN 41 (1993), S. 9; Thürer, Self-Determination, in: EPIL IV, S. 373; Wildhaber (in: FS Bernhardt, S. 906 f.) verweist zugleich darauf, dass eine föderale Struktur Sezessionen begünstigt; so auch Oeter, in: Heintze (Hrsg.), Selbstbestimmungsrecht der Völker, S. 86; Craven, Dalhousie Law Journal 14 (1991), S. 243 ff.

zur Ermöglichung von Selbstverwaltung zielt; damit sollen Bevölkerungsgruppen im Staat durch eine föderale Struktur geschützt werden[437]. Dieser Konzeption zufolge besteht ein Sezessionsrecht nur dann, wenn einem Volk Selbstbestimmung innerhalb des Staates unter den zuvor vorgenannten Voraussetzungen versagt wird[438]. Einer weiteren Auseinandersetzung mit dem „föderalen Selbstbestimmungsrecht" bedarf es vorliegend nicht, weil es sich bei der Provinz Québec bereits um eine gliedstaatlich verfasste Einheit handelt, der weitgehende verfassungsrechtliche Kompetenzen innerhalb des Staatsverbandes eingeräumt sind.

dd. Zwischenergebnis

Die Lösung des Konflikts zwischen dem äußeren Selbstbestimmungsrecht und dem Prinzip der territorialen Integrität wird von einigen Autoren in einem grundsätzlichen Vorrang des Prinzips der territorialen Integrität und als Konsequenz hieraus in einem generellen Sezessionsverbot gesehen. Begründet wird dies mit dem – vorrangigen – Ziel der Stabilität der Staaten sowie der Unbestimmtheit des Selbstbestimmungsrechts im Hinblick auf die in Betracht kommenden Rechtsträger und dessen Norminhalt. Eine solche Vorrangigkeit des Prinzips der territorialen Integrität oder überhaupt eine solche eindeutige Rangordnung lässt sich aber dem Völkerrecht nicht entnehmen. Dies ist in gleicher Weise gegen die Auffassung einzuwenden, die – umgekehrt – einen grundsätzlichen Vorrang des Selbstbestimmungsrechts und ein allgemeines Sezessionsrecht befürwortet. Vorzuziehen ist deshalb eine harmonisierende Auslegung, die die beiden im Spannungsfeld stehenden Prinzipien nach dem Maßstab des Grundsatzes der Verhältnismäßigkeit einander zuordnet. Ein Sezessionsrecht ist danach gleichsam als „ultima ratio" zu bejahen, wenn massive Diskriminierungen und systematische Menschenrechtsverletzungen durch den Mutterstaat, die sich einseitig gegen eine bestimmte Bevölkerungsgruppe im Staat richten, ein weiteres Verbleiben des „Volkes" im Staatsverband unzumutbar machen.

b. Völkerrechtliche Praxis

Ein Blick auf die unterschiedlichen Fallkonstellationen, in denen die Staatenpraxis mit Sezessionsbestrebungen konfrontiert war, kann dazu beitragen, die von der völkerrechtlichen Lehre vertretenen Auffassungen zum Verhältnis zwischen dem (äußeren) Selbstbestimmungsrecht und dem Prinzip der territorialen Integri-

---

[437] Vgl. Kimminich, VN 41 (1993), S. 9; Bernhardt, in: Dinstein (Hrsg.), S. 25 ff.; Baer, S. 270 ff.; Tomuschat, in: ders. (Hrsg.), S. 13 ff.; Murswiek, in: Tomuschat (Hrsg.), S. 38 f.; ähnlich Luchterhand, AVR 31 (1993), S. 61 f., 68; vgl. Leder (S. 13) zur Integrationsfunktion eines bundestaatlichen Systems; Kymlicka (in: Lehning (Hrsg), S. 111 ff.) ausführlich dazu, inwieweit Föderalismus eine Alternative zu einer Sezession darstellt.

[438] Heintze, Der Staat, 36 (1997), S. 417 ff.

tät im Lichte der Staatenpraxis zu überprüfen und Aussagen zum Bestehen eines Sezessionsrechts zu gewinnen. Eine völkerrechtliche Praxis zur Frage eines aus dem äußeren Selbstbestimmungsrecht ableitbaren Sezessionsrechts hat sich insbesondere im Rahmen der Dekolonisierung, in einzelnen Fällen von postkolonialen Sezessionsbestrebungen, die sich, wie im Fall von Québec, auf ein Teilgebiet innerhalb der geographischen Grenzen eines Staatsverbandes bezogen haben, sowie im Zusammenhang mit den in den neunziger Jahren erfolgten Auflösungen von Bundesstaaten in Mittel- und Osteuropa herausgebildet.

aa. Das Selbstbestimmungsrecht der Völker im Rahmen der Entkolonisierung

Entkolonisierung ist der Prozess der Erlangung eines völkerrechtlich unabhängigen Status durch ehemals rechtlich abhängige, unter Fremdherrschaft stehende Gebiete[439]. Erfasst werden hiervon Kolonialgebiete und andere Gebiete ohne Selbstregierung, die Gegenstand der in den Art. 73 bis 91 der *UN-Charta* enthaltenen Regelungen sind. Im Rahmen der Entkolonisierung war in der völkerrechtlichen Praxis, Rechtsprechung und Lehre ein Selbstbestimmungsrecht der Kolonialvölker als Recht auf Loslösung von der Kolonialmacht und damit zugleich ein Vorrang dieses Rechts vor dem Prinzip der territorialen Integrität der Kolonialmächte anerkannt[440]. Begründet wurde dies in erster Linie mit der Qualifizierung der Kolonialherrschaft als völkerrechtliches Unrecht[441]. Diese Praxis hat insbesondere im Vierten Grundsatz der Resolution 1514 (XV) der UN-Generalversammlung vom 14. Dezember 1960[442] und der Resolution 2625 (XXV) vom 24. Oktober 1970 *(„Friendly Relations Declaration")*[443], in denen

---

[439] Kunig, in: Wolfrum (Hrsg.), Hdbuch VN, Nr. 15 Rn. 2.

[440] *Namibia-Fall (Legal Consequences for States of the continued Presence of South Africa in Namibia (South West Africa) Notwithstanding Security Council Resolution 276/1970*, ICJ Reports 1971, S. 16 (31); *Western Sahara (Advisory Opinion)*, ICJ Reports 1975, S. 12 (31); Quane, ICLQ 47 (1998), S. 553, 558; Murswiek, Der Staat 23 (1984), S. 542; Klein, Der Staat 32 (1993), S. 361; Thürer, AVR 22 (1984), S. 128; Maguire, Virginia Journal of International law 22 (1982), S. 862; Doehring, Self-Determination, in: Simma (Hrsg.), nach Art. 1, Rn. 36.

[441] Klein, S. 46 f.; Doehring, Self-Determination, in: Simma (Hrsg.), nach Art. 1, Rn. 36, 44, insb. Rn. 47; vgl. Erster Grundsatz der Resolution 1514 (XV): „The subjection of peoples to alien subjugation, domination and exploitation constitutes a denial of fundamental rights, is contrary to the Charter of the United Nations and is an impediment to the promotion of world peace and co-operation" (Fundstelle in: Fn. 210).

[442] „All armed action or repressive measures of all kinds directed against *dependent peoples* shall cease in order to enable them to exercise peacefully and freely *their right to complete independence*, and the integrity of their national territory shall be respected".

[443] Fünfter Grundsatz, Abs. 4: „The Establishment of a sovereign and independent State, the free association or integration with an independent State or the emergence into any other political status freely determined by a people constitute modes of implementing the right of self-determination by that people" (Fundstelle in: Fn. 211).

jeweils konkrete Formen der Verwirklichung von Unabhängigkeit in den Kolonialgebieten genannt werden, Niederschlag gefunden.
Die Staatengemeinschaft hat den Kolonialvölkern ein Recht auf Unabhängigkeit zuerkannt, ohne jedoch zugleich ein allgemeines Recht auf Sezession aus dem (äußeren) Selbstbestimmungsrecht abzuleiten. Einer Übertragbarkeit dieser Praxis auf Fälle der Sezession eines Teilgebietes eines unabhängigen Staates steht die Besonderheit der Entkolonisierungsprozesse entgegen, die darin bestand, dass die Kolonialgebiete einen in geographischer und rechtlicher Hinsicht vom Gebiet der Kolonialmacht unterschiedlichen Status hatten. In geographischer Hinsicht handelt es sich um vom Mutterland getrennte, meist überseeische (Kolonial-) Gebiete (sogenannte „saltwater-theory")[444]. Außerdem wurde den Kolonien – im Unterschied zu sonstigen Selbstbestimmungsfällen – wegen der anerkannten Völkerrechtswidrigkeit der Fremdherrschaft ein besonderer, vom Mutterstaat zu unterscheidender völkerrechtlicher Territorialstatus zuerkannt, und zwar auch dann, wenn nach dem Recht des Kolonialstaates die Kolonie integraler Bestandteil seines Staatsgebietes war[445]. Aufgrund der Behandlung des Gebietes der Kolonie als völkerrechtlich von der Kolonialmacht unterschiedliches Territorium bestand im Falle des Strebens nach Unabhängigkeit unter Berufung auf das Selbstbestimmungsrecht kein Konflikt zur territorialen Integrität des Mutterstaates[446].
Die Situation der Provinz Québec als Gliedstaat innerhalb des kanadischen Staatsverbandes ist nicht durch die im Rahmen der Entkolonisierung maßgeblichen Umstände gekennzeichnet. Die Provinz Québec als Gliedstaat eines Bundesstaates hat ihren vor der Gründung der kanadischen Föderation bestehenden Kolonialstatus mit der Gründung des kanadischen Staates verloren[447] und besitzt daher keinen vom kanadischen Staat unterschiedlichen Status, der mit dem eines Kolonialgebietes gleichzusetzen wäre. Zusammenfassend ist festzustellen, dass der Entkolonisierungsprozess durch Besonderheiten gekennzeichnet ist, die es ausschließen, hierin eine Grundlage für eine allgemeine Staatenpraxis zu sehen.

---

[444] Kofman, Human Rights Review (2000), S. 10; Alfredsson, in: Clark/Williamson (Hrsg.), S. 60; Thürer, AVR 22 (1984), S. 117; Brilmayer, The Yale Journal of International law 16 (1991), S. 182; Murswiek, Der Staat 23 (1984), S. 541 ff.

[445] Klein, S. 46 f.; Weber, Uti possidetis, S. 89; vgl. Fünfter Grundsatz, Abs. 6 der *„Friendly Relations Declaration"*: „The territory of a colony or other Non-Self-governing Territory has, under the Charter, a status separate and distinct from the territory of the State administering it (...)" (Fundstelle in Fn. 211).

[446] Murswiek, Der Staat 23 (1984), S. 542; Maguire, Virginia Journal of International law 22 (1982), S. 862; Schneckener, S. 94.

[447] Siehe hierzu Teil 1, B. I.

bb. Sezessionsversuche außerhalb der Entkolonisierung

(1) Die Loslösung Bangladeschs von Pakistan

Eine Vergleichbarkeit weist die Loslösung Bangladeschs von Pakistan mit einer möglichen Sezession der Provinz Québec insofern auf, als es sich in beiden Fällen um die Erlangung von Unabhängigkeit durch ein Teilgebiet eines souveränen Staates handelt[448]. Im Rahmen der Entkolonisierung erfolgte im Jahre 1947 eine Aufteilung des Gebietes der Kolonie Britisch-Indien in Indien und (West- und Ost-) Pakistan[449]. Die in Ost-Pakistan lebende, sich sprachlich, kulturell und ethnisch von der Bevölkerung in West-Pakistan unterscheidende Bevölkerung[450] war in der Folgezeit politischen und gesellschaftlichen Diskriminierungen sowie Menschenrechtsverletzungen ausgesetzt, die insbesondere in der mangelnden politischen Repräsentation Ost-Pakistans im Gesamtstaat sowie in der wirtschaftlichen Benachteiligung durch die Zentralregierung zum Ausdruck kam[451]. Die Unabhängigkeitserklärung Ost-Pakistans am 10. April 1971 führte zu einer militärischen Intervention der west-pakistanischen Armee in Ost-Pakistan mit dem Ziel der Aufrechterhaltung der staatlichen Einheit. Die daraufhin einsetzenden Flüchtlingsströme von Ost-Pakistan nach Indien hatten am 3. Dezember 1971 das Eingreifen der indischen Armee in den Konflikt zur Unterstützung Ost-Pakistans zur Folge[452]. Am 17. Dezember 1971 kapitulierte schließlich die west-pakistanische Armee; der auf dem Territorium Ost-Pakistans entstandene neue Staat Bangladesch erklärte im Januar 1972[453] offiziell seine Unabhängigkeit.

Zum Selbstbestimmungsrecht der bengalischen Bevölkerung wurden von Seiten der Vereinten Nationen keine Stellungnahmen abgegeben; es erfolgte jedoch auch keine ausdrückliche Verurteilung der militärischen Intervention Indiens[454], die unter Berufung auf das Selbstbestimmungsrecht der Völker erfolgt war[455]. Bangladesch wurde als Mitglied der Vereinten Nationen am 17. September 1974

---

[448] Nanda, AJIL 66 (1972), S. 322 ff.

[449] Castellinho, Developments in International Law 38 (2000), S. 151; Brilmayer, The Yale Journal of International Law 16 (1991), S. 196 f.

[450] Meakes, in: Rowat (Hrsg.), S. 142 f., 148; Musgrave, S. 189.

[451] Meakes, in: Rowat (Hrsg.), S. 147 ff.; Brilmayer, The Yale Journal of International Law 16 (1991), S. 196 f.; Nanda, AJIL 66 (1972), S. 328 ff.; Pritchard, S. 345 f.; Musgrave, S. 189.

[452] Musgrave, S.190.

[453] *Bangladesh Proclamation of Independence* vom 10. April 1971 (abgedruckt in: ILM 11 (1972), S. 119): „(...) in due fulfilment of the legitimate right of self-determination of the people of Bangladesh".

[454] Vgl. Resolution 2793 (XXVI) der UN-Generalversammlung vom 7. Dezember 1971 und Resolution 307 des UN-Sicherheitsrates vom 21. Dezember 1971 (Volltext jeweils unter: http://www.un.org/documents/resga.htm (letzter Aufruf am 5. Dezember 2005)); Nanda, in: AJIL 66 (1972), S. 336.

[455] Leder, S. 80.

aufgenommen[456]; im Jahr 1974 erkannte neben weiteren Staaten auch Pakistan den Neustaat an[457]. Mit der Anerkennung des neuen Staates Bangladesch nach Erlangung der tatsächlichen Unabhängigkeit hat die Staatengemeinschaft zwar der Sache nach den Vorrang des Selbstbestimmungsrechts des bengalischen Volkes vor dem von West-Pakistan geltend gemachten Prinzip der territorialen Integrität anerkannt.

Aussagen zum grundsätzlichen Bestehen eines aus dem Selbstbestimmungsrecht ableitbaren allgemeinen Sezessionsrechts können jedoch angesichts der besonderen Umstände der Loslösung Bangladeschs nicht getroffen werden. Zum einen stellte die Loslösung Bangladeschs keine Sezession im völkerrechtlichen Sinne dar, die durch die Abtrennung eines Gebietsteiles von einem geographisch zusammenhängenden Staatsganzen gekennzeichnet ist. Denn das frühere Ost-Pakistan bildete zwar seit dem Jahre 1947 einen gemeinsamen Staat mit (West-) Pakistan, verfügte jedoch aufgrund der territorialen Trennung der beiden Staatsteile durch das zwischen ihnen liegende Gebiet Indiens und Nepals nicht über ein zusammenhängendes Territorium mit (West-) Pakistan[458]. Hieraus ergibt sich eher eine Vergleichbarkeit mit den Entkolonisierungssituationen und insbesondere mit dem diese kennzeichnenden „saltwater test". Gegen Schlussfolgerungen zur Frage eines völkerrechtlichen Sezessionsrecht spricht ferner, dass die Unabhängigkeit Bangladeschs nur durch das von der Staatengemeinschaft als „humanitäre Intervention" qualifizierte Eingreifen der indischen Truppen herbeigeführt werden konnte[459] und die Loslösung letztlich auf der Grundlage einer Vereinbarung zwischen Bangladesch und Pakistan und daher nicht gegen den Willen des Mutterstaates Pakistan vollzogen wurde[460]. Die Sezession Bangladeschs hat jedoch gezeigt, dass aus der Sicht des Völkerrechts in bestimmten Situationen ein Sezessionsrecht als Selbstverteidigungskonzept anerkannt wird. Angesichts der Menschenrechtsverletzungen in Ost-Pakistan stellte die Unabhängigkeit Bangladeschs den einzigen Weg für einen Schutz der Existenz des bengalischen Volkes dar[461].

---

[456] Resolution 3203 (XXIX) der UN-Generalversammlung vom 17. September 1974 (Volltext unter: www.un.org/documents/resga.htm (letzter Aufruf am 5. Dezember 2005)); Musgrave, S. 191.

[457] Castellinho, Developments in International Law 38 (2000), S. 167.

[458] Castellinho, Asian Yearbook of International Law 7 (1997), S. 102; Pritchard, S. 345; Weber, Uti possidetis, S. 139; Meakes, in: Rowat (Hrsg.), S. 142.

[459] Nanda, AJIL 66 (1972), S. 328, 334; Castellinho, Asian Yearbook of International Law 7 (1997), S. 89 ff., 171.

[460] Rauert, S. 183 f.

[461] Castellinho, Developments in International Law 38 (2000), S. 172.

(2) Die Unabhängigkeit Eritreas

Die Loslösung Eritreas von Äthiopien bildet ein weiteres Beispiel für eine erfolgreiche Sezession, wobei Parallelen zu einer möglichen Sezession Québecs im Hinblick auf die geographische Situation und die zunächst föderale Beziehung Eritreas zu Äthiopien gezogen werden können. Entsprechend einem Beschluss der UN-Generalversammlung wurde das nach dem Zweiten Weltkrieg unter britischer Verwaltung stehende Treuhandgebiet Eritrea im Jahre 1952 zunächst als autonome Provinz in den äthiopischen Staatsverband eingegliedert[462]. Im Jahre 1962 wurde die föderative Verfassung Äthiopiens sowie der autonome Status Eritreas aufgehoben; dies war die Ursache für einen fast 30 Jahre andauernden Kampf um die Unabhängigkeit Eritreas[463]. Nachdem sich Eritrea im Jahre 1987 einen durch die Vereinten Nationen unterstützten Autonomiestatus erkämpft hatte, erlangte Eritrea 1993 infolge eines positiven Votums der Bevölkerung mit 99,8 % der abgegebenen Stimmen in einem unter der Aufsicht der Vereinten Nationen durchgeführten Unabhängigkeitsreferendum[464] mit der Zustimmung Äthiopiens die volle Unabhängigkeit; im Mai 1993 wurde es als Mitglied der Vereinten Nationen aufgenommen[465].

Auch die Sezession Eritreas ist im Einvernehmen mit dem Mutterstaat Äthiopien zustandegekommen[466]. Dem Prozess der Erlangung der Unabhängigkeit Eritreas sind deshalb ebenfalls keine allgemeingültigen Aussagen zu einem aus dem Selbstbestimmungsrecht ableitbaren Recht auf Sezession zu entnehmen. In der von den Vereinten Nationen während des Konflikts erlassenen Resolution der Generalversammlung ist an keiner Stelle von einem Selbstbestimmungsrecht die Rede[467].

---

[462] Resolution 390 der UN-Generalversammlung vom 2. Dezember 1950 (Volltext unter: http://www.un.org/documents/resga.htm (letzter Aufruf am 5. Dezember 2005)): „Eritrea shall constitute an autonomous unit federated with Ethiopia under the sovereignty of the Ethiopian Crown“ (paragraph A 1); „The Eritrean Government shall possess legislative, executive and judicial powers in the field of domestic affairs“ (paragraph A 2), hierzu auch The United Nations and the Independence of Eritrea, S. 9 ff.; Peters, S. 226 f.; Shaw, Title to territory, S. 92 ff.; Dörr, Inkorporation, S. 369 ff.

[463] Goy, AFDI 39 (1993), S. 340 ff.; Cassese, Self-determination of Peoples, S. 220 ff.

[464] Zum Referendum in Eritrea vgl. The United Nations and the Independence of Eritrea, S. 19 ff.; Peters, S. 229 ff.; Goy, AFDI 39 (1993), S. 347 f.; Castellinho, Developments in International Law 38 (2000), S. 71.

[465] Resolution 828 (1993) des UN-Sicherheitsrates vom 26. Mai 1997 und Resolution 47/230 der UN-Generalversammlung vom 28. Mai 1993 (Volltext jeweils unter: www.un.org/documents/resga.htm, letzter Aufruf am 5. Dezember 2005)).

[466] Peters, S. 237; Goy, AFDI 39 (1993), S. 346 f.

[467] Die UN-Generalverammlung beauftragte mit der Resolution 47/114 vom 16. Dezember 1992 den UN-Generalsekretär mit der Einsetzung einer Beobachterdelegation zur Durchführung eines Unabhängigkeitsreferendums in Eritrea (abgedruckt in: Y.U.N. 1992, S. 190 f.).

(3) Katanga und Biafra als Beispiele gescheiterter Sezessionen

Beispiele für nicht dauerhaft verwirklichte Sezessionen außerhalb des Entkolonisierungskontextes sind Katanga und Biafra. Da es sich in beiden Fällen um Sezessionsversuche von Teilgebieten innerhalb der Grenzen der Föderationen Kongo (1971 bis 1997 Zaire) und Nigeria handelte, wäre zumindest in geographischer Hinsicht eine Gemeinsamkeit mit einer Sezession der Provinz Québec festzustellen[468].

Die Provinz Katanga[469] des am 30. Juni 1960 im Wege der Entkolonisierung unabhängig gewordenen Staates Kongo[470] hat seit diesem Zeitpunkt versucht, einen eigenen unabhängigen Staat zu gründen. Bereits am 11. Juli 1960 erklärte der Ministerpräsident von Katanga Moise Tschombé unter Berufung auf das Selbstbestimmungsrecht die Unabhängigkeit der Provinz Katanga[471].

Der UN-Sicherheitsrat hat weder ein Recht des Volkes von Katanga auf Selbstbestimmung noch die Legitimität der Sezession anerkannt, sondern stattdessen den Vorrang des Prinzips der territorialen Integrität betont und in seiner Resolution 169 vom 24. November 1961 die sezessionistischen Bestrebungen der Provinzverwaltung von Katanga scharf verurteilt[472]. Katanga wurde weder vom Internationalen Gerichtshof als Staat im Sinne der *UN-Charta* angesehen[473] noch von einem anderen Staat anerkannt[474]. Die UN-Truppen konnten die katangesische Regierung, die die tatsächliche Herrschaftsgewalt in Katanga mit der Unterstützung Belgiens ausgeübt hatte, schließlich im Januar 1963 stürzen[475].

---

[468] Zu Katanga: Berny, Revue Juridique et Politique 19 (1965), S. 563 ff.; Lemarchand, The American Political Science Review 56 (1962), S. 404 ff.; Buchheit, S. 141 ff., 162 ff.; Shaw, Title to territory, S. 202 ff.
Zu Biafra: Ijalaye, AJIL 65 (1971), S. 553; Buchheit, S. 162 ff.; Shaw, Title to territory, S. 208 ff.

[469] Zur geographischen Situation und ethnischen Zusammensetzung Katangas vgl. Berny, Revue Juridique et Politique 19 (1965), S. 563 ff.; zum Verlauf des Konflikts: Nolte/Fitschen, in: Wolfrum (Hrsg.), Hdbuch VN, Nr. 62, Rn. 15 ff.

[470] Berny, Revue Juridique et Politique 19 (1965), S. 570; Shaw, Title to territory, S. 202.

[471] Zwecker, S. 27; Berny, Revue Juridique et Politique 19 (1965), S. 572.

[472] SCOR 16th year, Res. and Dec., S. 3 (S/5002) (S. 4): „Reaffirming the policies and purposes of the United Nations with respect to the Congo (Leopoldville) as set out in the aforesaid resolutions, namely: (a) To maintain the territorial integrity and the political independence of the Republic of Congo, (b) To assist the central Government of the Congo in the restoration and maintenance of law and order, (...). Strongly deprecates the secessionist activities illegaly carried out by the provincial administration of Katanga with the aid of external resources and manned by foreign mercenaries (...)". Zur Intervention der Vereinten Nationen in den Konflikt vgl. Berny, Revue Juridique et Politique 19 (1965), S. 573; Nanda, Case Western Reserve Journal of International Law 13 (1981), S. 274; Shaw, Title to territory, S. 203.

[473] *Certain expenses of the United Nations (Advisory Opinion)*, ICJ Reports 1962, S. 151 (177).

[474] Shaw, Title to territory, S. 208.

[475] Am 21. Februar 1961 hatte der Sicherheitsrat durch die Resolution 161 (1961) (SCOR 16th year, Res. and Dec., S. 2 (S/4741)) die Beschränkung der Waffengewalt für die bereits in Ka-

Am 30. Mai 1967 erklärte sich das Ibo-Volk, das mehrheitlich die östliche Region Biafra in der Föderation Nigeria besiedelte, für unabhängig, nachdem es zu Massentötungen von Angehörigen des Ibo-Volkes durch die nigerianische Regierung gekommen war[476]. Die OAU forderte Biafra zur Aufgabe ihrer Souveränitätsbestrebungen auf und trat nachdrücklich für den Erhalt der Einheit Nigerias ein[477]. Nigeria versuchte auf militärischem Wege die Sezession Biafras rückgängig zu machen, ohne dass die Vereinten Nationen in den Konflikt eingriffen[478]. Im Zusammenhang mit dem Biafra-Konflikt sprach sich der damalige UN-Generalsekretär U Thant ausdrücklich gegen ein Sezessionsrecht aus: „(...) the United Nations' attitude is unequivocable. As an international organization, the United Nations has never accepted and does not accept and I do not believe it will ever accept the principle of secession of a part of its member state“[479]. Einen Niederschlag in Beschlüssen völkerrechtlicher Gremien oder in der Vertragspraxis hat diese Äußerung allerdings nicht gefunden. Soweit andere Staaten Biafra anerkannt haben[480], ist dies in erster Linie aus humanitären Gründen erfolgt, so dass die Anerkennung nicht als Rechtsüberzeugung zugunsten eines Sezessionsrechts interpretiert werden kann. Biafra kehrte schließlich am 12. Januar 1970 nach drei Jahren militärischer Auseinandersetzungen in den nigerianischen Staatsverband zurück[481].

Die Reaktionen der Staatengemeinschaft in den Fällen von Katanga und Biafra sprechen gegen ein aus dem Selbstbestimmungsrecht ableitbares Sezessionsrecht. Betont wurde jeweils, dass das Prinzip der territorialen Integrität durch die

---

tanga stationierten UNO-Truppen (ONUC) aufgehoben und die Truppen ermächtigt, den Bürgerkrieg in Katanga notfalls mit militärischen Mitteln zu beenden. Unterstützt durch die USA und die UdSSR konnten schließlich die katangesischen Truppen niedergeschlagen werden. Am 14. Januar 1963 gab der Präsident der Provinzregierung Katanga Moise Tschombé seine Bereitschaft bekannt, die Sezession zu beenden und den Versöhnungsplan des damaligen UN-Generalsekretärs U Thant zu akzeptieren. Die Entwaffnung der Truppen Katangas und der Sturz des Regimes Tschombé erfolgte schließlich im Januar 1963, hiernach kehrte die Provinz unter die Gewalt der Zentralregierung zurück. Berny, Revue juridique et politique 19 (1965), S. 576; allgemein zu den historischen Hintergründen und der Fortentwicklung des Konflikts vgl. Zwecker, S. 1 bis 40.

[476] *Proclamation of the Republic of Biafra* (abgedruckt in: ILM 6 (1967), S. 665 ff.); Simmler, S. 122 f.; Shaw, Title to territory, S. 208 ff.; Islam, Journal of Peace Research 22 (1985), S. 216; ausführlich zum Biafra-Konflikt: Heraclides, S. 80-106; Castellinho, Developments in International Law 38 (2000), S. 68 f.

[477] Vgl. EA 23 (1968), S. Z 214; EA 24 (1969), S. Z 205.

[478] Nanda, Case Western Reserve Journal of International Law 13 (1981), S. 273.

[479] Pressekonferenz in Dakar, Senegal, vom 4. Januar 1970 (abgedruckt in: UN Monthly Chronicle 1970, No. 2, S. 36).

[480] Nanda, Case Western Reserve Journal of International Law 13 (1981), S. 272; Ijalaye, AJIL 65 (1971), S. 553 ff.; Rabl, S. 448 in Anm. 1729: Tansania, Elfenbeinküste, Gabun, Haiti und Zambia.

[481] Ijalaye, AJIL 65 (1971), S. 551.

– faktisch vollzogenen, aber nicht dauerhaft verwirklichten – Abspaltungen verletzt worden sei.

cc. Zerfallsprozesse in Bundesstaaten Mittel- und Osteuropas

Die Anfang der neunziger Jahre erfolgten Auflösungen der föderal verfassten Staaten Tschechoslowakei, UdSSR und Jugoslawien könnten Anlass für eine Neubewertung eines aus dem äußeren Selbstbestimmungsrecht ableitbaren Sezessionsrechts durch die Staatenpraxis gegeben haben, vorausgesetzt, dass es sich bei den vollständigen Auflösungen der Bundesstaaten um eine Folge mehrerer nacheinander erfolgter Sezessionen der jeweiligen Teilrepubliken gehandelt hat.

(1) Die Teilung der Tschechoslowakei

Die Teilung der ehemaligen Tschechoslowakei in die selbständigen Nachfolgestaaten Tschechische Republik und Slowakische Republik vollzog sich im Einvernehmen der beiden Teilrepubliken Tschechien und Slowakei im Wege des vom tschechoslowakischen Parlament am 25. November 1992 verabschiedeten Verfassungsgesetzes über die Auflösung der Tschechischen und Slowakischen Föderativen Republik (CSFR). Das Verfassungsgesetz sah das Ende der Tschechoslowakei unter Zustimmung der Parlamente der beiden Teilrepubliken mit dem Ablauf des 31. Dezember 1992 vor[482]. Zwar hat sich die Slowakei in ihrer Unabhängigkeitserklärung vom 17. Juli 1992 ausdrücklich auf das völkerrechtliche Selbstbestimmungsrecht berufen[483]; allerdings hat die Staatengemeinschaft den Auflösungsprozess der Tschechoslowakei nicht als Ausdruck eines völkerrechtlichen Rechts auf Unabhängigkeit, sondern als innere Angelegenheit betrachtet. Die einvernehmliche Beendigung der Föderation und Teilung des bisherigen Staatsgebietes stellt völkerrechtlich keine Sezession, sondern eine Dismembration[484] dar.

(2) Die Auflösung der UdSSR

Der nach der Erlangung der Unabhängigkeit durch die baltischen Staaten einsetzende Auflösungsprozess der UdSSR kann ebenfalls keinen Beitrag zur Beant-

---

[482] Vgl. Art. 2 des Verfassungsgesetzes über den Untergang der Tschechischen und Slowakischen Föderativen Republik vom 25. November 1992 (dt. Übersetzung abgedruckt in: Osteuropa-Recht 40 (1994), S. 43 ff.).

[483] „Deklaration des Slowakischen Nationalrats über die Souveränität des Slowakischen Nationalrats“ vom 17. Juli 1992 (dt. Übersetzung abgedruckt in: Osteuropa-Recht 39 (1993), S. 166).

[484] Vgl. Malenovsky, AFDI 39 (1993), S. 315; Peters, S. 264.

wortung der Frage der Völkerrechtsmäßigkeit von Sezessionen eines Gliedstaates leisten. Der Untergang der UdSSR ist nicht im Wege einseitiger Sezessionen der Teilrepubliken, sondern auf konsentiertem Wege zustande gekommen[485].
Der Unabhängigkeitsprozess der baltischen Staaten im August 1991 besitzt insofern keine Aussagekraft über das Bestehen eines völkerrechtlichen Sezessionsrechts, als dieser von der völkerrechtlichen Lehre und Staatengemeinschaft wegen der völkerrechtswidrigen Annexion dieser Staaten durch die Sowjetunion im Jahre 1940[486] als „Wiederherstellung der Unabhängigkeit“[487] und nicht als Sezessionen im völkerrechtlichen Sinne qualifiziert wurde[488]. Auch wenn die Durchführung der Unabhängigkeitsreferenden in den baltischen Staaten für eine Legitimierung der Unabhängigkeitsbestrebungen auf der Grundlage des Selbstbestimmungsrechts spricht, haben sich die baltischen Staaten nicht ausdrücklich auf das völkerrechtliche Selbstbestimmungsrecht der Völker berufen, sondern in erster Linie ihren völkerrechtlichen Kontinuitätsanspruch geltend gemacht[489].
Der einsetzende Unabhängigkeitsprozess der übrigen elf sowjetischen Teilrepubliken (außer Georgien) auf der Grundlage von Unabhängigkeitsreferenden[490] erfolgte nicht im Wege einer in eine Dismembration mündende Kette von einseitigen Sezessionen, sondern nach einvernehmlicher Auflösung der UdSSR und vertraglicher Gründung der „Gemeinschaft Unabhängiger Staaten“ („Commonwealth of Independent States“) durch die *„Alma Ata Declaration“* vom 21. Dezember 1991[491]. Insoweit kann dieser Entwicklung keine Aussage über ein aus dem Selbstbestimmungsrecht ableitbares Sezessionsrecht entnommen werden. Soweit sich die Teilrepubliken bei Geltendmachung ihrer Unabhängigkeit auf das Selbstbestimmungsrecht berufen haben, ist darauf hinzuweisen, dass ihnen

---

[485] Vgl. Franck, in: Brölmann/Lefeber/Zieck (Hrsg.), S. 15.
[486] Vgl. hierzu Levits, in: Ehrhart (Hrsg.), S. 43 ff.; Meissner, in: Meissner/Zieger (Hrsg.), S. 73 ff.; Klein, Der Staat 32 (1993), S. 361.
[487] Wildhaber, in: FS Bernhardt, S. 926 f.; Murswiek, AVR 31 (1993), S. 320 f.; Schweisfurth, ZaöRV 52 (1992), S. 627.
[488] Gray, Yearbook of European Law 12 (1992), S. 467 ff.; Hillgruber, S. 739 Fn. 88.
[489] Brunner, GYIL 34 (1991), S. 368 ff.; Gray, Yearbook of European Law 12 (1992), S. 467 ff.; a.A. Turp, in: LeBouthillier/Mc Rae/Pharand (Hrsg.), S. 247 f. (Berufung der baltischen Staaten auf das (völkerrechtliche) Selbstbestimmungsrecht).
[490] Ausführlich zum Allunionsreferendum und den Referenden in den Teilrepubliken vgl. Peters, S. 170 ff.
[491] *„Alma Ata Declaration“* (abgedruckt in: ILM 31 (1992), S. 148 f.): „With the establishment of the Commonwealth of independent States, the Union of Soviet Socialist Republics ceases to exist”, weiter heißt es, dass die beteiligten Teilrepubliken im Bemühen um das unveräußerliche Recht auf Selbstbestimmung handeln: „Desirous of setting up lawfully constituted democratic Staates, the relations between which will be developed on the basis of mutual recognition of and respect for State sovereignty and sovereign equality, the inalienable right to self-determination (...)”. Zusammenfassend Bothe/Schmidt, RGDIP 96 (1992), S. 816 ff.; Schweisfurth, AVR 32 (1994), S. 99 ff.

jedenfalls formal nach Art. 72 der Verfassung der UdSSR ein Sezessionsrecht zustand[492].

(3) Der Zerfall der Sozialistischen Föderativen Republik Jugoslawien

Eingeleitet wurde der Zerfallsprozess der Sozialistischen Föderativen Republik Jugoslawien (SFRJ) mit den im Oktober 1991 vollzogenen Sezessionen der Teilrepubliken Slowenien und Kroatien. Sie waren Folge des militärischen Eingreifens der Bundesarmee zur Unterdrückung der Unabhängigkeitsbestrebungen in den Teilrepubliken und der gescheiterten Vermittlungsversuche durch die Europäische Gemeinschaft[493]. Slowenien und Kroatien haben ihren Unabhängigkeitsanspruch auf das Selbstbestimmungsrecht gestützt, sich jedoch nicht ausdrücklich auf das völkerrechtliche Selbstbestimmungsrecht berufen[494]. In der Verfassung der SFRJ war ebenfalls ein Selbstbestimmungsrecht enthalten, dessen Rechtscharakter allerdings umstritten war[495]. Mazedonien erklärte sich nach der Durchführung eines Referendums am 19. November 1991 für unabhängig[496]. Von den jugoslawischen Teilrepubliken hielten nur Serbien und Montenegro an der staatlichen Einheit fest und gründeten gemeinsam am 27. April 1992 die „Bundesrepublik Jugoslawien"[497].

Alle Teilrepubliken wurden schließlich von der Staatengemeinschaft, insbesondere von der Europäischen Gemeinschaft und den Vereinten Nationen, anerkannt, nachdem die meisten Staaten zunächst für die Bewahrung der territorialen Integrität der SFRJ eingetreten waren[498]. Allerdings lassen die Anerkennungserklärungen keinen Rückschluss auf ein völkerrechtliches Sezessionsrecht der Teilrepubliken zu. Die einer Sezession nachfolgende Anerkennung bringt nur zum Ausdruck, dass ein „Staat" im Sinne des Völkerrechts entstanden ist und erklärt die Bereitschaft der Staaten zur Aufnahme völkerrechtlicher Beziehungen mit dem anerkannten Neustaat. Sie enthält aber keine Aussage über die Rechtmäßigkeit der Staatenentstehung bzw. über ein Sezessions- oder Selbstbestimmungsrecht.

---

[492] Hierzu Beckmann-Petey, S. 128, Teil 4 Fn.

[493] Hillgruber, S. 630.

[494] Bagwell (Georgia Journal of International Law 21 (1981), S. 489 f.) geht von einer Sezession von Slowenien und Kroatien aus; ausführlich zur Unabhängigkeit Sloweniens und Kroatiens Hillgruber, S. 603 ff.; Iglar (Boston College International and Comparative Law Review 15 (1992), S. 213 ff.) setzt sich ausführlich mit einem aus dem Selbstbestimmungsrecht ableitbaren Sezessionsrecht der beiden Teilrepubliken auseinander.

[495] Bagwell, Georgia Journal of International Law 21 (1981), S. 489 f.; Beckmann-Petey, S. 128 ff.

[496] Hillgruber, S. 676.

[497] Simmler, S. 233; Hillgruber, S. 684; Hummer, SZIER 4 (1993), S. 431.

[498] Ausführlich hierzu Rich, EJIL 4 (1993), S. 36 ff.; Iglar, Boston College International and Comparative Law Review 15 (1992), S. 213.

Die Vereinten Nationen haben den Zerfallsprozess der SFRJ zunächst als internen Konflikt betrachtet; erst im September 1991 hat sich der Sicherheitsrat mit dem Konflikt, jedoch nicht mit der Völkerrechtsmäßigkeit der Unabhängigkeitserklärungen der einzelnen Teilrepubliken, befasst[499]. Die UN-Resolutionen nehmen nicht zum Bestehen eines völkerrechtlichen Sezessionsrechts der Teilrepubliken Stellung; der Auflösungsprozess wurde vielmehr als durch die Sezessionen von Slowenien und Kroatien ausgelöste Dismembration gewertet.

dd. Zwischenergebnis

Die Staatenpraxis hat den Kolonialvölkern ein Recht auf Loslösung von der Kolonialmacht als Bestandteil des Selbstbestimmungsrechts der Völker zuerkannt, ohne dass daraus jedoch ein allgemeines Recht auf Sezession abgeleitet werden kann. Dem Schluss auf ein allgemeines Sezessionsrecht steht die Besonderheit des Entkolonisierungsprozesses entgegen, die darin bestand, dass es sich bei den Kolonien um vom Mutterland getrennte, meist überseeische Gebiete handelte und die Herrschaft der Kolonialmächte als völkerrechtswidrig qualifiziert wurde. Auch die „Abspaltungen“ außerhalb des Enkolonisierungskontextes können nicht als Grundlage für ein allgemeines Sezessionsrecht dienen. Im Fall der Loslösung Bangladeschs von Pakistan war abgesehen davon, dass es sich um geographisch getrennte Gebiete handelte, für die Unabhängigkeit Bangladeschs das militärische Eingreifen Indiens und letztlich die Vereinbarung Bangladeschs mit Pakistan maßgebend. Auch Eritrea erlangte seine Unabhängigkeit im Jahr 1993 nach langen kriegerischen Auseinandersetzungen schließlich mit der Zustimmung Äthiopiens. Die gescheiterten Sezessionsversuche von Katanga und Biafra stießen auf Widerstand der Vereinten Nationen und der OAU. Die Zerfallsprozesse in den Bundesstaaten Ost- und Mitteleuropas stellten überwiegend vertraglich herbeigeführte Dismembrationen dar. Besonderheiten wies die Auflösung der SFRJ auf, die zwar als Dismembration, allerdings ausgelöst durch die Sezessionen Sloweniens und Kroatiens, beurteilt wurde.

c. Folgerungen aus der Staatenpraxis und dem völkerrechtlichen Schrifttum

Nach dem gegenwärtigen Stand des Völkerrechts kann ein allgemeines Sezessionsrecht für Gliedstaaten eines Bundesstaates nicht festgestellt werden. Eine völkerrechtliche Praxis, die den Anforderungen an die Herausbildung eines allgemeinen völkergewohnheitsrechtlichen Sezessionsrechts genügt, besteht nicht. Abgesehen von dem im Rahmen der Entkolonisierung anerkannten Recht auf Unabhängigkeit der Kolonialvölker als Sonderfall des Selbstbestimmungsrechts,

---

[499] Vgl. Resolution des Sicherheitsrates der Vereinten Nationen über ein Waffenembargo gegen Jugoslawien vom 25. September 1991 (dt. Fassung abgedruckt in: EA 46 (1991), S. D 550 ff.).

zeigen sich die Staatenpraxis und das völkerrechtliche Schrifttum gegenüber der völkergewohnheitsrechtlichen Anerkennung eines Sezessionsrechts für Teilgebiete unabhängiger Staaten ablehnend.
Nicht verallgemeinerungsfähige Umstände der Sezessionsprozesse Ost-Pakistans (Bangladeschs) und Eritreas stehen einer Schlussfolgerung für andere Sezessionssachverhalte entgegen: Dies ist insbesondere die durch die militärische Intervention Indiens und die geographische Trennung vom Mutterstaat gekennzeichnete Erlangung der Unabhängigkeit Ost-Pakistans sowie im Fall der Loslösung Eritreas die letztlich im Einvernehmen mit dem Mutterstaat Äthiopien vollzogene Sezession der Provinz. Die Sezessionen Bangladeschs und Eritreas waren jeweils durch Menschenrechtsverletzungen und Diskriminierungen des selbstbestimmungsberechtigten Volkes von Seiten des Mutterstaates gekennzeichnet, die zwar nicht ausschließlich maßgebend, aber für die Sezessionsprozesse charakteristisch waren. Durch die Aufnahme der entstandenen Neustaaten als Mitglieder der Vereinten Nationen kann allenfalls auf eine nachträgliche Anerkennung der Legitimität der erfolgten Sezessionen, nicht jedoch auf die Anerkennung eines Sezessionsrechts durch die Staatengemeinschaft geschlossen werden. Auch im Zusammenhang mit den nicht dauerhaft verwirklichten Sezessionen Katangas und Biafras wurde weder ein ausdrückliches Sezessionsverbot postuliert – trotz dahingehender Äußerungen des damaligen UN-Generalsekretärs – noch die vorübergehende faktische Unabhängigkeit der betreffenden Gebietsteile von der Staatengemeinschaft anerkannt.
Ebenfalls keine Aussagekraft über ein allgemein anerkanntes Sezessionsrecht für Teilgebiete eines unabhängigen Staates besitzen die Auflösungsprozesse in ehemaligen Bundesstaaten in Mittel- und Osteuropa. Die Auflösungen der Tschechoslowakei und der UdSSR sind jeweils auf konsentiertem Wege und nicht durch einseitige Sezessionen erfolgt, so dass das völkerrechtliche Selbstbestimmungsrecht hier nicht zum Tragen kam. In Bezug auf die Dismembration der SFRJ haben weder die EU noch die Vereinten Nationen explizit ein Selbstbestimmungs- oder Sezessionsrecht der Teilrepubliken anerkannt. Zwar haben einige Teilrepubliken der ehemaligen UdSSR und der SFRJ ihren Unabhängigkeitsanspruch auf das Selbstbestimmungsrecht gestützt; allerdings wurde in diesem Zusammenhang wohl auf das verfassungsrechtliche Selbstbestimmungsrecht Bezug genommen. Die Auflösungsprozesse in der SFRJ und der UdSSR wurden von der Staatenwelt vor allem als innerstaatliche Prozesse gewertet und fanden erst im Rahmen der nach Erlangung von Unabhängigkeit durch die Teilrepubliken erfolgten Anerkennung der Neustaaten durch die Staatenpraxis völkerrechtliche Beachtung. Diese bringt jedoch lediglich die Sicht der anerkennenden Staaten zum Ausdruck, dass die frühere Teilrepublik die Voraussetzungen eines Staates und Völkerrechtssubjekts erfüllt, besitzt jedoch keine Aussagekraft über die Existenz eines völkerrechtlichen Sezessionsrechts.

Die genannten naturgemäß wenigen Fälle einer Sezession außerhalb der Entkolonisierung lassen die Feststellung zu, dass die völkerrechtliche Praxis ein generelles Sezessionsverbot nicht bestätigt. Anderenfalls wäre in den Fällen der Unabhängigkeitserklärungen Bangladeschs und Eritreas sowie im Zusammenhang mit den Sezessionen der Teilrepubliken Slowenien und Kroatien eine eindeutige Stellungnahme der Vereinten Nationen oder der Mehrheit der Staatengemeinschaft zu erwarten gewesen. Die Staaten haben zwar den völkerrechtlichen Schutz der territorialen Integrität der mit Sezessionsbestrebungen konfrontierten Mutterstaaten betont, ohne jedoch zugleich – wie die spätere Anerkennungspraxis belegt – dem Prinzip der territorialen Integrität einen grundsätzlichen Vorrang vor dem Selbstbestimmungsrecht der Völker einzuräumen.
Die Würdigung der in der völkerrechtlichen Lehre vertretenen Auffassungen sowie die Reaktionen der Staatengemeinschaft auf die Auflösungsprozesse führen zu dem Schluss, dass die Existenz eines völkerrechtlichen Sezessionsrechts eine Betrachtung des Einzelfalls unter Berücksichtigung der von der völkerrechtlichen Lehre vertretenen und in der Staatenpraxis herausgebildeten Kriterien für eine Abwägung des Prinzips der territorialen Integrität mit dem kollidierenden Selbstbestimmungsrecht verlangt. Da ein allgemeines Sezessionsrecht in der Lehre weitgehend abgelehnt wird und in der Staatenpraxis keine Bestätigung findet, kommt ein Vorrang des Selbstbestimmungsrechts in Form eines Sezessionsrechts nur in Ausnahmefällen in Betracht. Auf solche Ausnahmefälle zielt die von Teilen der Literatur vertretene Auffassung, der zufolge die Territorialinteressen des Mutterstaates zurücktreten, wenn die Sezession – wie es die Beispiele in der Staatenpraxis (Eritrea, Bangladesch) zeigen – die ultima ratio für das Volk darstellt, um seine Existenz zu wahren. Dies ist der Fall, wenn einem Volk das Recht auf innere Selbstbestimmung versagt wird und es erheblichen Diskriminierungen und Menschenrechtsverletzungen durch den Mutterstaat ausgesetzt ist, die seine Existenz gefährden. Durch den danach erforderlichen Ausgleich zwischen den sich widersprechenden Prinzipien im Wege einer Konkordanzlösung wird angemessen berücksichtigt, dass es sich um zwei normativ gleichrangige Rechtsprinzipien handelt und der Vorrang eines der Prinzipien nur aus den besonderen Umständen des Einzelfalles folgen kann. Falls ein Volk bei einer nicht abwendbaren Verletzung des inneren Selbstbestimmungsrechts nicht auf das Sezessionsrecht zur Existenz- und Identitätswahrung zurückgreifen könnte, wäre das Selbstbestimmungsrecht „im Kern funktionslos“[500].

3. Abwägung zwischen dem Sezessionsinteresse der Provinz Québec und den territorialen Interessen Kanadas

Auf der Grundlage der in der völkerrechtlichen Lehre und Praxis entwickelten Voraussetzungen für ein aus dem Selbstbestimmungsrecht ableitbares Sezessi-

[500] Murswiek, AVR 31 (1993), S. 314.

onsrecht ist eine Abwägung zwischen dem Sezessionsinteresse der Frankophonen in Québec und den territorialen Interessen des kanadischen Staates vorzunehmen.
In der gegenwärtigen Situation der frankophonen Bevölkerung Québecs innerhalb des kanadischen Staatsverbandes ist eine Verletzung des inneren Selbstbestimmungsrechts als Voraussetzung für ein Sezessionsrecht der frankophonen Québecer nicht festzustellen.
Eine Verletzung der Grundrechte der frankophonen Provinzbevölkerung durch den Zentralstaat, die zugleich eine Verletzung des inneren Selbstbestimmungsrechts innerhalb Kanadas darstellen würde, liegt nicht vor; der Québecer Bevölkerung stehen sowohl die in der *Canadian Charter of Rights and Freedoms*[501] als auch die in der *Quebec Charter of Rights and Freedoms*[502] niedergelegten Grundrechte zu, die alle völkerrechtlichen Maßstäben entsprechen[503]. Bezug nehmend auf die Kriterien in der „*Friendly Relations Declaration*" ist festzustellen, dass die gesamte kanadische Bevölkerung unter Einschluss der frankophonen Québecer ohne Diskriminierung im kanadischen Staat repräsentiert und gleichberechtigt am politischen Willensbildungsprozess sowie an regelmäßig stattfindenden Wahlen auf Bundes- und Provinzebene beteiligt ist.
Der Einfluss der Québecer Bevölkerung auf Bundesebene über ihre gewählten Vertreter ist erheblich, was sich in der zahlenmäßigen Repräsentation in den Bundesorganen der Legislative, Exekutive und Judikative widerspiegelt[504]; dar-

---

[501] *Canada Act*, U.K., 1982, c. 11; R.S.C. 1985, Appendix II.
[502] L.R.Q., ch. C-12.
[503] Vgl. zum Beispiel die *Allgemeine Erklärung der Menschenrechte* in der von der Generalversammlung der Vereinten Nationen am 10. Dezember 1948 beschlossenen Fassung (*Universal Declaration of Human Rights* (Resolution 217 (II)) (Volltext unter: http://www.un.org/documents/resga.htm (letzter Aufruf am 5. Dezember 2005)) sowie die *UN-Menschenrechtspakte* vom 19. Dezember 1966 (BGBl. 1973 II S. 1534, 1570).
[504] **Art. 22 *Constitution Act von 1867***: In relation to the Constitution of the Senate Canada shall be deemed to consist of Four Divisions:- 1. Ontario; 2. Quebec; 3. The Maritime Provinces, Nova Scotia, and New Brunswick, and Prince Edward Island; 4. The Western Provinces of Manitoba, British Columbia, Sasketchewan, and Alberta; which Four Divisions shall (subject to the Provisions of this Act) be equally represented in the Senate as follows: Ontario by twenty-four senators; Quebec by twenty-four senators; the Maritime Provinces and Prince Edward Island by twenty-four senators, ten thereof representing Nova Scotia, ten thereof representing New Brunswick, and four thereof representing Prince Edward Island; the Western Provinces by twenty-four senators, six thereof representing Manitoba, six thereof representing British Columbia, six thereof representing Sasketchewan, and six thereof representing Alberta; Newfoundland shall be entitled to be represented in the Senate by six members, the Yukon Territory and the Northwest Territories shall be entitled to be represented in the Senate by one member each. In the case of Quebec each of the Twenty-four Senators representing that Province shall be appointed for One of the Twenty-four Electoral Divisions of Lower Canada specified in Schedule A. to Chapter One of the Consolidated Statutes of Canada. Vgl. auch **Art. 37 *Constitution Act von 1867***, der die Anzahl der gewählten Mitglieder aus den einzelnen Provinzen im House of Commons festlegt.

über hinaus hatte beispielsweise von November 1993 bis Dezember 2003 der frankophone Québecer Jean Chrétien das Amt des kanadischen Premierministers inne. Zudem verfügt Québec aufgrund des Art. 6 *Supreme Court Act*[505], demzufolge drei der neun Richter des Supreme Court of Canada aus der Provinz stammen müssen, über die größte Zahl an Repräsentanten einer Provinz am Obersten Gerichtshof Kanadas. Eine verfassungsrechtliche Verankerung des ausschließlich in Québec geltenden und zu den Besonderheiten des frankophonen Volkes zählenden, an den französischen *Code Civil* angelehnten Zivilrechtssystems findet sich in Art. 129 *Constitution Act von 1867*[506]. Die Anerkennung des besonderen Zivilrechts in Québec folgt des Weiteren mittelbar aus der Ausklammerung Québecs als einzige der vier Gründungsprovinzen der kanadischen Föderation von der in Art. 94 *Constitution Act von 1867*[507] vorgesehenen und sich heute auf alle kanadischen Provinzen außer Québec erstreckenden Uniformität der Zivilrechtssysteme[508].

Der Provinz Québec ist es aufgrund der ihr in der Verfassung zugewiesenen legislativen Kompetenzen möglich, ohne Einwirkung des Bundes politische Entscheidungen zu treffen und eine wirtschaftliche, soziale und kulturelle Entwicklung ihrer Bevölkerung zu verwirklichen sowie den Schutz der Identität und die Bewahrung der Eigenheiten der Provinzbevölkerung zu gewährleisten[509]. Darüber hinaus hat sich in der Verfassungspraxis eine Kompetenz der Provinz verfestigt, in den ihr verfassungsrechtlich zuerkannten Bereichen Abkommen mit Drittstaaten abzuschließen. Die Anerkennung der Legitimität der in den Jahren 1980 und 1995 in Québec durchgeführten Unabhängigkeitsreferenden durch den Bund ist ein weiterer Beleg dafür, dass der Québecer Bevölkerung die Wahrnehmung ihres (inneren) Selbstbestimmungsrechts innerhalb des kanadischen Staatsverbandes nicht versagt wird[510].

---

505 **Art. 6 *Supreme Court Act*** (R.S.C. 1985, c. S-26): At least three of the judges shall be appointed from among the judges of the Court of Appeal or of the Superior Court of the Province of Quebec or from among the advocates of that Province.

506 **Art. 129 *Constitution Act von 1867***: Except as otherwise provided by this Act, all Laws in force in Canada, Nova Scotia, or New Brunswick at the Union (...) shall continue in (...) Quebec (...), as if the Union had not been made (...).

507 **Art. 94 *Constitution Act von 1867***: Notwithstanding anything in this Act, the Parliament of Canada may make Provisions for the Uniformity of all or any of the Laws relative to Property and Civil Rights in Ontario, Nova Scotia, and New Brunswick, and of the Procedure of all or any of the Courts in Those Three Provinces, and from and after the passing of this Act in that Behalf the Power of the Parliament of Canada to make Laws in relation to any Matter comprised in any such Act shall, notwithstanding anything in this Act, be unrestricted, but any Act of Parliament of Canada making Provision for such Unifomity shall not have effect in any Province unless and until it is adopted and enacted as Law by the Legislature thereof.

508 Hogg, Meech Lake, S. 14; Taucar, S. 107.

509 Siehe Art. 92 *Constitution Act von 1867*.

510 Crepeau, The American Review of Canadian Studies 27 (1997), S. 34.

Im Zusammenhang mit der Durchführung von Referenden über einen unabhängigen Status der Provinz wird von Turp vorgebracht, dass der im Jahre 2000 als Folge der Entscheidung des Supreme Court in der *Reference re Secession of Québec* vom kanadischen Parlament verabschiedete *Clarity Act*[511] implizit den frankophonen Québecern das Recht auf politische Selbstbestimmung innerhalb des kanadischen Staatsverbandes versage[512]. Dem *Clarity Act* zufolge besitzt das Unterhaus auf Bundesebene die Kompetenz zur Kontrolle und Entscheidung über das Vorliegen der Voraussetzungen, die der *Clarity Act* an die Durchführung eines Unabhängigkeitsreferendums in einer Provinz und damit an die Aufnahme von Verhandlungen durch die Bundesregierung über die Bedingungen einer Sezession mit der betreffenden Provinz knüpft[513].
Zwar stellen die Regelungen des *Clarity Act* in ihrer – so die Sicht Québecs – restriktiven Fassung eine Einschränkung der Kompetenzen der Provinz Québec und eine möglicherweise verfassungswidrige Regelung wegen des Verstoßes gegen das Bundesstaatsprinzip dar[514]. Allerdings ist gegen eine Beeinträchtigung der Rechtsposition Québecs durch den *Clarity Act* einzuwenden, dass die Anforderung dieses Gesetzes an die Aufnahme von Verhandlungen über eine Sezession für alle kanadischen Provinzen unterschiedslos gelten; hieraus resultiert mithin keine unmittelbare Diskriminierung des frankophonen Volkes in Québec, das den in der völkerrechtlichen Praxis und Lehre herausgebildeten Anforderungen an die Verletzung des inneren Selbstbestimmungsrechts, die zu einer Sezession berechtigen würde, genügt.
Die sprachliche Benachteiligung des frankophonen Anteils der kanadischen Staatsbevölkerung, die sich faktisch aus dem vorwiegenden Gebrauch der englischen Sprache im öffentlichen Leben in den Provinzen außerhalb Québecs ergibt, stellt ebenfalls keine Vorenthaltung des inneren Selbstbestimmungsrechts dar. In Art. 133 *Constitution Act von 1867* ist trotz des zahlenmäßig geringen Anteils der französisch sprechenden Staatsbevölkerung im Verhältnis zur englisch sprechenden Bevölkerung die offizielle Zweisprachigkeit Kanadas festgelegt, der zufolge Französisch neben Englisch als Amtssprache an Bundesgerichten und den beiden Kammern des Parlaments auf Bundesebene anerkannt ist[515].

---

[511] Ch. 26, S.C. 2000 (Bill C-20); vgl. hierzu ausführlich Teil 4, B II. 2. b.
[512] Turp, Le droit de choisir, S. 697.
[513] Vgl. **Art. 2 *Clarity Act***: (4) The Government of Canada shall enter into negotiations on the terms on which a province might cease to be part of Canada unless the House of Commons determines, pursuant to this section, that there has been a clear expression of a will by a clear majority of the population of that province that the province cease to be part of Canada.
[514] Vgl. hierzu Teil 4, B II. 2. b.
[515] **Art. 133 *Constitution Act von 1867***: Either the English or the French Language may be used by any Person in the Debates of the Houses of the Parliament of Canada and of the Houses of the Legislature of Quebec; and both those Languages may be used in the respective Records and Journals of those Houses; and either of those Languages may be used by any Person or in any Pleading or Process in or issuing from any Court of Canada established under

Darüber hinaus steht allen Staatsangehörigen das Sprachengrundrecht des Art. 16 *CCRF* zu, das den uneingeschränkten Gebrauch von Englisch und Französisch als offizielle Sprachen Kanadas in den Bundesinstitutionen gewährleistet[516]. Aus verfassungsrechtlicher Sicht ist somit ein uneingeschränkter Gebrauch der französischen Sprache auf Bundes- und Provinzebene gewährleistet.
In der Literatur findet sich eine Ansicht, der zufolge eine Verletzung des inneren Selbstbestimmungsrechts darin zu sehen ist, dass der den *BNA-Act von 1867* modifizierende *Constitution Act von 1982* ohne die Zustimmung der Provinz Québec verabschiedet wurde[517]. Diese Ansicht geht von einem „historischen" Vetorecht der Provinz Québec im Hinblick auf Verfassungsänderungen aus. Ein solches „historisches" Vetorecht resultiere daraus, dass es sich bei dem *BNA-Act von 1867* um einen „Vertrag" über die Konstituierung der kanadischen Föderation handele, an dem die Provinz Québec als eines der Gründungsvölker beteiligt gewesen sei. Werde dieser Vertrag Änderungen unterworfen, sei daher zwingend die Zustimmung Québecs als ursprünglicher „Vertragspartner" erforderlich[518]. Dieser Meinung ist entgegenzuhalten, dass zum einen rechtlich nicht hinreichend gesichert ist, ob es sich bei dem *BNA-Act von 1867* um einen Vertrag oder um ein Parlamentsgesetz handelt. Zum anderen ist weder ein ausdrückliches Vetorecht der Provinz in der Verfassung verankert noch wurden mit dem *Constitution Act von 1982* grundlegende Änderungen der Kompetenzen und des Status der Provinz sowie des staatlichen Gefüges des kanadischen Staatsverbandes vorgenommen, die Auswirkungen auf die Legitimität der staatlichen Organe haben und damit ein etwa aus der Natur der Sache resultierendes Zustimmungserfordernis von Québec, das die Verfassung (nur) mit ihrem ursprünglichen Regelungsgehalt anerkannt hat, rechtfertigen würden. Hauptgegenstand der Verfassungsänderung im Jahre 1982 war die Inkorporierung einer Grundrechtscharta *(Canadian Charter of Rights and Freedoms)* sowie von Verfassungsänderungsverfahren. Der Umstand, auf den sich Québecs Ablehnung gegen den *Constitution Act von 1982* gestützt hat, nämlich dass eine verfassungsrechtliche Sonderstellung Québecs im Vergleich zu den übrigen kanadischen Provinzen im *Constitution Act von 1982* unberücksichtigt geblieben ist, stellt keine Diskriminierung oder Unterdrückung der frankophonen Bevölkerung Québecs dar. Ein Vetorecht der Provinz gegen Verfassungsänderungen, auch wenn sie Provinzinteressen

---

this Act; and in or from all or any of the Courts of Quebec. The Acts of the Parliament of Canada and of the Legislature of Quebec shall be printed and published in both those Languages. Vgl. auch die Sprachengrundrechte in Art. 16 bis 20 *CCRF*.

[516] **Art. 16 *CCRF***: (1) English and French are the official languages of Canada and have equal rights and privileges as to their use in all institutions of the Parliament and government of Canada. (3) Nothing in this Charter limits the authority of Parliament or a legislatiure to advance the equality of status or use of English and French.

[517] Turp, Le droit de choisir, S. 573 f. ; a.A. Charbonneau, RQDI 9 (1995-1996), S. 127 f.

[518] Vgl. zur „compact theory of Confederation" Teil 4, B III.

zum Gegenstand haben, wurde auch vom Supreme Court im Jahre 1982 ausdrücklich verneint[519].
Schließlich ergibt sich aus dem Scheitern der Verfassungsreformen in den Jahren 1987 *(Meech Lake-Accord)* und 1992 *(Charlottetown-Accord)*, mit denen der Provinz Québec jeweils ein verfassungsrechtlicher Status als „distinct society" zuerkannt werden sollte, ebenfalls keine Vorenthaltung des Selbstbestimmungsrechts der frankophonen Québecer[520]. Der „distinct society"-Status sollte keine zusätzlichen Rechte oder Kompetenzen der Provinz begründen, sondern als Richtlinie für die Verfassungsauslegung durch die Gerichte die Berücksichtigung der kulturellen Diversität und sprachlichen Dualität Kanadas gewährleisten.

4. Ergebnis

Die Beurteilung, ob das Selbstbestimmungsrecht ein Recht auf Sezession umfasst, setzt eine Abwägung mit dem kollidierenden Prinzip der territorialen Integrität voraus. Die Lösung des Konflikts kann nicht in einem generellen Vorrang eines der beiden Prinzipien, sondern in einer harmonisierenden Auslegung gesehen werden, die die beiden Prinzipien nach dem Maßstab des Verhältnismäßigkeitsgrundsatzes einander zuordnet. In Abwägung mit dem auf die Bewahrung der Stabilität der Staaten gerichteten Prinzip der Territorialität ist ein Sezessionsrecht gleichsam als „ultima ratio" anzuerkennen, wenn massive Diskriminierungen und systematische Menschenrechtsverletzungen durch den Mutterstaat, die sich einseitig gegen eine bestimmte Bevölkerungsgruppe im Staat richten, ein weiteres Verbleiben des „Volkes" im Staatsverband unzumutbar machen. Dieser Ausnahmefall ist mit der generellen Versagung eines inneren Selbstbestimmungsrechts gleichzusetzen. Ohne den Rückgriff auf ein Sezessionsrecht würde das Selbstbestimmungsrecht leerlaufen. Der Staatenpraxis lässt sich weder ein darüber hinausgehendes Sezessionsrecht noch ein generelles Sezessionsverbot entnehmen. Allenfalls finden sich Beispiele (Eritrea, Bangladesch) dafür, dass Territorialinteressen des Mutterstaates zurücktreten, wenn die Sezession die „ultima ratio" für das Volk darstellt, um seine Existenz zu wahren.
Die Maßstäbe für den Ausnahmefall eines Sezessionsrechts erfüllt die Situation der frankophonen Bevölkerung in Québec nicht. Unter den gegenwärtigen verfassungsrechtlichen Rahmenbedingungen kann sie ihr Selbstbestimmungsrecht effektiv innerhalb des kanadischen Staatsverbandes wahrnehmen, so dass weder die als „Volk" zu qualifizierende frankophone Bevölkerung in Québec noch eine diese repräsentierende Institution auf Provinzebene, wie die Nationalversamm-

---

[519] *Reference re Objection to a Resolution to Amend the Constitution* (1982) 2 S.C.R., S. 793 ff.
[520] Vgl. zu den Abkommen Teil 1, C. II. und III.; Woehrling, La constitution canadienne, S. 160 f.; a.A. Turp, Le droit de choisir, S. 573 f.

lung oder die Regierung von Québec, das Recht auf einseitige Sezession von Kanada besitzt[521].

G. Möglichkeit einer de facto-Sezession der Provinz Québec

Das Nichtbestehen eines völkerrechtlichen Sezessionsrechts der frankophonen Bevölkerung in der Provinz Québec schließt die Erlangung eines unabhängigen Status der Provinz auf faktischem Wege und deren völkerrechtliche Anerkennung nicht aus. Damit ist eine einseitige Unabhängigkeitserklärung der Provinz von (Rest-) Kanada und die Bildung eines eigenständigen Staates unter Wahrnehmung der Staatsgewalt auch in den Bereichen gemeint, die bisher dem Bund vorbehalten waren. Mit der Möglichkeit einer sogenannten de facto-Sezession setzt sich auch der Supreme Court of Canada in der *Reference Re Secession of Québec* auseinander, obwohl sich die dem Gericht vorgelegte Frage ausdrücklich nur auf die Existenz eines (Sezessions-) *Rechts* der Provinz Québec gerichtet hat[522]. Gegenstand der folgenden Untersuchung sind die völkerrechtlichen Voraussetzungen, die an eine Staatenentstehung im Wege einer de facto-Sezession zu stellen sind, wobei der Schwerpunkt auf der Bedeutung des völkerrechtlichen Effektivitätsprinzips sowie den Rechtswirkungen der Anerkennung des Neustaates durch die Staatengemeinschaft liegt.

I. Anforderungen an eine Staatenentstehung nach Maßgabe des Effektivitätsprinzips

1. Inhalt des Effektivitätsprinzips

Grundsätzlich ist zwischen dem Recht eines selbstbestimmungsberechtigten Volkes auf Sezession und den Voraussetzungen für die tatsächliche Existenz eines Staates im völkerrechtlichen Sinne zu unterscheiden[523]. Die rechtliche Existenz und Völkrechtssubjektivität eines Staates hängt von den einen Staat konstituierenden Merkmalen Staatsgebiet, Staatsvolk sowie einer effektiven und mit der Aussicht auf Dauerhaftigkeit etablierten Staatsgewalt ab[524]. Bei der Abspaltung eines Gliedstaates mit abgegrenztem Territorium und eigener Bevölkerung ist danach entscheidend, ob die neue Regierung in tatsächlicher Hinsicht die wirksame Kontrolle über das Territorium ausübt und die Prognose gerechtfertigt ist, dass es sich um einen dauerhaften Zustand handelt[525]. Das effektive Ausüben

---

[521] So auch der Supreme Court of Canada in der *Reference Re Secession of Quebec*, in: ILM 37 (1998), S. 1340 (1373), § 137.

[522] ILM 37 (1998), S. 1340 (1374 f.), §§ 140-146.

[523] Cassese, International law, S. 26 f.

[524] Drei-Elementen-Lehre von Jellinek, S. 390 ff.; Krieger, S. 120; Verdross/Simma, §§ 380 ff.

[525] Krieger, S. 118; Rauschning, in: FS Jaenicke, S. 381, 391: „unbestrittenes Kerngebiet" ausreichend, so auch Art. 1 der *Montevideo Convention on Rights and Duties of States* vom 26.

von Staatsgewalt setzt die Verfassungsautonomie innerhalb des beherrschten Gebietes sowie die äußere Souveränität in Form der Unabhängigkeit von anderen Staaten voraus[526].
Grundgedanke des Effektivitätsprinzips ist demzufolge, dass es für die Beurteilung der Staatsqualität des sezedierenden Teilgebietes auf das Vorliegen der genannten tatsächlichen Voraussetzungen ankommt, also eine bestimmte Rechtsfolge an einen tatsächlich eingetretenen Zustand geknüpft wird[527]. Dementsprechend ist in der völkerrechtlichen Literatur auch die Rede vom „fait accompli"[528] oder der „normativen Kraft des Faktischen"[529], wobei im Schrifttum umstritten ist, ob das Effektivitätsprinzip völkergewohnheitsrechtliche Geltung[530] erlangt hat oder als allgemeiner Rechtsgrundsatz des Völkerrechts[531] zu qualifizieren ist. Übereinstimmung besteht jedoch dahingehend, dass es sich beim Effektivitätsprinzip um ein der Völkerrechtsordnung zugrundeliegendes Prinzip handelt, das nicht nur auf politische Wirkungen beschränkt ist.

2. Auswirkungen eines fehlenden Sezessionsrechts

Da für die Eigenschaft als Staat tatsächliche Kriterien maßgeblich sind, wird durchweg vertreten, dass das Fehlen einer völkerrechtlichen Rechtsgrundlage für die vollzogene Sezession keine Auswirkungen auf die Existenz des Neustaates hat[532]. Dem ist zuzustimmen, sobald die sezedierende Einheit die Voraussetzungen eines Staates erfüllt, seine Hoheitsgewalt sich also gegen anderweitige Herrschaftsansprüche, insbesondere gegen die des Mutterstaates, mit der Aussicht auf Dauer tatsächlich durchgesetzt hat.
Dies schließt aber nicht aus, dass sich ein fehlendes Sezessionsrecht in einem zeitlich früheren Stadium auswirkt, nämlich bei den Anforderungen an die Entstehung des Neustaates. Unter welchen Voraussetzungen von einer wirksamen Ausübung der Staatsgewalt auszugehen und die Prognose der Dauerhaftigkeit gerechtfertigt ist, lässt sich dem Effektivitätsprinzip nicht unmittelbar entnehmen[533]. Dies hängt maßgeblich von den Umständen des Einzelfalles und insbesondere davon ab, unter welchen Bedingungen es zur Bildung eines neuen Staa-

---

Dezember 1933 (LNTS 165 (1933), S. 19 ff.): „The State as a person of international law should possess the following qualifications: a) a permanent population; b) a defined territory; c) government, and d) capacitiy to enter into relations with other States".
[526] Verdross/Simma, §§ 380 ff.
[527] Verdross/Simma, § 69; Doehring, Effectiveness, in: EPIL II, S. 43 ff.
[528] Bilfinger, ZaöRV 15 (1953/1954), S. 477; Krieger, S. 67 f.
[529] Dahm, S. 19; Jellinek, S. 339 f., 342.
[530] Ipsen, § 11 Rn. 16.
[531] Vgl. stellvertretend Dahm, S.42; Dahm/Delbrück/Wolfrum, Bd. I/1, S. 69; Krieger, S. 54, 476.
[532] Vgl. Supreme Court of Canada in der *Reference re Secession of Québec*, in: ILM 37 (1998), S. 1340 ff. (1375), § 416; Doehring, Effectiveness, in: EPIL II, S. 43 ff.
[533] Hilpold, AVR 31 (1993), S. 393; auch Dahm/Delbrück/Wolfrum, Band I/1, S. 201.

tes gekommen ist. Anders als z.B. bei einer Entlassung aus dem Mutterstaat (Separation) oder der Herausbildung neuer Staaten auf dem Gebiet des früheren Staates als Folge einer Dismembration wird bei einer einseitigen Loslösung vom Mutterstaat die Beurteilung, ob von einer effektiven Ausübung der Staatsgewalt durch die neue Regierung gesprochen werden kann, wesentlich von dem (Konkurrenz-) Verhältnis zum früheren Mutterstaat bestimmt; maßgeblich ist, ob die Regierung des Neustaates Entscheidungen auf dem von ihr beherrschten Territorium ohne Einwirkungen durch die frühere Zentralregierung dauerhaft durchzusetzen vermag[534].

Insofern ist von Bedeutung, ob und mit welchem Nachdruck der Mutterstaat weiterhin Anspruch auf das Territorium des sezedierenden Teilgebietes erhebt. Bei einer Abspaltung ohne ein Sezessionsrecht wird deshalb von einem Neustaat regelmäßig erst dann gesprochen werden können, wenn der sich gegen die Abspaltung wehrende Mutterstaat seinen Anspruch auf das Territorium aufgibt oder die tatsächlichen Umstände so eindeutig sind, dass der Mutterstaat die Hoheitsgewalt der neuen Regierung akzeptieren muss. In der Praxis läuft dies darauf hinaus, dass im Fall der Loslösung einer Gebietseinheit ohne Sezessionsrecht höhere Anforderungen an die Effektivität der neuen Staatsgewalt, nämlich hinsichtlich deren Wirksamkeit und der Prognose der Dauerhaftigkeit, zu stellen sind. Umgekehrt kann im Fall einer noch nicht effektiv vollzogenen Neustaatengründung das Selbstbestimmungsrecht bei der Beurteilung der völkerrechtlichen Legitimierung der Sezession zum Tragen kommen und das Maß der für die Staatsqualität des Neustaates erforderlichen Effektivität mindern oder – anders ausgedrückt – „in der Praxis Effektivitätsmängel überbrücken“[535]. Unter diesem Blickwinkel kann davon gesprochen werden, dass das Effektivitätsprinzip in „Interdependenz“ mit dem Selbstbestimmungsrecht steht[536]. Dies spricht auch gegen die von Teilen der Lehre vertretene Meinung, das Recht auf Sezession sei ein „juristisches Scheinproblem“[537].

Diese Maßstäbe gelten in gleicher Weise im Fall der Sezession eines Gliedstaates wie Québec, der bereits über ein abgrenzbares (Provinz-) Territorium, auf dem eine territorial definierte (Provinz-) Bevölkerung lebt, sowie über etablierte staatliche Organisationsstrukturen auf gliedstaatlicher Ebene und damit ein gewisses Maß an effektiver Staatsgewalt verfügt, die jedoch bisher nur eingeschränkt im Rahmen der verfassungsrechtlich zugewiesenen, eigenverantwortlich von der Provinz wahrzunehmenden Kompetenzen (vgl. u.a. Art. 92 *Constitution Act von 1867*) ausgeübt wird. Die Durchsetzungskraft der neuen Regierung wäre deshalb an der wirksamen Ausübung der bisher dem Bund vorbehal-

---

[534] Krieger, S. 118 f.; Rauschning, in: FS Jaenicke, S. 381 f.; Doehring, Effectiveness, in: EPIL II, S. 45.

[535] Zitat aus Verdross/Simma, § 385.

[536] Krieger, S. 104 ff., 126.

[537] Heidelmeyer, S. 251.

tenen Aufgaben und an der Statuserhöhung durch die Erreichung der äußeren Souveränität zu messen[538].

II. Die Anerkennung des Neustaates

1. Deklaratorische Wirkung der Anerkennung

Die völkerrechtliche Anerkennung stellt die einseitige Willenserklärung eines Völkerrechtssubjekts, insbesondere eines Drittstaates[539], dar, durch die im Falle der Sezession eines Gliedstaates verbindlich zum Ausdruck gebracht wird, dass der Neustaat vom anerkennenden Subjekt als souveräner Staat und damit als Völkerrechtssubjekt anerkannt wird[540]. Das anerkennende Völkerrechtssubjekt geht demzufolge von der Erfüllung der völkerrechtlichen Voraussetzungen für die Entstehung der „Staatlichkeit" des unabhängig gewordenen Gebiets aus[541]. Die Anerkennung bestätigt die Staatsgründung[542]. Die rechtliche Existenz und Völkerrechtssubjektivität des Staates hängt somit nicht von der Anerkennung durch andere Völkerrechtssubjekte oder durch den ehemaligen Mutterstaat ab[543]. Der Anerkennung kommt insofern nur eine deklaratorische Wirkung zu[544]. Dies ist eine Konsequenz aus dem Selbstbestimmungsrecht, das in seiner Legitimationswirkung entwertet würde, wenn erst die Anerkennung durch Drittstaaten und vor allem des Mutterstaates die rechtliche Existenz als Staat bzw. Völkerrechtssubjekt vermitteln würde. Damit würde die Anerkennungserklärung rückwirkend als Rechtsgrundlage für eine Sezession dienen, und ein aus dem Selbstbestimmungsrecht ableitbares Sezessionsrecht leerlaufen[545].

Eine konstitutive Wirkung der Anerkennung könnte im Verhältnis zum anerkennenden Staat allenfalls insofern angenommen werden, als der neue Staat einen Anspruch gegen den anerkennenden Staat hat, dass dieser die Eigenschaft des neuen Staates als Inhaber völkerrechtlicher Rechte und Pflichten nicht mehr in Frage stellt[546]. Auch einer vorzeitigen Anerkennung kann unter Umständen eine konstitutive Wirkung für die Staatsqualität des Neustaates beigemessen werden[547].

---

[538] Rauschning, in: FS Jaenicke, S. 391; dahingehend auch Oeter, in: Heintze (Hrsg.), Selbstbestimmungsrecht der Völker, S. 86.

[539] Berber, S. 233; Rauschning, in: FS Jaenicke, S. 379; Hillgruber, S. 411.

[540] Krieger, S. 86; Hillgruber, S. 411 f., 743; Klein, ZaöRV 39 (1979), S. 476.

[541] Krieger, S. 86 f.; Rauschning, in: FS Jaenicke, S. 378 f.

[542] Vgl. Supreme Court of Canada in der *Reference re Secession of Quebec*, in: ILM 37 (1998), S. 1340 ff. (1374), § 142 f.; Hilpold, AVR 31 (1993), S. 392.

[543] Berber, S. 233; Hilpold, AVR 31 (1992), S. 392.

[544] Ipsen, § 22 Rn. 27 ff.; Stein/von Buttlar, Rn. 323.

[545] Doehring, Self-Determination, in: Simma (Hrsg.), nach Art. 1, Rn. 46.

[546] Berber, S. 233 f.; Rauschning, in: FS Jaenicke, S. 380.

[547] Doehring, Völkerrecht, Rn. 156.

2. Vorzeitige Anerkennung und Sezessionsrecht

Das Bestehen eines Sezessionsrechts kann im Fall einer vorzeitigen Anerkennung von Bedeutung sein. Eine vorzeitige Anerkennung, die ausgesprochen wird, bevor sich die Staatsgewalt der neuen Regierung effektiv durchgesetzt hat, verstößt grundsätzlich gegen das Verbot, sich in die inneren Angelegenheiten eines anderen Staates einzumischen[548]. Abgeleitet wird dieses Verbot aus dem in Art. 2 Nr. 1 der *UN-Charta* niedergelegten Grundsatz der souveränen Gleichheit der Staaten, der zwar (nur) als Grundlage der Vereinten Nationen formuliert ist, aber auch das Verhalten der Mitgliedstaaten zueinander bestimmt[549].
Eine Ausnahme von der Völkerrechtswidrigkeit einer vorzeitigen Anerkennung wird in der Literatur angenommen, wenn die Abspaltung eine Grundlage in dem äußeren Selbstbestimmungsrecht als Sezessionsrecht findet, das den Souveränitätstitel der bisherigen Staatsgewalt überlagere[550]. Diese Auffassung hält am Kriterium der Effektivität als Grundsatz fest und weicht hiervon lediglich in einem sehr eng begrenzten Ausnahmefall, den das aus dem Selbstbestimmungsrecht abgeleitete Sezessionsrecht darstellt, ab. Für diese Ansicht spricht, dass eine vorzeitige Anerkennung, die bezweckt, die Staatsentstehung zu unterstützen oder zu konsolidieren, schwerlich als völkerrechtswidrig beurteilt werden kann, wenn der neue Staat gegründet worden ist, um – gleichsam als letztes Mittel – Menschenrechtsverletzungen durch den Mutterstaat zu verhindern. Unter dieser Voraussetzung kommt dem Selbstbestimmungsrecht der Vorrang vor einem Interventionsverbot und dem Prinzip der territorialen Integrität zu.
Hieraus folgt, dass eine vorzeitige Anerkennung zwar durch das Bestehen eines Sezessionsrechts gerechtfertigt werden kann. Fehlt aber wie bei der de facto-Sezession eine rechtliche Grundlage für eine Sezession, darf eine Anerkennung durch einen Drittstaat erst ausgesprochen werden, wenn sich die Hoheitsgewalt der neuen Regierung in dem sezedierten Territorium eindeutig durchgesetzt hat.

III. Ergebnis

Das Fehlen einer völkerrechtlichen Rechtsgrundlage für die vollzogene Sezession und Neustaatenbildung hat keine Auswirkungen auf die Existenz des Neustaates und dessen Eigenschaft als Völkerrechtssubjekt, sobald die sezedierende Einheit die Voraussetzungen eines Staates erfüllt, seine Hoheitsgewalt sich also gegen anderweitige Herrschaftsansprüche, insbesondere des Mutterstaates, mit

---

[548] Im Falle des Nichtbestehens eines Sezessionsrechts im Stadium einer noch nicht vollendeten effektiven Staatengründung stellt die Anerkennung des Neustaates eine „vorzeitige" Anerkennung und damit einen Verstoß gegen das Interventionsverbot dar, so Berber, S. 235; Ipsen § 22 Rn. 34 f.

[549] Bleckmann, in: Simma (Hrsg.), Art. 2 Nr. 1, Rn. 5.

[550] So Oeter, ZaöRV 52 (1992), S. 740, 768; a.A. Doehring, in: Simma (Hrsg.), S. 27 Rn. 46; differenzierend aber ders., Völkerrecht, Rn. 944.

der Aussicht auf Dauerhaftigkeit durchgesetzt hat. Allerdings wirkt sich ein fehlendes Sezessionsrecht bei den Anforderungen an die Entstehung eines Neustaates aus. Bei fortbestehendem Anspruch des Mutterstaates auf das sezedierende Territorium werden in der Praxis höhere Anforderungen an die Effektivität der Staatsgewalt zu stellen sein. Von einem Neustaat wird im Falle einer Abspaltung ohne ein Sezessionsrecht regelmäßig erst dann gesprochen werden können, wenn der Mutterstaat seinen Anspruch auf das Territorium endgültig aufgibt oder der Mutterstaat aufgrund der tatsächlichen Gegebenheiten die Hoheitsgewalt der neuen Regierung akzeptieren muss.
Ob ein Sezessionsrecht besteht, hat darüber hinaus rechtliche Bedeutung für die Frage, ob eine vorzeitige Anerkennung, die ausgesprochen wird, bevor sich die Hoheitsgewalt der neuen Regierung effektiv durchgesetzt hat, völkerrechtsgemäß ist. Grundsätzlich ist eine vorzeitige Anerkennung völkerrechtswidrig; sie verstößt gegen das Verbot, sich in die inneren Angelegenheiten des Mutterstaates einzumischen. Eine Ausnahme von der Völkerrechtswidrigkeit ist aber anzunehmen, wenn die Abspaltung eine Grundlage in dem äußeren Selbstbestimmungsrecht der Völker findet.

Teil 3: Rechtliche Folgeprobleme einer Sezession Québecs

Die Untersuchung der Rechtmäßigkeit eines Ausscheidens der Provinz Québec aus dem kanadischen Staatsverband muss auch die Fragen in den Blick nehmen, die sich im Anschluss an eine Sezession der Provinz Québec stellen würden. Denn es kann nicht ohne Rückwirkungen auf die rechtliche Beurteilung des Ausscheidens eines Gliedstaates aus einem Staatsverband bleiben, wenn eine Sezession nicht oder nur schwer lösbare Folgeprobleme aufwerfen würde, was namentlich für die Bestimmung der Grenzen eines unabhängigen Québecs gelten kann.

A. Der verfassungsrechtliche Schutz der Provinzgrenzen und das völkerrechtliche uti possidetis-Prinzips

Zur Bestimmung der Grenzen zwischen einem unabhängigen Québec und (Rest-) Kanada kann zum einen auf die verfassungsrechtliche Gewährleistung der kanadischen Provinzgrenzen abgestellt werden, wobei sich die Frage stellt, inwieweit diese im Rahmen einer Sezession der Provinz Québec zum Tragen kommt. Von Bedeutung kann ferner das völkerrechtliche uti possidetis-Prinzip sein, soweit dieses auf föderative Grenzen eines Bundesstaates Anwendung findet.

I. Unabhängigkeit der Provinz Québec in den Grenzen von 1867?

Nach der Gründung der kanadischen Föderation im Jahre 1867 unterlagen die innerstaatlichen Grenzen der Provinz Québec zwei Veränderungen. Über 50 % des Provinzterritoriums wurden erst in den Jahren 1898 und 1912 vom Bund an Québec abgetreten. Auf der Grundlage des *Act respecting the north-western, northern and north-eastern boundaries of the province of Québec* vom 13. Juni 1898[551] und des *Act respecting the extension of the boundaries of Québec by annexation of Ungava (Quebec Boundaries Extension Act)* vom 1. April 1912[552] übertrug der Bund die mehrheitlich von den autochthonen Völkern bewohnten nördlichen Territorien an die Provinz mit der Konsequenz, dass sich seither die verfassungsrechtlichen Kompetenzen der Provinz auch auf die abgetretenen Gebiete erstrecken[553].

Uneinigkeit besteht jedoch in der Frage, ob im Falle der Unabhängigkeit der Provinz Québec die in den Jahren 1898 und 1912 an Québec abgetretenen Gebiete im Norden Québecs im kanadischen Staatsverband verbleiben würden, d.h. ob die gegenwärtigen Provinzgrenzen zu internationalen Grenzen werden oder ob bei einer Unabhängigkeit die Grenzen von 1867, dem Zeitpunkt der Gründung der kanadischen Föderation, maßgeblich wären. An der Bewahrung des Provinz-

---

[551] S.C. 1898, c. 3.
[552] S.C. 1912, c. 45.
[553] Brun, Exposés et études, S. 482.

territoriums in seinem jetzigen Umfang hätte ein unabhängiges Québec insbesondere wirtschaftliche Interessen; beispielsweise stehen in einem der vom Bund abgetretenen Gebiete, der James Bay, die der Energieversorgung der Provinz dienenden Wasserkraftwerke.

Von Bedeutung ist dieser Aspekt auch im Hinblick auf die in den abgetretenen Territorien lebende autochthone Bevölkerung in Québec. Für den Fall eines Ausscheidens der Provinz Québec aus dem kanadischen Staatsverband macht die indigene Bevölkerung ein Recht auf Verbleib im kanadischen Staatsverband geltend, um nicht Québec in eine Sezession folgen zu müssen[554]. Von den in Québec ansässigen Autochthonen wird gegen eine Beibehaltung der Grenzen von 1912 geltend gemacht, dass im Falle der Unabhängigkeit Québecs gegen die im *Québec Boundaries Extension Act von 1912* festgelegten Bestimmungen verstoßen würde. In Art. 2 lit. c, der Bedingungen für die Abtretung statuiert, heißt es:

„That the Province of Quebec will recognize the rights of the Indian inhabitants in the territory above described to the same extent, and will obtain surrenders of such rights in the same manner as the Government of Canada has heretofore recognized such rights and has obtained surrender thereof, and the said province shall bear and satisfy all charges and expenditures in connection with or arising out of such surrenders"[555].

Aus der Sicht der Autochthonen und Teilen des Schrifttums ist als Bedingung für die Gültigkeit der Abtretung festgelegt worden, dass Québec die Rechte der „Aboriginal peoples" auf den an die Provinz übertragenen Gebieten zu respektieren habe; im Falle der Nicht-Respektierung der Verpflichtungen gegenüber den Autochthonen sei der Bund berechtigt, die Abtretung der Territorien wieder rückgängig zu machen[556].

Die im *Boundaries Extension Act von 1912* festgelegten „Bedingungen" für die Abtretung der Gebiete an Québec haben jedoch seit Inkrafttreten des *James Bay and Northern Québec Native Claims Settlement Act vom 14. Juli 1977*[557], der das u.a. zwischen der kanadischen Bundesregierung, der Québecer Regierung und dem Grand Council of the Crees of Québec geschlossene *James Bay and Northern Quebec Agreement (JBNQA) vom 11. November 1975*[558] und die darin vor-

---

554 Siehe hierzu Teil 2, D II. 3. a.

555 Dieser Artikel betrifft mangels Verankerung einer solchen Bestimmung im *Québec Boundaries Extension Act* von 1898 nur die im Jahre 1912 an Québec abgetretenen Territorien.

556 Scott, Exposés et études, S. 463; Brun, Exposés et études, S. 486; Girard, RJEUL 6 (1992), S. 25.

557 S.C. 1976-1977, c. 32: *An Act to approve, give effect to and declare valid certain agreements between the Grand Council of the Crees (of Québec), the Northern Québec Inuit Association, the Government of Quebec, la Société d'énergie de la Baie James, la Société de développement de la Baie James, la Commission hydro-électrique de Québec and the Government of Canada and certain other related Agreements to which the Government of Canada is party.*

558 *Agreement between The Government of Québec, the Société d'énergie de la Baie James, the Société de développement de la Baie James, the Commission hydroélectrique de Québec (Hydro-Québec) and the Grand Council of the Crees (of Québec), the Northern Québec Inuit*

gesehene Aufhebung der „Bedingungen“ der *Boundary Extension Acts von 1898* und *1912* gesetzlich umgesetzt hat, rechtlich keine Gültigkeit mehr[559]. Im *JBNQA* haben die in Québec lebenden autochthonen Nationen ihre traditionellen Ansprüche und Rechte („native title“) im Hinblick auf ihre Territorien abgetreten und im Gegenzug Kompensationzahlungen erhalten[560]. Etabliert wurde außerdem ein drei Kategorien umfassendes territoriales Regime mit weitgehenden Nutzungsrechten[561] sowie regionale und lokale administrative Strukturen für die Cree-Indianer und Inuit zur Selbstverwaltung[562]. Hierin ist die Erfüllung der von Québec im Jahre 1912 eingegangenen Verpflichtungen zu sehen[563].
Ein weiteres Argument, das gegen ein unabhängiges Québec in den Grenzen von 1912 angeführt wird, ist eine vermeintliche (unausgesprochene) Bedingung der Abtretung, dass die Gebiete im Jahre 1898 Québec in seiner Eigenschaft als Provinz des kanadischen Staatsverbandes zugesprochen worden seien; im Fall eines Ausscheidens von Québec aus der kanadischen Föderation würde die Zugehörigkeit dieser Gebiete zu der Provinz entfallen[564]. Gegen diese Auffassung ist jedoch einzuwenden, dass die Gesetze von 1898 und 1912 weder ausdrücklich eine derartige Regelung enthalten noch eine dahingehende Auslegung mit dem Wortlaut der Abkommen vereinbar ist[565]. Auch aus der in Art. 91 *Constitution Act von 1867*[566] festgelegten Kompetenz des Bundes für *„lands reserved for the Indians“*

Association and the Government of Canada (abgedruckt unter: http://www.ainc-inac.gc.ca/pr/agr/que/jbnq_e.html (letzter Aufruf am 5. Dezember 2005)). Am 31. Januar 1978 unterzeichneten die Naskapi von Québec mit den gleichen nicht-autochthonen Parteien das *Northeastern Quebec Agreement* (vgl. Morin, in: Levrat (Hrsg.), S. 652 ff.). Ausführlich zum *James Bay Agreement*: Grammond, McGill Law Journal 37 (1992), S. 761 ff.

[559] **Art. 2.5 *JBNQA***: „(…) Canada and Quebec acknowledge that the rights and benefits of the Indians and Inuit of the Territory shall be as set forth in the Agreement and agree to recommend that the federal and provincial legislation approving, giving effect and declaring valid the Agreement will provide for the repeal of Sub-Sections c), d) and e) of Section 2 of the federal Québec Boundaries Extension Act, 1912, and of the same Sub-Sections of Section 2 of the Schedule to the provincial Québec boundaries extension act, 1912”.

[560] Vgl. Art. 25 *JBNQA*; hierzu Carstens, S. 297.

[561] Vgl. Art. 5 und 24 *JBNQA*; hierzu Morin, in: Levrat (Hrsg.), S. 653 ff.

[562] Vgl. Art. 9, 10, 18, 19, 21.0.1. *JBNQA*; hierzu Morin, in: Levrat (Hrsg.), S. 661, S.655 ff.

[563] Morin, L'Action Nationale 86 (1996), S. 155.

[564] Brun, Exposés et études, S. 483 ff. mit weiteren Argumenten, die gegen die Annahme sprechen, dass die an Québec in den Jahren 1898 und 1912 erfolgte Abtretung von Gebieten unter der Bedingung erfolgten, dass Québec Mitglied der kanadischen Föderation bleibt; siehe auch Girard, RJEUL 6 (1992), S. 37 f.

[565] Woehrling, in: Morin/Woehrling (Hrsg.), S. 135.

[566] **Art. 91 *Constitution Act von 1867***: It shall be lawful for the Queen, by and with the Advice and Consent of the Senate and House of Commons, to make laws for the Peace, Order, and good Government of Canada, in relation to all Matters not coming within the Classes of Subjects by this Act assigned exclusively to the Legislatures of the Provinces; and for greater Certainty, but not so as to restrict the Generality of the foregoing Terms of this Section, it is hereby declared that (notwithstanding anything in this Act) the exclusive legislative Authority

kann nicht der Schluss gezogen werden, dass diese Teile dem territorialen Bestimmungsrecht des Bundes unterliegen und als nicht zum Territorium der Provinz gehörend zu betrachten sind[567]. Art. 91 *Constitution Act von 1867* betrifft lediglich die generelle Aufteilung der Kompetenzen zwischen dem Bund und den Provinzen, hat jedoch nicht die territoriale Gliederung der Provinz oder die Verfügbarkeit über das entsprechende Provinzterritorium zum Gegenstand. Nach der gegenwärtigen Rechtslage würde sich deshalb der verfassungsrechtliche Schutz sowie die Frage der Anwendbarkeit des völkerrechtlichen uti possidetis-Prinzips auf die aktuellen Grenzen der Provinz Québec unter Einschluss der in den Jahren 1898 und 1912 an Québec abgetretenen Gebiete beziehen.

II. Bedeutung des verfassungsrechtlichen Schutzes der Provinzgrenzen

Nach Erlangung der Unabhängigkeit würde Québec nicht mehr dem Geltungsbereich der kanadischen Verfassung unterliegen; folglich kommt auch ein verfassungsrechtlicher Schutz der Provinzgrenzen nicht (mehr) zum Tragen[568]. Er kann jedoch in zweifacher Hinsicht noch Bedeutung erlangen: Zum einen könnte die kanadische Regierung im Fall von Grenzstreitigkeiten mit dem neuen Staat Québec aufgrund dieser Verfassungslage nicht die früheren Provinzgrenzen Québecs in Frage stellen. Zum anderen folgt zwar aus der „Gleichgültigkeit" des Völkerrechts gegenüber der innerstaatlichen (Rechts-) Ordnung, dass die durch innerstaatliche Rechtsakte errichteten Grenzen als solche grundsätzlich nicht durch das Völkerrecht geschützt sind[569]. Allerdings würde insoweit, wie im Folgenden unter III. ausgeführt, das uti possidetis-Prinzips eingreifen, das im Falle einer Unabhängigkeit auf die bisherigen Provinzgrenzen von Québec Anwendung finden würde. Die Bedeutung des uti possidetis-Prinzips würde in dem Maße verstärkt, in dem die kanadische Verfassung die Unverletzlichkeit der internen Grenzen Kanadas schützt.

---

of the Parliament of Canada extends to all Matters coming within the Classes of Subjects next hereinafter enumerated; that is to say, (…)
24. Indians, and Lands reserved for the Indians. (…) And any Matter coming within any of the Classes of Subjects enumerated in this section shall not be deemed to come within the Class of Matters of a local or private Nature comprised in the Enumeration of the Classes of Subjects by this Act assigned exclusively to the legislatures of the Provinces.

567 Crepeau, The American Review of Canadian Studies 27 (1997), S. 43.

568 Girard, RJEUL 6 (1992), S. 38.

569 Vgl. Gutachten Nr. 1 der Badinter-Kommission (ILM 32 (1991), S. 1495): „(...) the form of internal political organisation and the constitutional provisions are mere facts"; *Case Concerning Military and Paramilitary Activities in and Against Nicaragua (Nicaragua v. United States of America)*, ICJ Reports 1986, S. 14 (133); *Western Sahara (Advisory Opinion)*, ICJ Reports 1975, S. 12 (43 f.).

Die territoriale Integrität Québecs als kanadische Provinz, einschließlich der in den Jahren 1898 und 1912 vom Bund übertragenen Gebiete im Norden der Provinz, wird durch die kanadische Verfassung geschützt[570]. Dies ergibt sich sowohl aus Art. 3 *Constitution Act von 1871*:

„The Parliament of Canada may from time to time, with the consent of the Legislature of any Province of the said Dominion, increase, diminish, or otherwise alter the limits of such Province, upon such terms and conditions as may be agreed upon to by the said Legislature, and may, with the like consent, make provision respecting the effect and operation of any such increase or diminution or alteration of territory in relation to any Province affected thereby"[571],

als auch aus Art. 43 *Constitution Act von 1982*:

„An Amendment to the Constitution of Canada in relation to any provision that applies to one or more, but not all provinces, including a) any alteration to boundaries between provinces (...) may be made by proclamation issued by the Governor General under the Great Seal of Canada only where so authorized by resolutions of the Senate and House of Commons and of the legislative assembly of each province to which the amendment applies".

Die beiden Vorschriften unterscheiden sich zum einen dadurch, dass für eine Änderung der durch Art. 3 *Constitution Act von 1871* geschützten Grenzen die Zustimmung aller Provinzen erforderlich ist. Nach Art. 43 *Constitution Act von 1982* erfordert eine Veränderung der Grenzen hingegen lediglich die Zustimmung der hiervon jeweils betroffenen Provinzen. Nach dem restriktiven Wortlaut des Art. 43 *Constitution Act von 1982*, der auf die *„Constitution of Canada"* Bezug nimmt und nur *„boundaries between provinces"* einbezieht, sind nur die Grenzen zwischen Provinzen erfasst, die durch ein Verfassungsdokument im Sinne von Art. 52 Abs. 2 *Constitution Act von 1982* errichtet wurden. Art. 3 *Constitution Act von 1871* hat dagegen ausdrücklich auch den Schutz der Grenzen zwischen den Provinzen und den drei Territorien sowie zwischen einer Provinz und den Vereinigten Staaten zum Gegenstand[572]. Da der inhaltlich weitergehende Art. 3 *Constitution Act von 1871* weder ausdrücklich noch implizit durch das Inkrafttreten von Art. 43 *Constitution Act von 1982* aufgehoben wurde, finden beide Normen nebeneinander und gleichrangig Anwendung[573]. Sowohl

---

[570] Makovka, RQDI 8 (1993/1994), S. 313; Leroux, Revue de Droit Université de Sherbrooke 25 (1994-1995), S. 262.

[571] *British North America Act vom 19. Juni 1871 (An Act respecting the establishment of Provinces in the Dominion of Canada)*, 34 & 35 Victoria, c. 28; vgl. Art. 60 *Constitution Act von 1982*: Umbenennung des *„British North America Act von 1871"* in *„Constitution Act von 1871"*.

[572] Zu den Grenzen Québecs vgl. Leroux, Revue de Droit Université de Sherbrooke 25 (1994-1995), S. 263 ff.

[573] Pelletier, La modification constitutionelle au Canada, S. 246 ff.; Leroux, Revue de Droit Université de Sherbrooke 25 (1994-1995), S. 262; Woehrling, Les aspects juridiques de la rédéfinition du statut politique et constitutionnel du Québec, Commission sur l'avenir politique et constitutionnel du Québec, document de travail n°2, Québec, 1991, S. 58 f; ders., in: Morin/Woehrling (Hrsg.), S. 106. Dies ergibt sich darüber hinaus aus dem Umstand, dass die

die Grenzen Québecs zu den anderen Provinzen als auch die Grenzen zwischen Québec und den Territorien und die Grenze zwischen Québec und den USA sind damit gegen innerstaatliche Änderungen verfassungsrechtlich geschützt. Hinsichtlich der erforderlichen Anzahl von Zustimmungen der Provinzen für eine Änderung des Territoriums einer Provinz ist demzufolge zumindest das Einverständnis der von der Gebietsveränderung betroffenen Provinz und der Nachbarprovinz zu verlangen[574]. Die Québecer Provinzgrenzen können damit nicht einseitig durch die kanadische Bundesregierung, sondern nur mit dem Einverständnis der Nationalversammlung von Québec verändert werden.

III. Anwendbarkeit des uti possidetis-Prinzips auf die Provinzgrenzen von Québec

Die Beibehaltung der Provinzgrenzen als internationale Grenzen eines unabhängigen Québecs könnte sich aus dem völkerrechtlichen uti possidetis-Prinzip ergeben, das die Festlegung der internationalen Grenzen einer unabhängig gewordenen Gebietseinheit zum Gegenstand hat[575].

Ausgehend von seiner ursprünglichen Funktion im römischen Recht als Besitzschutzgarantie[576] hat das uti possidetis-Prinzip insbesondere im Rahmen der Dekolonisierung in Lateinamerika Anfang des 19. Jahrhunderts völkerrechtliche Bedeutung erlangt, als die unabhängig gewordenen spanischen und portugiesischen Kolonien die von den Kolonialmächten gezogenen Verwaltungsgrenzen als internationale Grenzen der entstandenen Neustaaten übernommen haben. Hiermit wurde das Ziel verfolgt, Grenzkonflikte sowie den Verbleib von terra nullius-Territorien nach Abschluss des Unabhängigkeitsprozesses zu verhindern[577]. Bis Mitte des 20. Jahrhunderts wurde auch im Rahmen der afrikanischen und asiatischen Dekolonisierung bei der Festlegung der Grenzen der entstande-

---

in Teil V des *Constitution Act von 1982* kodifizierten Verfahren für Verfassungsänderungen, zu denen unter anderem Art. 43 *Constitution Act von 1982* gehört, nicht als abschließend, sondern als ergänzungsfähig durch andere im Annex zu Art. 52 Abs. 2 *Constitution Act von 1982* enthaltene Verfahren – darunter auch der *Constitution Act von 1871* – zu qualifizieren sind.

[574] Dorion, Exposés et études, S. 359; Woehrling, RQDI 7 (1991-1992), S. 28.

[575] Keine eigenständige Bedeutung kommt dem uti possidetis-Prinzip in Bezug auf die bereits internationale Grenze zwischen der Provinz Québec und den Vereinigten Staaten zu; vgl. Simmler, S. 275 f.

[576] Hierzu Castellinho/Allan, GYIL 43 (2000), S. 206 ff.; Simmler, S. 34; Ratner, AJIL 90 (1996), S. 592 f.

[577] Shaw, EJIL 8 (1997), S. 492 f.; Torres Bernárdez, in: FS Zemanek, S. 421 ff.; Simmler, S. 46 ff.; Ratner, AJIL 90 (1996), S. 593 f.; *Case Concerning the Land, Island and Maritime Frontier Dispute (El Salvador/Honduras: Nicaragua intervening)*, ICJ Reports 1992, S. 351 (387): „(...) the principle of uti possidetis juris is concerned as much with title to territory as with the location of boundaries; certainly a key aspect of the principle is the denial of the possibility of terra nullius"; *Frontier Dispute (Burkina Faso/Republic of Mali)*, ICJ Reports 1986, S. 554 (565).

nen Neustaaten an den ehemaligen Grenzen des Kolonialreiches festgehalten[578]. Zumindest im Rahmen der afrikanischen Dekolonisierung, in der das uti possidetis-Prinzip nicht nur auf die administrativen Grenzen zwischen Verwaltungseinheiten eines einzigen Kolonialreiches, sondern auch auf die Grenzen zwischen verschiedenen Kolonialmächten Anwendung fand, erlangte das uti possidetis-Prinzip eine partikuläre völkergewohnheitsrechtliche Geltung[579]. Niederschlag gefunden hat das Prinzip aber bisher – allerdings auch nur mittelbar – allein in der *Charter of the Organization of African Unity* aus dem Jahre 1963[580].

Nach dem gegenwärtigen Stand des Völkerrechts kann – abgesehen von den dargelegten Besonderheiten der Dekolonisierung in Afrika – nicht von einer gewohnheitsrechtlichen Geltung des uti possidetis-Prinzips für die innerstaatlichen Grenzen eines Gliedstaates im Falle einer Sezession des Gliedstaates gegen den Willen des Mutterstaates ausgegangen werden. Die Herausbildung einer völkergewohnheitsrechtlichen Norm setzt, wie in Art. 38 Abs. 1 lit. b *Statut des Internationalen Gerichtshofes*[581] niedergelegt, eine weitgehend einheitliche und über einen längeren Zeitraum gefestigte völkerrechtliche Praxis voraus, die von den sie begründenden völkerrechtlichen Akteuren als rechtsverbindlich für ihr Handeln im völkerrechtlichen Verkehr anerkannt wird[582]. Ungeachtet dessen, dass die Staatenpraxis die Tendenz zu einer Anwendung des uti possidetis-Prinzips auch auf früher innerstaatliche Grenzen erkennen lässt, ist zweifelhaft, ob die völkerrechtliche Praxis nach dem gegenwärtigen Stand den Anforderungen an die Herausbildung von Gewohnheitsrecht genügt.

Im Zusammenhang mit der Auflösung der Sozialistischen Föderativen Republik Jugoslawien (SFRJ) wurde der Begriff „uti possidetis" ausdrücklich nur von der Badinter-Kommission verwendet, die in ihrem Gutachten Nr. 3 vom 11. Januar 1992[583] eine Anwendbarkeit des uti possidetis-Prinzips auf die früheren Grenzen

---

[578] Ratner, AJIL 90 (1996), S. 595 f.; Simmler, S. 79 ff., 136 ff.; *Frontier Dispute (Burkina Faso/Republic of Mali)*, ICJ Reports 1986, S. 554 (565).

[579] Vgl. *Tribunal arbitral pour la détermination de la frontière maritime (Guinée Bissau/Sénégal)* vom 31. Juli 1989 (in: RGDIP 94 (1990), S. 251): „En Afrique (...) l'uti possidetis a un sens plus large car il concerne aussi les limites entre des pays nés d'un même empire colonial que celles qui à l'époque coloniale avaient déjà un caractère international du fait qu'elles séparaient des colonies appartenant à des empires coloniaux différents"; Torres Bernárdez, in: FS Zemanek, S. 420 f.; Simmler, S. 182; Simmler, VRÜ 32 (1999), S. 216 f.

[580] Art. 3 Abs. 3 *Charter of the Organization of African Unity* (http://www.africa-union.org/Official_documents/Treaties_%20Conventions_%20Protocols/ OAU_Charter_1963. pdf (letzter Aufruf am 5. Dezember 2005)) vom 25. Mai 1963: „The Member States, (...), solemnly affirm and declare their adherence to the following principles: (...) 3. respect for the sovereignty and territorial integrity of each State and for its inalienable right to independent existence"; ausführlich zum Standpunkt der OAU Naldi, S. 11 ff.

[581] BGBl. 1973 II S. 505, im Folgenden *„IGH-Statut"*.

[582] Vitzthum, in: Vitzthum (Hrsg.), Rn. 131; Dahm/Delbrück/Wolfrum, S. 69 ff.

[583] *Conference on Yugoslavia Arbitration Commission: Opinions on Questions arising from the Dissolution of Yugoslavia*, in: ILM 31 (1992), S. 1488 ff. Gutachten Nr. 3 (ILM 31 (1992), S. 1500): „The boundaries between Croatia and Serbia, between Bosnia-Hercegovina and Ser-

zwischen den ehemaligen jugoslawischen Teilrepubliken Kroatien und Serbien sowie Serbien und Bosnien-Herzegowina bejaht hat. Sie hat darüber hinaus eine Anwendbarkeit des Prinzips auf alle jugoslawischen Teilrepubliken befürwortet[584]. Die Badinter-Kommission ist demgemäß davon ausgegangen, dass das uti possidetis-Prinzip auch auf Unabhängigkeit erlangende Gebietseinheiten, die ehemals Teilgebiet einer Föderation gewesen sind, anwendbar ist. Zwar handelt es sich bei der durch die Mitgliedstaaten der EG eingesetzten Badinter-Kommission lediglich um eine Schiedskommission, die kein verbindliches Recht setzen kann[585]. Ihre Stellungnahmen können jedoch dann als Nachweis für eine völkerrechtliche Praxis und Rechtsüberzeugung dienen, wenn die Staatengemeinschaft ihr Handeln hiernach ausrichtet und eine entsprechende opinio iuris erkennen lässt[586]. Sowohl die entstandenen Neustaaten als auch die Mitgliedstaaten der EG haben die unabhängig gewordenen Teilrepubliken in ihren ehemaligen administrativen Grenzen anerkannt[587]; ebenso die Vereinten Nationen, was sich in der Aufnahme der entstandenen Neustaaten als Mitglieder manifestiert hat. Allerdings ist der Fall der SFRJ durch die Besonderheit gekennzeichnet, dass mangels eines möglichen Rückgriffs auf gemeinsame ethnische Merkmale der in den Teilrepubliken lebenden Bevölkerung an das Territorium der Teilrepubliken angeknüpft und das uti possidetis-Prinzip zum Schutz der territorialen Integrität und Stabilität der ethnisch inhomogenen Teilrepubliken angewendet wurde[588].

---

bia, and possibly between other adjacent independent States may not be altered except by agreement freely arrived at. Except where otherwise agreed, the former boundaries become frontiers protected by international law. This conclusion follows from the territorial status quo and, in particular, from the principle of uti possidetis. Uti possidetis, though initially applied in settling decolonization issues in America and Africa, is today recognized as a general principle. (...) The principle applies all the more readily to the republics since the second and fourth paragraphs of Article 5 of the Constitution of the SFRY stipulated that the Republics' territories and boundaries could not altered without their consent"; vgl. auch Gutachten Nr. 2 (ILM 31 (1992), S. 1498): „(...) it is well established that, whatever the circumstances, the right to self-determination must not involve changes to existing frontiers at the time of independence (uti possidetis iuris) except where the States concerned agree otherwise".

584 Pellet, EJIL 3 (1992), S. 181.

585 Pellet, EJIL 3 (1992), S. 191; Türk, EJIL 4 (1993), S. 70.

586 Schweisfurth, BDGV 35 (1996), S. 218 f.; Craven, BYIL 66 (1995), S. 334 f.

587 *EG Declaration on Yugoslavia* (vom 27. August 1991 und 7. September 1991), (abgedruckt in: EA 46 (1991/2), S. D 543 ff.): „(...) never to recognise changes of any borders which has not been brought about by peaceful means and by agreement"; *EPZ-Erklärung* (abgedruckt in: EA 46 (1991/2), S. D 540 (542)); *Declaration on the Guidelines on the recognition of new States in Eastern Europe and in the Soviet Union* vom 16. Dezember 1991 (ILM 31 (1992), S. 1485 ff. (1487)): „respect of the inviolability of territorial limits which can only be changed by peaceful means any by agreement"; *Bosnia and Herzegovina-Croatia-Yugoslavia: General Framework Agreement for Peace in Bosnia and Herzegovina with Annexes* vom 14. Dezember 1995 (ILM 35 (1996), S. 75 (90)), Article X: „The Federal Republic of Yugoslavia and the Republic of Bosnia and Herzegovina recognize each other as sovereign independent States within their international borders. (...)".

588 Craven, BYIL 66 (1995), S. 389 f.

Dies spricht gegen eine generelle Übertragbarkeit auch auf andere Sezessionstatbestände.
Im Rahmen des Auflösungsprozesses der UdSSR wurde sowohl in Art. 3 des *Abkommens von Minsk* vom 8. Dezember 1991 als auch in Art. 5 der von den elf Teilrepubliken außer Georgien unterzeichneten *„Alma Ata Declaration"* vom 21. Dezember 1991, mit der der Untergang der UdSSR und die Gründung der Gemeinschaft Unabhängiger Staaten (GUS) vollzogen wurde, die gegenseitige Verpflichtung zur Anerkennung und Unverletzlichkeit der Grenzen der unabhängig gewordenen Teilrepubliken verankert[589]. In diesen Vertragsdokumenten wurde der Ausdruck „uti possidetis" zwar nicht ausdrücklich genannt, der Sache nach sollten jedoch die früheren internen Verwaltungsgrenzen der sowjetischen Teilrepubliken als internationale Grenzen beibehalten werden. Auch die Teilung der Tschechoslowakei vollzog sich entlang der Grenzen zwischen den ethnisch weitgehend homogenen Teilrepubliken[590], über deren Verlauf sich die ehemaligen Teilrepubliken vertraglich einigten[591]. Der Auflösungsprozess der UdSSR sowie die Teilung der Tschechoslowakei haben aufgrund der jeweils zustandegekommenen Einigung über das Festhalten an den Grenzen der ehemaligen Teilrepubliken als internationale Grenzen allerdings keine Aussagekraft über eine gewohnheitsrechtliche Geltung des uti possidetis-Prinzips für einseitige Sezessionen eine Gliedstaates gegen den Willen des Mutterstaates.
Auch der Internationale Gerichtshof hat sich in einigen Entscheidungen mit dem uti possidetis-Prinzip befasst. Im *Frontier Dispute (Burkina Faso/Republic of Mali)* hat der IGH vom „general principle, which is logically connected with the phenomenon of the obtaining of independence, wherever it occurs" gesprochen[592]. Im *Land, Island and Maritime Frontier Dispute* hat der IGH den

[589] *Declaration by the Heads of States of the Republic of Belarus, The RSFSR and Ukraine* vom 8. Dezember 1991 (ILM 31 (1992), S. 142 ff. (144)), Article 5 der *Declaration* lautet: „The High Contracting Parties acknowledge and respect each other's territorial integrity and the inviolability of existing borders within the Commonwealth (…)"; *„Alma Ata Declaration"* vom 21. Dezember 1991 (ILM 31 (1992), S. 148): „Recognizing and respecting each other's territorial integrity and the inviolability of existing borders" *Charter of the Commonwealth of Independent States* vom 22. Juni 1993 (ILM 34 (1995), S. 1279 ff. (1283)), Article 3 der *Charter* lautet: „(...) the member states shall build their relations in accordance with the following correlated and equivalent principles: (...) inviolability of states frontiers, recognition of existing frontiers and renouncement of illegal acquisition of territories, territorial integrity of states and refrain from any acts aimed at separation of foreign territory (…)".
[590] Die Teilung der Tschechoslowakei erfolgte auf der Grundlage des Verfassungsgesetzes vom 15. November 1992 über den Untergang der Tschechischen und Slowakischen Föderativen Republik (dt. Übersetzung in Osteuropa-Recht 40 (1994), S. 43 ff.); Junkers, S. 84.
[591] Vertrag über die allgemeine Abgrenzung der gemeinsamen Staatsgrenzen zwischen der Tschechischen Republik und der Slowakischen Republik vom 29. Oktober 1992, hierzu Malenovsky, AFDI 39 (1993), S. 328; Hertig, S. 424 ff.
[592] *Frontier Dispute (Burkina Faso/Republic of Mali)*, ICJ Reports 1986, S. 554 (565), § 20: „uti possidetis iuris (…) is a firmly established principle of international law where decolonization is concerned. (…) the principle is not a special rule which pertains solely to one specific

völkerrechtlichen Charakter des uti possidetis-Prinzips bestätigt, indem er es als „essentially a retrospective principle, investing as international boundaries administrative limits intended originally for quite other purposes" bezeichnete[593]. Allerdings betreffen diese Feststellungen jeweils nur die Dekolonisierung und besitzen keine Aussagekraft für die gewohnheitsrechtliche Geltung im Zusammenhang mit der Sezession eines Gliedstaates.
In der völkerrechtlichen Lehre wird die Anwendbarkeit des uti possidetis-Prinzips auf Sezessionen von Teilgebieten eines unabhängigen Staaten kontrovers diskutiert[594]. Zwar wird von Teilen der Literatur unter Berufung auf die Gutachten Nr. 1 und Nr. 3 der Badinter-Kommission, in denen auf das uti possidetis-Prinzips im Zusammenhang mit der Auflösung („dissolution") der SFRJ Bezug genommen wird[595], die Übertragbarkeit der Praxis in Dismembrationsfällen auf Sezessionen abgelehnt. Dies wird damit begründet, dass die Anwendung des uti possidetis-Prinzips auf Sezessionen von Gliedstaaten die territoriale In-

---

system of international law. It is a general principle, which is logically connected with the phenomenon of the obtaining of independence, wherever it occurs. Its obvious purpose is to prevent the independence and stability of new States being endangered by fractricidal struggles provided by the challenging of frontiers following the withdrawal of the administering power". (S. 566, § 23): „The essence of this principle lies in its primary aim of securing respect for the territorial boundaries at the moment when independence is achieved. Such territorial boundaries might be no more than delimitations between different administrative divisions or colonies all subject to the same sovereign. In that case, the application of the principle of uti possidetis resulted in administrative boundaries being transformed into international frontiers in the full sense of term. (...) Uti possidetis (...) is therefore a principle of a general kind which is logically connected with this form of decolonization wherever it occurs". (S. 567, § 26): „Thus the principle of uti possidetis has kept its place among the most important legal principles, despite the apparent contradiction which explained its coexistence alongside the new norms".

593 *Land, Island and Maritime Frontier Dispute (El Salvador/Honduras: Nicaragua intervening)*, ICJ Reports 1992, S. 351 (388), § 43.

594 Vgl. stellvertretend für die Ansicht, die eine Anwendbarkeit des uti possidetis-Prinzips als völkerrechtliche Norm im Zusammenhang mit dem Zerfall von Bundesstaaten ablehnt: Sanders, UBC Law Review 29 (1995), S. 156; Torres Bernàrdez, in: FS Zemanek, S. 435: „(...) the uti possidetis principle could only be applied to the Yugoslavia crisis through a „contracting-in-consent" of the parties concerned, but not by the mere operation of the principle qua norm of international law. The uti possidetis iuris qua norm of international law is not directly applicable to the territorial problems arising in relations between new States which were formerly constituent territorial units of a given sovereign state". Barberis (RdC 233 (1992), S. 158 ff.) und Jennings (Acquisition, S. 63) verneinen grundsätzlich den Rechtscharakter des uti possidetis-Prinzips.

595 Vgl. Gutachten Nr. 1 (ILM 31 (1992), S. 1494 ff.): „(...) the Socialist Federal Republic of Yugoslavia is in the process of dissolution". Gutachten Nr. 3 (ILM 32 (1991), S. 1499 f.): „The boundaries between Croatia and Serbia, between Bosnia-Herzegovina and Serbia, and possibly between other adjacent independent States may not be altered except by agreement freely arrived at. Except where otherwise agreed, the former boundaries become frontiers protected by international law. This conclusion follows from the principle of uti possidetis".

tegrität des fortbestehenden – territorial verkleinerten – Mutterstaates beeinträchtigen würde[596]. Anders als bei der Sezession eines Gliedstaates verliere bei einer Dismembrationen der Ursprungsstaat mit seinem Untergang seine Völkerrechtspersönlichkeit und damit seine territorialen Rechte, so dass zur Regelung der Grenzfrage das uti possidetis-Prinzip herangezogen werden könne[597]. Gegen diesen in der Literatur vertretenen Standpunkt ist jedoch einzuwenden, dass das uti possidetis-Prinzip – bis zu einer mangels eines ius cogens-Charakters dieses Prinzips möglichen vertraglichen Regelung über den Verlauf der internationalen Grenzen zwischen dem Neustaat und dem ehemaligen Mutterstaat[598] – durch die Anknüpfung an die bisherigen (Verwaltungs-) Grenzen nicht nur die territorialen Interessen des Mutterstaates, sondern auch des Neustaates wahrt. Es stellt zur Verhinderung von Grenzstreitigkeiten, die bei der Sezession eines Gliedstaates in gleicher Weise wie bei Dismembrationen entstehen können, ein Instrument zur Festlegung der Grenzen zur Verfügung und ermöglicht eine Übernahme der bereits zuvor bestandenen administrativen Strukturen, wenn Unabhängigkeit im Wege der Selbstbestimmung erlangt wird und eine einvernehmliche Grenzfestlegung zwischen den Beteiligten nicht möglich war[599].

Zudem ist zu berücksichtigen, dass es sich bei der Grenzziehung zwischen dem Mutterstaat und dem unabhängig gewordenen Gliedstaat um einen der Sezession nachfolgenden Aspekt handelt; der Konflikt zwischen den Sezessionsbestrebungen des Gliedstaates und der territorialen Integrität des Mutterstaates ist jedoch bereits bei der Frage nach dem Bestehen eines Sezessionsrechts zu lösen[600].

Da das uti possidetis-Prinzip erst nach erfolgter Neustaatenbildung zum Tragen kommt, ist es quasi als „Fortwirkung" des Prinzips der territorialen Integrität aufzufassen. Es stellt, wenn das effektiv beherrschte Gebiet, das unabhängig wird, der ursprünglich durch innerstaatliche administrative Grenzen festgelegten Gebietseinheit entspricht, eine „besondere Ausprägung des Effektivitätsprinzips"[601] dar. Aus diesem Grund ist auch der Einwand, das uti possidetis-Prinzip stehe – etwa im Falle einer die Provinzgrenzen überschreitenden Siedlung eines selbstbestimmungsberechtigten Volkes oder einer sich aus mehreren ethnischen Volksgruppen zusammensetzenden Provinzbevölkerung – in Konflikt

---

[596] Monahan, Osgoode Hall Law Journal 33 (1995), S. 25 f., 28.

[597] Monahan, Osgoode Hall Law Journal 33 (1995), S. 25 f., 28.

[598] Nesi, AFDI 44 (1998), S. 8, 22; Ratner, AJIL 90 (1996), S. 600; Shaw, BYIL 67 (1996), S. 119; Hannum, Virginia Journal of International Law 34 (1993), S. 55 f.

[599] Simmler, VRÜ 32 (1999), S. 235; *Case Concerning the Land, Island and Maritime Frontier Dispute (El Salvador/Honduras: Nicaragua intervening)*, ICJ Reports 1992, S. 351 (408).

[600] *Frontier Dispute (Burkina Faso/Republic of Mali)*, ICJ Reports 1986, S. 554 (568): „Uti possidetis applies to the new State (as a State) not with retroactive effect, but immediately and from that moment onwards. It applies to the State as it is (...)".

[601] Ipsen, § 23 Rn. 7.

mit dem Selbstbestimmungsrecht der Völker[602], zurückzuweisen. Die Entstehung von Staaten richtet sich primär nach Effektivitätsgesichtspunkten, wie insbesondere im Fall einer de facto-Sezession einer Gebietseinheit, bei der es auf das effektiv beherrschte Gebiet ankommt[603].
Die völkergewohnheitsrechtliche Geltung des uti possidetis-Prinzips auch auf einseitige, sich gegen den Willen des Mutterstaates vollziehende Sezessionen, hätte zur Folge, dass dessen Anwendbarkeit keine ausdrückliche Vereinbarung zwischen der unabhängig werdenden Gebietseinheit und dem Mutterstaat voraussetzen, aber – wie dargelegt – auch nicht ausschließen würde. Eine einvernehmliche Modifikation der gegenwärtigen Provinzgrenzen als internationale Grenzen zwischen einem unabhängigen Staat Québec und (Rest-) Kanada könnte berücksichtigen, dass die nördlichen Regionen des Territoriums von Québec erst nach Gründung der kanadischen Föderation in den Jahren 1898 und 1912 hinzugekommen sind[604] und mehrheitlich von den „Aboriginal peoples" besiedelt werden, die eine Sezession der Provinz ablehnen und einen Verbleib in der kanadischen Föderation wünschen[605].

IV. Maritime Grenzen eines unabhängigen Québecs

Die territoriale Souveränität eines Staates umfasst auch das Recht auf Ausübung der Gebietshoheit in den maritimen Gebieten[606], so dass im Falle der Sezession der Provinz Québec auch der Verlauf der maritimen Grenzen eines unabhängigen Québecs klärungsbedürftig ist[607]. Dies betrifft den rechtlichen Status des an Québec angrenzenden Golfes von Saint-Lawrence, die Hudson Bay sowie die darin eingeschlossene Hudson Strait[608].

---

[602] Vgl. stellvertretend *Frontier Dispute (Burkina Faso/Republic of Mali)*, ICJ Reports 1986, S.554 (567): „(...) at first sight this principle (of uti possidetis) conflicts with another one, the right of peoples to self-determination".
[603] Weber, Uti possidetis, S. 148.
[604] Zu den Modifizierungen der Grenzen des Territoriums von Québec in den Jahren 1898 und 1912 vgl. Teil 3, A I.
[605] Sanders, UBC Law Review 29 (1995), S. 157; Leroux, Revue de Droit Université de Sherbrooke 25 (1994-1995), S. 277, 279 f.
[606] *North Sea Continental Shelf Case*, ICJ Reports 1969, S. 3 (22).
[607] Vgl. die Studie von Prof. Jonathan I. Charney aus dem Jahre 1992, die sich umfassend mit dem Verlauf der maritimen Grenzen für den Fall der Unabhängigkeit der Provinz befasst hat (Report von Jonathan I. Charney „*The Maritime Boundaries of Quebec*" vom 9. März 1992, in: Exposés et études, Vol. 1, S. 493 bis 577).
Vgl. auch die aktualisierte Studie vom 14. November 1992 („Update of the Maritime Boundaries of Québec"), (unter: http://www.saic.gouv.qc.ca/publications/documents_inst_const/15-Jonathan ICharney.pdf, letzter Aufruf am 5. Dezember 2005).
[608] Charney, Vanderbilt Journal of Transnational Law 25 (1992), S. 396; Woehrling, RQDI 7 (1991/1992), S. 29.

Gegenwärtig besitzt sowohl nach kanadischem Recht als auch nach Völkerrecht nicht Québec als Provinz, sondern Kanada als souveräner Staat die durch das von Kanada im Jahr 2003 ratifizierte *Seerechtsübereinkommen der Vereinten Nationen (SRÜ)* vom 10. Dezember 1982[609] definierten Hoheitsrechte in den maritimen Gebieten, die an die Provinz Québec angrenzen[610]. Es handelt sich dabei um das 12 Seemeilen (sm) umfassende und allein der Souveränität des Küstenstaates unterliegende Küstenmeer[611], die an das Küstenmeer angrenzende Anschlusszone mit einer Breite von 24 sm[612] sowie die ausschließliche Wirtschaftszone mit höchstens 200 sm[613], an die sich die von staatlicher Hoheitsgewalt freie Hohe See anschließt[614]. Im Vordergrund steht im Falle der Unabhängigkeit Québecs die Frage, ob die Hoheitsrechte in den maritimen Gebieten auf ein souveränes Québec mangels einer ausdrücklichen Regelung quasi akzessorisch mit den souveränen Rechten über das Festland als dessen Fortsetzung übergehen würden oder ob es hierzu eines mit (Rest-) Kanada ausgehandelten Abkommens bedarf.
Ein akzessorischer Übergang von Hoheitsrechten auf ein souveränes Québec wäre jedenfalls dann zu verneinen, wenn ein historischer Titel Kanadas auf die Ausübung souveräner Rechte in den oben genannten maritimen Gebieten besteht und diese Gebiete aufgrund dessen als „innere", d.h. der Territorialhoheit Kanadas unterliegende Gewässer zu qualifizieren sind, in denen auch im Fall der Unabhängigkeit der Provinz Québec ausschließlich Kanada Hoheitsrechte besitzen würde[615]. Von einem „historischen" Titel Kanadas in den betroffenen Buchten ist auszugehen, wenn Kanada als Küstenstaat trotz der Überschreitung der völkerrechtlich zulässigen Meeresöffnungsbreite der Buchten[616], diese aus historischen Gründen als sein Staatsgebiet beansprucht, ohne dass dieser Anspruch von der Staatengemeinschaft bestritten wird[617].
In einer Studie aus dem Jahre 1992 hat Charney den rechtlichen Status des an Québec angrenzenden Golfes von Saint-Lawrence untersucht und festgestellt, dass nach dem gegenwärtigen Stand des Völkerrechts nicht von einem Status des Golfes als „historisches Gewässer" und daher nicht von der Qualifizierung als

---

[609] BGBl. 1994 II S. 1799.
[610] *Reference re Offshore Mineral Rights of British Columbia* (1967) S.C.R., S. 792 (816 f., 821); *Reference re Newfoundland Continental Shelf* (1984) 1 S.C.R., S. 86 (127); *North Sea Continental Shelf* (ICJ Reports 1969, S. 9 (22)); Charney, Vanderbilt Journal of Transnational Law 25 (1992), S. 346, 350.
[611] Vgl. Art. 2 Abs. 1 und Art. 3 *SRÜ*.
[612] Vgl. Art. 33 Abs. 2 *SRÜ*.
[613] Vgl. Art. 55 ff. *SRÜ*.
[614] Vgl. Art. 86 ff. *SRÜ*.
[615] Ipsen, § 51 Rn. 6; Charney, Vanderbilt Journal of Transnational Law 25 (1992), S. 356.
[616] Vgl. Art. 10 *SRÜ*.
[617] *Fisheries Case (United Kingdom v. Norway)* (ICJ Reports 1951, S. 122 (130)): „By „historic waters" are usually meant waters which are treated as internal waters but which would not have that character were it not for the existence of a historic title".

„inneres" Gewässer auszugehen ist[618]. Verwiesen hat Charney in diesem Zusammenhang insbesondere auf die Situation vor dem Beitritt von Newfoundland in die kanadischen Föderation im Jahre 1949, als die zwei zuvor unabhängigen Staaten Kanada und Newfoundland die an ihr Festland angrenzenden Küsten des Golfes jeweils für sich beansprucht haben und kein historischer Anspruch von Seiten Kanadas erhoben worden ist[619].
Daher würde sich im Fall der Unabhängigkeit Québecs die Frage stellen, wie im Golf von Saint-Lawrence die ausschließliche Wirtschaftszone eines unabhängigen Québecs von der ausschließlichen Wirtschaftszone (Rest-) Kanadas abzugrenzen ist. Die Schwierigkeit besteht darin, dass sich die Küstenlinien der an den Golf angrenzenden Provinzen Québec, Newfoundland, Nova Scotia, New Brunswick und Prince Edward Island überschneiden würden[620]. Ein unverbindliches Abkommen der genannten Provinzen aus dem Jahre 1964[621] sowie ein Schiedsspruch aus dem Jahre 2001[622], dessen Streitgegenstand die Festlegung der maritimen Grenzen zum Zwecke der gemeinsamen (Finanz-) Verwaltung maritimer Gebiete zwischen den Provinzen Newfoundland und Labrador sowie Nova Scotia war[623], würde für eine Abgrenzung der ausschließlichen Wirtschaftszonen im Rahmen von Verhandlungen zwischen (Rest-) Kanada und einem unabhängigen Québec nach Maßgabe des Äquidistanzprinzips[624] sprechen. Zu berücksichtigen ist allerdings, dass insbesondere das interprovinzielle Abkommen aus dem Jahre 1964 den Verbleib der Provinzen im kanadischen Staatsverband zur selbstverständlichen Voraussetzung hatte.
Dieses Prinzip könnte auch für den Verlauf der maritimen Grenzen eines unabhängigen Québecs in der an die Provinz angrenzenden Hudson Bay und der darin eingeschlossenen Hudson Strait (Meerenge) zur Anwendung kommen. Auch bei der Hudson Bay ist die Qualifizierung als „historische" Bucht[625] rechtlich nicht

---

618 Charney, Exposés et études, S. 533 ff.

619 Charney, Exposés et études, S. 543.

620 Charney, Vanderbilt Journal of Transnational Law 25 (1992), S. 383.

621 Charney, Vanderbilt Journal of Transnational Law 25 (1992), S. 397; Charney, Exposés et études, S. 544 ff.; Smith, CYIL 35 (1997), S. 126 f., 132 f., 135; *Interprovincial Boundary Agreement in the Gulf of Saint Lawrence: Submission On Submarine Mineral Rights by the Province of Nova Scotia, Province of New Brunswick, Province of Prince Edward Island, Province of Newfoundland to the Federal Provincial Conference*, October 1964. Telegram to Hon. R.L.S. Standfield, Premier of Nova Scotia, from Jean Lesage (June 7, 1964).

622 *Arbitration between Newfoundland and Labrador and Nova Scotia concerning portions of the limits of their offshore areas as defined in the Canada-Nova Scotia Offshore Petroleum Resources Accord Implementation Act and the Canada-Newfoundland Atlantic Accord Implementation Act, Award of the Tribunal in the First Phase*, Ottawa, 17 May 2001, S. 76, Nr. 7.1.

623 *Canada-Newfoundland Atlantic Implementation Act* (S.C. 1987, c. 3); *Canada-Nova Scotia Offshore Petroleum Resources Accord Implementation Act* (S.C. 1988, c. 28).

624 Zum Äquidistanzprinzip vgl. Ipsen, § 52 Rn. 8.

625 *Case Concerning the Continental Shelf (Tunisia/Libyan Arab Jamahiriya)*, ICJ Reports 1982, S. 18 (73 f.); Bouchez, Bays and Gulfs, in: EPIL I, S. 358 f.; Charney, Exposés et études, S. 565, 569.

gesichert. Fraglich ist insbesondere, ob das von Kanada im Jahre 1985 in der Bucht errichtete System der geraden Basislinien zur Konsolidierung des nach der Auffassung Kanadas „historischen“ Status dieser Gewässer im Falle der Unabhängigkeit der Provinz Québec aufrechterhalten werden könnte[626]. Folge hiervon wäre, dass das Küstenmeer Québecs im Falle der Erlangung von Unabhängigkeit von der Hohen See abgeschnitten wäre und Québec über keine ausschließliche Wirtschaftszone verfügen würde. Zwar darf nach Art. 7 Abs. 6 *SRÜ* das System der geraden Basislinien durch einen Staat nicht in einer Weise angewendet werden, dass hierdurch das Küstenmeer eines anderen Staates von der Hohen See oder der ausschließlichen Wirtschaftszone abgeschnitten wird[627]. Zu berücksichtigen ist allerdings, dass die geraden Basislinien von Kanada zu einem Zeitpunkt gezogen wurden, zu dem keinem „anderen Staat“ der Zugang zur Hohen See abgeschnitten wurde; denn Québec hat als kanadische Provinz bisher kein eigenes Küstenmeer, das „abgeschnitten“ werden könnte[628]. Aus Art. 7 Abs. 6 SRÜ wird sich deshalb keine Verpflichtung Kanadas entnehmen lassen, im Falle der Unabhängigkeit Québecs das System der geraden Basislinien aufzuheben. Aufgrund der rechtlichen Unsicherheiten über den völkerrechtlichen Status der Hudson Bay als „historischer Bucht“, insbesondere wegen des Widerstandes einzelner Staaten gegen das errichtete System der geraden Basislinien, ist aber auch für die Hudson Bay die Anwendung des Äquidistanzprinzips vorzugswürdig.

V. Ergebnis

Das Territorium eines unabhängigen Québecs würde auch die erst in den Jahren 1898 und 1912 vom Bund an Québec abgetretenen Gebiete im Norden der Provinz umfassen, die überwiegend von der autochthonen Bevölkerung bewohnt werden. „Bedingungen“, die im Fall einer Sezession Québecs einen Rückfall dieser Gebiete an den Mutterstaat oder dessen Anspruch auf Rückübertragung begründen würden, lassen sich dem *Québec Boundaries Extension Act von 1912* nicht entnehmen. Der Schutz der Grenzen von Québec als Provinz durch Art. 3 *Constitution Act von 1871* und Art. 43 *Constitution Act von 1982* wäre nach einer Sezession noch insofern von Bedeutung, als die kanadische Regierung im Fall von Grenzstreitigkeiten mit einem unabhängigen Québec die Provinzgrenzen nicht mehr in Frage stellen könnte; ferner würde der verfassungsrechtliche Schutz die Anwendung des uti possidetis-Prinzips, aus dem sich die Beibehaltung der bisherigen Provinzgrenzen als internationale Grenzen eines unabhängigen Québec ergeben kann, verstärken. Ungeachtet dessen, dass nach dem gegenwärtigen Stand nicht von einer gewohnheitsrechtlichen Geltung des uti pos-

---

[626] Vgl. Charney, Exposés et études, S. 553, 565, 569, 574; Charney, Studie vom 14. November 2001 (siehe Fn. 609), S. 4.

[627] Charney, Exposés et études, S. 570, 575.

[628] Charney, Vanderbilt Journal of Transnational Law 25 (1992), S. 413.

sidetis-Prinzips ausgegangen werden kann, spricht für seine Anwendung insbesondere, dass es – bis zu einer einvernehmlichen Regelung – durch die Anknüpfung an die bisherigen (Verwaltungs-) Grenzen am ehesten die territorialen Interessen des Mutterstaates, aber auch des Neustaates wahrt. Bei der Festlegung der maritimen Grenzen eines unabhängigen Québecs kann sich der Mutterstaat weder hinsichtlich des Golfs von Saint-Lawrence noch der Hudson Bay auf einen historischen Titel berufen. Für eine Abgrenzung der ausschließlichen Wirtschaftszone wäre in beiden Fällen das Äquidistanzprinzip vorzugswürdig.

B. Sukzessionsrechtliche Fragen

Die Bildung eines unabhängigen Staates auf dem Gebiet der Provinz Québec wirft unabhängig davon, ob diese auf der Grundlage des Selbstbestimmungsrechts der Völker oder im Wege einer de facto-Sezession erfolgt ist, Fragen zum Recht der Staatennachfolge auf. Gegenstand des völkerrechtlichen Sukzessionsrechts sind Regelungen über die Art und Weise sowie den Umfang des Übergangs völkerrechtlicher Rechte und Pflichten von einem Völkerrechtssubjekt auf ein neues Völkerrechtssubjekt.
Die Sezession der Provinz Québec würde sich als partielle Sukzession darstellen. Kanada als Vorgängerstaat würde nicht untergehen, sondern nach der Loslösung der Provinz Québec mit verkleinertem Territorium als Völkerrechtssubjekt fortbestehen[629]. Auf den Neustaat Québec würde die Gebietshoheit, d.h. die aus einem souveränen Status resultierende ausschließliche Zuständigkeit eines Staates zum Erlass von Hoheitsakten auf dem unabhängig gewordenen Provinzterritorium, übergehen[630]. Im Rahmen der Untersuchung einer Nachfolge eines unabhängigen Québecs in völkerrechtliche Verträge, Vermögen und Schulden Kanadas sowie einer Nachfolge in mitgliedschaftliche Rechte in internationalen Organisationen soll keine abschließende Erörterung aller mit dem Recht der Staatennachfolge zusammenhängenden Aspekte geleistet werden, sondern lediglich die im Fall einer Sezession Québecs relevanten Fragestellungen aufgezeigt werden[631].

---

[629] Ipsen, § 25 Rn. 5; Dörr, Inkorporation, S. 29; Fastenrath, BDGV 35 (1996), S. 14; Ebenroth/Grashoff, ZvglRWiss 92 (1993), S. 4; Majzub, Queen's Law Journal 24 (1999), S. 421, 434.

[630] Ipsen, § 25 Rn. 5; Dörr, Inkorporation, S. 29.

[631] Zum Problem der Regelung der Staatsangehörigkeit im Falle der Abspaltung eines Gliedstaates von einem Staatsverband vgl. die *„Draft articles on nationality of natural persons in relation to the succession of States" der ILC* aus dem Jahre 1999 (abgedruckt unter: http://www.un.org/law/ilc/convents.htm (letzter Aufruf am 5. Dezember 2005).

I. Nachfolge eines unabhängigen Québecs in völkerrechtliche Verträge

1. Völkerrechtliche Verträge Kanadas

Das bisher einzige völkerrechtliche Regelungswerk, das das Recht der Staatennachfolge in Verträge zum Gegenstand hat, ist die von der International Law Commission (ILC) entworfene und am 6. November 1996 in Kraft getretene *Wiener Konvention über Staatennachfolge in Verträge* vom 23. August 1978[632]. Mangels einer Ratifikation dieser Konvention durch Kanada können die Normen der *Wiener Konvention von 1978* auf die Sezession Québecs nur Anwendung finden, wenn sie kodifiziertes Völkergewohnheitsrecht darstellen.
Im Fall des Ausscheidens der Provinz Québec könnte Art. 34 der *Wiener Konvention von 1978* einschlägig sein, der den Grundsatz der beweglichen Vertragsgrenzen für Separationstatbestände beinhaltet[633]. Art. 34 der *Wiener Konvention von 1978* unterscheidet nicht ausdrücklich zwischen einer Dismembration und einer Sezession und würde als Unterfall der „Separation" folglich auch den aus völkerrechtlicher Sicht als Sezession zu qualifizierenden Loslösungsprozess der Provinz Québec umfassen[634]. Der Bestimmung liegt das Prinzip der Kontinuität völkerrechtlicher Verträge zugrunde[635]. Dies bedeutet, dass die in ihrem Regelungsgehalt auf das Gebiet des sezedierenden Gliedstaates bezogenen völkerrechtlichen Verträge des Vorgängerstaates für den auf dem Gebiet des Gliedstaates entstandenen Neustaat fortgelten, es sei denn, einer der in Art. 34 Abs. 2 genannten Ausnahmegründe ist einschlägig. Nach Art. 35 der *Wiener Konvention von 1978* würden für (Rest-) Kanada nach einem Ausscheiden Québecs trotz der territorialen Verkleinerung des Staatsgebietes Kanadas die nicht von Art. 34 der *Wiener Konvention von 1978* erfassten völkerrechtlichen Verträge fortbestehen; es würde sich mithin nur der räumliche Geltungsbereich der mit Drittstaaten geschlossenen Verträge verändern.
Die Staatenpraxis ist im Rahmen der Auflösungen der Sozialistischen Föderativen Republik Jugoslawien, der UdSSR und Tschechoslowakei, die jeweils vor Inkrafttreten der *Wiener Konvention von 1978* am 6. November 1996 erfolgt

---

[632] Abdruck in: ILM 17 (1978), S. 1488 ff., im Folgenden „*Wiener Konvention von 1978*".
[633] **Art. 34 *Wiener Konvention von 1978***: (1) When a part or parts of the territory of a state separate to form one or more states, whether or not the predecessor state continues to exist: any treaty in force at the date of succession of states in respect of the entire territory of the predecessor state continues in force in respect of each successor state so formed; any treaty in force at the date of the succession in respect only of that territory of the predecessor state which has become a successor state continues in force in respect of that successor state alone.
(2) Paragraph 1 does not apply if:
the states concerned agree; or
it appears from the treaty or is otherwise established that the application of the treaty in respect of the successor state would be incompatible with the object and purpose of the treaty or would radically change the conditions for its operation.
[634] Silagi, S. 90.
[635] Silagi, S. 89 f.

sind, dem nunmehr in Art. 34 der *Wiener Konvention von 1978* verankerten Kontinuitätsprinzip gefolgt[636]. Die Einordnung der vorgenannten Auflösungsprozesse als Dismembrationen, die sich häufig als eine Kette von Sezessionen darstellen, steht einer Übertragbarkeit dieser Staatenpraxis auf Sezessionstatbestände nicht entgegen.
Insbesondere folgt aus der beschränkten Anwendung des Kontinuitätsprinzips auf Dismembrationen nicht, dass das für sog. „newly independent states" geltende „clean slate"-Prinzip gemäß Art. 16 ff. der *Wiener Konvention von 1978*[637] analog auf Sezessionen von Gliedstaaten[638] Anwendung findet. Nach dem „clean slate"-Prinzip sind Verträge des Vorgängerstaates für ehemals abhängige Gebiete im Sinne des Art. 2 Abs. 1 lit. f der *Wiener Konvention von 1978*[639] nicht bindend; vielmehr kann eine Bindung an die vertraglichen Verpflichtungen nur auf freiwilliger Basis erfolgen. Bei Anwendung des Art. 17 der *Wiener Konvention von 1978*[640] könnte ein unabhängiges Québec autonom entscheiden, ob es an einen von Kanada geschlossenen multilateralen Vertrag gebunden sein will. Die Fortführung bilateraler Verträge würde gemäß Art. 24 Abs. 1 der *Wiener Konvention von 1978*[641] hingegen sowohl von der Zustimmung Québecs als auch der anderen Vertragspartei abhängen.

---

[636] Vgl. hierzu Kamminga, EJIL 7 (1996), S. 475 ff.; zur Praxis im Rahmen des Zerfalls der UdSSR vgl. Schweisfurth, AVR 32 (1994), S. 99 ff.; zur Praxis im Rahmen der Teilung der Tschechoslowakei vgl. Malenovsky, AFDI 39 (1993), S. 328 ff.

[637] **Art. 16 *Wiener Konvention von 1978*:** A newly independent State is not bound to maintain in force, or to become a party to, any treaty by reason only of the fact that at the date of the succession of States the treaty was in force in respect of the territory to which the succession of States relates.

[638] In Zusammenhang mit der Sezession Bangladeschs und Eritreas gibt es keine aussagekräftige Staatenpraxis zu Sezessionen, vgl. hierzu Zimmermann, S. 172 f., 423 f.

[639] **Art. 2 Abs. 1 lit. f *Wiener Konvention von 1978*:** For the purpose of the present Convention: (...) „newly independent State" means a successor State the territory of which immediately before the date of the succession of States was a dependent territory for the international relations of which the predecessor State was responsible (...).

[640] **Art. 17 *Wiener Konvention von 1978*:** (1) Subject to paragraphs 2 and 3, a newly independent State may, by a notification of succession, establish its status as a party to any multilateral treaty which at the date of the succession of States was in force in respect of the territory to which the succession of States relates. (2) Paragraph 1 does not apply if it appears from the treaty or is otherwise established that the application of the treaty in respect of the newly independent State would be incompatible with the object and purpose of the treaty or would radically change the conditions for its operation. (3) When, under the terms of the treaty or by reason of the limited number of the negotiating States and the object and purpose of the treaty, the participation of any other State in the treaty must be considered as requiring the consent of all the parties, the newly independent State may establish its status as a party to the treaty only with such consent.

[641] **Art. 24 *Wiener Konvention von 1978*:** (1) A bilateral treaty which at the date of a succession of States was in force in respect of the territory to which the succession of States relates is considered as being in force between a newly independent State and the other State party when: (a) they expressly so agree; or (b) by reason of their conduct they are to be considered

Gegen eine analoge Anwendung der Art. 16 ff. der *Wiener Konvention von 1978* auf die Situation von Gliedstaaten eines Bundesstaates spricht zum einen, dass sie Verwaltungseinheiten innerhalb des Bundesstaates sind, deren fehlende Souveränität nicht mit der Fremdherrschaft über Kolonien gleichzustellen ist; Gliedstaaten stellen bereits deshalb kein „abhängiges Gebiet" im Sinne der Art. 16 ff. der *Wiener Konvention von 1978* dar[642]. Zum anderen lässt sich gegen eine Anwendung des „clean slate"-Prinzips einwenden, dass ein Gliedstaat im Gegensatz zu einem von der Kolonialmacht abhängigen Volk in der Regel über seine Repräsentanten in den Bundesorganen am politischen Prozess, der zu den Verhandlungen und dem Abschluss von Verträgen mit Drittstaaten geführt hat, beteiligt war[643]. Darüber hinaus würde die Anwendung des Prinzips für im Wege der Sezession oder Separation entstandene Neustaaten die Stabilität der in erster Linie auf vertraglichen Grundlagen beruhenden völkerrechtlichen Gemeinschaft und Ordnung gefährden[644]. Dies spricht für die Anwendung des Kontinuitätsprinzips. Allerdings hat sich mangels einer entsprechenden Staatenpraxis noch nicht gewohnheitsrechtlich verfestigt, dass im Falle des Ausscheidens eines Gliedstaates aus einem Staatsverband dieser bezogen auf sein Territorium automatisch in die völkerrechtlichen Verträge des Mutterstaats nachfolgt[645].

Lediglich in Bezug auf eine automatische Nachfolge in die von Kanada abgeschlossenen völkerrechtlichen Verträge, die den Schutz von Menschenrechten zum Gegenstand haben, wie beispielsweise die *Convention on the Prevention and Punishment of the Crime of Genocide*[646], findet die Geltung des Kontinui-

---

as having so agreed. (2) A treaty considered as being in force under paragraph 1 applies in the relations between the newly independent State and the other State party from the date of the succession of States, unless a different intention appears from their agreement or is otherwise established.

642 Treviranus, ZaöRV 39 (1979), S. 271; Majzub, Queen's Law Journal 24 (1999), S. 427 f.; Zimmermann, S. 233.

643 Majzub, Queen's Law Journal 24 (1999), S. 427 f.; Brebner, The Dalhousie Journal of Legal Studies 6 (1997), S. 296 f.; Schermers, Netherlands Yearbook of International Law VI (1975), S. 104 f.; dahingehend auch Treviranus, ZaöRV 39 (1979), S. 271.

644 Treviranus, ZaöRV 39 (1979), S. 271.

645 Vgl. Zimmermann, S. 825 f., 832.

646 *Convention on the Prevention and Punishment of the Crime of Genocide* vom 9. Dezember 1948 (BGBl. 1954 II S. 730); für einen gewohnheitsrechtlichen Status der ipso iure-Fortführung menschenrechtlicher Verträge ist anzuführen: *Case Concerning Application of the Convention on the Prevention and Punishment of the Crime of Genocide (Bosnia & Herzegovina v. Yugoslavia)*, ICJ Reports 1996, S. 595, siehe Separate Opinion of Judge Weeramantry (S. 641); im Rahmen des Auflösungsprozesses wurde die Resolution 771 des UN-Sicherheitsrates vom 13. August 1992 erlassen (abgedruckt in: ILM 31 (1992), S. 1470 f.): „Reaffirms that all parties to the conflict are bound to comply with their obligations under international humanitarian law and in particular the Geneva Conventions of 12 August 1949, an that persons who commit or order the commission of grave breaches of the Conventions are individually responsible in respect of such breaches"; Kamminga, EJIL 7 (1996), S. 472 ff.; Zimmermann, S. 833.

tätsprinzips für Separationstatbestände eine Stütze in der Staatenpraxis[647]. Auch sog. lokalisierte Verträge, die auf die Nutzung des Territoriums von Québec bezogene Regelungen zum Gegenstand haben, bestehen fort, wie sich aus Art. 12 der *Wiener Konvention von 1978* ergibt[648]. Trotz einer Souveränität Québecs würde beispielsweise auch das von Kanada und Frankreich unterzeichnete Abkommen aus dem Jahre 1972 über die Gewährung von Fischereirechten der früheren französischen Kolonien Saint Pierre and Miquelon im Golf von Saint-Lawrence fortbestehen[649]; ebenso das *Saint-Lawrence Seaway Agreement*, das Navigationsrechte für die USA im Golf von Saint-Lawrence festlegt[650].

2. Abkommen zwischen Québec und Drittstaaten

a. Völkerrechtliche Vertragsschlusskompetenz der Provinz Québec

Die kanadische Verfassung[651] enthält keine Norm, die die Provinzen dazu ermächtigt, Verträge auf völkerrechtlicher Ebene zu schließen; sie schweigt vielmehr vollständig zur Frage der Vertragsschlusskompetenz. Lediglich Art. 132 *Constitution Act von 1867* nimmt Bezug auf auswärtige Beziehungen, indem allein dem kanadischen Parlament und der kanadischen Bundesregierung die zur Umsetzung der zwischen dem Vereinigten Königreich und anderen Staaten geschlossenen Verträge („Treaties between the Empire and Foreign Countries“) notwendige Kompetenz übertragen wird. Der Sache nach verpflichtet die Verfassungsnorm aber (nur) zur Beachtung der durch die britische Krone auf völkerrechtlicher Ebene eingegangenen Verbindlichkeiten, begründet jedoch keine ausschließliche völkerrechtliche Vertragsschlusskompetenz des Bundes[652]. Das Fehlen einer verfassungsrechtlichen Kompetenzzuweisung in völkerrechtlichen Angelegenheiten ist darauf zurückführen, dass Kanada bis zum Erlass des *Statute of Westminister* am 11. Dezember 1931[653] keine äußere Souveränität und somit kei-

---

[647] Hierzu ausführlich Kamminga, EJIL 7 (1996), S. 469 ff.

[648] *Case Concerning the Gabcikovo-Nagymaros Project* (in: ILM 37 (1998), S. 162 (198)); Majzub, Queen's Law Journal 24 (1999), S. 443.

[649] Majzub, Queen's Law Journal 24 (1999), S. 447; *Agreement between Canada and France on Their Mutual Fishing Relations* vom 27. März 1972 (Canada Treaty Series 1979 No. 37).

[650] *Agreement between the United States of America and Canada relating to the Saint Lawrence Seaway* vom 9. März 1959 (340 UNTS 295); vgl. hierzu Majzub, Queen's Law Journal 24 (1999), S. 447 f.

[651] Siehe insbesondere den *British North America Act von 1867* als Gründungsdokument der kanadischen Föderation; zu den Bestandteilen der kanadischen Verfassung vgl. Teil 4, B I.

[652] **Art. 132 *Constitution Act von 1867*:** The Parliament and Government of Canada shall have all Powers necessary or proper for performing the Obligations of Canada or of any province thereof, as Part of the British Empire, towards Foreign Countries, arising under Treaties between the Empire and such Foreign Countries.
Torelli, AFDI 16 (1970), S. 275; Morin, RQDI 1 (1984), S. 187; *(In re) Regulation and Control of Aeronautics in Canada (Privy Council)* (1932) A.C., S. 54 (58 f.).

[653] Siehe hierzu oben Fn. 11 sowie Teil 1, A II.

ne Völkerrechtssubjektivität besessen hat[654]; die Verfassungsgeber sind nicht davon ausgegangen, dass Kanada jemals einen unabhängigen Status und damit das Recht erlangt, völkerrechtliche Verträge abzuschließen[655].
Zum Zeitpunkt der Gründung der kanadischen Föderation im Jahre 1867 war vielmehr die Auffassung vorherrschend, dass die ausschließliche Vertragsschlusskompetenz in Bezug auf völkerrechtliche Abkommen weiterhin der britischen Krone als Souverän und Exekutive Kanadas zusteht[656]. Mit der Erlangung der Unabhängigkeit Kanadas vom britischen Königreich im Jahre 1931[657] wurde dann weder der hierdurch obsolet gewordene Art. 132 *Constitution Act von 1867* aufgehoben noch eine Verfassungsänderung im Wege des Erlasses neuer Bestimmungen vorgenommen, die die „neuen" völkerrechtlichen Kompetenzen Kanadas zum Gegenstand haben[658]. Die kanadische Regierung hat sich anschließend die zuvor allein der britischen Krone obliegende Kompetenz („Royal Prerogative") im Bereich der internationalen Beziehungen und insbesondere für den Abschluss völkerrechtlicher Verträge – in Bundes- wie auch Provinzangelegenheiten – vorbehalten und die ausschließliche Kompetenz der Bundesregierung in völkerrechtlichen Angelegenheiten sowohl auf verfassungsrechtliche als auch auf völkerrechtliche Grundlagen gestützt[659]. Seither ist innerhalb des kanadi-

---

[654] Arbour, S. 156; zur Entwicklung der verstärkten Teilnahme Kanadas am völkerrechtlichen Verkehr von der Mitunterzeichnung des Versailler Vertrages im Jahre 1919 bis zum Inkrafttreten des *Statute of Westminster* im Jahre 1931 vgl. Gotlieb, S. 7 ff.; „Fédéralisme et relations internationales" (1968) (Auszüge abgedruckt in: Morin/Rigaldies/Turp, S. 6); Supreme Court of Canada in der *Reference re Ownership of Offshore Mineral Rights* 65 D.L.R. (2d), S. 353. Im Jahre 1923 hat Kanada mit Vollmacht der britischen Krone bereits ein Abkommen mit den Vereinigten Staaten unterzeichnet (*Convention betweeen the United States of America and Canada for the Preservation of the Halibut Fisheries of the Northern Pacific Ocean* vom 2. März 1923, in: League of Nations Treaty Series, Vol. XXXII 1925, No. 809); hierzu Hillgruber, S. 338 ff.

[655] Patry, in: Brossard/Patry/Weiser, S. 58, 60.

[656] Vgl. **Art. 9 *Constitution Act von 1867*:** The executive Government and Authority of and over Canada is hereby declared to continue and be vested in the Queen.
Gotlieb, S. 6; van Ert, Les Cahiers de Droit 42 (2001), S. 1104.

[657] Vgl. hierzu Teil 1, A II.; Brossard, in: Brossard/Patry/Weiser, S. 185.

[658] van Ert, Les Cahiers de Droit 42 (2001), S. 1104.

[659] Arbour, S. 160 f.; van Ert, Les Cahiers de Droit 42 (2001), S. 1105. Vgl. zur Position der kanadischen Bundesregierung die im Jahre 1968 von der kanadischen Bundesregierung veröffentlichten zwei „livres blanc", in denen sie ihren Standpunkt dargelegt hat: „Fédéralisme et relations internationales" und „Fédéralisme et conférences internationales de l'éducation" (beide Dokumente abgedruckt in: Kindred (Hrsg.), S. 180 ff.); vgl. außerdem „Statement by the Secretary of State for External Affairs", Hon. P. Martin vom 23. April 1965, Department of External Affairs, Press release no. 25 (wiedergegeben in: Morin/Rigaldies/Turp, S. 3 f.).
Angeführt wird von der kanadischen Bundesregierung für eine ausschließliche Vertragsschlusskompetenz des Bundes zum einen die verfassungsrechtliche Aufteilung der legislativen Kompetenzen zwischen dem Bund und den Provinzen, insbesondere der Umstand, dass den Provinzen diejenigen Kompetenzen zugewiesen sind, die nicht von Interesse für den Gesamtstaat sind und speziell Angelegenheiten der Provinzen betreffen (*The Liquidators of the Mari-*

schen Rechts die Frage umstritten, ob nach der Verfassung allein die kanadische Regierung die Kompetenz besitzt, völkerrechtliche Verträge abzuschließen[660]. Der Ausschluss der kanadischen Provinzen von der Kompetenz, völkerrechtliche Verträge zu schließen, wurde insbesondere von der Provinz Québec nicht anerkannt, was seit den 1960er Jahren in der Praxis Québecs im Bereich der internationalen Beziehungen zum Ausdruck kommt. Seit der „Stillen Revolution"[661] in den 1960er Jahren reklamiert die Provinz Québec einen besonderen internationalen Status, aus dem das aus der Verfassung abzuleitende Recht der Provinz resultiere, mit Drittstaaten in den der Provinz von der Bundesverfassung zugewiesenen Kompetenzbereichen Verträge zu schließen[662]. Québec stützt seine Auffas-

---

time Bank of Canada v. Receiver-General of New Brunswick (Privy Council) (1892) A.C., S. 437 (442)); hierzu Patry, in: Brossard/Patry/Weiser, S. 60, 74 f.; Torelli, in: AFDI 16 (1970), S 276; de Mestral, in: Colloque Québec-Communauté francaise de Belgique, S. 220: Begründet wurde die Auffassung der kanadischen Bundesregierung des Weiteren damit, dass die ursprünglich durch die britische Krone auf Weisung der britischen Minister ausgeübten Kompetenzen mit der Clause II der *„Letters Patent Constituting the Office of Governor General of Canada"* vom 1. Oktober 1947, mit denen die britische Krone alle auf Kanada bezogenen Kompetenzen formell auf den Generalgouverneur delegiert hat, auf die kanadische Regierung übertragen worden sind (siehe hierzu Teil 1, A II.). Die kanadische Regierung beruft sich ferner auf die im *Constitution Act von 1867* verankerte Einbeziehung britischer Rechtsprinzipien, denen zufolge die alleinige Kompetenz zum Abschluss völkerrechtlicher Verträge der Exekutive obliegt, da entsprechend einer von einer Rechtsüberzeugung getragenen Verfassungspraxis („constitutional convention") der Generalgouverneur auf Weisung des Bundeskabinetts handelt (hierzu Arbour, S. 156 ff.; Currie, S. 209); a.A. van Ert, Les Cahiers de Droit 42 (2001), S. 1106: Diese Klausel nehme nur auf die Kompetenzen Bezug, die rechtlich dem Souverän „in respect of Canada" zugehören, d.h. diese Klausel scheint mangels einer ausdrücklichen Bezugnahme auf das Amt des Lieutenant-Gouverneurs der Provinzen die Kompetenzen auszuschließen, die die Provinzen betreffen. Schließlich stützt die kanadische Regierung ihre Auffassung auf den Status Kanadas als Staat im Sinne des Völkerrechts; allein Kanada habe eine internationale Rechtspersönlichkeit, so dass nur die kanadische Bundesregierung auf der völkerrechtlichen Ebene handeln könne (van Ert, Les Cahiers de Droit 42 (2001), S. 1108).

[660] Vgl. die Debatte über die Ratifikation der *UN-Menschenrechtspakte von 1966* durch die Québecer Regierung (hierzu „Rapport supplémentaire du Canada sur l'application des dispositions du Pacte international sur le droits civils et politiques établi en réponse aux questions soulevées par le Comité des doits de l'Homme en mars 1980" (Auszüge abgedruckt in: Morin/Rigaldies/Turp, S. 14)); „Allocution du Premier ministre canadien, M. Brian Mulroney, le 7 novembre 1984, à l'occasion de la visite au Québec du Premier ministre francais, M. Laurent Fabius" (Auszüge abgedruckt in: Morin/Rigaldies/Turp, S. 14 ff.).

[661] Vgl. hierzu Teil 1.

[662] Arbour, S. 158 f.; zu den Argumenten der Québecer Regierung vgl. Torelli, AFDI 16 (1970), S. 280 f.; McWhinney, Canadian Yearbook of International Law 7 (1969), S. 10 f.; siehe auch **Art. 7 *Bill 99*** (*An Act respecting the exercise of the Fundamental Rights and Prerogatives of the Québec People and the Québec State* (S.Q. 2000, c. 46)): The Québec State is free to consent to be bound by any treaty, convention or international agreement in matters under its constitutional jurisdiction. No treaty, convention or agreement in the areas under its jurisdiction may be binding on the Québec State unless the consent of the Québec State to be

sung zum einen auf die Privy Council[663]-Entscheidung *Liquidators of Maritime Bank v. Receiver General of New Brunswick (Labour Conventions Case)*, die sich zwar nicht ausdrücklich auf völkerrechtliche Verträge bezieht, in der jedoch festgestellt wurde, dass die „prerogative powers" der britischen Krone nicht allein durch den diese auf Bundesebene vertretenden Generalgouverneur wahrgenommen, sondern zwischen den Bundes- und Provinzexekutiven aufgeteilt werden[664].

Die Provinz begründet ihre Position des Weiteren damit, dass die verfassungsrechtlich zugewiesenen legislativen Kompetenzen in Art. 92 *Constitution Act von 1867* zugleich die völkerrechtliche Vertragsschlusskompetenz in den entsprechenden Bereichen begründen würden. Hierfür spreche insbesondere die Privy Council-Entscheidung *Labour Conventions Case*, der zufolge die Provinzen in den ihnen in der Verfassung zugewiesenen Kompetenzbereichen die zur Durchführung der durch die kanadische Bundesregierung abgeschlossenen völ-

---

bound has been formally expressed by the National Assembly or the Government, subject to the applicable legislative provisions. The Québec State may, in the areas under its jurisdiction, establish and maintain relations with foreign States and international organizations and ensure ist representation outside Québec.

[663] Das mit englischen Richtern besetzte *Judicial Committee of the Privy Council* wurde 1833 durch die britische Krone eingesetzt und fungierte bis zum Jahre 1949 als oberste gerichtliche Instanz für Angelegenheiten des kanadischen Rechts (hierzu Lany/Malanczuk, Der Staat 20 (1981), S. 542; Monahan, Constitutional Law, S. 494).

[664] *The Liquidators of the Maritime Bank of Canada v. Receiver-General of New Brunswick (Privy Council)* (1892) A.C., S. 437 (441): „(...) to create a federal (442) government in which they should all be represented, entrusted with the exclusive administration of affairs in which they had a common interest, each province retaining its independence and autonomy. That object was accomplished by distributing, between the Dominion and the provinces, all powers executive and legislative, and all public property and revenues which had previously belonged to the provinces; so that the Dominion Government should be vested with such of these powers, property, and revenues as were necessary for the due of the performance of its constitutional functions, and that the remainder should be retained by the provinces for the purposes of provincial government". (443): „(...) a Lieutenant-Governor, when appointed, is as much the representative of Her Majesty for all purposes of provincial government as the Governor General himself is for all purposes of Dominion government".

Zur Position von Québec vgl. die Stellungnahme des Québecers Bildungsministers Paul Gérin-Lajoie vom 12. April 1965 (Auszüge abgedruckt in: Morin/Rigaldies/Turp, S. 130 ff.), sowie verschiedene Dokumente, wie Gouvernement du Québec: „Mémoire sur la question constitutionnelle, Conférence intergouvernementale canadienne, 5-7 février 1968", publié dans: Débats de l'Assemblée législative du Québec, 3ème session, 28ème Législature, vol. 7, no. 22-A, Documents officiels du Gouvernements du Québec, lus et déposés aux conférences interprovinciales ou intergouvernementales, déposés à l'Assemblée législative par l'Hon. Premier ministre, le 28 mars 1968 (Auszüge abgedruckt in: Morin/Rigaldies/Turp, S. 132 f.); Exposé du ministre des Affaires intergouvernementales du Québec, Monsieur J.-Y. Morin, devant la Société québécoise de droit international, le 28 mars 1983 (Auszüge abgedruckt in: Morin/Rigaldies/Turp, S. 141 ff.); Exposé du ministre des Relations internationales, Monsieur S. Simard, devant l'Assemblée Nationale, le 12 juin 1996 (Auszüge abgedruckt in: Morin/Rigaldies/Turp, S. 143 ff.); Patry, in: Brossard/Patry/Weiser, S. 62.

kerrechtlichen Verträge erforderlichen Gesetze erlassen können[665]. Allerdings wird im *Labour Conventions Case* ausdrücklich zwischen der Vertragsschlusskompetenz und der Umsetzungskompetenz unterschieden[666]. In dieser Entscheidung hat der Oberste Gerichtshof festgestellt, dass die Provinzen zwar die Kompetenz zur Umsetzung der vertraglich begründeten völkerrechtlichen Rechte und Pflichten haben, soweit ihre Gesetzgebungskompetenz reicht, die legislativen Kompetenzen jedoch keine völkerrechtliche Vertragsschlusskompetenz der Provinzen begründen[667]. Hieraus folgt, dass die Vertragsschlusskompetenz nicht von der Kompetenzverteilung der Art. 91 und 92 *Constitution Act von 1867* umfasst ist. Entgegen der Auffassung der Provinz Québec enthält die kanadische Verfassung folglich de lege lata keine völkerrechtliche Vertragsschlusskompetenz der Provinzen.

Allerdings legt das Handeln der Provinz Québec auf völkerrechtlicher Ebene und die Hinnahme dieser Praxis sowohl durch die kanadische Regierung als auch durch Drittstaaten nahe, dass der Provinz in der Staatenpraxis eine Kompetenz zum Abschluss völkerrechtlicher Verträge zugebilligt worden ist[668]. Seit 1965, beginnend mit einem Abkommen zwischen Québec und Frankreich vom 27. Februar 1965 über eine Kooperation auf dem Bildungssektor[669], hat Québec ohne

---

[665] *Attorney-General for Canada v. Attorney-General for Ontario/Weekly rest (Labour Conventions Case)* (1937) A.C., S. 326.

[666] *Attorney-General for Canada v. Attorney-General for Ontario (1937) A.C., S. 326 (Privy Council) (Labour Conventions Case)*: Lord Atkin: „(347) It will be essential to keep in mind the distinction between the formation and the performance, of the obligations constitutes by a treaty, using that word as comprising any agreement between two or more sovereign States. Within the British Empire there is a well-established rule that the making of a treaty is an executive act, while the performance of its obligations, if they entail alteration of the existing domestic law, requires legislative action". (348) „(...) the creation of the obligations undertaken in treaties and the assent to their form and quality are the function of the executive alone". (351) (...) For the purposes of ss.91 and 92, i.e., the distribution of legislative powers between the Dominion and the Provinces, there is no such thing as treaty legislation as such. The distribution is based on classes of subjects; and as a treaty deals with a particular class of subjects so will the legislative power of performing it to be ascertained. No one can doubt that this distribution is one of the most essential conditions, probably the most essential condition, in the inter-provincial compact to which the British North America Act gives effect".

[667] Marzo, S. 42 f.

[668] Arbour, S. 157; de Mestral, in: Colloque Québec-Communauté francaise de Belgique, S. 219.

[669] *Entente entre le Québec et la France sur un programme d'échanges et de coopération dans le domaine de l'Education* vom 27. Februar 1965, ausgehandelt und unterzeichnet von den Bildungsministern Frankreichs (Christian Fouchet) und Québecs (Paul Gérin-Lajoie) (abgedruckt in: Morin/Rigaldies/Turp, S. 159); Abkommen vom 24. November 1965 als erstes offizielles Abkommen zwischen Québec und der französischen Regierung: *Entente sur la coopération culturelle entre le gouvernement du Québec et le gouvernement de la République Francaise* (abgedruckt in: Morin/Rigaldies/Turp, S. 160 ff.). Noch am Tag der Unterzeichnung des ersten Abkommens erklärte die kanadische Regierung ihr Einverständnis mit dem Abschluss des Abkommens durch Québec gegenüber dem französischen Botschafter (Brossard, in: Bros-

verfassungsrechtliche Grundlage hauptsächlich mit Frankreich zahlreiche internationale Abkommen („ententes internationales"), unter anderem in den Bereichen Bildung, Soziales, kulturelle und wissenschaftliche Kooperation sowie Umwelt, geschlossen[670]. Im Jahre 1974 hat die Québecer Nationalversammlung das *Loi sur le ministère des Relations internationales*[671] verabschiedet, das den Rahmen für ein Handeln Québecs gegenüber Drittstaaten festlegt und das zugleich gegründete *Ministère des Relations internationales* der Provinz Québec ermächtigt, auf internationaler Ebene eine den Interessen der Provinz Québec entsprechende Politik auszuhandeln und umzusetzen[672]. Die Rechtsnatur der von der Provinz Québec mit anderen Staaten geschlossenen bilateralen Abkommen ist zwischen der kanadischen Bundesregierung und der Québecer Regierung insofern umstritten, als die kanadische Bundesregierung die Auffassung vertritt, dass die durch die Québecer Regierung abgeschlossenen Abkommen lediglich „arrangements administratifs" mit informellem Charakter und ohne rechtliche Bindungswirkung seien[673], während Québec sie als verbindliche völkerrechtliche Verträge qualifiziert[674].

Die von Québec geschlossenen Abkommen sind trotz des Fehlens einer verfassungsrechtlichen Vertragsschlusskompetenz der Provinz dem Völkerrecht zuzuordnen. Das Handeln Québecs auf völkerrechtlicher Ebene hat sich im Laufe der Jahrzehnte derart in der kanadischen Verfassungswirklichkeit verfestigt, dass

---

sard/Patry/Weiser, S. 194 f.; Torelli, AFDI 16 (1970), S. 285). Am 17. November 1965 wurde zwischen Kanada und Frankreich ein „accord-cadre" (862 UNTS 1973, S. 321 ff.) geschlossen, der den Provinzen den Rahmen für weitere Kulturabkommen vorgab. Hieraus ließ sich zwar eine beschränkte Vertretungsmacht der Provinzen ableiten, die Provinzen wurden aber nicht generell zur Teilnahme am internationalen Verkehr ermächtigt, sondern erhielten eine Legitimation im Einzelfall (hierzu Zellweger, S. 53 f.; Sabourin, in: Labouz (Hrsg.), S. 159; Beyerlin, S. 191).

670 Bis Ende 2005 hat Québec 646 „ententes" geschlossen, vgl. http://www.mri.gouv.qc.ca/fr/action_internationale/ententes/resultat.asp?pays=0&secteur=0&debut=1964&fin=2005&page=10 (letzter Aufruf am 5. Dezember 2005).
Die Verfassung der Vereinigten Staaten sieht vor, dass der Kongress „Verträge" zwischen den Gliedstaaten und Drittstaaten autorisieren kann: **Article I, Section 10, Clause 3 *United States Constitution (1787, as amended)***: „No State shall, without the consent of Congress (...) enter into any agreement or compact with another State or with a foreign power (...)".

671 L.R.Q., c.M-25.1.1 vom 29. April 2002, unter: http://www.canlii.org/qc/loi/m25.1.1/tout.html (letzter Aufruf am 5. Dezember 2005); bis zum 1. September 1985 *Loi sur le ministère des Affaires intergouvernementales* (L.R.Q., c.M-21), am 21. Dezember 1988 ersetzt durch das *Loi sur le ministère des Relations internationales* (L.R.Q., c.M-25.1), am 1. Mai 1998 ersetzt durch das *Loi sur le ministère des Affaires internationales, de l'immigration et des Communautés culturelles* (L.R.Q., c.M-21.1); *Loi du ministère des Affaires intergouvernementales* vom 24. Dezember 1974, chapitre 15.

672 Vgl. Art.17 bis 20 *Loi sur le ministère des Relations internationales* (vom 29. April 2002).

673 Siehe erstes „livre blanc" von 1968 (abgedruckt in: Kindred (Hrsg.), S. 184); Sabourin, in: Labouz (Hrsg.), S. 196.

674 Arbour, S. 158; Morin, RQDI 1 (1984), S. 256 ff.

von Teilen der Literatur die Auffassung vertreten wird: „(L)'action internationale du Québec (...) est un fait qui s'inscrit dans la réalité et qui précède toute construction juridique a priori“[675]. Dem wird zwar entgegengehalten, dass eine bestimmte Verfassungspraxis eines Gliedstaates auf völkerrechtlicher Ebene keine völkerrechtliche Vertragsfähigkeit und damit Völkerrechtssubjektivität des Gliedstaates begründen könne[676]. Dieser Einwand hält jedoch insofern nicht stand, als das Völkerrecht es nicht grundsätzlich ausschließt, dass Gliedstaaten auch ohne eine entsprechende innerstaatliche Kompetenz im völkerrechtlichen Verkehr als rechtsfähig angesehen werden können[677]. Aus der Sicht des Völkerrechts handelt es sich bei den von Québec geschlossenen Abkommen um wirksame völkerrechtliche Verträge, was sich zum einen daraus ergibt, dass die von der Provinz Québec eingegangenen Verpflichtungen von der kanadischen Bundesregierung unter anderem völkervertragsrechtlich autorisiert wurden[678]. Im Übrigen hat das Handeln Québecs insofern völkerrechtliche Anerkennung erfahren, als die Regierungen der Staaten, die mit Québec Abkommen geschlossen haben, jeweils unmittelbar mit Québec als Gliedstaat ohne Zwischenschaltung der kanadischen Bundesregierung vertragliche Beziehungen im Rahmen der verfassungsrechtlichen Kompetenzbereiche der Provinz aufgenommen haben[679].

b. Kontinuität der von Québec geschlossenen Abkommen

Unabhängig davon, ob die Regierung von Québec beim Abschluss der Abkommen mit Drittstaaten als „Organ“ des Bundes gehandelt hat und damit Kanada

---

[675] So wörtlich Arbour, S. 160 f.; Morin, RQDI 1 (1984), S. 274 f.; zur Praxis Québecs im Hinblick auf multilaterale Verträge vgl. Samson, RQDI 1 (1984), S. 76 f.; de Mestral, in: Colloque Québec-Communauté francaise de Belgique, S. 219.

[676] van Ert, Les Cahiers de Droit 42 (2001), S. 1116; a.A. Marzo (S. 48) ist der Ansicht, dass die Provinzen zwar keine de facto-Vertragsschlusskompetenz erlangt haben, aber mit Zustimmung der Bundesregierung völkerrechtliche Verträge schließen können.

[677] Kempen, in: v. Mangoldt/Klein/Starck, GG II, Art. 32 Rn. 9.

[678] Vgl. Fn. 671; Beispiele bei Torelli, AFDI 16 (1970), S. 286.

[679] de Mestral, in: Colloque Québec-Communauté francaise de Belgique, S. 219; Arbour, S. 161; Morin/Rigaldies/Turp, S. 129; vgl. Vertrag zwischen der Bundesrepublik Deutschland und der Provinz Québec: *Entente en matière de sécurité sociale entre le gouvernement du Québec et le gouvernement de la République Fédérale d'Allemagne* vom 1. Januar 1988 (abgedruckt in: Morin/Rigaldies/Turp, S. 177 ff.); Deutschland hat es als erforderlich angesehen, das mit Québec abgeschlossene Abkommen wie auch andere völkerrechtliche Verträge mit Drittstaaten durch ein Bundesgesetz in gleicher Weise umzusetzen, wie die mit Ottawa geschlossenen Abkommen (vgl. Gesetz zu dem Abkommen vom 14. November 1985 zwischen der Bundesrepublik Deutschland und Kanada über soziale Sicherheit und der Vereinbarung zur Durchführung des Abkommens sowie zu der Vereinbarung vom 14. Mai 1987 zwischen der Regierung der Bundesrepublik Deutschland und der Regierung von Québec über Soziale Sicherheit und der Durchführungsvereinbarung hierzu, vom 12. Januar 1988, BGBl. 1988 II S. 26).

als Gesamtstaat und eigentliche Vertragspartei verpflichtet wurde[680], würde die Sezession der Provinz Québec dazu führen, dass ein unabhängiges Québec als ursprüngliche Vertragspartei quasi „fingiert" und Zurechnungssubjekt der ausschließlich auf den ehemaligen Gliedstaat, d.h. entweder auf dessen Territorium oder die verfassungsrechtlich eingeräumten Gesetzgebungskompetenzen, bezogenen völkervertragsrechtlich begründeten Rechte und Pflichten bleiben würde[681]. Durch die Erlangung eines unabhängigen Status erfolgt lediglich eine Änderung des völkerrechtlichen Status des Gliedstaates, der vor der Sezession als Mitglied im bundesstaatlichen Verbund nur eine partielle Völkerrechtssubjektivität besessen hat. Ungeachtet dieser „Statuserhöhung" bleibt jedoch die völkerrechtliche (Rechtssubjekts-) Identität mit dem ehemals nur beschränkten Völkerrechtssubjekt gewahrt[682]. Demzufolge würden die Verträge, die Québec als Gliedstaat im Rahmen seiner beschränkten Völkerrechtssubjektivität als Mitglied des Staatsverbandes geschlossen hat, auch nach einer Sezession der Provinz fortbestehen[683].

II. Nachfolge in Vermögen und Schulden des Vorgängerstaates

Regeln für die Nachfolge eines unabhängigen Québecs in Vermögen und Schulden des Bundes können sich aus der *Wiener Konvention über die Staatennachfolge in Staatsvermögen, -archive und -schulden* vom 8. April 1983[684] ergeben, die allerdings aufgrund der bisher nicht vorliegenden Mindestanzahl an Ratifikationen noch nicht in Kraft getreten ist und auch keine gewohnheitsrechtliche Geltung erlangt hat[685]. Mangels anderweitiger einschlägiger völkerrechtlicher Regelungen soll jedoch vorliegend unter Rückgriff auf die Regelungen der *Wiener Konvention von 1983* ein denkbarer Ansatz zur Aufteilung des Staatsvermögens und der Staatsschulden zwischen Kanada und einem unabhängigen Québec aufgezeigt werden.
Nach Art. 17 Abs. 1 der *Wiener Konvention von 1983* geht – vorbehaltlich abweichender vertraglicher Vereinbarungen zwischen dem Vorgänger- und Nach-

---

680 Vgl. Fitzmaurice (in: YBILC 1958, Vol. II, S. 24): „The component units of a federal union, not possessing any international personality apart from that of the union, do not possess treaty-making capacity. In so far as they are empowered or authorized under the constitution of the union to negotiate or enter into treaties with foreign countries, even if it is in their own name, they do so as agents for the union which, as alone possessing international personality, is necessarily the entity that becomes bound by the treaty and responsible for carrying it out".

681 Silagi, S. 105, 108, Zimmermann, S. 63.

682 Zimmermann, S. 47, 61 f.; in diesem Sinne auch Rauschning, Schicksal, S. 44 f., 51 f.; a.A. Marek (S. 183 ff.), der eine Identität zwischen einem nicht souveränen Gliedstaat und einem unabhängigen Neustaat und damit auch eine Rechtsnachfolge verneint.

683 Berber, S. 259; Dahm/Delbrück/Wolfrum, Bd. I/1, S. 159.

684 Abgedruckt in: ILM 22 (1983), S. 306 ff., im Folgenden „*Wiener Konvention von 1983*".

685 Ipsen, § 25 Rn. 8.

folgestaat[686] – im Falle einer Separation das auf dem betreffenden Gebietsteil belegene unbewegliche und bewegliche Vermögen, letzteres soweit es mit Handlungen des Vorgängerstaates, die auf das sezedierende Territorium bezogen sind, verbunden ist, auf den Gebietsnachfolger über[687]; hiervon nicht erfasstes bewegliches Vermögen soll im Falle einer Separation nach Billigkeitsgesichtspunkten („equitable proportion") aufgeteilt werden.
Der Übergang von Staatsschulden des Gebietsvorgängers auf den Gebietsnachfolger ist Gegenstand der Regelungen in den Art. 32 bis Art. 41 der *Wiener Konvention von 1983*. Gemäß Art. 40[688] gehen im Fall einer Sezession die Schulden des Vorgängerstaates in angemessenem Verhältnis zu dem durch die Staatensukzession erlangten Vermögen auf den Nachfolgestaat über; auch diesbezüglich haben jedoch abweichende vertragliche Absprachen zwischen Vorgänger- und Nachfolgestaat Vorrang. Eine vollständige Übernahme von Staatsschulden Kanadas durch ein unabhängiges Québec würde nach der Staatenpraxis bei allein im Interesse der Provinz Québec eingegangenen Schulden des Vorgängerstaates (sog. „localized debts") erfolgen[689].
Die derzeitige Konzeption der Staatennachfolge, die allerdings noch keinen gewohnheitsrechtlichen Status erlangt hat, geht folglich von der Proportionalität

---

[686] Vgl. **Art. 14 *Wiener Konvention von 1983***: (1) When part of the territory of a State is transferred by that State to another State, the passing of State property of the predecessor State to the successor State is to be settled by agreement between them. (2) In the absence of such an agreement: (a) immovable State property of the predecessor State situated in the territory to which the succession of States relates shall pass to the successor State; (b) movable State property of the predecessor State connected with the activity of the predecessor State in respect of the territory to which the succession of States relates shall pass to the successor State.

[687] **Art. 17 *Wiener Konvention von 1983***: (1) When part or parts of the territory of a State separate from that State and form a successor State, and unless the predecessor State and the successor State otherwise agree: (a) immovable State property of the predecessor State situated in the territory to which the succession of States relates shall pass to the successor State; (b) movable State property of the predecessor State connected with the activity of the predecessor State in respect of the territory to which the succession of States relates shall pass to the successor State; (c) movable State property of the predecessor State, other than that mentioned in subparagraph (b), shall pass to the successor State in an equitable proportion. (3) The provisions of paragraphs 1 and 2 are without prejudice to any question of equitable compensation as between the predecessor State and the successor State that may arise as a result of a succession of States.

[688] **Art. 40 *Wiener Konvention von 1983***: (1) When part or parts of the territory of a State separate from that State and form a State, and unless the predecessor State and the successor State otherwise agree, the State debt of the predecessor State shall pass to the successor State in an equitable proportion, taking into account, in particular, the property, rights and interests which pass to the successor State in relation to that State debt.

[689] Dahingehend auch die *ILC („Succession of States in Respect of Matters other than Treaties")*, in: YBILC 1981/II, S. 88 ff; Dahm/Delbrück/Wolfrum, Bd. I/1, S. 181; Verdross/Simma, §§ 1007 f.

der Übernahme von Staatsvermögen und Staatsschulden durch den entstandenen Neustaat aus[690].

III. Nachfolge eines unabhängigen Québecs in die Mitgliedschaft in internationalen Organisationen unter besonderer Berücksichtigung der Vereinten Nationen und der NAFTA

Im Falle einer Sezession der Provinz Québec stellt sich die Frage nach der Nachfolge des Neustaates in die mitgliedschaftlichen Rechte Kanadas in internationalen Organisationen. Klärungsbedürftig ist insbesondere, ob ein unabhängiges Québec automatisch Mitglied in den internationalen Organisationen wird, in denen Kanada gegenwärtig Mitglied ist; im Falle einer Sezession der Provinz Québec würde Kanada seinen Mitgliedsstatus grundsätzlich beibehalten[691]. Von besonderer Bedeutung für ein unabhängiges Québec wäre eine Mitgliedschaft in der UNO, der NAFTA, der WTO, der OECD und der NATO.

Gegen eine Anwendbarkeit der Regeln über die Staatennachfolge auf die Nachfolge in die Mitgliedschaft in internationalen Organisationen spricht, dass sich gemäß Art. 1 der *Wiener Konvention von 1978* der sachliche Geltungsbereich der Konvention grundsätzlich nur auf die rechtlichen Auswirkungen einer Staatennachfolge für die zwischen Staaten geschlossenen Verträge und daher nicht auf Verträge zwischen Staaten und internationalen Organisationen erstreckt, die etwa einen Beitritt des jeweiligen Staates zur Organisation zum Gegenstand haben[692]. In Art. 4 der *Wiener Konvention von 1978*[693] wird zwar auf die Gründungsverträge internationaler Organisationen Bezug genommen, die als zwischenstaatliche Verträge auch dem Geltungsbereich der *Wiener Konvention von 1978* unter-

---

690 Ipsen, § 25 Rn. 2, 11, 21; Blum (Case Western Reserve Journal of International Law 29 (1997), S. 273 ff.) analysiert unterschiedliche Ansätze zur Aufteilung von Schulden und Vermogen zwischen einem unabhängigen Québec und (Rest-) Kanada. Zur Praxis im Rahmen der Auflösung der UdSSR vgl. Schweisfurth, BDGV 35 (1996), S. 146 ff.; ders., AVR 32 (1994), S. 120 ff.

691 Brebner, Dalhousie Journal of Legal Studies 6 (1997), S. 295. Außer Betracht bleibt hier der Commonwealth of Nations als Staatenverbindung sui generis (vgl. Erklärung der Mitgliedstaaten des Commonwealth über gemeinsame Grundsätze, angenommen auf der Konferenz der Regierungschefs in Singapur am 22. Januar 1971 (in: EA 26 (1971), S. D 129).

692 **Art. 1 *Wiener Konvention von 1978*:** The present Convention applies to the effects of a succession of States in respect of treaties between States. Vgl. auch **Art. 3 *Wiener Konvention von 1978*:** The fact that the present Convention does not apply to the effects of a succession of States in respect of international agreements concluded between States and other subjects of international law (...).

693 **Art. 4 *Wiener Konvention von 1978*:** The present Convention applies to the effects of a succession of States in respect of: (a) any treaty which is the constituent instrument of an international organization without prejudice to the rules concerning acquisition of membership and without prejudice to any other relevant rules of the organization; (b) any treaty adopted within an international organization without prejudice to any relevant rules of the organization.

fallen; zugleich findet sich in Art. 4 jedoch die Einschränkung, dass sich diese Bestimmung nicht auf die Regeln über den Erwerb der Mitgliedschaft in einer internationalen Organisation bezieht. Dies ist in erster Linie damit zu erklären, dass sich der Erwerb der Mitgliedschaft in einer internationalen Organisation aufgrund der Qualifizierung von Mitgliedschaftsrechten als „höchstpersönliche" Rechte, in die andere Staaten nicht automatisch nachfolgen können, nicht im Wege der Staatennachfolge vollzieht[694]. Hinsichtlich der Aufnahme neuer Mitglieder in eine internationale Organisation haben daher die im jeweiligen Gründungsvertrag vorgesehenen formellen Beitrittsverfahren Vorrang vor den Bestimmungen der *Wiener Konvention von 1978.*

Diese Rechtslage findet auch eine Bestätigung in der Praxis der internationalen Organisationen, nach der neu entstandene Staaten die Mitgliedschaft nur über die Einhaltung des formellen Beitrittsverfahrens erlangen können[695]. Als Beispiel ist auf die Praxis der Vereinten Nationen zu verweisen. Die Aufnahme eines souveränen Québec als Mitglied in die Vereinten Nationen[696] würde gemäß Art. 4 Abs. 2 der *UN-Charta* voraussetzen, dass seine Aufnahme aufgrund einer Empfehlung des Sicherheitsrates von der Generalversammlung gemäß Art. 18 Abs. 2 *UN-Charta* mit einer Zwei-Drittel-Mehrheit beschlossen wird. Die Mitgliedschaft in den Vereinten Nationen als wichtigster Akteur des Völkerrechts wäre für einen unabhängigen Staat Québec insofern von zentraler Bedeutung, als die Aufnahme in die Vereinten Nationen aufgrund der in Art. 4 *UN-Charta* enthaltenen Voraussetzung, der zufolge nur Staaten einen Mitgliedschaftsstatus erlangen können, zum Ausdruck bringt, dass die internationale Gemeinschaft das neue Mitglied als „Staat" und Völkerrechtssubjekt behandeln will[697]. Zugleich stellt die Aufnahme in die Vereinten Nationen den Neustaat unter den Schutz der Staatengemeinschaft, der sich in der allseitigen Bindung aller Mitgliedstaaten an die Grundsätze der *UN-Charta*, insbesondere das Interventions- und Gewaltverbot, manifestiert. Allerdings bedeutet die Aufnahme als Mitglied der Vereinten Nationen nicht, dass alle Mitglieder der Vereinten Nationen einer Anerkennung des Neustaates zugestimmt haben oder hierzu verpflichtet sind. Für die Aufnahme völkerrechtlicher Beziehungen des Neustaates zu anderen Staaten wäre vielmehr ein

---

[694] Partsch, VN 40 (1992), S. 186; Dahm/Delbrück/Wolfrum, Bd. I/1, S. 168.

[695] Vgl. Art. XII *Übereinkommen zur Errichtung der Welthandelsorganisation (WTO)* vom 15. April 1994 (BGBl. II S. 1625); Art. 16 *Übereinkommen über die Organisation für wirtschaftliche Zusammenarbeit und Entwicklung (OECD)* vom 14. Dezember 1960 (BGBl. 1961 II S. 1151); Art. 10 *Nordatlantikvertrag (NATO)* vom 4. April 1949 (BGBl. 1955 II S. 289, 293).

[696] Vgl. Vedder, in: Simma (Hrsg.), Art. 110 Rn. 11; Fastenrath, in: Simma (Hrsg.), Art. 3 Rn. 9.

[697] **Art. 4 *UN-Charta***: (1) Membership in the United Nations is open to all other peace-loving states which accept the obligation contained in the present Charter and, in the judgment of the Organization, are able and willing to carry out these obligations. (2). The admission of any such state to membership in the United Nations will be effected by a decision of the General Assembly upon the recommendation of the Security Council. Lloyd, New York University Journal of International Law and Politics 26 (1993), S. 766; Partsch, VN 40 (1992), S. 186.

gesonderter Anerkennungsakt durch den betreffenden Staat erforderlich[698]. Soweit (Rest-) Kanada betroffen ist, hat die UN-Generalversammlung für den Fall der Sezession eines Teilgebietes von einem Mitgliedstaat als Grundsatz festgestellt, dass bloße Verfassungs- und Grenzänderungen den Mitgliedschaftsstatus eines Staates, den Kanada als eines der Gründungsmitglieder der Vereinten Nationen am 9. November 1945 erlangt hat, unberührt lassen[699].
Für ein unabhängiges Québec wäre zudem in wirtschaftlicher Hinsicht eine Mitgliedschaft in der NAFTA von wesentlicher Bedeutung. Das *North America Free Trade Agreement*[700] wurde von den Regierungen Kanadas, Mexikos und den USA am 8. Oktober 1992 unterzeichnet[701]. Die NAFTA ist eine Freihandelszone, innerhalb derer zwischen den Mitgliedstaaten alle Handelsschranken bis zum Jahre 2009 aufgehoben werden sollen; die Mitgliedstaaten sollen aber weiterhin eigenständig über ihre Außenhandels- und Zollpolitik gegenüber nicht der NAFTA zugehörigen Drittstaaten entscheiden können[702]. Eine automatische Mitgliedschaft eines unabhängigen Staates Québec in der NAFTA wäre allenfalls in der Konstellation denkbar, dass Québec zunächst eine gemeinsame Zoll- und Freihandelsunion mit (Rest-) Kanada bilden würde[703], was zur Konsequenz hätte, dass das Territorium eines unabhängigen Québecs als zugehörig zum Territorium Kanadas betrachtet würde[704]. Zwar wäre eine solche Konzeption mit dem Wortlaut des *NAFTA*-Abkommens vereinbar[705]; allerdings spricht gegen deren tatsächliche Umsetzung eine Absprache zwischen Kanada, den USA und Mexiko, der zufolge ein unabhängiges Québec nicht automatisch die Mitgliedschaft in der

---

698 Lloyd, New York University Journal of International Law and Politics 26 (1993), S. 767; Crawford, Creation of States, S. 322.

699 Stellungnahme des Sechsten Ausschusses der UN-Generalversammlung vom 8. Oktober 1947 (YBILC 1962/II, S. 103); Beispiel hierfür ist die Aufnahme Bangladeschs in die Vereinten Nationen nach Maßgabe des Art. 4 *UN-Charta* (Ginther, in: Simma (Hrsg.), Art. 4 Rn. 38).

700 *North American Free Trade Agreement between the Government of Canada, the Government of Mexico and the Government of the United States* vom 17. Dezember 1992, in Kraft seit 1. Januar 1994 (ILM 32 (1993), S. 289 ff.).

701 Die wirtschaftliche Abhängigkeit eines unabhängigen Québecs von den Mitgliedstaaten der NAFTA behandeln Majzub, Queen's Law Journal 24 (1999), S. 437; Brebner, Dalhousie Journal of Legal Studies 6 (1997), S. 289; Grabell, Southwestern Journal of Law and Trade in the Americas 2 (1985), S. 83.

702 Abbott, in: Weiler (Hrsg.), S. 171, 173.

703 Freeman/Grady, S.144, 146.

704 Diese Möglichkeit wird von Majzub (Queen's Law Journal 24 (1999), S. 437) und Freeman/Grady (S.144) in Erwägung gezogen.

705 **Art. 102 Abs. 1 lit. a *NAFTA***: The objectives of this Agreement as elaborated were specifically through its principles and rules, including national treatment, most-favored-nation treatment and transparency, are to eliminate barriers to trade in, and facilitate the cross-border movement of goods and services between the territories of the Parties" (**i.V.m. Annex 201. 1 *NAFTA***: „territory means: with respect to Canada the territory to which its customs laws apply").

NAFTA erlangen würde, sondern ein Beitritt die Einhaltung der in Art. 2204 Abs. 1 *NAFTA*[706] verankerten formellen Voraussetzungen voraussetzen würde[707].

IV. Ergebnis

Im Ergebnis ist zu konstatieren, dass sich die Nachfolge eines unabhängigen Québecs in die völkerrechtlichen Verträge, die Kanada mit Drittstaaten abgeschlossen hat, nicht nach dem in der *Wiener Konvention von 1978* verankerten „clean slate"-Prinzips richten würde.

Dem „clean slate"-Prinzip zufolge sind ehemals abhängige Gebiete nicht an die vor Erlangung von Unabhängigkeit vom Mutterstaat geschlossenen völkerrechtlichen Verträge gebunden. Einer Übertragbarkeit dieses Prinzips auf Sezessionen von Gliedstaaten eines Bundesstaates steht entgegen, dass diese nicht mit der Situation der im Wege der Dekolonisierung entstandenen Neustaaten, denen nach Erlangung von Unabhängigkeit das „clean-slate-Prinzip" zugute kommen soll, vergleichbar sind.

Aus der Nichtanwendung des „clean slate"-Prinzips könnte auf die Geltung des in Art. 34 *Wiener Konvention von 1978* enthaltenen Kontinuitätsprinzips geschlossen werden, dem zufolge die vom Mutterstaat geschlossenen Verträge für den Neustaat – räumlich beschränkt auf dessen Gebiet – fortgelten. Allerdings hat sich bisher eine Staatenpraxis zur Kontinuität völkerrechtlicher Verträge lediglich im Zusammenhang mit den Dismembrationen der Sozialistischen Föderativen Republik Jugoslawien, der UdSSR und Tschechoslowakei herausgebildet, so dass nach dem gegenwärtigen Stand nicht von einer gesicherten völkergewohnheitsrechtlichen Geltung des Kontinuitätsprinzips für Sezessionen von Gliedstaaten ausgegangen werden kann. Lediglich in Bezug auf die automatische Nachfolge des aus dem Staatsverband ausgeschiedenen Neustaates in humanitäre und ausschließlich auf das Provinzterritorium bezogene völkerrechtliche Verträge des Mutterstaates kann aufgrund einer entsprechenden Staatenpraxis im Zusammenhang mit Sezessionen auf die völkergewohnheitsrechtliche Geltung des Kontinuitätsprinzips auch für sezedierende Gliedstaaten geschlossen werden.

Die von der Provinz Québec im Rahmen ihrer verfassungsmäßigen Kompetenzen geschlossenen und dem Völkerrecht zuzuordnenden Abkommen mit Drittstaaten gelten auch nach der Sezession der Provinz für den unabhängig gewordenen Neustaat fort; die Provinz als ursprünglich beschränktes Völkerrechtssubjekt innerhalb des bundesstaatlichen Verbundes ist aus völkerrechtlicher Sicht mit

---

[706] **Art. 2204** ***NAFTA***: (1) Any country (...) may accede to this Agreement subject to such terms and conditions as may be agreed between such country (...) and the Commission and following approval in accordance with the applicable legal procedures of each country.
(2) This Agreement shall not apply as between any Party and any acceding country (...) if, at the time of accession, either does not consent to such application.

[707] Brebner, Dalhousie Journal of Legal Studies 6 (1997), S. 287; Majzub, Queen's Law Journal 27 (1999), S. 438, insb. Fn. 99.

dem später entstandenen unabhängigen Neustaat und nunmehr unbeschränkten Völkerrechtssubjekt identisch.
Hinsichtlich der Nachfolge in Vermögen und Schulden des Vorgängerstaates Kanada würde nach einer Sezession der Provinz Québec eine proportionale Aufteilung zwischen einem unabhängigen Québec und (Rest-) Kanada erfolgen. Lediglich das lokalisierte Vermögen und ausschließlich im Interesse Québecs eingegangene Schulden wären gänzlich vom sezedierenden Neustaat zu übernehmen.
Durch die Sezession der Provinz Québec wird die Mitgliedschaft (Rest-) Kanadas in internationalen Organisationen nicht berührt. Ein unabhängiges Québec erlangt eine Mitgliedschaft in internationalen Organisationen nicht automatisch, sondern erst nach Durchführung der in den Gründungsverträgen vorgesehenen formalen Beitrittsverfahren.

Teil 3: Rechtmäßigkeit eines einseitigen Ausscheidens der Provinz Québec aus dem kanadischen Staatsverband nach kanadischem Verfassungsrecht

Im Anschluss an die völkerrechtliche Würdigung des Ausscheidens der Provinz Québec aus dem kanadischen Staatsverband soll die Vereinbarkeit einer einseitigen Unabhängigkeitserklärung Québecs mit der kanadischen Verfassung untersucht werden. Entsprechend der in Kanada vertretenen dualistischen Theorie zum Verhältnis von Völkerrecht und nationalem Recht handelt es sich bei der völkerrechtlichen und der innerstaatlichen Rechtsordnung um zwei unabhängig voneinander bestehende, gleichrangige Rechtssysteme mit jeweils eigenständigem Geltungsanspruch[708].

Wenn das kanadische Verfassungsrecht unter bestimmten Voraussetzungen eine Sezession der Provinz Québec erlaubt, könnte eine Abtrennung der Provinz, die diese Voraussetzungen erfüllt, mit Blick auf das Völkerrecht wie eine Sezession im Konsens mit dem Mutterstaat behandelt werden.

A. Kein ausdrückliches Sezessionsrecht der Provinzen in der kanadischen Verfassung

Die gemäß Art. 52 Abs. 2 *Constitution Act von 1982*[709] zur „Constitution of Canada" gehörenden Gesetze enthalten kein ausdrückliches Recht auf Selbstbestimmung oder Sezession für ein föderatives Mitglied des kanadischen Staatsverbandes, also weder für eine der zehn Provinzen noch für die drei Territorien[710].

---

[708] Siehe hierzu Fn. 160.

[709] **Art. 52 *Constitution Act von 1982***: (1) The Constitution of Canada is the supreme law of Canada, and any law that is inconsistent with the provisions of the Constitution is, to the extent of the inconsistency of no force or effect.
(2) The Constitution of Canada includes
the Canada Act, 1982, including this Act;
the Acts and orders referred to in the Schedule; and
any amendment to any Act or order referred to in paragraph (a) or (b).
(3) Amendments to the Constitution of Canada shall be made only in accordance with the authority contained in the Constitution of Canada.
Alle Artikel ohne Gesetzesangabe sind im Folgenden solche des *Constitution Act von 1982.*

[710] Vgl. die Sezessionsrechte der Teilrepubliken in den Verfassungen ehemaliger Bundesstaaten: Art. 72 *Constitution of the Union of Soviet Socialist Republics* (1977): „Each Union Republic shall retain the right freely to secede from the USSR" (zit. in: Bagwell, Georgia Journal of International and Comparative Law 21 (1991), S. 514 Fn. 137); *Yugoslavian Constitution 1974*, Basic Principles I, § 1: „The nations of Yugoslavia, proceeding from the right of every nation to self-determination, including the right to secession, (...) have (...) united in a federal republic of free and equal nations (...)" (zit. in: Bagwell, Georgia Journal of International and Comparative Law 21 (1991), S. 515 Fn. 142). Dagegen ist der Verfassung der USA ein implizites Sezessionsverbot zu entnehmen: Supreme Court in *Texas v. White* (1869), in: 74 U.S. (7 Wallace), S. 700 (725 f.): „When, therefore, Texas became one of the

Das völkerrechtliche Selbstbestimmungsrecht hat in der kanadischen Verfassung keine Entsprechung gefunden. Der *British North America Act von 1867*[711], der die Möglichkeit des einseitigen Ausscheidens einer Provinz aus dem kanadischen Staatsverband nicht berücksichtigt, weder in Form der Statuierung eines Sezessionsrechts noch eines Sezessionsverbots, behandelt in Art. 146 *Constitution Act von 1867*[712] lediglich den Beitritt neuer Mitglieder zum kanadischen Staatsverband. Im Übrigen regelt die Verfassung nur innerstaatliche Bestandsänderungen. So wurde im *Constitution Act von 1871*[713] dem kanadischen Parlament die Kompetenz übertragen, neue Provinzen auf dem Gebiet der Territorien zu errichten und Bestimmungen für die Verfassung und Verwaltung der neu gebildeten Provinzen zu erlassen[714]. Ebenso bezieht sich Art. 42 Abs. 1 lit. f *Constitution Act von 1982* ausdrücklich nur auf die Errichtung neuer Provinzen und erklärt hierfür das Verfassungsänderungsverfahren gemäß Art. 38 Abs. 1 für an-

United States, she entered into an indissoluble relation. All the obligations of perpetual union, and all the guaranties of republican government in the Union, attached at once to the State. The Act which consumated her admission into the Union was something more than a compact; it was the incorporation of a new member into the political body. And it was final. The union between Texas and the other Staates was as complete as perpetual, and as indissoluble as the Union between the original States. There was no place for reconsideration, or revocation, except through revolution, or through consent of the States"; vgl. auch die Präambel des *Commonwealth of Australia Constitution Act*, 1900, 63 & 64 Victoria, Chapter 12: „Whereas the people of New South Wales, Victoria, South Australia, Queensland, and Tasmania (...) have agreed to unite in one indissoluble Federal Commonwealth under the Crown of the United Kingdom of Great Britain and Ireland (...)".

711 Im Folgenden „*Constitution Act von 1867*" (30 § 31 Victoria, c. 3), soweit nicht ausdrücklich auf den „*British North America Act von 1867*" Bezug genommen wird; vgl. Art. 60 *Constitution Act von 1982*: Umbenennung des „*British North America Act von 1867*" in „*Constitution Act von 1867*".

712 **Art. 146 *Constitution Act von 1867***: It shall be lawful for the Queen, by and with the Advice of Her Majesty's Most Honourable Privy Council, on Addresses from the Houses of the Parliament of Canada, and from the Houses of the respective Legislatures of the Colonies or Provinces of Newfoundland, Prince Edward Island, and British Columbia, to admit those Colonies or Provinces, or any of them, into the Union, and on Address from the Houses of the Parliament of Canada to admit Rupert's Land and the North-western Territory, or either of them, into the Union, on such Terms and Conditions in each case as are in the Addresses expressed and as the Queen thinks fit to approve, subject to the Provisions of this Act; (...).

713 *British North America Act vom 19. Juni 1871 (An Act respecting the establishment of Provinces in the Dominion of Canada)*, 34 & 35 Victoria, c. 28; im Folgenden „*Constitution Act von 1871*", vgl. Art. 60 *Constitution Act von 1982*: Umbenennung des „*British North America Act von 1871*" in „*Constitution Act von 1871*".

714 **Art. 2 *Constitution Act von 1871***: The Parliament of Canada may from time to time establish new Provinces in any territories forming for the time being part of the Dominion of Canada, but not included in any Province thereof, and may, at the time of such establishment, make provision for the constitution and administration of any such Province, and for the passing of laws for the peace, order and good government of such province, and for its representation in the said Parliament.

wendbar[715], wobei Art. 42 Abs. 1 lit. f im systematischen Zusammenhang mit Art. 42 Abs. 1 lit. e ebenfalls dahingehend auszulegen ist, dass nur die Errichtung von Provinzen auf dem Gebiet der kanadischen Territorien gemeint ist.
Das Fehlen eines ausdrücklichen verfassungsrechtlichen Sezessionsrechts der kanadischen Provinzen bedeutet e contrario jedoch nicht zwingend ein verfassungsrechtliches Sezessionsverbot. Vor diesem Hintergrund wird zu klären sein, inwieweit sich aus der Rechtsnatur des *Constitution Act von 1867* ein Austrittsrecht der Provinzen herleiten lässt und ob ungeschriebene Verfassungsnormen bestehen, die ein Sezessionsrecht oder umgekehrt ein Sezessionsverbot statuieren.

B. Begründungen für ein ungeschriebenes verfassungsrechtliches Sezessionsrecht der Provinzen

I. Bestandteile der kanadischen Verfassung

Hauptbestandteile des geschriebenen Verfassungsrechts *(Statute Law)* sind zunächst die in Art. 52 Abs. 2 und dessen Annex aufgeführten Dokumente, die gemäß Art. 52 Abs. 1 den Rang einer Primärquelle („supreme law of Canada") und hieraus resultierend Vorrang vor einfachen Gesetzen besitzen sowie gemäß Art. 52 Abs. 3 den speziellen Verfahren für Verfassungsänderungen (vgl. Art. 38 ff.) unterliegen[716]. Von besonderer Bedeutung sind insbesondere die *Constitution Acts von 1867* und *1982*.
Zur Verfassung von Kanada gehört neben den kodifizierten Rechtsquellen auch das auf Präzedenzentscheidungen der mit verfassungsrechtlichen Fragen befassten Gerichte beruhende Recht, welches nicht in Verfassungsdokumenten niedergelegt ist, sondern einen ungeschriebenen Charakter aufweist[717]. Diese als *Com-*

---

[715] **Art. 42 *Constitution Act von 1982***: (1) An amendment to the Constitution of Canada in relation to the following matters may be made only in accordance with subsection 38 (a) the principle of proportionate representation of the provinces in the House of Commons prescribed by the Constitution of Canada;
(b) the powers of the Senate and the method of selecting Senators;
(c) the number of members by which a province is entitled to be represented in the Senate and the residence qualifications of Senators;
(d) subject to paragraph 41 (d), the Supreme Court of Canada;
(e) the extension of existing provinces into the territories; and
(f) notwithstanding any other law or practice, the establishment of new provinces;
(2) Subsections 38 (2) to 38 (4) do not apply in respect of amendments in relation to matters referred to in subsection (1).

[716] Siehe oben Fn. 711; Monahan, Constitutional law, S. 4 ff.

[717] Anders als in den übrigen kanadischen Provinzen gilt in der Provinz Québec im Bereich des Zivilrechts das an den französischen *Code Civil* angelehnte kodifizierte „droit civil" (vgl. *Code Civil du Québec* (S.Q. 1991, c. 64)); in anderen Rechtsbereichen, u.a. im Verfassungsrecht, gilt wie in ganz Kanada *Common Law*. Morin/Woehrling, S. 138 ff.; Gall, S. 30, 51. Ausführlich zum Rechtssystem in Québec vgl. Gall, S. 209 ff.

mon Law bezeichnete Rechtsquelle ist dadurch gekennzeichnet, dass die sich in der Rechtsprechung zu bestimmten Verfassungsfragen herausgebildeten allgemeinen Rechtsprinzipien den Maßstab für Entscheidungen in späteren ähnlich gelagerten Fällen bilden[718]. Bisher liegen jedoch keine Präzedenzentscheidungen des Supreme Court of Canada zu einem verfassungsrechtlichen Sezessionsrecht bzw. Sezessionsverbot vor, so dass das *Common Law* über die Rechtmäßigkeit der Sezession einer kanadischen Provinz keine Aussage trifft.

Der Supreme Court of Canada hat seit Beginn der achtziger Jahre in zahlreichen Entscheidungen die in Art. 52 Abs. 2 enthaltene Aufzählung als nicht abschließend erachtet und das Bestehen ungeschriebener Verfassungsprinzipien bestätigt, die zwar nicht dem *Common Law* zugeordnet werden, aber uneingeschränkt Rechtskraft („full legal force") besitzen[719]. In der *Reference re Resolution to amend the Constitution („The Patriation Reference")* aus dem Jahre 1981[720] hat sich der Supreme Court im Rahmen des Streits um ein Vetorecht der Provinz Québec bei Verfassungsänderungen, die die Gesetzgebungskompetenzen der Provinzen betreffen, mit den Quellen des kanadischen Verfassungsrechts auseinandergesetzt. Entschieden hat der Gerichtshof im vorgenannten Urteil, dass die kanadische Verfassung nicht nur die in Art. 52 Abs. 2 ausdrücklich genannten oder im Wege der Verweisung erfassten kodifizierten Texte, sondern auch „the global system of rules and principles which govern the exercise of constitutional authority in the whole and in every part of the Canadian state" umfasst[721]. In der *Reference re Manitoba Language Rights* aus dem Jahre 1985[722] bezieht sich der Supreme Court unter anderem auf die in der Präambel des *Constitution Act von 1867* enthaltene Formulierung „Constitution similar in principle to that of the United Kingdom" als Grundlage für die Feststellung, dass die nicht in den Verfassungsdokumenten kodifizierte und ursprünglich der englischen Verfassung – einer auf ungeschriebenen Verfassungsprinzipien beruhenden Ordnung – zugrundeliegende „rule of law" (Rechtstaatsprinzip) auch Bestandteil der „Constitution of Canada" ist[723]. In einer weiteren Entscheidung aus dem Jahre 1987

---

[718] *Reference re Resolution to amend the Constitution* (1981) 1 S.C.R., S. 753 (876 f.); Gall, S. 30; Handschug, S. 13, 15 f.

[719] *Reference re Resolution to amend the Constitution* (1982) 2 S.C.R., S. 753 (845); *Reference re Manitoba Language Rights* (1985) 1 S.C.R., S. 721 (752).

[720] *Reference re Resolution to amend the Constitution* (1981) 1 S.C.R., S. 753 ff.; vgl. auch *Reference re Objection to a Resolution to Amend the Constitution* (1982) 2 S.C.R., S. 793 ff.

[721] *Reference re Resolution to amend the Constitution* (1981) 1 S.C.R., S. 753 (874).

[722] *Reference re Manitoba Language Rights* (1985) 1 S.C.R., S. 721.

[723] *Reference re Manitoba Language Rights* (1985) 1 S.C.R., S. 721 (750): „The rule of law has always been understood as the very basis of the English Constitution characterising the political institutions of England (...). It becomes a postulate of our own constitutional order by way of the preamble of the Constitution Act, 1982, and its implicit inclusion in the preamble to the Constitution Act, 1867, by virtue of the words „with a Constitution similar in principle to that of the United Kingdom". Additional to the inclusion of the rule of law in the preambles

findet sich dieselbe Begründung für das ungeschriebene Prinzip des „responsible government“[724]. Im Jahre 1997 ist in der *Reference re Provincial Court Judges*[725] die Rede von dem allgemeinen Prinzip, dass die kanadische Verfassung sowohl aus geschriebenen als auch aus ungeschriebenen Regeln besteht[726]; die Entscheidung enthält aber zugleich die Einschränkung, dass aufgrund des grundsätzlichen Vorranges des von Art. 52 erfassten „supreme law of Canada“ und des Erfordernisses von Rechtssicherheit das Bestehen ungeschriebener Bestandteile der Verfassung im konkreten Einzelfall einer hinreichenden Begründung bedürfe[727]. Die Existenz ungeschriebener Verfassungsnormen wird, wie dargelegt, sowohl mit dem Wortlaut des Art. 52 Abs. 2 *(„includes“)*, der als Indiz für eine nicht abschließende Aufzählung der im Annex zu Art. 52 genannten Verfassungsdokumente angesehen wird, als auch mit dem Verweis auf die Präambel des *Constitution Act von 1867* begründet, die auf die ungeschriebene Verfassung Großbritanniens Bezug nimmt[728]. Schließlich hat der Supreme Court of Canada auch in der *Reference re Secession of Québec* im Jahre 1998 die Existenz ungeschriebener Verfassungsprinzipien – es werden Föderalismus, das Demokratieprinzip, das Prinzip der verfassungsmäßigen Regierung („consti-tutionalism“), Rechtstaatlichkeit und Minderheitenschutz genannt[729] – bestätigt und zugleich betont, dass diese ungeschriebenen Verfassungsprinzipien nicht abschließend seien[730]. Das

---

of the Constitution Acts of 1867 and 1982, the principle is clearly implicit in the very nature of a Constitution”.
Ausführlich zur ungeschriebenen Verfassung Großbritanniens vgl. Lyall, S. 53 ff.

724 *OPSEU v. Ontario (Attorney-General)* (1987) 2 S.C.R., S. 2 (38): „(...) principle of government which is largely unwritten, although it is implicitly referred to in the preamble of the Constitution Act, 1867 (...)”.

725 *Manitoba Provincial Judges Assn. v. Manitoba (Minister of* Justice) (im Folgenden: *Reference re Provincial Court Judges*) (1997) 3 S.C.R., S. 3 ff..

726 *Reference re Provincial Court Judges* (1997) 3 S.C.R., S. 3 (68), § 92: „(...) general principle the Constitution embraces unwritten, as well as written rules, largely based on the basis of the wording of s. 52 (2)”.

727 *Reference re Provincial Court Judges* (1997) 3 S.C.R., S. 3 (68), § 93.

728 „Whereas the Provinces of Canada, Nova Scotia and New Brunswick have expressed their Desire to be federally united into One Dominion under the Crown of the United Kingdom of Great Britain and Ireland, with a Constitution similar in Principle to that of the United Kingdom”. *Reference re Provincial Court Judges* (1997) 3 S.C.R., S. 3 (68 f.), § 94: „(...) the existence of many of the unwritten rules of the Canadian Constitution can be exercised by reference to the preamble of the Constitution Act, 1867”.

729 ILM 37 (1998), S. 1340 (1354), § 32.

730 ILM 37 (1998), S. 1340 (1354), § 32; (1357), § 49; (1358), § 53: „A written constitution promotes legal certainty and predictability, and it provides a foundation and a touchstone for the exercise of constitutional judicial review. However, we also observe in the Provincial Court Judges Reference that the effect of the preamble to the Constitution Act 1867 was to incorporate certain constitutional principles by reference”; so auch *Fraser v. Public Service Staff Relations Board* (1985) 2 S.C.R., S. 455 (462 f.); *Reference re Provincial Court Judges* (1997) 3 S.C.R., S. 3 (75), § 104: „the preamble identifies the organizing principles of the Constitution Act, 1867, and invites the courts to turn those principles into the Premisses of a

Gericht hat zum Ausdruck gebracht, dass die genannten Prinzipien herangezogen werden können, um Lücken in der geschriebenen Verfassung zu schließen:

„(...) These supporting principles and rules, which include constitutional conventions and the workings of the Parliament, are a necessary part of our Constitution because problems or situations may arise which are not exhaustive expressly dealt with by the text of the Constitution. In order to endure over time, a constitution must contain a comprehensive set of rules and principles which are capable for our system of government. Such principles and rules emerge from an understanding of the constitutional text itself, the historical context and previous judicial interpretations of constitutional meaning (...)"[731].

Die vom Supreme Court of Canada vertretene Auffassung wird auch von der überwiegenden Lehrmeinung geteilt, die als Hauptargument für die Existenz ungeschriebener Bestandteile der kanadischen Verfassung ebenfalls den Wortlaut des Art. 52 Abs. 2 heranzieht[732]. Sie unterscheiden sich von den mit der Definition der „Constitution of Canada" angesprochenen Normen dadurch, dass sie anderen Regeln und Prinzipien in Bezug auf das Änderungsverfahren unterliegen sowie keine Vorrangstellung gegenüber anderen Rechtsnormen innerhalb der kanadischen Rechtsordnung besitzen[733].

Die Verfassung von Kanada besteht somit grundsätzlich nicht nur aus dem geschriebenen Recht *(Statute Law)* und dem durch die Rechtsprechung in Verfassungsfragen geschaffenen *Common Law*, sondern auch aus ungeschriebenen Normen. In Betracht zu ziehen ist daher eine ungeschriebene Verfassungsnorm als Grundlage für ein Sezessionsrecht einer kanadischen Provinz.

II. Herausbildung eines Sezessionsrechts der Provinzen als „constitutional convention"?

Innerhalb der Lehre wird diskutiert, ob sich ein Selbstbestimmungsrecht oder Sezessionsrecht der Provinzen auf eine ungeschriebene Verfassungskonvention (sog. „constitutional convention") stützen könnte. Eine „constitutional convention" wird angenommen, wenn sich aus einer bestimmten politischen Praxis eine Rechtsregel herausgebildet hat, die zwar nicht in einem der verfassungsrechtlichen Dokumente kodifiziert oder Bestandteil des *Common Law*, aber – wie vom Supreme Court of Canada ausdrücklich anerkannt[734] – Bestandteil der kanadischen Verfassung ist.

---

constitutional argument that culminates in the filling of gaps in the express terms of the constitutional text".

[731] ILM 37 (1998), S. 1340 (1354), § 32; weitere Bezugnahmen auf den ungeschriebenen Charakter der genannten Verfassungsprinzipien finden sich in den §§ 1, 49, 51, 53, 54, 55, 57, 62, 88, 92, 93, 148, 152 („underlying principles"); §§ 32, 51, 52, 53, 54, 148 („unwritten"); § 50 („implicit").

[732] Monahan, Constitutional law, S. 8 f.; Brun/Tremblay, S. 42.

[733] Vgl. stellvertretend Monahan, Constitutional law, S. 9 f.

[734] ILM 37 (1998), S. 1340 (1354), § 32.

1. Voraussetzungen für die Herausbildung von „constitutional conventions“

Der Begriff der „constitutional conventions“ als Elemente der britischen Verfassung stammt vom britischen Verfassungsrechtler Dicey, der hierunter all die ungeschriebenen Verfassungsnormen subsumiert hat, die sich über Jahrhunderte hinweg in der britischen Verfassungspraxis herausgebildet und als für das staatliche Handeln verbindliche Grundprinzipien verfassungsrechtlichen Rang erlangt haben[735]. Der Supreme Court of Canada begründet die Eigenschaft der durch das tatsächliche Verhalten der an der Verfassungspraxis Beteiligten herausgebildeten Verfassungskonventionen als integrale Bestandteile der kanadischen Verfassungsordnung mit dem der kanadischen Verfassung zugrundeliegenden britischen Verfassungsverständnis[736]. Mangels eines formalisierten Verfahrens wird für die Herausbildung einer „constitutional convention“ auf die von Jennings aufgestellten Voraussetzungen verwiesen:

> "We have to ask ourselves three questions: first, what are the precedents; secondly, did the actors in the precedents believe that they were bound by a rule; and thirdly, is there a reason for the rule? A single precedent with a good reason may be enough to establish the rule. A whole string of precedents without such a reason will be of not avail, unless it is perfectly certain that the persons concerned regarded them as bound by it"[737].

Auszugehen ist demzufolge von einem Präzedenzfall („precedent“), in diesem Fall keine richterliche Entscheidung, sondern ein Handeln der staatlichen Organe[738]; der Regelungsgehalt einer „constitutional convention“ muss sich anhand dieses Präzedenzfalls hinreichend genau bestimmen lassen[739]. Des Weiteren setzt Jennings einen Existenzgrund für die betreffende Verfassungskonvention voraus[740]. „Constitutional conventions“ weisen insoweit einen „normativen“ Charakter auf, als eine bestimmte Praxis von den diese begründenden staatlichen Akteuren mehrheitlich – vergleichbar mit der sowohl objektive als auch subjektive Elemente voraussetzenden Herausbildung von (Völker-) Gewohnheitsrecht – als recht- und zweckmäßig und für ihr Handeln als rechtsverbindlich anerkannt wird[741]. Insoweit haben Verfassungskonventionen die Funktion, sich mit rechtli-

---

[735] Dicey, Kapitel 14 f.; Bruha, ZaöRV 43 (1983), S. 610.

[736] Vgl. Präambel des *Constitution Act von 1867* („Constitution similar in principle to that of the United Kingdom“); Morin/Woehrling, S. 137; *Osborne v. Canada (Treasury Board)* (1991) 2 S.C.R., S. 69 (87). *Reference re Resolution to amend the Constitution* (1981) 1 S.C.R., S. 753 (883, 888): „form an integral part of the Constitution and the constitutional system" S. 858: „existence as an effective part of the Canadian Constitution“.

[737] Jennings, S. 136; *Reference re Resolution to amend the Constitution* (1981) 1 S.C.R., S. 753 (888); *Reference re Objection to a Resolution to amend the Constitution* (1982) 2 S.C.R., S. 793 (802).

[738] *Reference re Resolution to amend the Constitution* (1981) 1 S.C.R., S. 753 (880).

[739] Beauchamp, RJEUL 6 (1992), S. 58 f.

[740] Beauchamp, RJEUL 6 (1992), S. 64 ff.; Morin/Woehrling, S. 137.

[741] *Reference re Resolution to amend the Constitution* (1981) 1 S.C.R., S. 753 (857, 883); Newman, NJCL 13 (2001-2002), S. 120 ff.; Lyall, S. 57 f.; Jennings, S. 135; Mo-

chen Problemstellungen zu befassen, die nicht Gegenstand des kodifizierten Verfassungsrechts sind; durch die Herausbildung von Verfassungskonventionen kann ohne das Erfordernis einer Verfassungsänderung das Recht mit der politischen Wirklichkeit in Einklang gebracht werden. Mangels formaler Sanktionsmechanismen sowie dem Ursprung von Verfassungskonventionen auf der politischen Ebene können jedoch Verstöße gegen „constitutional conventions" grundsätzlich nicht vor den Gerichten geltend gemacht werden[742]. Die Konsequenzen der Verletzung einer „constitutional conventions" durch staatliches Handeln vollziehen sich vielmehr auf der politischen Ebene[743], was jedoch dem Normcharakter von „constitutional conventions" nicht entgegensteht. Justiziabel sind „constitutional conventions" jedenfalls insofern, als die Gerichte die Existenz von „constitutional conventions" feststellen können und bereits herausgebildete Verfassungskonventionen ergänzend zur Auslegung geltenden Rechts heranziehen müssen[744].

So haben „constitutional conventions" in mehreren Entscheidungen des Supreme Court of Canada Berücksichtigung gefunden. Beispielsweise hat der Oberste Gerichtshof im Jahre 1981 betont, dass eine einseitig Provinzinteressen betreffende Verfassungsänderung ohne die Zustimmung zwar nicht aller, aber einer wesentlichen Anzahl von Provinzen, eine bestehende Verfassungskonvention verletzen

---

rin/Woehrling, S. 135; Heard, S. 10 ff.; Beauchamp, RJEUL 6 (1992), S. 59 f.; vgl. auch Meyn, JöR 25 (1976), S. 162 ff.; Bruha, ZaöRV 43 (1983), S. 601 f., S. 611 f. zur Diskussion über die Anforderungen an das Verbindlichkeitsbewußtsein der politischen Akteure als subjektives Element.

742 *Reference re Resolution to amend the Constitution* (1981) 1 S.C.R., S. 753 (853, 879 ff.); Marshall, S.17; Monahan, Constitutional law, S.7; Brun, L'Action Nationale 86 (1996), S. 159; Heard, S. 154 f.; Dicey, S. 417: „(...) essential distinction between the „law of the constitution", which consisting (as it does) of rules enforced or recognized by the courts, makes up a body of „laws" in the proper sense of that term, and the „conventions of the constitution", which consisting (as they do) of customs, practices, maxims, or precepts which are not enforced or recognised by the courts, make up a body not of laws, but of constitutional or political ethics (...)". (469): „conventions which, not being enforced by the courts, are in no true sense of the word laws".

743 Monahan, Constitutional law, S. 9; Newman, NJCL 13 (2001/2002), S. 121; Brun, L'Action Nationale 86 (1996), S. 158; *Reference re Resolution to amend the Constitution* (1981) 1 S.C.R., S. 753 (853, 883): „There is, if not general agreement, at least weight authority, that the sanction for breach of a convention will be political rather than legal"); *Reference re Secession of Québec* (ILM 37 (1998), S. 1340 (1366), § 98): „In the Patriation Reference, a distinction was drawn between the law of the Constitution, which, generally speaking, will be enforced by the courts, and other constitutional rules, such as the conventions of the Constitution, which carry only political sanctions".

744 Brun/Tremblay, S. 47; Brun, L'Action Nationale 86 (1996), S. 159; Heard, S. 155; *Reference re Resolution to amend the Constitution* (1981) 1 S.C.R., S. 753 (853/856); *Reference re Objection by Quebec to a Resolution to amend the Constitution* (1982) 2 S.C.R., S. 793 (803): „The main purpose of constitutional conventions is to ensure that the legal framework of the constitution will be operated in accordance with generally accepted principles"; vgl. hierzu auch *Reference re Secession of Quebec*, ILM 37 (1998), S. 1340 (1358), § 54.

würde[745]. In der Entscheidung aus dem Jahre 1982 wurde schließlich festgestellt, dass keine „constitutional convention" existiere, die ein Vetorecht einer Provinz bei Verfassungsänderungen statuiert[746].
In der Regel haben „constitutional conventions" Prinzipien für die Funktionsweise der politischen Institutionen zum Gegenstand[747]. Ein Beispiel stellt der Grundsatz des „responsible government" dar, der besagt, dass das Handeln der einzelnen Regierungsmitglieder sowie des Kabinetts als Ganzem vom Vertrauen der Mehrheit des House of Commons abhängig ist[748]. Eine weitere „constitutional convention" betrifft die Kompetenzen des Generalgouverneurs: Gemäß dem *Constitution Act von 1867* besitzt der Generalgouverneur zwar ein Vetorecht („absolute authority") in Bezug auf die Billigung eines Parlamentsgesetzes im Namen der britischen Krone[749]; allerdings hat sich eine „constitutional convention" herausgebildet, die seine formalen Kompetenzen dahingehend eingeschränkt, dass der Generalgouverneur allen Gesetzen zuzustimmen hat, die von den zwei Häusern des kanadischen Bundesparlamentes verabschiedet wurden[750].

2. Einseitige Sezession auf der Grundlage eines zustimmenden Votums der Provinzbevölkerung in einem Unabhängigkeitsreferendum?

Denkbar ist, dass die Provinz Québec aus dem kanadischen Staatsverband auf der Grundlage einer „constitutional convention" ausscheiden könnte, die der Bundesregierung und den übrigen kanadischen Provinzen die Pflicht zur Beachtung und Umsetzung des ausdrücklichen (Sezessions-) Willens der Provinzbevölkerung in Québec auferlegt. Von Teilen der Lehre wird in Erwägung gezogen, als Grundlage für die Existenz einer einen solchen Regelungsgehalt besitzenden „constitutional convention" das Demokratieprinzip heranzuziehen[751]. Aus diesem könne sich im Falle eines im Wege einer demokratischen Abstimmung in der Provinzbevölkerung erzielten, eine Sezession Québecs mehrheitlich befürwortenden Votums insofern eine Berechtigung Québecs zu einer einseitigen Sezession ergeben, als aus dem positiven Votum eine Verpflichtung zur Umsetzung des Sezessionswillens der Bevölkerung im Wege einer Verfassungsänderung ab-

---

[745] *Reference re Resolution to amend the Constitution* (1981) 1 S.C.R., S. 753 ff.
[746] *Reference re Objection by Quebec to a Resolution to amend the Constitution* (1982) 2 S.C.R., S. 793 ff.; Heard, S. 154.
[747] Marshall, S. 210; Morin/Woehrling, S. 135; Lyall, S. 57; *Osborne v. Canada (Treasury Board) (1991)* 2 S.C.R., S. 69 (87).
[748] Morin/Woehrling, S. 137; *Reference re Resolution to amend the Constitution* (1981) 1 S.C.R., S. 753 (857 f., 880); Heard, S. 50 ff.
[749] Art. 55, 56, 57 *Constitution Act von 1867*; Monahan, Constitutional law, S. 7 f.
[750] Monahan, Constitutional law, S. 8; Pelletier, in: Tremblay/Pelletier (Hrsg.), S. 19.
[751] Brun/Tremblay, S. 248; Turp, Le droit de choisir, S. 513 f.

zuleiten sei[752]. Zwar wird von der Literatur somit auf das Erfordernis einer Verfassungsänderung abgestellt, jedoch entgegen der in den Art. 38 ff. kodifizierten Verfahren für Verfassungsänderungen als formales Verfahren für die Umsetzung der Sezession der Provinz die Durchführung eines Unabhängigkeitsreferendums als ausreichend erachtet[753], sofern die Zustimmung (Rest-) Kanadas und damit die erforderliche Mehrheit für eine Verfassungsänderung nicht herbeigeführt werden könne[754].

Dieser in der Literatur vertretenen Auffassung ist jedoch entgegenzuhalten, dass die für die Herausbildung einer auf dem Demokratieprinzip basierenden und ein Sezessionsrecht Québecs statuierenden „constitutional convention" notwendigen Vorraussetzungen nicht vorliegen. Zwar könnten der politischen Praxis im Zusammenhang mit den in den Jahren 1980 und 1995 in der Provinz Québec abgehaltenen Unabhängigkeitsreferenden[755], den gescheiterten Verfassungsreformen in den Jahren 1987 und 1992, die unter anderem die verfassungsrechtliche Anerkennung Québecs als „distinct society" zum Gegenstand hatten[756], sowie den Wahlen in Québec in den Jahren 1976 und 1994, bei denen jeweils die separatistische Parti Québécois Regierungsverantwortung übernommen hat[757], Präzedenzfälle entnommen werden, die auf die Anerkennung eines Sezessionsrechts der Provinz auf der Grundlage eines die Sezession stützenden Referendumsergebnisses als „constitutional convention" hindeuten[758]. Auch wurde anlässlich der Unabhängigkeitsreferenden in Québec in den Jahren 1980 und 1995 die Legitimität der Durchführung der Referenden zur Ermittlung des Willens der Provinzbevölkerung über den politischen Status Québecs durch die Bundesregierung und das Bundesparlament anerkannt[759].

Die Stellungnahmen von führenden Politikern auf Bundes- und Provinzebene, die Haltung der Regierungen und Parlamente der Provinzen sowie der Bundesregierung im Zusammenhang mit den genannten „Präzedenzfällen" weisen zwar auf die Anerkennung des Rechts der Bevölkerung Québecs hin, beruhend auf dem gemeinsamen historischen Schicksal sowie der sprachlichen, kulturellen und religiösen Besonderheit der frankophonen Bevölkerung, über den politischen

---

[752] Turp, L'avant-projet de loi sur la souveraineté du Québec, S. 8 f.; Turp, Le droit de choisir, S. 514.

[753] Turp, Le droit de choisir, S. 438 f.

[754] Turp, Le droit de choisir, S. 514.

[755] Brun/Tremblay, S. 248; vgl. zu den Referenden die Ausführungen in Teil 1, B III., D und Teil 2, E.

[756] Zum *Meech Lake-Abkommen* von 1987 und *Charlottetown-Abkommen* von 1992 vgl. Teil 1, C II., III.

[757] Brun, L'Action Nationale 86 (1996), S. 159.

[758] Brun, L'Action Nationale 86 (1996), S. 159.

[759] Vgl. die Zitate bei Beauchamp, RJEUL 6 (1992), S. 60 ff.; Makovka, RQDI 8 (1993/1994), S. 312; *Bertrand v. Québec (A. G.)*, D.L.R. 127 (4th), S. 408 (431).

Status der Provinz im Wege der Selbstbestimmung zu entscheiden[760]. Hieraus kann jedoch lediglich auf ein verfassungsrechtliches Selbstbestimmungsrecht der Provinz Québec als „constitutional convention“ geschlossen werden, jedoch nicht zugleich auf eine rechtliche Überzeugung von der Rechtsverbindlichkeit des Referendumsergebnisses[761], die die Anerkennung eines Rechts der Provinz, auf der Grundlage des geäußerten Volkswillens konkrete Maßnahmen zur Herbeiführung der Abtrennung der Provinz Québec ergreifen zu können[762], beinhalten würde. Die in der Provinz Québec durchgeführten Referenden in den Jahren 1980 und 1995 sind, wie in Teil 2 dargelegt, aus der Sicht des kanadischen Verfassungsrechts aufgrund des parlamentarischen Regierungssystems, das eine Handlung der Nationalversammlung – etwa die Initiierung eines Verfassungsänderungsverfahrens – erforderlich macht, um dem Volkswillen rechtliche Wirkung zu verleihen, lediglich konsultative, ohne unmittelbare Rechtswirkung ausgestaltete Verfahren[763]. Die in einem demokratischen Verfahren zustandegekommene Entscheidung stellt somit zwar eine Legitimitätsgrundlage für die Sezessionsbestrebungen dar, begründet jedoch aufgrund der primär politischen Natur von Referenden nicht die Vereinbarkeit der Sezession eines Gliedstaates mit der kanadischen Verfassung[764].

Gegen die Heranziehung des Demokratieprinzips als Grundlage für die Existenz einer „constitutional convention“ mit dem Inhalt, dem Votum der Provinzbevölkerung zugunsten einer Sezession Wirkung zu verleihen, spricht, dass dies nicht

---

[760] Vgl. die Stellungnahmen bei Turp, Le droit de choisir, S. 495 f.; Brun/Tremblay, S. 248; Brun, L'Action Nationale 86 (1996), S. 159, 164; Makovka, RQDI (1993/1994), S. 312; zu den Stellungnahmen der Politiker auf Provinz- und Bundesebene im Zusammenhang mit der Verfassungsreform im Jahre 1982 sowie dem Unabhängigkeitsreferendum in Québec im Jahre 1980 vgl. Beauchamp, RJEUL 6 (1992), S. 60 ff.

[761] Beauchamp, RJEUL 6 (1992), S. 58.

[762] Vgl. Zitate bei Brun, L'Action Nationale 86 (1996), S. 159.

[763] Vgl. *Reference re Secession of Quebec* (ILM 37 (1998), S. 1340 (1363), § 85): „The Constitution is the expression of the sovereignty of the people of Canada. It lies within the power of the people of Canada, acting through their various governments duly elected and recognized under the Constitution, to effect whatever constitutional arrangements are desired within Canadian territory, including, should it be so desired, the secession of Quebec from Canada (...)", (S. 1364, § 87): „(...) the results of a referendum have no direct role or effect in our constitutional scheme (...) a referendum (...) has no direct legal effect (...)", (S. 1364, § 88): „The amendment of the Constitution begins with a political process undertaken pursuant to the Constitution itself. In Canada, the initiative for constitutional amendment is the responsibility of democratically elected representatives of the participants in Confederation. These representatives may (...) take their cue from a referendum, but in legal terms, constitution-making in Canada (...) is undertaken by the democratically elected representatives of the people"; siehe auch *Bertrand v. Québec (A.G.)*, D.L.R. 127 (4th), S. 408 (429): „A referendum, by its nature, is consultative. It does not offend the legal or constitutional order"; so auch Brown-John, in: Kramer (Hrsg.), S. 147; Brun/Tremblay, S. 248; Beaudoin, in: McRoberts/Monahan (Hrsg.), S. 79; Young, S. 100.

[764] Hogg, NJCL 8 (1997), S. 38 f.; Woehrling, RQDI 7 (1991-1992), S. 28.

die demokratischen Rechte aller Kanadier berücksichtigen würde, deren demokratische Mitwirkungs- und Beteiligungsrechte sich nicht nur auf das Gebiet der Provinz, in der sie leben, sondern auf das gesamte kanadische Staatsgebiet erstrecken. Vor dem Hintergrund, dass die Sezession der Provinz Québec einen Vorgang von grundlegender Bedeutung für den gesamten kanadischen Staatsverband und seine Bevölkerung, insbesondere die in den übrigen Provinzen lebenden Frankokanadier, darstellt, wäre demzufolge im Falle der Annahme eines Referendums als formale Verfahrensvoraussetzung für die eine Sezession ermöglichende Verfassungsänderung ein bundesweites Referendum vorauszusetzen. Darüber hinaus ist insofern die Existenz einer „constitutional convention" abzulehnen, die alleine auf der Grundlage eines Mehrheitsvotums der Provinzbevölkerung für eine Unabhängigkeit der Provinz eine Verpflichtung zur Umsetzung des Sezessionswillens der Bevölkerung statuiert, als sich eine solche Verpflichtung aus einer Norm ableiten würde, die zwar als Bestandteil der kanadischen Verfassung anerkannt ist, jedoch mangels ihrer gerichtlichen Durchsetzbarkeit aus verfassungsrechtlicher Sicht eine schwache Stellung besitzt[765]. Wäre die Existenz einer solchen Verfassungskonvention zu bejahen, würden die in den Art. 38 ff. kodifizierten Verfahrensvorschriften für Verfassungsänderungen, die eine Einbeziehung des Bevölkerungswillens nicht beinhalten, umgangen werden; ihrer Rechtsnatur nach können jedoch Verfassungskonventionen keine kodifizierten Rechtsnormen derogieren oder modifizieren.

a. Auffassung des Supreme Court of Canada in der *Reference re Secession of Québec*

aa. Zusammenfassung der Entscheidungsgründe

Das Gutachten des Supreme Court of Canada in der *Reference re Secession of Québec* vom 20. August 1998 stellt eine „advisory opinion", d.h. eine Stellungnahme des Gerichts zu den ihm vorgelegten Rechtsfragen dar, die aus rechtlicher Sicht zwar lediglich einen empfehlenden Charakter und keine rechtliche Bindungswirkung besitzt[766], jedoch in der Rechtsprechungspraxis den verbindlichen Entscheidungen des Gerichts gleichgestellt wird[767].

---

[765] Zu den Voraussetzungen für die Herausbildung einer „constitutional convention" siehe oben Teil 4, B. II. 1.

[766] **Art. 53 *Supreme Court Act*** (R.S.Q. 1985, c. S-26): (1) The Governor in Council may refer to the Court for hearing and consideration important questions of law or fact concerning (a) the interpretation of the Constitution Act (...) (d) the powers of the Parliament of Canada, or of the legislatures of the provinces, or of the respective governments thereof, whether or not the particular power in question has been or is proposed to be exercised.
(2) The Governor in Council may refer to the Court for hearing and consideration important questions of law or fact concerning any matter, whether or not on the opinion of the court ejusdem generis with the enumerations contained in subsection (1), with reference to which the Governor in Council sees fit to submit any such question.

In der *Reference re Secession of Québec* hat sich der Supreme Court unter anderem mit dem Demokratieprinzip als Grundlage für eine einseitige Sezession der Provinz Québec auseinandergesetzt. Das Gericht hat die Auffassung vertreten, dass ein Votum der Provinzbevölkerung mit einer „klaren Mehrheit" für eine Sezession[768] in einem Unabhängigkeitsreferendum mit einer „klaren Fragestellung"[769] zwar kein Recht einer Provinz auf Sezession begründet[770], jedoch den Sezessionsbestrebungen einer Provinz eine demokratische Legitimität verleihen würde, die die anderen Mitglieder der Föderation anzuerkennen hätten[771]. Dies folge daraus, dass ein demokratisches Votum in einem Provinzreferendum als solches keine (verfassungs-) rechtliche Wirkung in dem Sinne habe, dass es die anderen der Verfassung zugrundeliegenden ungeschriebenen Prinzipien – Föderalismus[772], Rechtsstaatlichkeit, „constitutionalism"[773] und Minderheitenschutz[774] - verdrängen könne, insbesondere auch nicht die Wahrnehmung demokratischer Rechte der kanadischen Bevölkerung in den anderen Provinzen bzw. im Gesamtstaat Kanada[775]. Andererseits könne eine „klare Mehrheit" in einer Provinz für einen unabhängigen Status und damit die Ausübung der demokratischen Rechte der Québecer Bevölkerung auch nicht von der verfassungsrechtlichen Ordnung

(3) Any question concerning any of the matters mentioned in subsections (1) and (2), and referred to the Court by the Governor in Council, shall be conclusively deemed to be an important question.

767 Vgl. stellvertretend Hogg, Proceedings of the Special Committee of the Senate of Canada on Bill C-20, 2nd sess., 36th Parl., S. 3:58: „A decision of the Supreme Court in a reference is not bindung in the same way that a decision in a case between parties is binding, because there is no formal judgment that could lead to contempt of court proceedings for disobedience. However, in practice, such decisions are always treated as binding, simply because they are the considered views of the Supreme Court of Canada. We can be absolutely certain that the decision will be followed by all lower courts and by the Supreme Court of Canada itself. Therefore, any violation of the decision is bound to be ruled unconstitutional in later proceedings. Therefore, the decision must be changed". Hogg, zit. in: Dion, Proceedings of the Special Committee of the Senate of Canada on Bill C-20, 2nd sess., 36th Parl., S. 1:26: „(…) in practice, reference opinions are treated in the same way as other judicial opinions".

768 ILM 37 (1998), S. 1340 (1367), § 104 „clear majority"; (1364), § 87; (1366), § 100.

769 Bezugnahme in der *Reference re Secession of Québec* auf die „klare Fragestellung" in den §§ 93, 100, 148, 153 („clear question"); in den §§ 88, 92, 151 ("clear expression") und in § 87: „The referendum result, if it is to be taken as an expression of the democratic will, must be free of ambiguity in terms of questions asked".

770 ILM 37 (1998), S. 1340 (1364), § 87.

771 ILM 37 (1998), S. 1340 (1364), § 87: „ (...) an expression of the democratic will of the people of a province carries weight, in that it would confer legitimacy on the efforts of the government of Quebec to initiate the Constitution's amendment process in order to secede by constitutional means."

772 ILM 37 (1998), S. 1340 (1358 f.), §§ 55-60.

773 Zur Abgrenzung von Rechtsstaatsprinzip und „constitutionalism" vgl. ILM 37 (1998), S. 1340 (1361 f.), §§ 70-78.

774 ILM 37 (1998), S. 1340 (1362 f.), §§ 79-82.

775 ILM 37 (1998), S. 1340 (1360), § 66.

ignoriert werden[776]. Insoweit beruft sich der Supreme Court auf eine Art „Wechselwirkung" zwischen den genannten Verfassungsprinzipien[777], aus der sich unter den genannten Voraussetzungen die Verpflichtung zu Verhandlungen zwischen der Bundesregierung, Québec und den übrigen kanadischen Provinzen über die Bedingungen einer möglichen Sezession Québecs ergibt, die anschließend im Wege der Verfassungsänderung umzusetzen wären[778]. Dabei folgt nach Auffassung des Supreme Court aus den ungeschriebenen Verfassungsprinzipien nicht nur die Pflicht zu Verhandlungen über die Sezession einer Provinz, vielmehr sollen sich die Verhandlungen selbst auch nach den genannten Verfassungsgrundsätzen richten, um zu gewährleisten, dass die Interessen aller Seiten ausreichend Berücksichtigung finden[779]. In der Konsequenz ist aus der Entscheidung des Supreme Courts der Schluss zu ziehen, dass ein im Wege der Durchführung eines Referendums erzieltes Votum der Provinzbevölkerung zugunsten der Sezession einer Provinz der Bundesregierung und den anderen Provinzen die Verpflichtung auferlegt, gemeinsam mit der sezessionswilligen Provinz Verhandlungen über eine Verfassungsänderung („Amendment") aufzunehmen[780]. Eine „einseitige" Sezession einer Provinz ohne vorherige Verhandlungen und eine Verfassungsänderung wäre danach verfassungswidrig[781].

bb. Würdigung des Gutachtens

Anzumerken ist zum Gutachten des Supreme Court vom 20. August 1998 zum einen, dass das Gericht die Verfassungswidrigkeit einer Sezession der Provinz Québec ohne vorherige Verhandlungen zwar ausdrücklich unter Berufung auf die enumerierten ungeschriebenen Verfassungsprinzipien festgestellt hat[782], ohne sich jedoch im Einzelnen mit der Auslegung kodifizierter Verfassungsnormen zu befassen. Die vom Supreme Court aufgestellte Verpflichtung zu Verhandlungen findet weder eine Rechtsgrundlage im Verfassungstext noch kann sie mangels einer als verbindlich zu betrachtenden Verfassungspraxis als „constitutional convention" qualifiziert werden. Der Supreme Court schließt auf die Verhandlungspflicht im Vorfeld von Verfassungsänderungen unter Bezugnahme auf den Um-

[776] ILM 37 (1998), S. 1340 (1365), § 92.
[777] ILM 37 (1998), S. 1340 (1365), § 93.
[778] ILM 37 (1998), S. 1340 (1364), § 88; (1357), § 49; (1365), § 92; Hogg, Constitutional Law, S. 140 f.
[779] ILM 37 (1998), S. 1340 (1367), § 104; (1364 ff.), §§ 89 ff.
[780] ILM 37 (1998), S. 1340 (1366), § 97: „Under the Constitution, secession requires that an amendment be negotiated"; (1363, § 84): „The secession of a province from Canada must be considered in legal terms to require an amendment to the constitution, which perforce requires negotiation".
[781] ILM 37 (1998), S. 1340 (1363 f.), § 86: „(...) what is claimed by a right to secede „unilaterally" is the right to effectuate secession without prior negotiations with the provinces and the federal government".
[782] Tremblay, Revue du Barreau 58 (1998), S. 424.

stand, dass – der Sache nach unter Berufung auf das in Art. 46 Abs. 1[783] verankerte Initiativrecht für Verfassungsänderungen – jedes Mitglied der kanadischen Föderation das Recht auf Initiierung von Verfassungsänderungen habe; zu diesem Recht bestehe die korrespondierende Pflicht „to engage in constitutional discussions in order to acknowledge and address democratic expressions of a desire for change“[784]. Der Auffassung des Gerichts ist jedoch entgegenzuhalten, dass das in Art. 46 Abs. 1 verankerte Recht auf Initiierung einer Verfassungsänderung einen primär verfahrensrechtlichen Charakter besitzt und daher nicht geeignet ist, als Rechtsgrundlage für eine verfassungsrechtliche Verpflichtung zu Verhandlungen herangezogen zu werden[785]. Der Verweis auf das Initiativrecht einer Provinz und eine hieraus resultierende Pflicht der übrigen föderativen Mitglieder als „Adressaten“ (Bund und Provinzen) kann allenfalls als Indiz für die vom Supreme Court geforderten Verhandlungen dienen. Darüber hinaus hat der Supreme Court lediglich festgestellt, dass die Sezession der Provinz Québec im Anschluss an Verhandlungen zwischen Québec, dem Bund und den anderen Provinzen ein „Amendment“ zur Verfassung voraussetzen würde[786]; unbestimmt ist dieses Postulat jedoch insofern, als offengelassen wird, welche verfahrensrechtliche Grundsätze der Art. 38 ff. Anwendung finden sollen[787].
Auch den ausfüllungsbedürftigen Begriff der „klaren Mehrheit“ und der „klaren Fragestellung“ hat der Supreme Court nicht näher konkretisiert und daher eine hinreichende Bestimmung der rechtlichen Anforderungen an die zukünftige Referendenpraxis vermissen lassen. Zwar betont der Gerichtshof die Bedeutung der Verfassungsprinzipien, die im Rahmen der Verhandlungen Beachtung finden müssen; allerdings bringt er zugleich zum Ausdruck, dass der gesamte Verhand-

[783] **Art. 46 *Constitution Act von 1982***: (1) The procedures for amendment under sections 38, 41, 42, and 43 may be initiated either by the Senate or the House of Commons or by the legislative assembly of province. (2) A resolution of assent for the purposes of this Part may be revoked at any time before the issue of a proclamation authorized by it.

[784] ILM 37 (1998), S. 1340 (1361), § 69: „The Constitution Act, 1982 gives expression to this principle, by conferring a right to initiate constitutional change on each participant in Confederation. In our view, the existence of this right imposes a corresponding duty on the participants in Confederation to engage in constitutional discussions in order to acknowledge and address democratic expressions of a desire for change in other provinces. This duty is inherent in the democratic principle which is a fundamental predicate of our system of governance". (S. 1375), § 150: „(...) Our democratic institutions necessarily accommodate a continous process of discussion and evolution, which is reflected in the constitutional right of each participant in the federation to initiate constitutional change. This right implies a reciprocal duty on the other participants to engage discussions to address any legitimate initiative to change the constitutional order. (...) a clear majority vote in Quebec on a clear question in favour of secession would confer democratic legitimacy on the secession initiative which all of the other participants in Confederation would have to recognize".

[785] Dahingehend die Kritik von Dawson, NJCL 11 (1999-2000), S. 32; Tremblay, Revue du Barreau 58 (1998), S. 424.

[786] ILM 37 (1998), S. 1340 (1363), § 84; (1366), § 97.

[787] ILM 37 (1998), S. 1340 (1367), § 105.

lungsprozess einer Justizibialität durch die Gerichte entzogen ist und bei Verstößen gegen die Verhandlungspflicht allenfalls politische Sanktionen in Betracht kommen[788]. Auch die Definition der „klaren" Mehrheit soll allein politischen Erwägungen („political evaluation") unterliegen[789]. Diesbezüglich wird eine „supervisory role" des Supreme Courts über den politischen Verhandlungsprozess grundsätzlich abgelehnt[790]. Die letztgenannten Aspekte sowie das Bedürfnis der Konkretisierung der vom Supreme Court nicht hinreichend bestimmten Voraussetzungen für die Durchführung von Verhandlungen aller föderativen Mitglieder im Staat und der anschließenden Umsetzung des Verhandlungsergebnisses sprechen eher dafür, die vom Supreme Court geforderten Verhandlungen nicht als rechtliches, sondern als politisches Erfordernis zu qualifizieren. Dies würde auch dem Wesen von Verhandlungen entsprechen, die in erster Linie als politischer Prozess im Rahmen des Verfassungsänderungsverfahrens und nicht als dem Demokratie- oder Föderalismusprinzip immanente rechtliche Voraussetzung für Abstimmungen der verschiedenen Regierungsebenen über Verfassungsänderungen zu betrachten sind[791].

b. Anforderungen des *Clarity Act*

Als Konsequenz der Entscheidung des Supreme Court of Canada in der *Reference re Secession of Québec* im Jahre 1998 hat das kanadische Parlament am 29. Juni 2000 den *Act to give effect to the Requirements for Clarity as set out in the Opinion of the Supreme Court of Canada in the Quebec Secession Reference (Clarity Act)*[792] erlassen, um die Voraussetzungen für die vom Supreme Court postulierte verfassungsrechtliche Verpflichtung zu Verhandlungen über den politischen Status einer Provinz festzulegen. Gegenstand des Gesetzes sind Richtlinien für die kanadische Bundesregierung, die Verhandlungen – auch über ein Ausscheiden einer Provinz aus dem kanadischen Staatsverband – nur unter den im Gesetz aufgestellten Bedingungen aufzunehmen hat[793]; enthalten sind hingegen keine Vorgaben für die Durchführung eines Provinzreferendums[794].
Der *Clarity Act* verbietet der Bundesregierung, Verhandlungen über die Sezession einer Provinz aufzunehmen, wenn es in einem (Provinz-) Referendum keine

[788] ILM 37 (1998), S. 1340 (1366 f.), §§ 101 f.
[789] ILM 37 (1998), S. 1340 (1366), § 100; (1367), § 102; Woehrling, Revue Française de Droit Constitutionnel 37 (1998), S. 17.
[790] ILM 37 (1998), S. 1340 (1366), § 100.
[791] So auch Haljan, ICLQ 48 (1999), S. 456.
[792] Ch. 26, S.C. 2000 (Bill C-20).
[793] Dion, Proceedings of the Special Committee of the Senate of Canada on Bill C-20, 2nd sess., 36th Parl., S. 1:26 f.; Monahan, Proceedings of the Special Committee of the Senate of Canada on Bill C-20, 2nd sess., 36th Parl., S. 1:82.
[794] Dion, Proceedings of the Special Committee of the Senate of Canada on Bill C-20, 2nd sess., 36th Parl., S. 1:27.

„klare" Mehrheit hierfür gibt[795], wobei eine einfache Mehrheit als nicht ausreichend erachtet, sondern eine qualifizierte Mehrheit verlangt wird[796]. Angesichts der in den Referenden in den Jahren 1980 und 1995 von der Québecer Regierung gewählten missverständlichen Formulierung der Referendumsfrage[797] wird zum einen in Art. 1 *Clarity Act* das Erfordernis der „Klarheit" der Fragestellung dahingehend konkretisiert, dass eine Referendumsfrage nicht als „klar" zu qualifizieren ist, wenn sie die Frage nach einem unabhängigen Status einer Provinz mit einer wirtschaftlichen oder politischen Partnerschaft mit (Rest-) Kanada verbindet. Ein wesentlicher Aspekt ist darüber hinaus die dem House of Commons übertragene Kompetenz zur Überprüfung der Klarheit der Fragestellung sowie der erzielten Mehrheit in dem betreffenden Referendum[798].
Die Ablehnung des *Clarity Acts* durch Québec kommt insbesondere in dem von der Québecer Nationalversammlung am 12. Dezember 2000 verabschiedeten *Act Respecting the Exercise of the Fundamental Rights and Prerogatives of the Qué-*

---

[795] Art. 2 Abs. 4, Art. 1 Abs. 6, Art. 3 Abs. 2 *Clarity Act.*

[796] **Art. 3 *Clarity Act*:** It is recognized that there is no right under the Constitution of Canada to effect the secession of a province from Canada unilaterally and that, therefore, an amendment to the Constitution of Canada would be required for any province to secede from Canada, which in turn would require negotiations involving at least the governments of all of the provinces and the Government of Canada.
Art. 2 *Clarity Act*: (2) In considering whether there has been a clear expression of a will by a clear majority of the population of a province that the province cease to be part of Canada, the House of Commons shall take into account (a) the size of the majority of valid votes cast in favour of the secessionist option; (b) the percentage of eligible voters voting in the referendum; and (c) any other matters or circumstances it considers to be relevant. (4) The Government of Canada shall enter into negotiations on the terms on which a province might cease to be part of Canada unless the House of Commons determines, pursuant to this section, that there has been a clear expression of a will by a clear majority of the population of that province that the province cease to be part of Canada.

[797] Vgl. ausführlich Teil 1, B III., D zu den Fragestellungen in den Québecer Unabhängigkeitsreferenden von 1980 und 1995.

[798] **Art. 1 *Clarity Act*:** (3) In considering the clarity of a referendum question, the House of Commons shall consider whether the question would result in a clear expression of the will of the population of a province on whether the province should cease to be part of Canada and become an independent state. (4) For the purpose of subsection (3), a clear expression of the will of the population of a province that the province cease to be part of Canada could not result from (a) a referendum question that merely focuses on a mandate to negotiate without soliciting a direct expression of the will of the population of that province on whether the province should cease to be part of Canada; or (b) a referendum question that envisages other possibilities in addition to the secession of the province from Canada, such as economic or political arrangements with Canada, that abscure a direct expression on whether the province should cease to be part of Canada. (6) The Parliament shall not enter into negotiations on the terms on which a province might cease to be part of Canada if the House of Commons determines, pursuant to this section, that a referendum question is not clear and for that reason, would not result in a clear expression of the will of the population of that province on whether the province should cease to be part of Canada.

bec People and the Québec State (Fundamental Rights Act, Bill 99)[799] zum Ausdruck. Das Québecer Gesetz sieht im Gegensatz zum *Clarity Act* ausdrücklich eine einfache Mehrheit in einem Referendum als ausreichend für ein positives Votum an[800] und postuliert das Recht der Provinzbevölkerung Québecs, frei über ihren politischen Status zu entscheiden und das Verfahren zu wählen, mittels dessen der Wille der Québecer Bevölkerung festzustellen ist[801]. Der Québecer *Bill 99* ist jedoch wiederum auf Widerstand der in der Provinz lebenden „Aboriginal peoples" gestoßen, die hierin eine Versagung ihres Rechts auf Verbleib im kanadischen Staatsverband im Falle einer Sezession Québecs und aufgrund der Terminologie im *Bill 99*, der von dem „Québecer Volk" und damit ohne Differenzierung von dem gesamten „Provinzvolk" spricht, eine Versagung des Anspruchs auf Geltung ihrer eigenen Referenden sehen[802].

Die vom Schrifttum vorgebrachten Bedenken gegen die Verfassungsmäßigkeit des *Clarity Acts* stützen sich zum einen darauf, dass das Gesetz dem Gutachten des Supreme Court in der *Reference re Secession of Québec* widerspreche. Das Gericht habe lediglich eine „klare" Mehrheit in einem Referendum für dessen demokratische Legitimitation gefordert; die im *Clarity Act* normierte qualifizierte Mehrheit schränke die demokratische Willensbildung zu sehr ein[803]. In Bezug auf die Fragestellung in einem Referendum wird angemerkt, dass die konkrete Frage nach einer Souveränität in Verbindung mit einer wirtschaftlichen oder politischen Partnerschaft mit (Rest-) Kanada aufgrund der in der *Reference re Secession of Québec* postulierten verfassungsrechtlichen Verpflichtung zu Verhandlungen über die Einzelheiten der angestrebten Sezession einer Provinz[804] die gleiche Legitimität besitzen würde wie eine Fragestellung, die den im *Clarity Act* enthaltenen Anforderungen genügt[805]. Gegen die Verfassungsmäßigkeit des *Clarity Act* wird ferner angeführt, dass im Gesetz keine Berücksichtigung finde, dass

---

[799] S.Q. 2000, c. 46 (1st Sess., 36th Leg., Québec, 1999); in Kraft getreten am 28. Februar 2001.

[800] **Art. 4 *Fundamental Rights Act (Bill 99)***: When the Québec people is consulted by way of a referendum under the Referendum Act, the winning option is the option that obtains a majority of the valid votes cast, namely fifty percent of the valid votes cast plus one.

[801] **Art. 3 *Fundamental Rights Act (Bill 99)***: The Québec people, acting through its own political institutions, shall determine alone the mode of exercise of its right to choose the political regime and legal status of Québec. No condition or mode of exercise of that right, in particular the consultation of the Québec people by way of referendum, shall have effect unless determined in accordance with the first paragraph.

[802] Vgl. hierzu Grand Council of the Crees, Sovereign Injustice, Kapitel 9; Moses, Proceedings of the Special Committee of the Senate of Canada on Bill C-20, 2nd sess., 36th Parl., S. 5:11.

[803] Turp, Le droit de choisir, S. 697 f.; a.A. Hogg (NJCL 8 (1997), S. 38) erachtet eine absolute Mehrheit als angemessen und verweist darauf, dass nach der kanadischen Rechtsordnung bei Wahlen, die im Gegensatz zur Sezession eines Gliedstaates in regelmäßigen zeitlichen Abständen stattfinden und unter bestimmten Umständen angefochten werden können, eine einfache Mehrheit ausreicht.

[804] ILM 37 (1998), S. 1340 (1361), § 69, vgl. auch (1375), § 150, abgedruckt in Fn. 786.

[805] Vgl. Art. 1 Abs. 4 *Clarity Act*, abgedruckt in Fn. 800.

eine „klare" Mehrheit voraussetze, dass nicht nur die in Québec lebende Bevölkerung, sondern auch die im übrigen Staatsgebiet lebenden frankophonen Québecer abstimmungsberechtigt sein sollten[806]. Die Kontrollkompetenz des House of Commons stehe insofern dem Bundesstaatsprinzip entgegen, als das House of Commons mit einer Mehrheit von Parlamentsabgeordneten, die nicht aus Québec stammen, über die Akzeptanz der Referendumsfrage debattieren und die Modalitäten der Durchführung eines Provinzreferendums kontrollieren soll. Der Bund maße sich durch das Gesetz die Kompetenz an, über Angelegenheiten zu entscheiden, für die ausschließlich die Nationalversammlung von Québec zuständig sei (vgl. *Loi sur la consultation populaire*)[807]. Außerdem sei kein Grund ersichtlich, den Senat, der sich aus Provinzvertretern zusammensetzt, hiervon auszuschließen[808]. Kritisiert wird außerdem die Unbestimmtheit des Gesetzes, das zwar eine Fragestellung nach der Souveränität verbunden mit einer Partnerschaft verbietet, jedoch nicht hinreichend bestimmt, was eine „klare Fragestellung" bedeutet[809].

Aus den Entscheidungsgründen des Gutachtens des Supreme Court of Canada in der *Reference re Secession of Québec* sowie dem *Clarity Act* kann als Grundlage für die weitere Untersuchung die Erkenntnis gewonnen werden, dass sowohl im Gutachten des Supreme Court of Canada als auch im *Clarity Act* der Sache nach anerkannt wird, dass die Loslösung einer Provinz aus dem kanadischen Staatsverband grundsätzlich im Wege einer Verfassungsänderung rechtlich zulässig ist. Hierbei ist ein von der Provinzbevölkerung „klar" ausgedrückter Wille zur Sezession von dem Rest des Bundesstaates insoweit zu respektieren, als dieses Votum die verfassungsrechtliche Verpflichtung zu Verhandlungen über die Sezession der Provinz im Vorfeld einer Verfassungsänderung auslöst, die an bestimmte Bedingungen geknüpft ist. Allerdings stellt die konstatierte verfassungsrechtliche Pflicht zu Verhandlungen, basierend auf einem mehrheitlichen Votum der Provinzbevölkerung zugunsten einer Sezession, als solche keine Rechtsgrundlage für die Sezession einer Provinz dar, sondern unterstreicht die Verfassungswidrigkeit einer einseitigen Sezession einer kanadischen Provinz.

---

806 Miller, Proceedings of the Special Committee of the Senate of Canada on Bill C-20, 2nd sess., 36th Parl., S. 4:5, 4:8.

807 L.R.Q., c. C-64.1 (Projet de loi no. 92, 1978); Turp, Le droit de choisir, S. 696; Lachapelle, Proceedings of the Special Committee of the Senate of Canada on Bill C-20, 2nd sess., 36th Parl., S. 3:86.

808 Dion, Proceedings of the Special Committee of the Senate of Canada on Bill C-20, 2nd sess., 36th Parl., S. 1:26.

809 Lachapelle, Proceedings of the Special Committee of the Senate of Canada on Bill C-20, 2nd sess., 36th Parl., S. 3:87.

3. Ergebnis

Die aus kodifizierten Rechtsquellen als auch aus ungeschriebenem Recht – hierzu gehören das auf Präzedenzentscheidungen der Gerichte beruhende *Common Law* sowie die in der Verfassungspraxis herausgebildeten „constitutional conventions“ – bestehende kanadische Verfassung beinhaltet kein Sezessionsrecht für die einzelnen Gliedstaaten oder Territorien. Die von Teilen der Lehre vertretene Existenz einer Verfassungskonvention („constitutional convention“), die eine Sezession Québecs ohne die Zustimmung (Rest-) Kanadas allein auf der Grundlage eines der Sezession zustimmenden Votums der Provinzbevölkerung unter Berufung auf das Demokratieprinzip für rechtmäßig erachtet, ist abzulehnen.

Die Herausbildung einer ungeschriebenen Verfassungskonvention, die ein Sezessionsrecht zum Gegenstand hat, setzt eine bestimmte Verfassungspraxis voraus, die erkennen lässt, dass die staatlichen Organe ein Sezessionsrecht auf dieser Grundlage als rechtsverbindlich anerkennen. Hierfür gibt es jedoch keine Anhaltspunkte; diese sind lediglich für die Herausbildung einer „constitutional convention“ vorhanden, die allgemein ein Selbstbestimmungsrecht der Bevölkerung Québecs anerkennt. Insofern berechtigt allein ein Mehrheitsvotum der Provinzbevölkerung für die Unabhängigkeit der Provinz weder zu einer Sezession noch resultiert aus einem solchen Votum die Pflicht (Rest-) Kanadas zur Umsetzung des Sezessionswillens der Bevölkerung im Wege einer Verfassungsänderung.

In der *Reference re Secession* hat der Supreme Court unter Berufung auf das Demokratieprinzip zwar die Auffassung vertreten, dass ein Votum der Provinzbevölkerung in einem Referendum zugunsten eines unabhängigen Status kein Sezessionsrecht begründe. Allerdings hat der Supreme Court zugleich anerkannt, dass eine „klare Mehrheit“ in einer Provinz für einen unabhängigen Status die Verpflichtung zu Verhandlungen zwischen der Bundesregierung, der Regierung von Québec und den Regierungen der übrigen kanadischen Provinzen über die Bedingungen einer möglichen Sezession Québecs begründe, die im Wege der Verfassungsänderung umzusetzen wären.

III. Begründung eines Rechts auf Sezession auf der Grundlage der „compact theory of Confederation“

1. Inhalt der „compact theory of Confederation“

In der verfassungsrechtlichen Literatur wird diskutiert, ob die Provinz Québec ein Recht auf unilaterales Ausscheiden aus dem kanadischen Staatsverband auf der Grundlage der sogenannten „compact theory of Confederation“ geltend machen könne. Die „compact theory of Confederation“ ist zwar in unterschiedlichen Ausgestaltungen anzutreffen, beinhaltet jedoch als Grundgedanken, dass sich die Gründung der kanadischen Föderation im Jahre 1867 im Wege des Abschlusses eines Vertrages[810] und nicht durch den Erlass eines formellen Gesetzes[811] in Form des *British North America Act von 1867* vollzogen habe[812]. Unterschiedliche Auffassungen bestehen im Hinblick auf die an der Gründung der Föderation im Wege des Vertragsschlusses beteiligten Einheiten: Nach einer Auffassung stelle der *British North America Act von 1867* einen Vertrag zwischen den ursprünglichen britischen und französischen Kolonien als sogenannte „founding nations" dar[813]; von anderen Autoren wird die Gründung der kanadischen Föderation als ein ursprünglich zwischen den vier Gründungsprovinzen[814] geschlossener Vertrag angesehen, dem nachfolgend die anderen Provinzen beigetreten sind[815]. Von den Vertretern der „compact theory" wird grundsätzlich angenommen, dass die Gründungssubjekte jeweils ein aus dem der Föderation zugrundeliegenden Vertrag im Wege der Auslegung zu entnehmendes Recht auf Ausscheiden aus dem von ihnen gegründeten Staatsverband besitzen[816]. Angesichts der hier zu klärenden Frage der Rechtmäßigkeit einer Sezession der Provinz Québec beschränkt sich die folgende Untersuchung auf eine Auseinandersetzung mit der Ausprägung der „compact theory", die die Provinzen als Gründungseinheiten ansieht.

2. Rechtsnatur des *British North America Act von 1867*

Die „compact theory" setzt voraus, dass der *British North America Act von 1867 (BNA-Act von 1867)* als Gründungsdokument aus rechtlicher Sicht als „Vertrag"[817] und nicht als „Gesetz"[818] zu qualifizieren ist. Nur bei Annahme einer

---

[810] MacDonald, Osgoode Hall Law Journal 29 (1991), S. 281, 284, 286 ff.; Stevenson, S. 47; Cook, S. 41 f.

[811] MacDonald, Osgoode Hall Law Journal 29 (1991), S. 281: sog. „statute theory".

[812] Im Rahmen der Erörterungen der „compact theory of Confederation" wird die zum Zeitpunkt der Gründung der kanadischen Föderation maßgebliche Bezeichnung *British North America Act von 1867* verwendet.

[813] Morin/Woehrling, S. 159; Cook, S. 2; zur „compact theory of cultures" aus historischer Sicht vgl. Cook, S. 51 ff.; zur Diskussion über die Qualifizierung des *British North America Act von 1867* als „binational (bilingual) compact" siehe Silver, S. 148 f., 170 f., 192 ff.; Arès, S. 225 ff.; Creighton, Journal of Canadian Studies 1 (1996), S. 9.

[814] Novia Scotia, New Brunswick, Upper Canada und Lower Canada.

[815] Allgemein zur „compact theory" und „two founding nations-theory" vgl. MacDonald, Osgoode Hall Law Journal 29 (1991), S. 284, 286 ff. Rede von Sir Wilfrid Laurier im House of Commons im Jahre 1907, zitiert in: Gérin-Lajoie, S. 292.

[816] MacDonald, Osgoode Hall Law Journal 29 (1991), S. 281, 284, 286 ff.; Stevenson, S. 47; Cook, S. 41 f.

[817] In der kanadischen Rechtsprechung wurde zwar in einigen Entscheidungen des Judicial Committee of the Privy Council auf die „compact theory" Bezug genommen, ohne jedoch auf deren Ursprung oder Geltung näher einzugehen: *Re Aerial Navigation. A.-G. Can. v. A.-G. Ont. et al. (Privy Council)* (1932) 1 D.L.R., S. 58 (65): „Inasmuch as the (BNA-) Act embodies a compromise under which the original Provinces agreed to federate, it is important to keep in mind that the preservation of the rights of minorities was a condition on which such minori-

Vertragsnatur würde sich die Frage stellen, ob hieraus zugleich ein Austrittsrecht der Vertragsparteien, der Provinzen oder „founding nations", resultiert. Der *BNA-Act von 1867* ist durch ein britisches Parlamentsgesetz („Royal Proclamation") erlassen worden[819]. Damit ist aber die Ausgangsfrage noch nicht beantwortet, da das Gesetz auch nur eine vertragliche Übereinkunft der Provinzen a posteriori formell in Gesetzesform übernommen haben kann[820].

Für eine Vertragseigenschaft spricht die auf freiwilliger Basis erfolgte Vereinbarung der Provinzen über die Gründung der kanadischen Föderation und damit einhergehender verbindlicher Rechte und Pflichten der einzelnen föderativen Mitglieder[821]. Die Vertragseigenschaft könnte ferner damit begründet werden, dass die im Vorfeld des Inkrafttretens des *BNA-Act von 1867* zu dessen Ausarbeitung auf der Verfassungskonferenz in Québec[822] erlassenen *Québec Resolutions*[823] bereits einen „Vertrag" darstellten und daraus auch auf die Vertragseigenschaft des späteren *BNA-Act von 1867* geschlossen werden könnte[824]. Mit den im Rahmen der *Québec Conference* im Jahre 1864 ausgearbeiteten 72 *Québec Reso-*

---

ties entered into the federation, and the foundation upon which the whole structure was subsequently erected. The process of interpretation as the years go on ought not to be allowed to dim or to whittle down the provisions of the original contract upon which the federation was founded, nor is it legitimate that any judicial construction of the provisions of ss. 91 and 92 should impose a new and different contract upon the federating bodies"; vgl. auch *Canada (Attorney General) v. Ontario (Attorney General) (Privy Council)* (1937) 1 D.L.R., S. 673 (682): „(…) in the interprovincial compact to which the B.N.A. Act gives effect".

818 Die Entscheidung *Bonanza Creek Gold Mining Co. v. The King (Privy Council)* (1916) 26 D.L.R., S. 273 (280) spricht für die Gesetzestheorie: „(...) to establish wholly new Dominion and Provincial Governments, with defined powers and duties, both derived from the statute (BNA-Act) which was their legal source".

819 Marchildon/Maxwell, Virginia Journal of International Law 32 (1992), S. 593 ff.; der *British North America Act von 1867* enthält keine Aussagen über dessen Vertrags- oder Gesetzeseigenschaft: Vgl. Titel: „An Act for the Union of Canada, Nova Scotia, and New Brunswick, and the Government thereof; and for the Purposes connected therewith"; erster Absatz der Präambel: „Whereas the Provinces of Canada, Nova Scotia and New Brunswick have expressed their Desire to be federally united into One Dominion under the Crown of the United Kingdom of Great Britain and Ireland, with a Constitution similar in Principle to that of the United Kingdom"; Art. 3 *Constitution Act von 1867*: It shall be lawful for the Queen, by and with the Advice of Her Majesty's Most Honourable Privy Council, to declare by Proclamation that, on and after the passing of this Act, the Provinces of Canada, Nova Scotia, and New Brunswick shall form and be One Dominion under the Name of Canada; and on and after that Day those Three Provinces shall form and be One Dominion under that Name accordingly.

820 Hierfür spricht *Canada (Attorney General) v. Ontario (Attorney General) (Privy Council)* (1937) 1 D.L.R., S. 673 (682): „(…) in the interprovincial compact to which the B.N.A. Act gives effect".

821 Marchildon/Maxwell, Virginia Journal of International Law 32 (1992), S. 595.

822 Charlottetown-Konferenz im September 1864, Québec-Konferenz im Oktober 1864, London-Konferenz im Dezember 1866.

823 Text der Québec-Resolutionen wiedergegeben in: Pope (Hrsg.), S. 38 ff.

824 Arès, S. 245.

lutions haben die Delegierten der teilnehmenden britischen Kolonien in Nordamerika beschlossen, gemeinsam eine Union auf föderaler Basis zu gründen[825]. Zwar wird vom Privy Council ausdrücklich auf die *Resolutions* als „Vertrag" Bezug genommen[826]. Angesichts des Umstandes, dass die britische Krone die Delegierten der an der *Québec Conference* beteiligten Provinzen jedoch nicht dazu ermächtigt hatte, ein verbindliches Abkommen zwischen ihnen abzuschließen[827], das ein Bündnis mit den anderen britischen Kolonien zum Gegenstand hat[828], sind die *Québec Resolutions* lediglich als Erklärungen ohne rechtsverbindlichen Charakter, d.h. als Empfehlungen oder Absichtserklärungen zu qualifizieren, die zum Zwecke ihrer Umsetzung im Wege des Erlasses eines britischen Parlamentsgesetzes an die britische Krone gerichtet werden sollten[829]. Selbst wenn die kanadische Föderation aus einer in Form der *Québec Resolutions* aus dem Jahre 1864 und der auf den Verfassungskonferenzen bis 1866 getroffenen Übereinkunft der Kolonien hervorgegangen sein sollte, wurde sie rechtlich erst durch den Erlass eines britischen Parlamentsgesetzes („Royal Proclamation") in Form des am 1. Juli 1867 in Kraft getretenen *BNA-Act von 1867* wirksam errichtet[830]. Gegen die Vertragsnatur des *BNA-Act von 1867* ist darüber hinaus einzuwenden, dass die kanadischen Provinzen vor dem Inkrafttreten des *BNA-Act von 1867* britische Kolonien gewesen sind, die zwar eine weitgehende Autonomie

---

825 Québec-Resolution Nr. 1: „The best interests and present and future prosperity of British North America will be promoted by a Federal Union under the Crown of Great Britain provided such Union can be effected on principles just to the several Provinces"; Québec Resolution Nr. 2: „In the Federation of the British North American Provinces (...)" (Text wiedergegeben in: Pope (Hrsg.), S. 98 ff.); Stanley, in: Francis/Smith (Hrsg.), S. 509; Arès, S. 199; Rogers, The Canadian Bar Review 9 (1931), S. 397 f.

826 Das *Privy Council* bezieht sich auf den *British North America Act von 1867* als „treaty" in: *Attorney-General for the Commonwealth of Australia v. Colonial Sugar Refining Company Limited* (1914) A.C., S. 237 (252 f.).

827 Rogers, The Canadian Bar Review 9 (1931), S. 399 f.

828 Arès, S. 192.

829 Rogers, The Canadian Bar Review 9 (1931), S. 408; Arès, S. 181, 199, S. 184: *British North America Act von 1867* als britisches Parlamentsgesetz, das sich jedoch auf einen zuvor bestehenden Vertrag stützt; a.A. Silver (S. 50, 118), der die Vertragseigenschaft bejaht und das britische Parlamentsgesetz lediglich als notwendig dafür ansieht, diesen „interprovincial treaty" in Gesetzesform umzuwandeln.
Vgl. Wortlaut der Québec-Resolution Nr. 70: „The Sanction of the Imperial and Local Parliaments shall be sought for the Union of the Provinces, on the principles adopted by the Conference"; Québec-Resolution Nr. 72: „The proceedings of the Conference shall be authenticaled by the signatures of the Delegates, and submitted by each Delegation to its own Government, and the Chairman is authorized to submit a copy to the Governor-General for transmission to the Secretary of State for the Colonies" (Text wiedergegeben in: Pope (Hrsg.), S. 98 ff.).

830 Stanley, in: Francis/Smith (Hrsg.), S. 514; Rogers, The Canadian Bar Review 9 (1931), S. 408.

hinsichtlich der eigenständigen Wahrnehmung ihrer internen Angelegenheiten besaßen, jedoch mangels (Völker-) Rechtsfähigkeit nicht vertragsfähig waren[831]. Zudem spricht gegen eine Vertragseigenschaft des *BNA-Act von 1867*, dass die später in die kanadische Konföderation eingetretenen britischen Kolonien Prince Edward Island, British Columbia und Newfoundland keine Beitrittsvereinbarung mit den ursprünglichen Gründungsmitgliedern abgeschlossen haben, deren Einverständnis im Falle der Vertragseigenschaft des *BNA-Act von 1867* erforderlich gewesen wäre[832]. Stattdessen wurden die erforderlichen Vereinbarungen über die Aufnahme in die kanadische Föderation nach Maßgabe des Art. 146 *BNA-Act von 1867* nur zwischen der britischen Krone, dem kanadischen Parlament und den gesetzgebenden Versammlungen der beitrittswilligen Provinzen getroffen[833]; eine Beteiligung der Gründungsprovinzen des kanadischen Staatsverbandes sowie der später beigetretenen Provinzen am Aufnahmeprozess ist hingegen im *BNA-Act von 1867* nicht vorgesehen. Es sprechen damit gewichtige Gründe gegen die Annahme einer Vertragsnatur des *BNA-Act von 1867* und ein hieraus ableitbares Sezessionsrecht der Provinzen als actus contrarius[834]. Hinzu kommt Folgendes: Auch im Falle der Annahme einer vertraglichen Grundlage der kanadischen Föderation wäre hiermit nicht zwingend ein Austritts- oder Sezessionsrecht einer Provinz verbunden. Ein solches kann vielmehr im „Gründungsvertrag" ausgeschlossen sein. Das Ausscheiden einer Provinz kann ausdrücklich vereinbart sein, was hier nicht der Fall ist, oder sich durch Auslegung aus dem Vertrag ergeben. Es kann zum Beispiel daraus folgen, dass die Vertragsparteien eine Staatskonzeption vereinbart haben, die mit einem Austrittsrecht der Provinzen in Einklang zu bringen wäre. Im Gegensatz zu einem Verbund von Staaten, die auch nach dem Zusammenschluss ihre Souveränität behalten wollen, spricht die vereinbarte bundesstaatliche Struktur des kanadischen Staatsverbandes jedoch gegen ein unilaterales Austrittsrecht der Provinzen als föderative Mitglie-

---

[831] Arès, S. 179 f., 192. Der *Colonial Laws Validity Act* (1865 (U.K.) 28 & 29 Victoria, c. 63) verwies ausdrücklich darauf, dass die britischen Kolonien in Nordamerika keine Gesetzgebungsrechte besitzen, sondern diese allein dem britischen Parlamentes zustehen.

[832] Gérin-Lajoie, S. 208.

[833] **Art. 146 *Constitution Act von 1867*** abgedruckt in Fn. 714; Arès, S.189.

[834] Im „Tremblay-Report" der Québecer Regierung („*Report of the Royal Commission or Inquiry on Constitutional Problems*" (Vol. II, S. 142 f.)) aus dem Jahre 1956 wird die „compact theory" als Leitlinie für eine Verfassungsauslegung im Sinne des Prinzips der Gleichheit der Provinzen aufgefaßt: „(...) anyone who searches for the true nature and sense of the 1867 union cannot overlook the existence of this prior agreement between the two principal races or national groups; an agreement which aimed at giving each of them official status in the Confederation along with equality of treatment (...) Such was the presiding spirit when the 1864-1867 agreement between the two main races was being drawn up. There was no question of victor or vanquished nor of a superior or inferior race; both were to be associates and partners with each possessing equal rights with respect to the survival of their ethnic groups in the Canadian union. It has been in this sense that the Province of Quebec has always interpreted and understood the spirit, and, therefore, the nature, of Confederation".

der[835]. Dies lässt den Schluss zu, dass die Vereinbarung eines bundesstaatlichen Zusammenschlusses mit dem hiermit einhergehenden „Verzicht“ der konstituierenden Einheiten auf zuvor bestandene Souveränitätsrechte ein durch Auslegung zu ermittelndes Austrittsrecht ausschließt oder zumindest für ein Ausscheiden aus der Union besondere Umstände – im Sinne der Anforderungen an ein aus dem völkerrechtlichen Selbstbestimmungsrecht ableitbares Sezessionsrecht der Provinz – voraussetzt, die, wie dargelegt, im Falle einer Sezession der Provinz Québec jedoch nicht erfüllt wären.

3. Ergebnis

Ein aus dem *BNA-Act von 1867* als Gründungsdokument der kanadischen Föderation resultierendes Austrittsrecht einer Provinz aus dem kanadischen Staatsverband auf der Grundlage der sog. „compact theory of Confederation“ ist zu verneinen. Die „compact theory“ beruht auf der Annahme, dass es sich bei dem *BNA-Act von 1867*, dem Gründungsdokument des kanadischen Staates, um einen „Vertrag“ handelt, an dessen Abschluss Québec als eine der Gründungsprovinzen oder – so eine Meinung unter den Vertretern der „Vertragstheorie“ – als ursprünglich französische Kolonie und damit „Repräsentant“ der französischen „Gründungsnation“ beteiligt gewesen ist. Auch wenn der *BNA-Act von 1867* Anhaltspunkte für eine Vertragseigenschaft aufweist, resultiert allein aus der Vertragsnatur kein Sezessionsrecht etwa als actus contrarius zum Akt der Gründung oder des Beitritts zur kanadischen Föderation. Ein solches Austrittsrecht ist weder ausdrücklich im *BNA-Act von 1867* verankert noch im Wege der Auslegung diesem zu entnehmen; in erster Linie ist gegen ein Sezessionsrecht anzuführen, dass der Zusammenschluss der Gründungsprovinzen bzw. -nationen zu einem föderativen Verbund unter Verzicht auf souveräne Rechte innerhalb des konstituierten Bundesstaates erfolgt ist.

C. Sezession einer kanadischen Provinz im Wege der Verfassungsänderung

Mangels eines ungeschriebenen verfassungsrechtlichen Sezessionsrechts der kanadischen Provinzen, weder als Inhalt einer „constitutional convention“ noch auf der Grundlage der „compact theory of Confederation“, ist die Möglichkeit der Sezession einer Provinz im Wege der Verfassungsänderung in Betracht zu ziehen. Hierauf hat auch der Supreme Court of Canada in der *Reference re Secession of Québec* im Jahre 1998 verwiesen, ohne jedoch auf die konkrete Anwendbarkeit und Ausgestaltung der im *Constitution Act von 1982* niedergelegten Ver-

---

[835] Arès, S. 210 f.; in diesem Sinne auch Doehring (Rn. 130), der darauf abstellt, dass die Verankerung eines (einseitigen) Sezessionsrechts in der Verfassung gegen die Annahme eines bundesstaatlichen und für einen staatenbündischen Zusammenschluss spreche.

fahren für Verfassungsänderungen einzugehen[836]. Die Sezession der Provinz Québec ist zwar nicht in der Verfassung geregelt, würde aber beispielsweise zahlreiche Normen der *Constitution Acts von 1867 und 1982* betreffen, die sich ausdrücklich auf Québec beziehen[837]. Eine Verfassungsänderung könnte die Inkorporation eines ausdrücklichen verfassungsrechtlichen Sezessionrechts aller Provinzen oder eines Verfassungsartikels zum Gegenstand haben, der entweder den Ausschluss der Provinz Québec aus dem kanadischen Staatsverband oder die Außerkraftsetzung der Bundesverfassung für die Provinz Québec regelt, verbunden mit der Streichung der auf Québec bezogenen Verfassungsartikel.
Die Verfahrensvoraussetzungen für Verfassungsänderungen richten sich grundsätzlich nach den Art. 38 ff. *Constitution Act von 1982*, deren Ungültigkeit von der Québecer Regierung bereits vor deren Inkrafttreten unter Berufung auf die fehlende Zustimmung Québecs zum *Canada Act von 1982* sowie formale Mängel reklamiert wurde. Die Verabschiedung des *Constitution Act von 1982* ohne die Zustimmung der Provinz Québec hat jedoch, wie vom Supreme Court in den Jahren 1981 und 1982 entschieden[838], mangels des Bestehens eines Vetorechts der Provinzen bei Verfassungsänderungen, die legislative Kompetenzen der Provinzen berühren, sowie aufgrund der Unerheblichkeit der gerügten Formmängel nicht die Nichtigkeit der am 17. April 1982 in Kraft getretenen Verfassungsnormen oder die Nichtanwendbarkeit der Verfassung auf Québec zur Folge[839].
Die nachfolgende Untersuchung soll klären, ob die kanadische Verfassung ein Verfahren für eine Verfassungsänderung vorsieht, die die Sezession der Provinz Québec ermöglichen würde. Da die Art. 38 ff. nicht ausdrücklich die Sezession einer Provinz zum Gegenstand haben, stellt sich zunächst die Frage, ob die Sezession einer Provinz als grundlegende Änderung des Gesamtgefüges des kanadischen Staatsverbandes (noch) als Verfassungsänderung betrachtet werden kann oder vielmehr eine vollständige Auflösung des kanadischen Staatsverbandes bedeuten würde, die sich nicht im Wege der Verfassungs„*änderung*" vollziehen könnte. Im Fall der grundsätzlichen Anwendbarkeit der Regeln für Verfassungsänderungen ist für die Erfolgsaussichten einer im Wege der Verfassungsänderung zu vollziehenden Sezession klärungsbedürftig, welches der in den Art. 38

---

[836] Vgl. *Reference re Secession of Quebec* (ILM 37 (1998), S. 1340 (1367), § 105): „(...) we refrain from pronouncing on the applicability of any particular constitutional procedure to effect secesion unless and until sufficiently clear facts exist to squarely revise an issue for judicial determination".

[837] Art. 5, 6, 22, 23 Abs. 6, 37, 40, 63, 65, 71-79, 82-87, 93 Abs. 2, 98, 109, 133-144 *Constitution Act von 1867 bis 1982.*

[838] *Reference re Resolution to amend the Constitution* (1981) 1 S.C.R., S. 753 ff.; *Reference re Objection by Québec to a Resolution to Amend the Constitution* (1982) 2 S.C.R., S. 793 ff.

[839] Vgl. *Bertrand v. Québec (A. G.)*, 127 D.L.R. (4th), S. 408 (427); *Bertrand v. Québec (A. G.)*, 138 D.L.R. (4th), S. 481 (509 ff.). Québec berief sich auf einen Verstoß gegen das in Art. 55 *Constitution Act von 1982* verankerte Erfordernis französischer Übersetzungen von Verfassungstexten.

ff. normierten, sich in den Anforderungen an eine Verfassungsänderung unterscheidenden Verfahren („amending formulas") im konkreten Fall einschlägig ist.

I. Sezessionsverbot in der kanadischen Verfassung?

Ausgehend vom Begriff der „Verfassungsänderung" („Amendment to the Constitution of Canada") in den Art. 38 ff. und Art. 52 Abs. 3 stellt sich die Frage, ob die Sezession einer Provinz noch vom Anwendungsbereich der Art. 38 ff. erfasst wird. Dies ist insofern von Bedeutung, als sich aus der Nichtanwendbarkeit der Art. 38 ff. ein Sezessionsverbot ergeben könnte. Unter Berücksichtigung des Wortlauts könnte eine restriktive Auslegung des Begriffs der „Verfassungsänderung" in Art. 38 ff. in dem Sinne in Betracht kommen, dass nur solche Änderungen einzubeziehen sind, die nicht die Verfassung in ihrem Bestand und damit die originären Strukturen des kanadischen Staates, den Staatsaufbau einschließlich der Staatsorgane und des Hoheitsgebietes, antasten und einen Verbleib aller föderativen Mitglieder im kanadischen Staatsverband voraussetzen. Konsequenz dieser engen Auslegung wäre, dass sich die Sezession einer Provinz nicht im Wege der Verfassungsänderung vollziehen könnte.

Aus dem Umstand, dass eine Sezession möglicherweise nicht mittels einer Verfassungsänderung – weil über den Rahmen einer solchen hinausgehend – verwirklicht werden könnte, folgt nicht zwingend eine aus der Verfassung ableitbare konkludente „Unteilbarkeit" des kanadischen Staatsverbandes und zugleich die Verfassungswidrigkeit der Sezession einer Provinz. Hieraus wäre vielmehr zu schließen, dass die Sezession einer Provinz, weil sie zu tief in die Staatsstruktur eingreift, nicht im Wege der Verfassungsänderung, sondern nur mittels eines anderen Verfahrens bewältigt werden kann, etwa in der Weise, dass die in der Föderation verbleibenden Provinzen eine gänzlich neue Fassung der bisherigen Verfassung beschließen müssten. Selbst wenn die Verfassung ein ausdrückliches oder im Wege der Auslegung abzuleitendes Sezessionsverbot enthielte, wäre es kein Widerspruch, wenn im Wege der Verfassungsänderung entweder das ausdrückliche Sezessionsverbot aufgehoben oder bei einem Sezessionsverbot infolge Auslegung in die Verfassung die Klarstellung aufgenommen wird, dass eine Sezession (ggf. unter bestimmten Umständen) verfassungsrechtlich zulässig ist. Für die Einfügung eines Sezessionsrechts wäre jedenfalls das nicht dem Enumerativprinzip unterliegende Verfahren des Art. 38 anwendbar. Etwas anderes würde nur gelten, wenn in der Verfassung bestimmt ist, dass das Sezessionsverbot unantastbar ist, also keiner Änderung unterliegt. Eine derartige Bestimmung enthält die kanadische Verfassung nicht.

II. Nichtanwendbarkeit der Verfahren der Art. 43 bis 45 *Constitution Act von 1982*

Aus dem Wortlaut (Art. 38 „may", im Gegensatz zu Art. 41 bis 43 „only") und der Systematik der Art. 38 ff. ergibt sich, dass es sich bei dem Verfahren der Art. 38 bis 40, 42 um nur subsidiär Anwendung findende „Auffang"-Verfahren für Verfassungsänderungen handelt, die nicht von den anderen Verfahren erfasst werden[840]. Die in Art. 43 bis 45 sowie Art. 41 normierten Verfahren für Verfassungsänderungen haben daher grundsätzlich Vorrang, so dass primär deren Anwendbarkeit auf die Sezession einer Provinz zu untersuchen ist.

Auszuschließen ist von vornherein die Anwendung der in Art. 44 und Art. 45 niedergelegten Verfahren auf das Ausscheiden einer Provinz aus dem kanadischen Staatsverband. Art. 44[841] ist insofern nicht einschlägig, als er sich auf Änderungen bezieht, die Bundeseinrichtungen (Senat und House of Commons) betreffen. Für die Sezession einer Provinz, die in (Rest-) Kanada allenfalls eine personelle Neubesetzung von Ämtern oder eine Veränderung der numerischen Zusammensetzung bzw. Neuverteilung der Sitze im House of Commons entsprechend dem in Art. 42 Abs. 1 lit. a niedergelegten Proportionalitätsprinzip, aber keine grundlegende Änderung des institutionellen Gefüges, zur Folge haben würde[842], gilt Art. 44 nicht. Von Art. 45[843] werden ausschließlich Änderungen der Verfassungen der Provinzen erfasst, wobei der auch in diesem Rahmen heranzuziehenden Rechtsprechung des Supreme Court of Canada zu Art. 92 Abs. 1 *Constitution Act von 1867* („exclusive powers of provincial legislatures") zu entnehmen ist, dass das Verfahren auf Änderungen beschränkt ist, die ausschließliche Kompetenzen der Provinzen betreffen[844]. Die für die Sezession einer Provinz erforderlichen Verfassungsänderungen können sich nicht unilateral allein durch ein Amendment zur Provinzverfassung oder auf der Grundlage eines Provinzgesetzes vollziehen[845]; sie betreffen vielmehr die Bundesverfassung. Das Ausscheiden einer Provinz aus dem Staatsverband durch Sezession hat Auswirkungen auf die gesamtstaatliche Verfassung, wie beispielsweise die Reduzierung der Anzahl der Provinzen, die infolge der Sezession geringere Bevölkerungszahl sowie die

---

840 Pelletier, Revue Juridique Thémis 33 (1999), S. 11.

841 **Art. 44 *Constitution Act von 1982***: Subject to sections 41 and 42, Parliament may exclusively make laws amending the Constitution of Canada in relation to executive government of Canada or the Senate and House of Commons.

842 Pelletier, Revue du Barreau 57 (1997), S. 361 in Fn. 68.

843 **Art. 45 *Constitution Act von 1982***: Subject to section 41, the legislature of each province may exclusively make laws amending the constitution of the province.

844 Woehrling, RQDI 7 (1991/1992), S. 24; Pelletier, Revue du Barreau Canadien 57 (1997), S. 359; *Attorney General of Québec v. Blaikie et al.* (1979) 2 S.C.R., S. 1016 (1025); *OPSEU v. Ontario (Attorney General)* (1987) 2 S.C.R., S. 2 (39 f.).

845 Woehrling, in: Morin/Woehrling (Hrsg.), S. 103.

numerische Veränderung der Mitgliedschaft im Senat und House of Commons[846].

Schließlich kommt auch Art. 43 für die Sezession einer Provinz nicht zur Anwendung[847]. Dieser Artikel erfasst lediglich solche Verfassungsänderungen, die einzelne, aber nicht alle Provinzen, betreffen. Dementsprechend erfordert die Änderung der Verfassung neben der Zustimmung des Senats und des House of Commons lediglich die Zustimmung der konkret von der Änderung betroffenen Provinzen („selective unanimity")[848]. Die Sezession einer Provinz hat jedoch Auswirkungen auf das institutionelle und strukturelle Gefüge des kanadischen Staatsverbandes, von denen auch die übrigen Provinzen betroffen sind und die folglich (auch) deren Zustimmung voraussetzen. Wenn die in Art. 43 bis 45 niederlegten speziellen Verfahren ausscheiden, stellt sich die Frage, ob das Einstimmigkeitsverfahren des Art. 41 oder das „allgemeine" Verfahren des Art. 38 auf die Sezession einer Provinz Anwendung findet.

III. Anwendbarkeit des Einstimmigkeitsverfahrens des Art. 41 *Constitution Act von 1982* auf die Sezession einer Provinz ?

1. Grundlagen des Einstimmigkeitsverfahrens

Art. 41 *Constitution Act von 1982* lautet wie folgt:

An amendment to the Constitution of Canada in relation to the following matters may be made by proclamation issued by the Governor General under the Great Seal of Canada only where authorized by resolutions of the Senate and House of Commons and of the legislative assemblies of each province:
(a) the office of the Queen, the Governor General and the Lieutenant Governor of a province;
(b) the rights of a province to a number of members in the House of Commons not less than the number of Senators by which the province is entitled to be represented at the time this Part comes into force;
(c) subject to section 43, the use of English or the French language;
(d) the composition of the Supreme Court of Canada, and
(e) an amendment to this Part.

Für eine Verfassungsänderung wird von dem in seinem Anwendungsbereich auf die in lit. a bis e genannten Materien beschränkten Art. 41 folglich nicht nur die Zustimmung beider Häuser des Bundesparlaments (Senat und House of Com-

---

[846] Hogg, Constitutional Law, S. 140.
[847] Hierzu Woehrling, The Canadian Bar Review 74 (1995), S. 310.
[848] **Art. 43 *Constitution Act von 1982***: An amendment to the Constitution of Canada in relation to any provision that applies to one or more, but not all provinces, including
(a) any alteration to boundaries between provinces, and
(b) any amendment to any provisions that relate to the use of English or the French language within a province
may be made by proclamation issued by the Governor in Council under the Great Seal of Canada only where so authorized by resolutions of the Senate and House of Commons and of the legislative assembly of each province to which the amendments applies.

mons), sondern auch der gesetzgebenden Versammlungen aller Provinzen vorausgesetzt; hieraus resultiert ein Vetorecht aller Provinzen. Damit wäre eine Sezession und die hierfür erforderliche Verfassungsänderung an sehr hohe Hürden geknüpft. Das Einstimmigkeitsverfahren findet auf die Sezession einer Provinz Anwendung, wenn die in lit. a bis lit. e normierten Regelungsgegenstände einschlägig sind.

2. Grundlagen des „allgemeinen" Verfahrens der Art. 38 bis 40, 42 *Constitution Act von 1982*

Das in den Art. 38 bis 40, 42[849] verankerte „Auffangverfahren" setzt lediglich einfache Mehrheiten in beiden Häusern des Parlaments (Senat und House of Commons) sowie in den gesetzgebenden Versammlungen der Provinzen voraus; allerdings müssen zugleich mindestens zwei Drittel, d.h. sieben der insgesamt zehn kanadischen Provinzen (sechs Provinzen außer Québec) zustimmen, die zusammen mindestens 50 % der Bevölkerung Kanadas, ausgenommen der in den

---

[849] **Art. 38 *Constitution Act von 1982***: (1) An amendment to the Constitution of Canada may be made by proclamation issued by the Governor in Council under the Great Seal of Canada where so authorized by

resolutions of the Senate and the House of Commons; and

resolutions of the legislative assemblies of at least two-thirds of the provinces that have, in the aggregate, according to the then latest general census, at least fifty percent of the population of the provinces.

(2) An amendment made under subsection (1) that derogates from the legislative powers, the proprietary rights or any other rights or privileges of the legislature or government of a province shall require a resolution supported by a majority of the members of each of the Senate, the House of Commons and the legislative assemblies required under subsection (1).

(3) An amendment referred to in subsection (2) shall not have effect in a province the legislative assembly of which has expressed its dissent thereto by resolution supported by a majority of its members prior to the issue of the proclamation to which the amendment relates unless that legislative assembly, subsequently, by resolution by a majority of its members, revokes its dissent and authorizes the amendment.

(4) A resolution of dissent made for the purposes of subsection (3) may be revoked at any time before or after the issue of the proclamation to which it relates.

Art. 39 *Constitution Act von 1982*: (1) A proclamation shall not be issued under subsection 38 (1) before the expiration of one year from the adoption of the resolution initiating the amendment procedure, unless the legislative assembly of each province has previously adopted a resolution of assent or dissent.

(2) A proclamation shall not be issued under subsection 38 (1) after the expiration of three years from the adoption of the resolution initiating the amendment procedure thereunder.

Art. 40 *Constitution Act von 1982*: Where an amendment is made under subsection 38 (1) that transfers provincial legislative powers relating to education or other cultural matters from provincial legislatures to Parliament, Canada shall provide reasonable compensation to any province to which the amendment does not apply.

Territorien lebenden Bevölkerung, repräsentieren (sogenannte „7-50“-Formel)[850]. Der *Act respecting constitutional amendments (Regional Veto Act, Bill C-110)*[851] von 1996 gewährt ein ausdrückliches Vetorecht für die Provinzen Ontario, Québec, British Columbia und Alberta; über weitere Veto-Stimmen verfügen jeweils zwei Atlantik- und zwei Prärie-Provinzen, wenn diese beiden Provinzen zusammen mehr als 50 % der Bevölkerung der Atlantik- bzw. Prärie-Regionen umfassen[852].

3. Analyse der im Schrifttum und der Rechtsprechung vertretenen Auffassungen

a. Darstellung des Meinungsstandes

In der Literatur finden sich zwei widerstreitende Hauptmeinungen zu dem auf die Sezession einer Provinz anwendbaren Verfahren: Teile des Schrifttums befürworten die Anwendbarkeit des Einstimmigkeitsverfahrens nach Art. 41; hingegen sprechen sich andere Autoren für die Anwendung des in Art. 38 verankerten allgemeinen Verfahrens aus[853]. Die Vertreter der Anwendung des Einstimmigkeitsverfahrens gemäß Art. 41 begründen ihre Auffassung im Wesentlichen damit, dass das Ausscheiden einer Provinz aus dem kanadischen Staatsverband

---

[850] Monahan, Constitutional law, S. 190: Es könnten demnach vier beliebige Provinzen zusammen (zum Beispiel die vier atlantischen oder die vier westlichen Provinzen) gegen jede derartige Änderung ihr Veto einlegen. Aufgrund des Erfordernisses von mindestens 50 % der Gesamtbevölkerung Kanadas haben die Provinzen Ontario und Québec, die gemeinsam mehr als 50 % der gesamten Staatsbevölkerung ausmachen, bei Verfassungsänderungen gemäß Art. 38 ein „faktisches Vetorecht“.

[851] Zur Kritik am *Regional Veto Act* vgl. Heard/Swartz, Canadian Journal of Political Science (1997), S. 339 ff.

Art. 1 *Regional Veto Act* (S.C. 1996, c. 1 vom 2. Februar 1996): (1) No Minister of the Crown shall propose a motion for a resolution to authorize an amendment to the Constitution of Canada, other than an amendment in respect of which the legislative assembly of a province may exercise a veto under section 41 or 43 of the Constitution Act, 1982 or may express its dissent under subsection 38 (3) of that Act, unless the amendment has first been consented to by a majority of the provinces that includes (a) Ontario; (b) Quebec; (c) British Columbia; (d) two or more of the Atlantic provinces that have, according to the then latest general census, combined populations of at least fifty per cent of the population of all the Atlantic provinces; and (e) two or more of the Prairie provinces that have, according to the then latest general census, combined populations of at least fifty per cent of the population of all the Prairie provinces.

(2) In this section, „Atlantic provinces” means the provinces of Nova Scotia, New Brunswick, Prince Edward Island and Newfoundland; „Prairie provinces” means the provinces of Manitoba, Saskatchewan and Alberta.

[852] Hierzu und allgemeine Grundlagen zu den Verfahren bei Pelletier, Revue Juridique Thémis 33 (1999), S. 1 f.; Pelletier, La modification constitutionelle, S. 328; Hogg, Constitutional Law, S. 82 ff.

[853] Grabell, Southwestern Journal of Law & Trade in the Americas 2 (1985), S. 272 f.

Auswirkungen sowohl auf das Amt des Lieutenant-Gouverneurs der Provinz gemäß Art. 41 lit. a und Québecs Repräsentation im House of Commons (Art. 41 lit. b) als auch auf den Gebrauch der englischen und französischen Sprache (Art. 41 lit. c) sowie auf die Zusammensetzung des Supreme Court of Canada (Art. 41 lit. d) habe[854]. Demgegenüber sehen die Befürworter des allgemeinen Verfahrens des Art. 38 eine Sezession nicht von einer der in den speziellen Verfahren enumerierten Materien erfasst und ziehen daraus den Schluss der Anwendbarkeit des „Auffangverfahrens" des Art. 38.

b. Gründe für die Anwendbarkeit des Einstimmigkeitsverfahrens

aa. Auswirkungen der Sezession Québecs auf das Amt des Lieutenant-Gouverneurs

Teile der Literatur bejahen eine Anwendbarkeit des Verfahrens des Art. 41 auf die Sezession einer Provinz, weil diese die Abschaffung des in Art. 41 lit. a aufgeführten Amtes des Lieutenant-Gouverneurs der betreffenden Provinz voraussetzen würde[855].

Das Amt des Lieutenant-Gouverneurs wird unter anderem in Art. 58 ff. *Constitution Act von 1867* und speziell für Québec in Art. 71 *Constitution Act von 1867* erwähnt[856]. Art. 58 *Constitution Act von 1867* sieht für jede Provinz einen Lieutenant-Gouverneur als Repräsentant der britischen Königin vor[857], der auf Provinzebene grundsätzlich die gleiche Funktion wie der Generalgouverneur auf Bundesebene besitzt[858]. Dem Lieutenant-Gouverneur werden im *Constitution Act von 1867* zwar weitreichende Kompetenzen zugestanden, wie beispielsweise die Einberufung und Auflösung der „Gesetzgebenden Versammlung" („Legislative Assembly")[859] sowie der Nominierung der Mitglieder der Provinzregierung[860];

---

854 Monahan, Constitutional Law, S. 218.

855 Young, S. 247; Monahan, Constitutional Law, S. 200; Monahan, Osgoode Hall Law Journal 33 (1995), S. 1 ff.; Crepeau, The American Review of Canadian Studies 27 (1997), S. 30; Finkelstein/Vegh/Joly, The Canadian Bar Review 74 (1995), S. 228, dort auch Fn. 8.

856 Monahan, Osgoode Hall Law Journal 33 (1995), S. 6.

Art. 58 *Constitution Act von 1867*: For each Province there shall be an Officer, styled the Lieutenant Governor, appointed by the Governor General in Council by Instrument under the Great Seal of Canada.

Art. 71 *Constitution Act von 1867*: The Legislative Assembly for Quebec consisting of the Lieutenant Governor and two Houses, styled the Legislative Council of Quebec and the Legislative Assembly of Quebec.

857 Monahan, Constitutional Law, S. 80.

858 Das Amt des Generalgouverneurs ist gesetzlich nicht verankert, sondern existiert kraft Art. 1 der *„Letters Patent Constituting the Office of Governor General of Canada"* der britischen Krone aus dem Jahre 1947 (L.R.C. (1985), Appendix II, No. 31). Seit dem Jahre 1930 ernennt die Königin den Generalgouverneur nicht mehr nach Weisung der britischen Regierung, sondern nach Weisung der kanadischen Bundesregierung. Hierzu Brun/Tremblay, S. 366.

859 Vgl. Art. 82, 85 *Constitution Act von 1867*.

darüber hinaus ist seine Zustimmung zu einem vom Provinzparlament beschlossenen Gesetz erforderlich[861]. Allerdings besitzen diese Kompetenzen heute faktisch nur noch eine symbolische Bedeutung[862]. In der politischen Praxis hat sich eine „constitutional convention" herausgebildet, der zufolge der Lieutenant-Gouverneur nach Maßgabe der Provinzregierung handeln muss[863]. Angesichts der Weisungsabhängigkeit des Lieutenant-Gouverneurs von der jeweiligen Provinzregierung und der hauptsächlich symbolischen Wirkungen seiner „Amtshandlungen" würden sich die Konsequenzen einer Abschaffung des Amtes des Lieutenant-Gouverneurs in der sezedierenden Provinz unter Berücksichtigung der heute nur noch geringen Bedeutung des Amtes aus rechtlicher und auch politischer Sicht für das kanadische Verfassungssystem als nicht erheblich darstellen. Zwar ernennt faktisch der Bund den Provinzgouverneur; allerdings ist aufgrund der in der gegenwärtigen Verfassungspraxis lediglich politischen Weisungsgebundenheit mit dem Amt des Provinzgouverneurs nicht mittelbar ein Ausüben von Hoheitsgewalt des Bundes in der Provinz verbunden. Darüber hinaus bliebe jedenfalls das Amt des Lieutenant-Gouverneurs in den anderen Provinzen unangetastet. Das Erlöschen des Amtes des Lieutenant-Gouverneurs in der sezedierenden Provinz ist demzufolge nur als eine sekundäre Folge der Sezession einer Provinz zu betrachten; es handelt sich um einen der Unabhängigkeit nachfolgenden Aspekt.

Nach dem Wortlaut des Art. 41 kommt es jedoch darauf an, ob die Verfassungsänderung auf die in Art. 41 enumerierten Materien „bezogen" ist („relating to"). Dies richtet sich entsprechend der in der Verfassung festgelegten legislativen Kompetenzen nach dem verfassungsrechtlichen Hauptziel. Die Änderung einer in den Art. 41 ff. genannten Materie darf daher nicht lediglich eine mit der Verfassungsänderung einhergehende mittelbare Folge darstellen[864]. Die Abschaffung des Amtes des Lieutenant-Gouverneurs in Québec stellt nicht das mit der Sezession verfolgte Hauptziel und insbesondere keine Voraussetzung für einen Übergang der über das Provinzgebiet ausgeübten Staatsgewalt vom Bund auf den Neustaat dar[865]. Die Sezession einer Provinz erfordert nicht zwingend die Abschaffung des Amtes des Lieutenant-Gouverneurs in der betreffenden Provinz.

---

[860] Vgl. Art. 63 *Constitution Act von 1867.*

[861] **Art. 90 *Constitution Act von 1867***: The following Provisions of this Act respecting the Parliament of Canada, namely, - the Provisions relating to Approbiation and Tax Bills, the Recommendation of Money Votes, the Assent of bills, the Disallowance of Acts, and the Signification of Pleasure on Bills reserved, - shall extend and apply to the Legislatures of the several Provinces as if those Provisions were here re-enacted and made applicable in Terms to the respective Provinces and the Legislatures thereof, with the Substitution of the Lieutenant-Governor of the province for the Governor General, of the Governor General for the Queen and for a Secretary of State, of One Year for Two Years, and of the Province of Canada.

[862] Kempf, in: Kempf (Hrsg.), S. 177 ff.

[863] Brun/Tremblay, S. 368 f.

[864] Woehrling, The Canadian Bar Review 74 (1995), S. 310 ff.

[865] Woehrling, The Canadian Bar Review 74 (1995), S. 311 f.

Davon abgesehen ist Art. 41 aufgrund seiner Spezialität im Vergleich zu Art. 38 sowie unter Berücksichtigung seines Schutzzwecks, dem zufolge das Amt des Lieutenant-Gouverneurs nur bei Fortbestand der Provinz innerhalb der kanadischen Föderation über Art. 41 verfassungsrechtlichen Schutz beansprucht, restriktiv auszulegen. Art. 41 findet demgemäß nur bei Verfassungsänderungen Anwendung, die Statusänderungen des Amtes des Lieutenant-Gouverneurs betreffen, bei denen die Provinz aber Mitglied im Staatsverband bleibt.

bb. Änderung der Zusammensetzung des Supreme Court of Canada

Im Falle der Sezession der Provinz Québec könnte jedoch Art. 41 lit. d („composition of the Supreme Court of Canada") einschlägig sein. Da die Provinz Québec, die gemäß Art. 6 *Supreme Court Act*[866] grundsätzlich drei der insgesamt neun Richter des Gerichts berufen kann, im Falle einer Sezession nicht mehr im Supreme Court of Canada repräsentiert wäre, würden mit der Sezession der Provinz Änderungen in der Zusammensetzung des Supreme Court einhergehen. Dies könnte für das Einstimmigkeitsverfahren gemäß Art. 41 sprechen. Die im *Supreme Court Act* festgelegte konkrete numerische Zusammensetzung des Supreme Court of Canada würde im Falle einer Sezession Québecs eine Änderung des *Supreme Court Act* voraussetzen[867]. In der verfassungsrechtlichen Lehre ist umstritten, ob die Änderung des *Supreme Court Acts* überhaupt der Einhaltung des Verfahrens für Verfassungsänderungen bedarf. Dies wird von einer Meinung mit der Begründung verneint, dass der *Supreme Court Act* kein Bestandteil der kanadischen Verfassung sei und demzufolge durch ein einfaches Gesetz geändert werden könne[868]. Dies würde jedenfalls von vornherein eine Anwendung des Einstimmigkeitsverfahrens gemäß Art. 41 lit. d auf die Sezession einer Provinz ausschließen[869]. Zwar ist der *Supreme Court Act* in der „Schedule" des Art. 52 Abs. 2 lit. b nicht ausdrücklich genannt. Konsequenz einer Auslegung der in Art. 52 enthaltenen Aufzählung der kodifizierten Verfassungsbestandteile als abschließend wäre jedoch, dass Art. 41 lit. d, der „the composition of the Supreme Court of Canada" betrifft, leerlaufen würde, da beispielsweise die Québec garantierte zahlenmäßige Repräsentation im Supreme Court durch ein einfaches Parlamentsgesetz ohne die Zustimmung Québecs geändert werden könnte[870]. Mit der überwiegenden Auffassung in der Literatur ist daher der *Supreme Court Act* über Art. 52 Abs. 2 („includes") als der „Constitution of Ca-

---

[866] R.S.C. 1985, S-26.
[867] Young, S. 247 f.
[868] Finkelstein/Vegh/Joly, The Canadian Bar Review 74 (1995), S. 228, dort auch Fn. 8.
[869] Woehrling, RQDI 7 (1991/1992), S. 28; ders., The Canadian Bar Review 74 (1995), S. 311; Monahan, Le Choix 1 (1995), S. 7.
[870] Monahan, Constitutional Law, S. 182; Monahan, Osgoode Hall Law Journal 33 (1995), S. 14; Hogg, Constitutional Law, S. 73; Pelletier, Revue du Barreau Canadien 57 (1997), S. 365 f.

nada“ zugehörig zu qualifizieren[871]. Allerdings ist gegen die Anwendbarkeit des Einstimmigkeitsverfahrens des Art. 41 lit. d auf die Sezession einer Provinz auch hier anzuführen, dass die Änderung des *Supreme Court Acts* nur eine sekundäre Folge der Sezession und nicht Hauptgegenstand oder -ziel einer Verfassungsänderung wäre.

c. Gründe für die Anwendbarkeit des allgemeinen Verfahrens des Art. 38 *Constitution Act von 1982*

Gegen die Anwendbarkeit des allgemeinen Verfahrens der Art. 38 bis 40, 42 spricht zunächst, dass keine der in Art. 42 Abs. 1 lit. a bis lit. e genannten Einzelfälle die Sezession einer Provinz zum Gegenstand haben[872]. Art. 42 Abs. 1 lit. e sieht zwar territoriale Veränderungen des kanadischen Staates vor, beschränkt sich jedoch auf die Angliederung von Gebietsteilen der Territorien an die Provinzen. Das Ausscheiden der Provinz Québec aus dem kanadischen Staatsverband würde auch Konsequenzen auf der Ebene der Repräsentation von Québec im House of Commons, Senat und dem Supreme Court of Canada nach sich ziehen und damit die von Art. 42 Abs. 1 lit. a bis lit. d angesprochenen Bundesinstitutionen betreffen. Zu berücksichtigen ist aber, dass das in Art. 42 Abs. 1 lit. a verankerte Prinzip der proportionalen Repräsentation als solches nach der Unabhängigkeit einer Provinz für die übrigen im Staatsverband verbleibenden Provinzen unangetastet bleiben würde (vgl. Art. 44 i.V.m. Art. 42 Abs. 1 lit. a)[873]. Zwar würde sich im Falle der Sezession einer Provinz auch der territoriale Anwendungsbereich der Bundesgesetze ändern; Art. 42 lit. b bezieht sich jedoch auf den im Falle der Sezession einer Provinz keinen Änderungen unterliegenden materiellen Gehalt der Kompetenzen des Senats und nicht auf den territorialen Geltungsbereich der Gesetze[874]. Art. 42 lit. c betrifft die zahlenmäßige Repräsentation der Provinzen im Senat. Da die Provinz Québec im Falle einer Sezession aus dem kanadischen Staatsverband ausscheiden würde und damit nicht mehr im Senat repräsentiert wäre, ist zwar eine numerische Veränderung der Mitgliederzahl im Senat bzw. Verteilung der Senatssitze unter den übrigen Provinzen erforderlich, aber auch dies stellt nur eine der Sezession nachfolgende Änderung dar. Art. 42 Abs. 1 lit. d gilt für Änderungen in Bezug auf den Supreme Court of Canada, auf dessen Grundlage allerdings die Änderung der Zusammensetzung des Gerichts, die nach dem hierfür spezielleren Art. 41 lit. d zu beurteilen wäre, ausgeschlossen ist[875].

---

[871] Young, S. 248 Fn. 5.
[872] **Art. 42 *Constitution Act von 1982*** abgedruckt in Fn. 717.
[873] Pelletier, Revue du Barreau Canadien 57 (1997), S. 364, siehe dort auch Fn. 78.
[874] Pelletier, Revue du Barreau Canadien 57 (1997), S. 365.
[875] Pelletier, Revue du Barreau Canadien 57 (1997), S. 365.

Für die Anwendbarkeit des allgemeinen Verfahrens des Art. 38 spricht jedoch, dass das Verfahren einen Auffangcharakter besitzt und speziellere Verfahren ausgeschlossen werden können[876]. Auch der Supreme Court of Canada hat im Jahre 1998 in der *Reference re Secession of Québec* zwar nicht ausdrücklich, aber der Sache nach das allgemeine Verfahren des Art. 38 für anwendbar erklärt[877]. In dem Gutachten des Gerichts finden sich zwar keine Stellungnahmen zu den verfahrensrechtlichen Voraussetzungen einer die Sezession einer Provinz umsetzenden Verfassungsänderung, sondern nur die Feststellung, dass ein klares Referendumsergebnis zugunsten einer Sezession Grundlage für eine Verpflichtung zu Verhandlungen über eine Sezession sein könne, die im Wege einer Verfassungsänderung umzusetzen wäre. Für die der Verfassungsänderung zugrundeliegenden Verhandlungsergebnisse zwischen der Provinz Québec auf der einen und dem Bund und den übrigen kanadischen Provinzen auf der anderen Seite müsse eine klare Mehrheit der Repräsentanten beider Seiten vorliegen[878]. Die Entscheidung des Supreme Court ist aufgrund der geforderten „zwei Mehrheiten" als Votum gegen das Einstimmigkeitsverfahren des Art. 41 zu sehen und dahingehend zu interpretieren, dass im Fall einer Sezession der Provinz Québec das allgemeine Verfahren nach Art. 38 Anwendung findet, das jedoch insofern einer Modifizierung unterliegt, als die Zustimmung der beiden Häuser des Parlaments (Senat und House of Commons) sowie der Nationalversammlungen von sechs der anglophonen Provinzen (also ohne Québec), die zusammen zumindest 50 % der Bevölkerung der neun mehrheitlich anglophonen Provinzen darstellen, verlangt wird[879]. Als Argument für die Anwendbarkeit des allgemeinen Verfahrens gemäß Art. 38 auf die Sezession einer Provinz ist schließlich anzuführen, dass vor dem Inkrafttreten des *Canada Act* im Jahre 1982, durch den die Art. 38 ff. in die Verfassung von Kanada inkorporiert worden sind, die Mehrheit der Autoren im Schrifttum angenommen hat, dass sich die Sezession einer Provinz im

---

876 Woehrling, in: Schneiderman (Hrsg.), S. 152 f.

877 Tremblay, Revue du Barreau Canadien 58 (1998), S. 428 ff. Die Entscheidung des Supreme Courts ist jedoch insofern aufgrund der gewählten Terminologie widersprüchlich, als „Québec" und „Canada as a whole" als „two legitimate majorities" gegenübergestellt werden, so dass eigentlich Québec in beide Mehrheiten eingebunden wäre, zum einen auf Seiten der sezessionswilligen Regierung, aber auch als Teil der „clear majority of Canada as a whole", also der die gesamte kanadische Staatsbevölkerung, eingeschlossen der Québecer Bevölkerung, repräsentierenden Bundesregierung.

878 *Reference re Secession of Québec* (ILM 37 (1998), S. 1340 (1365), § 93): „(...) The negotiation process precipitated by a decision of a clear majority of the population of Quebec on a clear question to pursue secession would require the reconciliation of various rights and obligations by the representatives of two legitimate majorities, namely the clear majority of the population of Quebec, and the other clear majority of Canada as a whole, whatever that may be. There can be no suggestions that either of these majorities „trumps" the other (...)"; Tremblay, Revue du Barreau Canadien 58 (1998), S. 430.

879 Tremblay, Revue du Barreau Canadien 58 (1998), S. 436; Brun/Tremblay, S. 245.

Wege des Erlasses eines britischen Parlamentsgesetzes und ohne das Erfordernis der Zustimmung aller Provinzen vollziehen könnte[880].
Mangels der ausdrücklichen Berücksichtigung der Sezession einer Provinz in den speziellen Verfahren für Verfassungsänderungen, insbesondere in Art. 41, ist daher von der Anwendbarkeit des allgemeinen Verfahrens der Art. 38 ff. auf die Sezession einer kanadischen Provinz auszugehen. Auch wenn aus rechtlicher Sicht grundsätzlich kein Referendum in der Provinzbevölkerung für eine Verfassungsänderung vorauszusetzen ist, könnte sich im Falle der Sezession einer Provinz jedenfalls aus Gründen der politischen Legitimation eine derart grundlegende Verfassungsänderung nicht vollziehen, ohne zuvor die Zustimmung der von der Sezession betroffenen Bevölkerung erlangt zu haben[881].

d. Zwischenergebnis

Die zur Diskussion stehenden Verfahren für eine Verfassungsänderung, die auf die Sezession einer kanadischen Provinz Anwendung finden, sind das Einstimmigkeitsverfahren des Art. 41 *Constitution Act von 1982* sowie das allgemeine Verfahren des Art. 38 *Constitution Act von 1982.* Beiden Verfahren ist gemeinsam, dass sie nicht ausdrücklich den Fall der Sezession einer Provinz als Gegenstand einer Verfassungsänderung vorsehen.
Die hier vertretene Anwendbarkeit des Verfahrens des Art. 38 ist eine Schlussfolgerung aus dem Ausschluss des Einstimmigkeitsverfahrens des Art. 41 sowie aller anderen Verfahren, die im Teil V des *Constitution Act von 1982* für Verfassungsänderungen Niederschlag gefunden haben. Schließlich hat sich auch der Supreme Court – wenn auch nur implizit – für das allgemeine Verfahren des Art. 38 ausgesprochen. Gegen das Einstimmigkeitsverfahren des Art. 41 spricht, dass zwar die dort enthaltenen Regelungsgegenstände von dem Ausscheiden einer Provinz aus dem kanadischen Staatsverband berührt werden; die Auswirkungen auf die Materien des Art. 41 sind jedoch lediglich Folgeerscheinungen und nicht Hauptgegenstand einer Sezession. Art. 38 verlangt keine Einstimmigkeit, sondern die Mehrheit von zwei Dritteln der kanadischen Provinzen, die zusammen mindestens 50 % der Gesamtbevölkerung Kanadas ausmachen; die Durchführung eines Referendums wird nicht vorausgesetzt.

---

[880] Greenwood, University of British Columbia Law Review 12 (1978), S. 72 ff.; Thibodeau, Boston College International and Comparative Law Review 3 (1979), S. 115; Claydon/White, in: Simeon (Hrsg.), S. 319; Pelletier, Revue du Barreau Canadien 57 (1997), S. 372 f. Allgemein zu Verfassungsänderungen vor 1982: Claydon/White, in: Simeon (Hrsg.), S. 317; Greenwood, University of British Columbia Law Review 12 (1978), S. 75.
[881] Siehe Teil 2, D.

4. Modifizierung des Verfahrens für eine Verfassungsänderung im Falle der Sezession Québecs?

Die Anwendbarkeit des in Art. 38 niedergelegten Verfahrens auf die Sezession einer Provinz wirft die Frage auf, ob das verfassungsändernde Gesetz neben der Zustimmung der beiden Parlamentshäuser und zumindest sieben Provinzregierungen, darunter Québec, auch der Zustimmung der in der Provinz Québec ansässigen autochthonen Bevölkerung bedarf. Im Falle der Bejahung eines derartigen Zustimmungserfordernisses oder Vetorechts der autochthonen Bevölkerung hätte dies weitreichende Konsequenzen angesichts des Umstandes, dass sich die in Québec lebende indigene Bevölkerung stets gegen eine Sezession der Provinz und für einen Verbleib im kanadischen Staatsverband ausgesprochen hat; eine Zustimmung zu einer Sezession der Provinz durch die indigene Bevölkerung wäre mithin nicht zu erwarten[882]. Andererseits könnte bei der Sezession einer Provinz im Falle eines Zustimmungserfordernisses und der Versagung der Zustimmung der in Québec lebenden autochthonen Bevölkerung eine Abtrennung von Teilen des Provinzterritoriums, insbesondere der nördlichen Gebiete, die überwiegend von den „Aboriginal peoples“ bewohnt werden, in Betracht kommen. Wie bereits in Teil 3 dargelegt, gibt es weder im Völkerrecht noch in der kanadischen Rechtsordnung eine Rechtsnorm, die im Falle der Unabhängigkeit der Provinz zwingend die Beibehaltung der aktuellen Provinzgrenzen Québecs vorschreibt. Folglich würde einer Abtrennung von Gebietsteilen der Provinz und deren Verbleib im kanadischen Staatsverband, die in entsprechenden Grenzvereinbarungen zwischen der Provinz Québec und dem Bund geregelt werden können, weder rechtliche noch praktische Hindernisse entgegenstehen[883].

a. Verfassungsrechtliche Pflicht zur Konsultation der autochthonen Bevölkerung gemäß Art. 35.1 *Constitution Act von 1982*

Eine ausdrückliche Berücksichtigung finden die Rechte der indigenen Bevölkerung im Zusammenhang mit Verfassungsänderungen lediglich in Art. 35.1 *Constitution Act von 1982*[884], der den autochthonen Nationen grundsätzlich das

---

[882] Vgl. Grand Council of the Crees, Sovereign Injustice, S. 351 ff.; zu den Interessen der indigenen Bevölkerung in der Provinz Québec vgl. die Ausführungen in Teil 2, D II. 3., insbesondere die Ergebnisse der separat von dem Unabhängigkeitsreferendum der Québecer Regierung im Jahre 1995 durchgeführten Referenden der James Bay Crees, Montagnais und Inuit, aus denen jeweils die eindeutige Ablehnung einer Sezession der Provinz hervorgeht.

[883] Vgl. hierzu ausführlich Teil 3, A III.

[884] **Art. 35.1** ***Constitution Act von 1982***: The government of Canada and the provincial governments are committed to the principal that before any amendment is made to Class 24 of section 91 of the „Constitution Act, 1867", to section 25 of this Act or to this Part, a constitutional conference that includes in its agenda an item relation to the proposed amendment, composed of the Prime Minister of Canada and the first ministers of the provinces, will be

Recht einräumt, an den Ausarbeitungen zu den von Art. 35.1 erfassten Verfassungsänderungen beteiligt zu werden; die Norm trifft jedoch keine Aussage dahingehend, ob das Einverständnis der Autochthonen auch für die Verabschiedung des ausgearbeiteten „Amendments“ selbst vorliegen muss. Erfasst werden von Art. 35.1 grundsätzlich Änderungen, die die enumerierten verfassungsrechtlichen Gewährleistungen autochthoner Rechte (Art. 91 Nr. 24 *Constitution Act von 1867*, Art. 25 und Art. 35 *Constitution Act von 1982*)[885] betreffen. Die Sezession Québecs würde zur Folge haben, dass der *Constitution Act von 1982*, insbesondere die *Canadian Charter of Rights and Freedoms*, nicht mehr für ein souveränes Québec und die dort lebenden „Aboriginal peoples“ gelten würde. Änderungen der von Art. 35.1 berücksichtigten Gewährleistungen setzen die Einberufung einer Verfassungskonferenz voraus, die sich mit den Änderungsentwürfen befasst und den Repräsentanten der autochthonen Urbevölkerungen Gelegenheit gibt, zu den in Rede stehenden Änderungen Stellung zu beziehen.
Gegen das Erfordernis einer Zustimmung der indigenen Bevölkerung zu Verfassungsänderungen ist der Wortlaut des Art. 35.1 anzuführen, der lediglich von einem Teilnahmerecht („to participate“) der Repräsentanten der „Aboriginal peoples“ an Verhandlungen auf den „constitutional conferences“ spricht[886]. Auch die Systematik des *Constitution Act von 1982* spricht insofern gegen ein Zustimmungserfordernis, als die Regelung des Art. 35.1 außerhalb des die Verfahrensregeln für Verfassungsänderungen enthaltenden Teils V des *Constitution Act von 1982* aufgenommen wurde[887]. Ausdrücklich ist in Art. 35.1 *Constitution Act von 1982* folglich nur eine verfassungsrechtliche Pflicht zur Konsultation der autochthonen Bevölkerung im Vorfeld von Verfassungsänderungen, die Rechte der autochthonen Bevölkerung betreffen, enthalten. Grundsätzlich ist das Partizipationsrecht der Autochthonen daher – insbesondere unter dem Gesichtspunkt

---

convened by the Prime Minister of Canada; and the Prime Minister of Canada will invite representatives of the aboriginal peoples of Canada to participate in the discussions on that item.

885 **Art. 25 *CCRF***: The guarantee in this Charter of certain rights and freedoms shall not be construed so as to abrogate or derogate from any aboriginal, treaty or other rights or freedoms that pertain to the aboriginal peoples of Canada including any rights or freedoms that have been recognized by the Royal Proclamation of October 7, 1763; and any rights or freedoms that my be acquired by the aboriginal peoples of Canada by way of land claims settlement.
Art. 91 *Constitution Act von 1867*: It shall be lawful for the Queen, by and with the Advice and Consent of the Senate and House of Commons, to make laws for the Peace, Order, and good Government of Canada, in relation to all Matters not coming within the Classes of Subjects by this Act assigned exclusively to the Legislatures of the Provinces; and for greater certainty, but not so as to restrict the Generality of the foregoing Terms of this Section, it is hereby declared that (notwithstanding anything in this Act) the exclusive Legislative Authority of the Parliament of Canada extends to all Matters coming within the Classes of Subjects next hereinafter enumerated; that is to say, (...) (24) Indians, and Lands reserved for the Indians.

886 So auch die Verfassungspraxis: Zu den Verhandlungen des *Charlottetown-Accords* im Jahre 1992 vgl. Hobe, JöR 42 (1994), S. 595 ff.; zu den Verhandlungen des *Meech Lake-Accords* vgl. Woehrling, JöR 39 (1990), S. 537 ff.

887 Pelletier, La modification constitutionelle, S. 112.

einer Umgehung der in Art. 38 ff. kodifizierten Verfahren – einer erweiternden Auslegung als Vetorecht oder Zustimmungserfordernis im Verfahren für Verfassungsänderungen nicht zugänglich[888].
Denkbar ist jedoch, dass sich ein ungeschriebenes Vetorecht oder Zustimmungserfordernis der autochthonen Nationen im Hinblick auf alle Verfassungsänderungen herausgebildet hat, die Rechte der Autochthonen betreffen. Zwar kommt mangels einer entsprechenden Verfassungspraxis eine „constitutional convention“, die für Verfassungsänderungen, die „Aboriginal peoples“ betreffen, deren Zustimmung voraussetzt, nicht in Betracht[889]. Ein faktisches Vetorecht könnte sich allerdings aus der ursprünglich der britischen Krone obliegenden, auf die kanadische Bundesregierung übergegangenen[890] treuhänderischen Verantwortung („fiduciary obligation“) des Bundes gegenüber der eingeborenen Bevölkerung ergeben[891].

b. Besonderheiten der Beziehung zwischen dem Bund und den in Québec lebenden „Aboriginal peoples“

Unabhängig davon, ob generell das Erfordernis einer Zustimmung der „Aboriginal peoples“ zu einer Verfassungsänderung mit Blick auf die in Art. 35 *Constitution Act von 1982* verfassungsrechtlich verankerten autochthonen Rechte besteht, könnte ein solches Erfordernis zumindest für die Beendigung des „fiduziarischen“ Verhältnisses („fiduciary relationship“) zwischen der Bundesregierung und den in Québec ansässigen „Aboriginal peoples“ als Folge einer Sezession der Provinz bestehen[892]. Die Annahme der Existenz eines solchen Zustimmungserfordernisses wird von Teilen der Literatur darauf gestützt, dass die Sezession einer Provinz den Verlust der in Art. 35 verankerten speziellen Rechte für die in der Provinz lebenden „Aboriginal peoples“ bedeuten würde. Die zwischen dem Bund und den „Aboriginal peoples“ bestehende „fiduziarische“ Beziehung könne dieser Meinung zufolge nicht im Wege einer einseitigen Zustimmung zur Sezession durch die Bundesregierung ohne Zustimmung der direkt von der Sezession betroffenen, in der Provinz lebenden „Aboriginal peoples“ „aufgekündigt“ werden[893].

---

888 Dupuis, Le statut juridique des peuples autochtones en droit canadien, S. 127 f.; Pelletier, in: Revue Juridique Thémis 33 (1999), S. 13.
889 Young, S. 252 f.
890 Dupuis/McNeil, S. 47, 25.
891 Pelletier, in: Revue Juridique Thémis 33 (1999), S. 20 f.; Hogg, NJCL 8 (1997), S. 43 f.; Grand Council of the Crees, Sovereign Injustice, Kapitel 8; Woehrling, The Canadian Bar Review 74 (1995), S. 313; Sanders, Revue du Barreau Canadien 61 (1983), S. 314.
892 Monahan, Osgoode Hall Law Journal 33 (1995), S. 16 Fn. 46.
893 Hogg, NJCL 8 (1997), S. 43 f.; Monahan, Osgoode Hall Law Journal 33 (1995), S. 15 f.; S. 15 Fn. 45.

Der Supreme Court of Canada hat die Existenz einer „fiduziarischen" Beziehung zwischen dem Bund und den autochthonen Völkern in Kanada in mehreren Entscheidungen, insbesondere in den Jahren 1984[894] und 1990[895], ausdrücklich bejaht, ohne jedoch den konkreten Gehalt dieser Beziehung zu präzisieren. Dieses Treuschutzverhältnis („trust-like")[896] hat seinen Ursprung in den historischen Beziehungen zwischen der britischen Krone und den in Kanada lebenden „Aboriginal peoples"[897]. Der treuhänderischen Verpflichtung der britischen Krone liegt der Gedanke der besonderen Schutzbedürftigkeit der Ureinwohner gegenüber den europäischen Siedlern zugrunde; sie verpflichtete die Krone zu einer Verwaltung indianischer Reservate zugunsten der Indianer[898]. Diese Verpflichtung fand erstmals in der *Royal Proclamation vom 7. Oktober 1763* Berücksichtigung, mit der die Hoheitsgewalt Großbritanniens über die zuvor durch den im Jahre 1760 geschlossenen Vertrag von Paris abgetretenen französischen Gebieten verankert und die indianischen Rechte ausdrücklich anerkannt wurden[899]. Die *Royal Proclamation von 1763* ist heute über Art. 25 *CCRF* Bestandteil der kanadischen Verfassung und verleiht der „fiduzarischen Obliegenheit" des Bundes damit zugleich einen verfassungsrechtlichen Status[900]. Die *Royal Proclamation von 1763* begründete die Verpflichtung der britischen Krone, nur solche Landabtretungen anzuerkennen, die ausschließlich von der Krone mit Vertretern der indianischen Bevölkerung vertraglich vereinbart wurden. Sie erlaubte den Ankauf indianischer Gebiete allein durch die Krone und schloss Privatpersonen vom Erwerb der für die indianische Bevölkerung im Gegenzug bereitgestellten Reservatsgebiete aus. Aus der Abtretung der der Urbevölkerung als Existenzgrundlage dienenden Territorien an die Krone resultierte schließlich eine erhöhte Schutzbedürftigkeit der indianischen Bevölkerung, die Kanada dazu veranlasste, die Vor-

---

[894] *Guérin v. The Queen* (1984) 2 S.C.R., S. 335 ff.

[895] *R. v. Sparrow* (1990) 1 S.C.R., S. 1075 (1108): „That (a general guiding principle for s.35 (1)) is, the government has the responsibility to act in a fiduciary capacity with respect to aboriginal peoples. The relationship between the government and aboriginals is trust-like, rather than adversarial, and contemporary recognition and affirmation of aboriginal rights must be defined in light of this historic relationship"; *Québec (A.G) v. Canada (N.E.B.)* (1994) 1 S.C.R., S. 159 (183).

[896] Dupuis/McNeil, S. 2; Slattery, The Canadian Bar Review 71 (1992), S. 274 („trust relationship"); allerdings schließt dies nicht aus, dass auch die Provinzen in Verantwortung stehen können, sofern die ihnen eingeräumten Kompetenzen Interessen der „Aboriginal peoples" berühren.

[897] *R. v. Sparrow* (1990) 1 S.C.R., S. 1975 (1108); Dupuis/McNeil, S. 25, 47.

[898] Rotman, in: Law Commission, S. 28 ff.

[899] „(...) the Several Nations or Tribes of Indians with whom We are connected; and who live under our Protection, should not be molested or disturbed in the Possession of such Parts of our Dominions and Territories as, not having been ceded to or purchased by Us, are reserved to them or any of them, as their Hunting Grounds"
(unter: http://www.solon.org/Constitutions/Canada/English/PreConfederation/rp_1763.html (letzter Aufruf am 5. Dezember 2005)).

[900] Art. 25 *CCRF* abgedruckt in Fn. 903; Lajoie, in: Law Commission, S. 65.

aussetzungen für eine einheitliche Gesetzgebung des Bundes mit Blick auf die nach 1867 noch verbliebenen indianischen Gebiete und ihre Bewohner zu schaffen, die in Art. 91 Nr. 24 *Constitution Act von 1867* („Indians and lands reserved for Indians")[901] schließlich eine verfassungsrechtliche Grundlage erhalten hat. Mit dieser Gesetzgebungskompetenz des Bundes ist die Anerkennung einer Verpflichtung des Bundes verbunden, die Rechte und Interessen seiner eingeborenen Völker auch gegenüber den Provinzen zu schützen und zwar im Sinne einer nicht nur bloßen Unterlassungs-, sondern auch aktiven Schutzpflicht[902]. Der kanadische Bundesgesetzgeber hat seinen Schutzauftrag durch den Erlass des *Indian Act*[903] im Jahre 1876 wahrgenommen, in dem die fiduziarische Pflicht der Krone gegenüber den „Aboriginal peoples" basierend auf dem „indian title" (vgl. Art. 18 *Indian Act*) generell zum Ausdruck gebracht wurde. In Art. 18 und Art. 37[904] bis Art. 41 *Indian Act* wird die in der *Royal Proclamation von 1763* deklarierte Unveräußerlichkeit indianischer Gebiete an andere Erwerber als die britische Krone bestätigt[905]. Zum Ausdruck kommt die besondere Beziehung der kanadischen Bundesregierung gegenüber den autochthonen Nationen auch in der Präambel des sowohl von der Bundesregierung als auch von der Québecer Regierung unterzeichneten *James Bay and Northern Québec Native Claims Settlement*

---

901 Die Gesetzgebungskompetenz in Art. 91 Nr. 24 *Constitution Act von 1867* bezieht sich ausdrücklich nur auf Status-Indianer nach dem *Indian Act* von 1876 (R.S.C. 1970 I-6/R.S.C. ch. 149, s. 37; 1985 *Amendment zum Indian Act* (Bill C-31, *An Act to Amend the Indian Act*)). Allerdings werden die Nicht-Status-Indianer (Inuit und Métis) in Art. 35 *Constitution Act von 1982* neben den Status-Indianern als eingeborene Völker Kanadas anerkannt, so dass sich der Geltungsbereich des Art. 91 Nr. 24 *Constitution Act von 1867* nach der gegenwärtigen Rechtslage auch auf diese Bevölkerungsgruppen erstreckt. Die Gesetzgebungskompetenz in Art. 91 Nr. 24 *Constitution Act von 1867* muss im Zusammenhang mit Art. 35 Abs. 1 *Constitution Act von 1982* gelesen werden: „(...) federal power must be reconciled with federal duty and the best way to achieve that reconciliation is to demand the justification of any government regulation that infringes upon or denies aboriginal rights (*R. v. Sparrow* (1990) 1 S.C.R., S. 1075 (1109)).

902 Dupuis/McNeil, S. 44, 46; „the section also affords aboriginal peoples constitutional protection against provincial legislative power" (*R. v. Sparrow* (1990) 1 S.C.R., S. 1075 (1105).

903 *Indian Act* von 1876 (R.S.C. 1970 I-6/R.S.C. ch. 149, s. 37; 1985 *Amendment zum Indian Act* (Bill C-31, *An Act to Amend the Indian Act*)).

904 **Art. 18 *Indian Act***: (1): Subject to this Act, reserves are held by Her Majesty for the use and benefit of the respective bands for which they were set apart (...).
Art. 37 *Indian Act*: (1): Lands in a reserve shall not be sold nor title to them conveyed until they have been absolutely surrendered to Her Majesty pursuant to subsection 38 (1) by the band for whose use and benefit in common the reserve was set apart". (2) „Except where this Act otherwise provides, lands in a reserve shall not be leased nor an interest in them granted until they have been surrendered to Her Majesty pursuant to subsection 38 (2) by the band for whose use and benefit in common the reserve was set apart.
Art. 38 *Indian Act*: (1): A band may absolutely surrender to Her Majesty, conditionally or unconditionally all the rights and interests of the band and its members in all or part of a reserve.

905 Williams-Vedder, S. 110.

Act aus dem Jahre 1977[906], der über Art. 35 Abs. 3 *Constitution Act von 1982* Verfassungsrang erlangt hat[907]. Aus dieser fiduziarischen Beziehung ergeben sich rechtliche Verpflichtungen des Bundes gegenüber den Autochthonen nicht nur in Bezug auf „land surrender". Vielmehr hat das Konzept der „fiduciary duty" inzwischen einen verfassungsrechtlichen Status als „general guiding principle" mit Blick auf die Auslegung der in Art. 35 geschützten Rechte der „Aboriginal peoples" erlangt; es stellt einen im Rahmen der Gesamtverfassung zu berücksichtigenden Verfassungsgrundsatz dar. Der Supreme Court hat die „fiduciary duties" insofern als Verpflichtungen „sui generis" mit verfassungsrechtlicher Wirkung qualifiziert, als sie von keinem im kanadischen Recht existenten Rechtsinstitut erfasst wird[908]. Ein Verstoß gegen diese Obliegenheiten des Bundes kann vor den Gerichten geltend gemacht werden und Schadensersatzansprüche sowie die Unanwendbarkeit eines Gesetzes begründen (Konzept der „legally enforcable fiduciary obligations"[909]).

Allerdings lässt sich aus diesen fiduziarischen Obliegenheiten des Bundes gegenüber der autochthonen Bevölkerung kein rechtliches Zustimmungserfordernis zu Verfassungsänderungen ableiten. Zwar würde sich ein Zustimmungserfordernis in das Schutzkonzept für das Gebiet einfügen, das überwiegend von indigenen Bevölkerungsgruppen besiedelt wird und von einer Sezession der Provinz Québec berührt wird. Andererseits kann dieses Schutzkonzept nicht eigene, von kodifizierten Verfassungsnormen abweichende Zustimmungserfordernisse begründen. Verfassungsänderungen betreffen die staatlichen Grundwerte und die staatliche Organisation, an deren Änderungen bewusst hohe, über eine einfache Gesetzesänderung hinausgehende Anforderungen gestellt werden, die unter Berücksichtigung der Bedeutung der verfassungsrechtlich verankerten staatlichen Werte allenfalls in begrenztem Umfang einer Ergänzung durch ungeschriebene Verfahrensregeln zugänglich sind. Die fiduzarischen Obliegenheiten des Bundes rechtfertigen jedenfalls nicht eine Abweichung von den ausdrücklich in der Verfassung verankerten Verfahren. Denn ein Zustimmungserfordernis der „Aboriginal peoples" zu Verfassungsänderungen hätte zur Konsequenz, dass ihnen ein Vetorecht eingeräumt wird, durch das die verfassungsrechtliche Stellung dieser Bevölkerungsgruppe im Vergleich zur restlichen Be-

---

[906] *James Bay and Northern Québec Native Claims Settlement Act* (S.C. 1976-1977, c. 32): Präambel: „Parliament and the government of Canada recognize and affirm a special responsibility for the Crees and Inuit".

[907] Dupuis/McNeil, S. 37; vgl. zum *JBNQA* Teil 3, A I.

[908] „(...) the Crown owed a fiduciary obligation to the Indians with respect to the lands (reserve lands surrendered to the Crown for lease to a golf club). The sui generis nature of Indian title, and the historic powers and responsibilities assumed by the Crown constituted the source of such a fiduciary obligation" (*R. v. Sparrow* (1990) 1 S.C.R., S. 1075 (1108)); so auch Slattery, The Canadian Bar Review 71 (1992), S. 275; Henderson, in: Law Commission, S. 90; Dupuis, Le Choix 1 (1995), S. 25.

[909] Dupuis/McNeil, S. 3.

völkerung Kanadas überbewertet würde[910]. Ein Zustimmungserfordernis würde den Rahmen des erforderlichen Schutzes der „Aboriginal peoples" überschreiten. Gewollt ist vom Verfassungsgeber das Recht auf Konsultation gem. Art. 35.1; darüber hinaus besteht für die indigene Bevölkerung die Möglichkeit der Partizipation an Referenden im Vorfeld von Verfassungsänderungen. Auch im Falle einer Sezession kann die Schutzpflicht des Bundes nicht über den gesetzlichen Rahmen hinausgehen und verfassungsrechtlich verankerte Verfahren „aushebeln".
Unabhängig von der Frage eines Zustimmungserfordernisses obliegt der Bundesregierung aufgrund der fiduziarischen Obliegenheiten gegenüber den autochthonen Völkern die Pflicht, diese in sämtliche, auch über den Regelungsgehalt des Art. 35.1 hinausgehende, Verfassungsverhandlungen einzubeziehen; dies würde im Hinblick auf die Auswirkungen einer Sezession auf die besonderen Rechte der „Aboriginal peoples" jedenfalls für Verhandlungen gelten, die zwischen der kanadischen Regierung und der Québecer Regierung über die Souveränität Québecs stattfinden[911].

5. Ergebnis

Die Sezession einer kanadischen Provinz ist nach kanadischem Verfassungsrecht nur im Wege einer Verfassungsänderung zulässig. Mangels eines Verfahrens, das ausdrücklich die Umsetzung der Sezession einer Provinz zum Gegenstand hat, war die Anwendbarkeit der einzig in Betracht kommenden Verfahren der Art. 41 und Art. 38 *Constitution Act von 1982* zu untersuchen. Das Einstimmigkeitsverfahren des Art. 41 ist jedoch insofern nicht einschlägig, als die Sezession einer Provinz im Falle ihrer Vollziehung zwar mittelbare Auswirkungen auf die in Art. 41 enthaltenen Regelungsgegenstände hat; die von Art. 41 vorgesehenen Änderungen stellen jedoch keine für die Sezession einer Provinz konstitutiven Voraussetzungen dar.
Heranzuziehen ist jedoch das in Art. 38 verankerte Verfahren, das für eine Verfassungsänderung einfache Mehrheiten im Senat und Unterhaus sowie den jeweils gesetzgebenden Versammlungen auf Provinzebene voraussetzt, wobei mindestens zwei Drittel der Provinzen, die zusammen mindestens 50 % der kanadischen Gesamtbevölkerung ausmachen, zustimmen müssen.
Für die Anwendbarkeit des Verfahrens des Art. 38 spricht, dass dieses sowohl nach dem Wortlaut, der systematischen Stellung innerhalb des Teils V des *Constitution Act von 1982* und der im Vergleich zu den übrigen Verfahren geringeren Anforderungen an die erforderlichen Mehrheiten als Auffangnorm dient, die mangels einschlägiger speziellerer Verfahren – hier das einzig in Betracht

---

[910] A.A. Whites, New York Law School Journal of International and Comparative Law 19 (1999), S. 335 f.
[911] Dupuis/McNeil, S. 65.

kommende, aber auszuschließende Einstimmigkeitsverfahren – als Verfahrensnorm für den Fall der Sezession einer Provinz Anwendung findet.
Im Falle eines klaren Votums der Provinzbevölkerung für eine Sezession Québecs in einem Unabhängigkeitsreferendum sind an den nach der Rechtsprechung des Supreme Court of Canada zu führenden konkreten Verhandlungen neben der Bundesregierung und den Regierungen aller kanadischen Provinzen auch die Territorien und die Vertreter der „Aboriginal organizations“[912] gemäß Art. 35.1 zu beteiligen. Allerdings besteht kein rechtliches Zustimmungserfordernis der „Aboriginal peoples“ für Verfassungsänderungen, auch wenn die Sezession Québecs die Gebiete erfassen würde, die überwiegend von indigenen Bevölkerungsgruppen besiedelt werden.

[912] Woehrling, The Canadian Bar Review 74 (1995), S. 313.

Teil 5: Alternative Ausgestaltungen der rechtlichen Beziehungen zwischen Québec und (Rest-) Kanada

Das Fehlen eines völkerrechtlichen und verfassungsrechtlichen Sezessionsrechts der Provinz Québec und die hohen Anforderungen an eine Verfassungsänderung zur Ermöglichung einer Sezession legen die Frage nach Alternativen für die verfassungsrechtliche Ausgestaltung der Beziehungen zwischen einer im kanadischen Staatsverband verbleibenden Provinz Québec und (Rest-) Kanada nahe. Unter Berücksichtigung der in den letzten Jahrzehnten gescheiterten Versuche, Québec im Wege von Verfassungsreformen besondere Rechte und Privilegien im kanadischen Bundesstaat zu gewähren[913], um den Unabhängigkeitsbestrebungen der Provinz entgegenzutreten, ist zu untersuchen, welche verfassungsrechtlichen und politisch-institutionellen Rahmenbedingungen in Betracht kommen, die den Besonderheiten der Provinz Québec Rechnung tragen und zugleich die Zustimmung des Bundes und der übrigen kanadischen Provinzen finden würden. Gegenstand der folgenden Untersuchung soll ferner das für den Fall der Unabhängigkeit der Provinz Québec von den Québecer Separatisten konzipierte Modell einer an die Europäische Gemeinschaft angelehnten „wirtschaftlichen und politischen Partnerschaft" zwischen einem souveränen Québec und (Rest-) Kanada sein.

A. Etablierung einer bipolaren Föderation zwischen Québec und (Rest-) Kanada

In Betracht käme die Etablierung einer bipolaren politischen Union, d.h. einer zweigliedrigen Föderation, in der sich als konstitutierende Einheiten allein die Provinz Québec und (Rest-) Kanada gegenüberstehen[914]. In einer solchen Konstellation wäre Québec zwar kein souveräner Staat; im Vergleich zum gegenwärtigen Status als Provinz in einem multipolaren Bundesstaat würde Québecs Stellung jedoch dadurch gestärkt, dass es als gleichberechtigte Einheit in einer Föderation mit (Rest-) Kanada im politischen Entscheidungsprozess deutlich mehr Einfluss hätte.

Allerdings hätte die Umsetzung dieses Modells keine Aussicht auf Erfolg. Aufgrund der erheblichen Unterschiede, die in einer bipolaren Union zwischen Québec und (Rest-) Kanada hinsichtlich der Bevölkerungsrate, der flächenmäßigen Größe und Wirtschaftskraft bestehen würden[915], würde sich eine faktische A-

---

[913] Siehe hierzu ausführlich Teil 1, insbesondere C II. 4. und III. zum Scheitern des *Meech Lake-Abkommens* im Jahre 1987 sowie des *Charlottetown-Abkommens* im Jahre 1992.

[914] Watts, in: Watts/Brown (Hrsg.), S. 26; Beispiel für eine – gescheiterte – bipolare Föderation ist die Tschechoslowakei, vgl. hierzu Hertig, S. 70 ff.

[915] Das Territorium der Provinz Québec stellt 15,5 % des gesamten kanadischen Staatsgebietes dar; Québec hat mit knapp 7,4 Millionen Einwohnern ca. ein Viertel der insgesamt ca. 31 Mio. Einwohner umfassenden Bevölkerung Kanadas (siehe hierzu Teil 1, A. I.). Zur Wirtschafts-

symmetrie ergeben. Zur Vermeidung eines Ungleichgewichts zwischen den beiden Gliedstaaten müsste Québec als – aufgrund der faktischen Gegebenheiten (demographische und wirtschaftliche Bedeutung) – kleinere Einheit im Vergleich zu (Rest-) Kanada rechtlich gleichgestellt und damit überproportional in den zentralen Institutionen repräsentiert sein. Korrespondierend hierzu wäre (Rest-) Kanada in einer bipolaren Föderation erheblich geschwächt, da eine rechtliche Gleichstellung Québecs mit (Rest-) Kanada voraussetzen würde, dass jede Einheit jeweils über eine Stimme bei Abstimmungen im politischen Entscheidungsprozess verfügen würde; hieraus würde faktisch ein Vetorecht beider Gliedstaaten sowie das Risiko der gegenseitigen Blockade resultieren. Auf Widerstand der übrigen Provinzen würde insbesondere stoßen, dass sie ihre Selbständigkeit weitgehend aufgeben müssten, damit (Rest-) Kanada provinzübergreifend mit einer Stimme sprechen könnte. Das Vetorecht beider Mitglieder der Föderation würde eine Einigung erschweren und die Gefahr des Stillstandes im politischen Entscheidungsprozess sowie aufgrund des ethnischen Konfliktpotentials zwischen dem frankophonen Québec und dem überwiegend anglophonen (Rest-) Kanada die Gefahr der Instabilität der bipolaren Föderation in sich tragen[916].

B. Asymmetrischer Föderalismus mit Sonderrechten der Provinz Québec

In Frage kommt die Ausgestaltung des kanadischen Bundesstaates in Form eines verfassungsrechtlich verankerten asymmetrischen Föderalismus. Dieser ist dadurch gekennzeichnet, dass entgegen dem auch dem kanadischen Föderalismus zugrundeliegenden Prinzip der Gleichberechtigung aller Gliedstaaten in Bezug auf die ihnen in der Verfassung zugewiesenen Kompetenzen[917] eine bestimmte Provinz, in diesem Fall Québec, Sonderrechte erhält, die den übrigen Provinzen im kanadischen Staatsverband nicht eingeräumt werden[918].

In diese Richtung geht die bereits in gewissem Maße existierende verfassungsrechtliche Asymmetrie mit zum Teil ausschließlich auf Québec bezogenen Verfassungsregelungen. Die Besonderheit der frankophonen Provinz in sprachlicher Hinsicht kommt zum einen darin zum Ausdruck, dass in Art. 133 *Constitution Act von 1867* ungeachtet des zahlenmäßig geringeren Anteils der frankophonen Staatsbevölkerung Französisch neben Englisch als Amtssprache an den Bundesgerichten sowie in den beiden Kammern des Parlaments auf Bundesebene anerkannt ist[919]. Der besondere Charakter Québecs in sprachenrechtlicher Hinsicht

---

kraft Québecs vgl. „Statistics Canada: Economic Indicators, by Provinces and Territories", unter: http://www40.statcan.ca/l01/cst01/indi02f.htm (letzter Aufruf am 5. Dezember 2005).

916 Soberman, in: Watts/Brown (Hrsg.), S. 203.

917 Milne, in: Watts/Brown (Hrsg.), S. 292.

918 Woehrling, in: Morin/Woehrling (Hrsg.), S. 96; Leslie, in: Seidle (Hrsg.), S. 37 f., 60.

919 **Art. 133 *Constitution Act von 1867***: Either the English or the French Language may be used by any Person in the Debates of the Houses of the Parliament of Canada and of the

kommt auch in der Nichtanwendbarkeit des Art. 23 Abs. 1 lit. a *Canadian Charter of Rights and Freedoms (CCRF)* in Québec zum Ausdruck[920]. Dies bedeutet, dass Québec nicht der Verpflichtung unterliegt, das Recht auf Unterricht in der englischen Muttersprache allen Einwohnern der Provinz zu gewähren. Zwar ermöglicht dies den Ausschluss des Rechts auf englischsprachigen Unterricht für Immigranten, die in der Regel ihre Kinder Englisch als erste Sprache lernen lassen; einen Anspruch auf englischsprachigen Unterricht haben jedoch Zugezogene aus einer anderen kanadischen Provinz, deren Kinder dort bereits in Englisch unterrichtet wurden[921]. Eine verfassungsrechtliche Verankerung des ausschließlich in Québec geltenden, an den französischen *Code Civil* angelehnten Systems des Zivilrechts[922] findet sich in Art. 129 *Constitution Act von 1867* (vgl. auch Art. 94 *Constitution Act von 1867*)[923]. Mit Letzterem korrespondierend hat Québec insofern eine Sonderrolle bei der Ernennung der Richter des Supreme Court of Canada, als es gemäß Art. 6 *Supreme Court Act*[924] als einzige kanadische Pro-

---

Houses of the Legislature of Quebec; and both those Languages may be used in the respective Records and Journals of those Houses; and either of those Languages may be used by any Person or in any Pleading or Process in or issuing from any Court of Canada established under this Act; and in or from all or any of the Courts of Quebec. The Acts of the Parliament of Canada and of the Legislature of Quebec shall be printed and published in both those Languages. Vgl. auch die Sprachengrundrechte in Art. 16 bis 20 *CCRF*.

[920] **Art. 23 *CCRF***: (1) Citizens of Canada (a) whose first language learned and still understood is that of the English or French linguistic minority population of the province in which they reside, or (b) who have received their primary school instruction in Canada in English or French and reside in a province where the language in which they received that instruction is the language of the English or French linguistic minority population of the province, have the right to have their children receive primary and secondary school instruction in that language in that province.

Art. 59 *Constitution Act von 1982*: (1) Paragraph 23 (1) (a) shall come into force in respect of Quebec in a day to be fixed by proclamation issued by the Queen or the Governor General under the Great Seal of Canada. (2) A proclamation under subsection (1) shall be issued only where autorized by the legislative assembly or government of Quebec.

[921] *Attorney General (Qué) v. Québec Protestant School Boards* (1984) 2 S.C.R., S. 66 (82).

[922] *Code Civil du Québec* (S.Q. 1991, c. 64).

[923] **Art. 129 *Constitution Act von 1867***: Except as otherwise provided by this Act, all Laws in force in Canada, Nova Scotia, or New Brunswick at the Union (…) shall continue in (…) Quebec (…), as if the Union had not been made (…).

Art. 94 *Constitution Act von 1867*: Notwithstanding anything in this Act, the Parliament of Canada may make Provisions for the Uniformity of all or any of the Laws relative to Property and Civil Rights in Ontario, Nova Scotia, and New Brunswick, and of the Procedure of all or any of the Courts in Those Three Provinces, and from and after the passing of this Act in that Behalf the Power of the Parliament of Canada to make Laws in relation to any Matter comprised in any such Act shall, notwithstanding anything in this Act, be unrestricted, but any Act of Parliament of Canada making Provision for such Unifomity shall not have effect in any Province unless and until it is adopted and enacted as Law by the Legislature thereof.

[924] **Art. 6 *Supreme Court Act*** (R.S.C. 1985, c. S-26): At least three of the judges shall be appointed from among the judges of the Court of Appeal or of the Superior Court of the Province of Quebec or from among the advocates of that Province.

vinz drei der insgesamt neun Richter des Obersten Gerichtshofes benennen darf. Eine Sonderstellung der Provinz ergibt sich darüber hinaus aus Art. 93 A *Constitution Act von 1867*, der die Anwendung der Art. 93 Abs. 2 bis 4 *Constitution Act von 1867* auf Québec ausschließt. Hieraus folgt, dass Québec im Bereich der Errichtung von Konfessionsschulen im Gegensatz zu den anderen Provinzen nicht an die in den Absätzen 2 bis 4 zugunsten des Bundes statuierten Gesetzesvorbehalte gebunden ist[925]. Eine besondere Regelung findet sich auch in Art. 22 *Constitution Act von 1867*, wonach Québec neben Ontario als bevölkerungsreichste Provinz die höchste Anzahl an Senatoren ernennen darf[926].

Zum umstrittenen Verfassungsrang des *Supreme Court Acts* siehe Teil 4, C III. 3. b. bb.

[925] **Art. 93 A *Constitution Act von 1867***: Paragraphs (1) to (4) of section 93 do not apply to Quebec.

Art. 93 *Constitution Act von 1867*: In and for each Province the Legislature may exclusively make Laws in relation to Education, subject and according to the following Provisions: -

(1) Nothing in any such Law shall prejudicially affect any right or privilege with respect to Denominational Schools which any Class of Persons have by Law in the Province at the Union:

(2) All the Powers, Privileges and Duties at the Union by law conferred any imposed in Upper Canada on the Separate Schools and School Trustees of the Queen's Roman Catholic Subjects shall be and the same are hereby extended to the Dissentient Schools of the Queen's Protestant and Roman Catholic Subjects in Quebec:

(3) Where in any Province a System of Separate or Dissentient Schools exists by Law at the Union or is thereafter established by the Legislature of the Province, an Appeal shall lie to the Governor General in Council from any Act or Decision of any Provincial Authority affecting any Right or Privilege of the Protestant or Roman Catholic Minority of the Queen's Subjects in relation to Education:

(4) In case any such Provincial Law as from Time to Time seems to the Governor General in council requisite for the Execution of the Provisions of this Section is not made, or in case any Decision of the Governor General in Council on any Appeal under this Section is not duly executed by the proper Provincial Authority in that Behalf, then and in every such Case, and as far as the Circumstances of each Case require, the Parliament of Canada may make remedial Laws for the due Execution of the Provisions of this Section and of any Decision of the Governor General in Council under this Section.

[926] **Art. 22 *Constitution Act von 1867***: In relation to the Constitution of the Senate Canada shall be deemed to consist of Four Divisions:- 1. Ontario; 2. Quebec; 3. The Maritime Provinces, Nova Scotia, and New Brunswick, and Prince Edward Island; 4. The Western Provinces of Manitoba, British Columbia, Sasketchewan, and Alberta; which Four Divisions shall (subject to the Provisions of this Act) be equally represented in the Senate as follows: Ontario by twenty-four senators; Quebec by twenty-four senators; the Maritime Provinces and Prince Edward Island by twenty-four senators, ten thereof representing Nova Scotia, ten thereof representing New Brunswick, and four thereof representing Prince Edward Island; the Western Provinces by twenty-four senators, six thereof representing Manitoba, six thereof representing British Columbia, six thereof representing Sasketchewan, and six thereof representing Alberta; Newfoundland shall be entitled to be represented in the Senate by six members, the Yukon Territory and the Northwest Territories shall be entitled to be represented in the Senate by one member each. In the case of Quebec each of the Twenty-four Senators representing that Prov-

Die in der Verfassung berücksichtigten Sonderrechte der Provinz Québec knüpfen lediglich punktuell an bestimmte Bereiche an oder beziehen sich auf eine Repräsentation in den Bundesinstitutionen, die sich noch mit der Größe der Provinz erklären lässt; sie führen jedoch in ihrer Gesamtheit nicht de lege lata zu einem asymmetrischen Föderalismus mit einer Sonderstellung der Provinz. Insbesondere die Gleichstellung der Sprachen Englisch und Französisch betrifft alle kanadischen Provinzen und auch die im Hinblick auf das französische Zivilrechtssystem in Québec getroffenen Sonderregelungen begründen nicht einen gegenüber den anderen Provinzen privilegierten Status der Provinz[927]. Die speziell auf Québec bezogenen Verfassungsartikel sollen die Verschiedenheit der Provinz in kultureller, sprachlicher und historischer Hinsicht berücksichtigen, bei gleichzeitiger Anerkennung der rechtlichen Gleichheit der Provinzen.
Über die genannten Sonderrechte der Provinz hinausgehend kommt die Einräumung weiterer – bisher unter Bundeshoheit stehender – ausschließlicher legislativer Kompetenzen der Provinz in Betracht, die den anderen Provinzen nicht zustehen und es Québec ermöglichen würden, auf den Geltungsbereich der Provinz beschränkte gesetzliche Regelungen zur Berücksichtigung der Besonderheiten Québecs zu erlassen. Hierdurch würde nicht der Einfluss von Québec auf Bundesebene erweitert, sondern lediglich die Staatsgewalt in weiteren Bereichen vom Bund auf die Provinz verlagert[928]; der hieraus resultierende höhere Grad an Autonomie wäre jedoch in territorialer und personeller Hinsicht auf Québec beschränkt. Bundesgesetze in den auf Québec übertragenen Kompetenzbereichen würden folglich nicht mehr für Québec, sondern nur noch für die übrigen kanadischen Provinzen gelten. Denkbar wäre darüber hinaus ein Vetorecht der Provinz in Bezug auf Bundesgesetze, die Provinzangelegenheiten betreffen, oder eine weitere Verstärkung der Repräsentation der Provinz in den Bundesinstutionen[929]. Die Etablierung einer asymmetrischen Struktur der kanadischen Föderation käme schließlich in Form einer verfassungsrechtlichen Zuerkennung eines „distinct society"-Status Québecs in Betracht, d.h. durch die Einfügung eines Verfassungsartikels, der ausdrücklich die Besonderheit Québecs anerkennt[930]. Vorbild könnten der mit dem Begriff der „distinct society" in dem im *Meech Lake-Accord* von 1987 vorgesehenen neuen Art. 2 des *Constitution Acts von 1867* verbundene besondere Status der Provinz, sowie die ebenfalls als neuer Art. 2 des *Constitution Act von 1867* vorgesehene „Canada Clause" im *Charlottetown-*

---

ince shall be appointed for One of the Twenty-four Electoral Divisions of Lower Canada specified in Schedule A. to Chapter One of the Consolidated Statutes of Canada.
Vgl. auch **Art. 37 *Constitution Act von 1867***, der die Anzahl der gewählten Mitglieder aus den einzelnen Provinzen festlegt.

[927] Milne, in: Watts/Brown (Hrsg.), S. 292 f.

[928] Webber, Reimagining Canada, S. 229 f.

[929] Milne, in: Watts/Brown (Hrsg.), S. 301.

[930] Watts, Comparing Federal Systems, S. 66.

Accord aus dem Jahre 1992 sein[931]. Mit der „distinct-society"-Klausel sollte Québec als „besondere, von (Rest-) Kanada unterschiedliche Gesellschaft" anerkannt, jedoch keine zusätzlichen legislativen Kompetenzen der Provinz Québec begründet oder bestehende Kompetenzvorschriften derogiert werden (vgl. Art. 2 Abs. 4 *Meech Lake-Accord*)[932]. Die „distinct society"-Klauseln in den Abkommen von 1987 und 1992 sind ihrem Wortlaut nach keiner Auslegung als Sonder„*recht*" zugänglich; aus der Zuerkennung eines besonderen Status der Provinz sollten weder Sonderrechte oder -kompetenzen der Provinz abzuleiten sein, die den anderen kanadischen Provinzen nicht zustehen, noch sollten die Klauseln die Anwendung geltenden Rechts beschränken oder erweitern, was insbesondere das Festhalten an dem Prinzip der Gleichheit der Provinzen im *Charlottetown-Accord* verdeutlicht. Das Konzept der „distinct society" sollte vielmehr eine symbolische Wirkung besitzen als Legitimationsgrundlage für Forderungen nach Schutz und Förderung der französischen Sprache und damit des „besonderen Charakters" der Provinz Québec. Ferner sollte es bei der Ausübung legislativer Kompetenzen und der Verfassungsauslegung durch die Gerichte als Richtlinie zum Tragen kommen, der zufolge im Falle mehrdeutiger Verfassungsnormen zur

---

[931] **Clause 1 *Meech Lake-Accord*:** (1) The Constitution of Canada shall be interpreted in a manner consistent with (a) the recognition that the existence of French-speaking Canadians, centred in Quebec but also present elsewhere in Canada, and English-speaking Canadians, concentrated outside Quebec but also present in Quebec, constitutes a fundamental characteristic of Canada; and (b) The recognition that Quebec constitutes within Canada a distinct society.

(2) The role of the Parliament of Canada and the provincial legislatures to preserve the fundamental characteristic of Canada referred to in paragraph (1) (a) is affirmed.

(3) The role of the legislature and Government of Quebec to preserve and promote the distinct identity of Quebec referred to in paragraph (1) (b) is affirmed.

(4) Nothing in this section derogates from the powers, rights or privileges of Parliament or the Government of Canada, or of the legislatures or governments of the provinces, including any powers, rights or privileges relating to language.

Sect. 1 *Charlottetown Accord* ("Canada Clause"): (1) The Constitution of Canada, including the Canadian Charter of Rights and Freedoms, shall be interpreted in a manner consistant with the following characteristics: (c) Quebec constitutes within Canada a distinct society, which includes a French-speaking majority, a unique culture and a civil law tradition;

(h) Canadians confirm the principal of equality of the provinces at the same time as recognizing their diverse characteristics.

(2) The role of the legislature and government of Quebec to preserve and promote the distinct society of Quebec is affirmed.

(3) Nothing in this section derogates from the powers, rights or privileges of the Parliament of Canada, or of the legislatures or governments of the provinces, or of the legislative bodies or governments of the Aboriginal peoples of Canada, including any powers, rights or privileges relating to language and, for greater certainty, nothing in this section derogates from the aboriginal and treaty rights of the Aboriginal peoples of Canada.

[932] Hogg, Meech Lake, S. 13, 15.

Klärung ihres Normgehalts die kulturelle Diversität der Provinzen, insbesondere die sprachliche Dualität Kanadas, zu berücksichtigen ist[933].

Gegen die Option eines über den bereits bestehenden Rahmen hinausgehenden asymmetrischen Föderalismus in Kanada ist zum einen einzuwenden, dass die größere Eigenständigkeit Québecs Forderungen nach einer entsprechenden Verringerung des im Verhältnis zur Bevölkerungszahl der Provinz gegenwärtig sehr großen Einflusses der Québecer auf Bundesebene hervorbringen würde[934]. Ein Verlust an Einfluss auf der Bundesebene würde jedoch tendenziell die Sezessionstendenzen Québecs verstärken, denn je mehr sich der Einfluss Québecs auf der Bundesebene verringern und Québec auf der Provinzebene durch Kompetenzerweiterungen gestärkt würde desto mehr würde die Provinz den Weg der Eigenständigkeit verfolgen. Zum anderen würden sich im Fall einer Erweiterung der Kompetenzen Québecs auf Bundesebene (Rest-) Kanada und Québec faktisch wie in einer zweigliedrigen Föderation gegenüberstehen[935], deren Etablierung die in Bezug auf eine bipolar strukturierte Föderation angeführten Bedenken hervorrufen würde[936]. Auch das Scheitern des *Meech Lake-Accords* im Jahre 1987 sowie des *Charlottetown-Accords* im Jahre 1992[937] macht deutlich, dass (Rest-) Kanada der Anerkennung eines besonderen Status der Provinz, der zu einem asymmetrischen Föderalismus der kanadischen Föderation führen würde, in der Vergangenheit ablehnend gegenüberstand und die Umsetzung eines asymmetrischen Föderalismus im Wege einer Verfassungsänderung aufgrund der hierfür erforderlichen Mehrheiten – siehe insbesondere Art. 38 und Art. 41 *Constitution Act von 1982* – keine Aussicht auf Erfolg hätte[938].

Zustimmung bei den übrigen (anglophonen) Provinzen würde allenfalls eine mit dem Prinzip der Gleichheit der Provinzen vereinbare allgemeine Dezentralisie-

---

933 Duplé, Revue Générale de Droit 24 (1993), S. 67, 69, 75 ff.; Hogg, Meech Lake, S. 12 f.

934 Kymlicka, in: Lehning (Hrsg.), S. 133, 135.

935 Woehrling, in: Morin/Woehrling (Hrsg.), S. 98.

936 Milne, in: Watts/Brown (Hrsg.), S. 299.

937 Zur Kritik am *Meech-Lake-Accord* vgl. Taucar, S. 184 ff. Beispielsweise war sowohl im *Meech Lake-Accord* von 1987 als auch im *Charlottetown-Accord* von 1992 die Einfügung eines neuen Artikels vorgesehen, der das Recht auf Nominierung von drei der insgesamt neun Richter des Supreme Court of Canada durch Québec verfassungsrechtlich verankern sollte. Diese Regelung hat bisher nur im *Supreme Court Act* Niederschlag gefunden. Asymmetrische Elemente im *Charlottetown Accord von 1992* waren unter anderem eine verfassungsrechtliche Garantie für Québec, 25 % der Mitglieder des House of Commons entsenden zu können, sowie das Erfordernis einer qualifizierten Mehrheit als „Doppelmehrheit" im Senat für die Verabschiedung eines Gesetzes, das die französische Sprachkultur betrifft:
Sect. 12 *Charlottetown Accord*: Bills that materially affected French language culture would require approval by a majority of the Frankophone Senators and by a majority of the Frankophone Senators voting. The House of Commons would not be able to override the defeat of a bill in this category by the Senate.
Sect. 14 *Charlottetown Accord*: On entering the Senate, Senators should be required to declare whether they are Frankophones for the purpose of the double majority voting rule.

938 Woehrling, in: Morin/Woehrling (Hrsg.), S. 100; Kymlicka, in: Lehning (Hrsg.), S. 135 f.

rung im Wege der Ausweitung der Gesetzgebungskompetenzen aller Provinzen finden. Hierdurch würde Québec zwar kein besonderer verfassungsrechtlicher Status mit entsprechenden Sonderrechten zuerkannt werden, jedoch könnte eine solche Konzeption Quebec zumindest die Möglichkeit eröffnen, die anerkannte Besonderheit der Provinz im Wege der Wahrnehmung der Gesetzgebungskompetenzen durch die Provinz in weiteren Bereichen zu definieren[939]. Allerdings hat die bereits weitgehende Dezentralisierung innerhalb des kanadischen Staates nicht dazu geführt, die Sezessionsbestrebungen Québecs einzudämmen.

C. „Wirtschaftliche und politische Partnerschaft" zwischen einem souveränen Québec und (Rest-) Kanada

Im Zusammenhang mit den erörterten Konzeptionen des kanadischen Föderalismus, die einen Verbleib der Provinz Québec im kanadischen Staatsverband voraussetzen, soll abschließend auf die eine Sezession der Provinz voraussetzende wirtschaftliche und politische Kooperation zwischen einem souveränen Québec und einem weiterhin föderal verfassten (Rest-) Kanada eingegangen werden. Gegenstand des von der Québecer Regierung am 30. Oktober 1995 durchgeführten zweiten Referendums war die Frage nach der Zustimmung zu einer Unabhängigkeit der Provinz bei einer gleichzeitigen wirtschaftlichen und politischen Partnerschaft eines souveränen Québecs mit (Rest-) Kanada („economic and political partnership")[940]. Im Falle eines positiven Votums war eine einseitige Unabhängigkeitserklärung auf der Grundlage des im Jahre 1995 von der Québecer Nationalversammlung verabschiedeten *Act Respecting the Future of Québec (The Sovereignty Bill (Bill 1))* [941] bis zum 30. Oktober 1996 im Anschluss an Verhandlungen, allerdings unabhängig von dem tatsächlichen Zustandekommen eines Abkommens mit (Rest-) Kanada über eine wirtschaftliche und politische Partnerschaft zwischen einem souveränen Québec und (Rest-) Kanada, vorgesehen[942].

---

[939] Milne, in: Watts/Brown (Hrsg.), S. 302; Watts, Comparing Federal Systems, S. 26; vgl. hierzu Art. 94 A *BNA-Act von 1867*, auf dem der eigene „Québec Pensions Plan" beruht, während die anderen Provinzen den „Canada Pensions Plan" beibehalten haben. **Art. 94 A *Constitution Act von 1867***: The Parliament of Canada may make laws in relation to old pensions and supplementary benefits, including survivors, and disability benefits irrespective of age, but no such law shall affect the operation of any law present or future of a provincial legislature in relation to any such matters.

[940] Siehe zur Referendumsfrage Teil 1, D; Schneider, in: Schultze/Schneider (Hrsg.), S. 372.

[941] *An Act Respecting the Future of Québec (The Sovereignty Bill (Bill 1))* (Assemblée nationale du Québec, première session, 35e législature, 1995), abgedruckt unter: http://www.sfu.ca/~aheard/bill1.html (letzer Aufruf am 5. Dezember 2005).

[942] **Art. 26 *Bill 1***: The negotiations relating to the conclusion of the partnership treaty must not extend beyond October 30, 1996, unless the National Assembly decides otherwise. The proclamation of Sovereignty may be made as soon as the partnership treaty has been approved by the National Assembly or as soon as the latter, after requesting the Opinion of the orientation and supervision committee, has concluded that the negotiations have proved fruitless.

Im *Bill 1* wurde beispielsweise festgelegt, dass die geltenden Gesetze Kanadas von einem souveränen Québec übernommen werden sollten, solange und soweit sie nicht durch die Nationalversammlung von Québec geändert würden[943]. Des Weiteren war eine Québecer Staatsbürgerschaft für alle Einwohner vorgesehen, wobei eine doppelte (Québecer und kanadische oder sonstige) Staatsbürgerschaft zulässig sein sollte[944]; auch sollte als Währung in einem unabhängigen Québec grundsätzlich der kanadische Dollar beibehalten werden[945]. Zwar wurde ausdrücklich bekräftigt, dass Québec ein französischsprachiger Staat sein solle[946], allerdings wurde der englischsprachigen Bevölkerungsminderheit die Sicherung ihrer Rechte und Institutionen sowie den Minderheiten, einschließlich der Autochthonen, zugleich eine angemessene Vertretung in den staatlichen Institutionen zugesichert[947].

Auch wenn dies im *Bill 1* und in dem in der Referendumsfrage genannten *Tripartite-Agreement* vom 12. Juni 1995[948], das von den Vorsitzenden der auf Provinz- und Bundesebene vertretenen sezessionistischen Parteien, der Parti Québécois (Jacques Parizeau), des Bloc Québécois (Lucien Bouchard) und der Action Démocratique du Québec (Mario Dumont), als Annex zum *Bill 1* getroffen wurde, nicht ausdrücklich Niederschlag gefunden hat, sollte diese bilaterale wirt-

943 **Art. 18** ***Bill 1***: The Acts of the Parliament of Canada and the regulations thereunder that apply in Québec on the date on which Québec becomes a sovereign country shall be deemed to be laws and regulations of Québec. Such legislative and regulatory provisions shall be maintained in force until they are amended, replaced or repealed.

944 **Art. 13** ***Bill 1***: Québec citizenship may be held concurrently with Canadian citizenship or that of any other country.

945 **Art. 14** ***Bill 1***: The currency having legal tender in Québec shall remain the Canadian dollar.

946 **Art. 7** ***Bill 1***: The new constitution shall state that Québec is a French-speaking country and shall impose upon the Government the obligation of protecting Québec culture and ensuring its development.

947 **Art 8** ***Bill 1***: The new constitution shall affirm the rule of law, and shall include a charter of human rights and freedoms. It shall also affirm that citizens have responsibilities towards their fellow citizens.
The new constitution shall guarantee the English-speaking community that its identity and institutions will be preserved. It shall also recognize the right of the aboriginal nations to self-government on lands over which they have full ownership and their right to participate in the development of Québec; in addition, the existing constitutional rights of the aboriginal nations shall be recognized in the constitution. Such guarantee and such recognition shall be exercised in a manner consistent with territorial integrity of Québec.
Representatives of the English-speaking community and of each of the aboriginal nations must be invited by the constituent commission to take part in the proceedings devoted to defining their rights. Such rights shall not be modified otherwise than in accordance with a specific procedure.

948 *Tripartite-Agreement between the Parti Québécois, the Bloc Québecois and the Action Démocratique du Québec* vom 12. Juni 1995 (Journals of the National Assembly, September of 1995), as an attachment to Bill 1, abgedruckt unter: http://www.sfu.ca/~aheard/bill1.html (letzer Aufruf am 5. Dezember 2005).

schaftliche und politische Assoziierung zwischen einem souveränen Québec und (Rest-) Kanada an das System der Europäischen Gemeinschaft angelehnt werden[949]; in der Literatur ist daher auch von dem „Maastricht model“ die Rede[950]. Im *Tripartite-Agreement* war eine politische Zusammenarbeit zwischen einem unabhängigen Québec und (Rest-) Kanada vorgesehen[951]. Hiernach sollte ein „Council of Ministers“ als Verwaltungsorgan mit der Entscheidungskompetenz in Bezug auf die Umsetzung des der Partnerschaft zugrundeliegenden Vertrages mit gleicher numerischer Repräsentation Kanadas und Québecs und einem beigeordneten permanenten Sekretariat gebildet werden. Des Weiteren war ein gemeinsames Parlament mit einem dem demographischen Gewicht entsprechenden Anteil von 25 % der Mitglieder aus Québec vorgesehen, das jedoch keine legislativen Kompetenzen, sondern nur eine Zuständigkeit für die Abgabe von nicht verbindlichen Empfehlungen besitzen sollte[952]. Eingerichtet werden sollte schließlich ein gemeinsames Schiedsgericht[953]. Angestrebt war die Begründung einer wirtschaftlichen und politischen Partnerschaft mit einer Zollunion, die durch mit dem EG-Vertrag vergleichbaren Grundfreiheiten gekennzeichnet sein sollte[954]. Das Konzept einer wirtschaftlichen und politischen Partnerschaft als Zollunion wäre zwar insofern von Vorteil für die Provinz Québec, als hierdurch der Integrationsgrad der wirtschaftlichen und politischen Beziehungen zwischen einem unabhängigen Québec und (Rest-) Kanada größer wäre als beispielsweise – die Mitgliedschaft eines unabhängigen Québecs vorausgesetzt – innerhalb der Nordamerikanischen Freihandelszone (NAFTA)[955]. Die Mitgliedschaft eines unabhängigen Québecs in der NAFTA ohne einen wirtschaftlichen oder politischen Verbund mit Kanada und den der Europäischen Gemeinschaft vergleichbaren politischen Institutionen würde hingegen Distanz zwischen Québec und Kanada schaffen.

Allerdings würde die Bildung einer „wirtschaftlichen und politischen Partnerschaft“ zwischen einem unabhängigen Québec und (Rest-) Kanada in der im *Bill 1* und dem *Tripartite-Agreement* konkretisierten Ausgestaltung den gleichen Schwierigkeiten begegnen wie die Bildung einer bipolaren Föderation. Insbe-

---

949 Leslie, S. 62.

950 Leslie, S. 62.

951 Loungnarath, Les Cahiers de Droit 39 (1998), S. 759; van der Vyver, Journal of Transnational Law and Policy 10 (2000), S. 7.

952 „It will examine the draft text of Partnership Council decisions, and forward its recommendations. It will also have the power to pass resolutions on any aspect of its implementation (...).“

953 „A tribunal will be set up to resolve disputes relating to the treaty, its implementation and the interpretation of its provisions. Its decisions will be binding upon the parties".

954 „As a priority, the treaty will ensure that the Partnership has the authority to act in the following areas: customs union; free movement of goods; free movement of individuals; free movement of services; free movement of capital; monetary policy; labour mobility; citizenship".

955 Abdruck in: ILM 32 (1993), S. 289 ff.

sondere im Vergleich zu dem im EG-Vertrag verankerten qualifizierten Mehrheitsrecht als Grundvoraussetzung für die Flexibilität und Stabilität des europäischen Systems, wäre eine nur zwei Mitglieder umfassende Partnerschaft aufgrund des aus dem Einstimmigkeitsprinzip resultierenden Vetorechts beider Mitglieder im „Council of Ministers" der Gefahr des Stillstandes im gemeinsamen politischen Entscheidungsprozess[956] und zugleich negativen Auswirkungen auf die internationale Handlungs- und Wettbewerbsfähigkeit des Bündnisses ausgesetzt[957]. Die im *Tripartite-Agreement* vorgesehene gleiche Anzahl an Mitgliedern aus Québec und (Rest-) Kanada würde wiederum Québec im Hinblick auf die Bevölkerungsrate überproportional repräsentieren. Demzufolge wäre auch eine „wirtschaftliche und politische Partnerschaft" eines unabhängigen Québecs und (Rest-) Kanadas nicht als bestandsfähig anzusehen.

D. Ergebnis

Die Umsetzung der als Alternative zu einer Sezession Québecs als auch zum gegenwärtigen verfassungsrechtlichen Status quo innerhalb der kanadischen Föderation in Betracht gezogenen bipolaren Union der Provinz Québec und (Rest-) Kanadas würde voraussichtlich daran scheitern, dass eine rechtliche Gleichstellung von Québec und (Rest-) Kanada innerhalb des gemeinsamen Verbundes nicht die Zustimmung (Rest-) Kanadas finden würde. Jedenfalls würde in praktischer Hinsicht der Bestandsfähigkeit eines zweigliedrigen Verbundes entgegenstehen, dass keine Mehrheitsentscheidungen möglich wären, sondern die beiden Gliedstaaten von den ihnen jeweils zustehenden Vetorechten im politischen Entscheidungsprozess Gebrauch machen würden, um ihre Partikularinteressen durchzusetzen und sich nicht der Politik des anderen Unionsmitglieds unterzuordnen. In dieser Situation würden sich auch ein unabhängiges Québec und (Rest-) Kanada innerhalb der von der Parti Québécois befürworteten „wirtschaftlichen und politischen Partnerschaft" befinden; einziger Unterschied zu einer bipolaren Union innerhalb der kanadischen Föderation wäre die völkerrechtliche Grundlage des Bündnisses und der gemeinsamen Institutionen.
Auch wenn die Zuerkennung weiterer verfassungsrechtlicher Sonderrechte bzw. -kompetenzen der Provinz Québec im Wege der Etablierung einer noch weitergehenden Asymmetrie des kanadischen Föderalismus als Alternative zu einem vollständigen Ausscheiden der Provinz Québec aufgrund der Beibehaltung der multipolaren föderalen Struktur grundsätzlich nicht den Schwierigkeiten wie die Errichtung einer nur aus zwei Mitgliedern bestehenden Union begegnen würde, ist die Umsetzung einer weitergehenden Asymmetrie innerhalb der kanadischen

[956] „The decisions of the Partnership Council will require an unanimous vote, thus each member will have a veto". Monahan, Osgoode Hall Law Journal 33 (1995), S. 31; Demers/Demers, S. 34.
[957] Watts, in: Watts/Brown (Hrsg.), S. 27.

Föderation aufgrund der gegenwärtig vorherrschenden Ablehnung einer über den Status quo hinausgehenden Sonderstellung Québecs durch (Rest-) Kanada ausgeschlossen.

Teil 6: Zusammenfassung

1. Das Ausscheiden eines Gliedstaates aus einem Staatsverband ist ein sich innerhalb der Grenzen eines unabhängigen Staates vollziehender Tatbestand, der ohne eine Intervention von Drittstaaten zugunsten des sezedierenden Gliedstaates nur das Verhältnis zwischen dem Gliedstaat und dem Bund betrifft. Dennoch unterliegt dieser Vorgang auch dem Anwendungsbereich des Völkerrechts. Zwar folgt aus dem Anerkennungsakt von Drittstaaten eine partielle Völkerrechtssubjektivität von Gliedstaaten; diese ist allerdings nur Voraussetzung für die Aufnahme völkerrechtlicher Beziehungen des Gliedstaates zu dem anerkennenden Drittstaat und begründet keine völkerrechtliche Berechtigung des Gliedstaates gegenüber dem Bund.
Einen völkerrechtlichen Charakter erlangt die Sezession eines Gliedstaates jedoch über die Eigenschaft des Gliedstaates als Träger bestimmter völkerrechtlicher Rechte und Pflichten; denkbar ist insbesondere eine Qualifizierung der Bevölkerung des Gliedstaates als „Volk" im Sinne des Selbstbestimmungsrechts der Völker. Völkerrechtlich relevant ist die Sezession eines Gliedstaates auch aufgrund ihrer Rechtsfolgen, wie die Entstehung eines vom Mutterstaat unabhängigen Neustaates und Völkerrechtssubjekts. Das Ausscheiden eines Gliedstaates aus einem Staatsverband ist deshalb im Grenzbereich zwischen innerstaatlichem Recht und Völkerrecht anzusiedeln und somit nach beiden Rechtsordnungen zu beurteilen.

2. Für die Sezession der Gebietseinheit eines unabhängigen Staates ist der Völkerrechtsordnung keine ausdrückliche Regelung zu entnehmen. Grundlage der völkerrechtlichen Beurteilung ist daher das Prinzip der Selbstbestimmung der Völker, das zwar ebenfalls kein ausdrückliches Sezessionsrecht beinhaltet, dem jedoch unter Heranziehung des Prinzips der territorialen Integrität Aussagen über die Rechtmäßigkeit einer Sezession zu entnehmen sind.
Das Prinzip der Selbstbestimmung der Völker hat sich aus einem lediglich politische Wirkungen besitzenden Grundsatz über die Kodifizierung in der *UN-Charta* bis zu seiner Inkorporation in die *UN-Menschenrechtspakte von 1966* sowohl völkervertragsrechtlich zu einem Rechtsprinzip fortentwickelt als auch völkergewohnheitsrechtlich verfestigt.
Das Selbstbestimmungsrecht steht dem „Volk" zu. In der völkerrechtlichen Praxis hat sich eine ethnische Definition des Volkes als Rechtsträger des Selbstbestimmungsrechts herausgebildet, die neben objektiv feststellbaren Merkmalen, wie ein dem Volk zuzuordnendes, von diesem mehrheitlich besiedeltes, abgrenzbares Territorium, eine gemeinsame Sprache und Kultur sowie historische Entwicklung, als subjektive Kriterien die Selbstidentifikation als zusammengehörige Gruppe und den Willen, die Besonderheit der Gruppe im Wege der Selbstbestimmung bewahren und fördern zu wollen, voraussetzt. Auf der Grundlage dieser Definition ist die in Québec lebende

frankophone Bevölkerung als Volk zu qualifizieren, wobei ihr als Territorium das Gebiet der Provinz zuzuordnen ist. Zwar werden die nördlichen Gebiete der Provinz mehrheitlich von der einen eigenständigen Volksstatus besitzenden und eine Sezession ablehnenden indigenen Bevölkerung besiedelt; jedoch sind die nördlichen Gebiete der Provinz aufgrund der geographischen Gegebenheiten dünn besiedelt und der dort lebende Anteil der indigenen Bevölkerung ist im Vergleich zur frankophonen Bevölkerung Québecs gering. Die in Québec lebenden Anglophonen stellen in ihrer Eigenschaft als Mehrheitsbevölkerung im Gesamtstaat Kanada und Minorität in der Provinz Québec kein „Volk“ im Sinne des Selbstbestimmungsrechts dar.

3. Nach dem gegenwärtigen Stand des Völkerrechts besteht mangels einer entsprechenden Staatenpraxis und Rechtsüberzeugung der Staatengemeinschaft keine völkergewohnheitsrechtliche Pflicht, ein Referendum im Vorfeld einer Sezession durchzuführen. Auch besitzt das Ergebnis eines durchgeführten Unabhängigkeitsreferendums keine rechtliche Bindungswirkung. Die Bedeutung eines Unabhängigkeitsreferendums erschöpft sich zum einen in seiner Funktion als demokratisches Verfahren zur Ermittlung des Willens des selbstbestimmungsberechtigten Volkes, und zum anderen in seiner politischen Legitimationswirkung, die gegenüber dem Mutterstaat im Falle von Verhandlungen zwischen der sezedierenden Einheit und dem Mutterstaat sowie im Anschluss an eine Sezession bei der Anerkennung des unabhängig gewordenen Neustaates durch die Staatengemeinschaft zum Tragen kommen kann.

4. Zu unterscheiden ist zwischen innerer, sich auf die Entscheidung des Volkes über den innerstaatlichen politischen Status beziehender Selbstbestimmung und äußerer Selbstbestimmung, die den politischen Status nach außen gegenüber Drittstaaten und anderen Völkerrechtssubjekten betrifft. Beansprucht ein Volk das äußere Selbstbestimmungsrecht als Rechtsgrundlage für eine Sezession, dann kollidiert dieses mit dem Prinzip der territorialen Integrität, das auf den Schutz der territorialen Interessen des Mutterstaates gerichtet ist. Das auf zwischenstaatliche Beziehungen ausgerichtete Prinzip der territorialen Integrität gilt auch für das innerstaatliche Verhältnis zwischen dem Mutterstaat und dem selbstbestimmungsberechtigten Volk, was sich in erster Linie aus der Schutzbedürftigkeit der territorialen Integrität des Mutterstaates auch gegenüber der Verletzung der staatlichen Einheit durch das Ausscheiden von Gebietsteilen aus dem Staatsverband ergibt.
   Die kollidierenden, normativ gleichrangigen völkerrechtlichen Prinzipien sind im Wege der Harmonisierung in Ausgleich zu bringen. Grundsätzlich berechtigt das Selbstbestimmungsrecht nicht zu einer Sezession, sondern bezieht sich auf die Selbstbestimmung des Volkes über seinen innerstaatlichen politi-

schen Staates. Die Verwirklichung des Selbstbestimmungsrechts im Wege einer Sezession kommt jedoch dann in Betracht, wenn die selbstbestimmungsberechtigte Einheit gezielt und einseitig schweren Menschenrechtsverletzungen durch den Mutterstaat mit der Folge der Existenzgefährdung des Volkes ausgesetzt ist und das Selbstbestimmungsrecht nicht auf anderem Wege als in Form einer Sezession wahrgenommen werden kann. In diesem Fall sind die territorialen Interessen des Mutterstaates aus völkerrechtlicher Sicht nicht schutzwürdig und das Selbstbestimmungsrecht in Form eines Sezessionsrechts fungiert als „ultima ratio" zum Schutz des diskriminierten Volkes. Im Falle der frankophonen Bevölkerung von Québec sind diese Voraussetzungen für ein aus dem Selbstbestimmungsrecht ableitbares Sezessionsrecht nicht erfüllt, so dass das Selbstbestimmungsrecht der Völker im vorliegenden Kontext keine Rechtsgrundlage für eine Sezession bereitstellt.

5. Vollzieht sich jedoch eine Sezession im Wege der faktischen Etablierung eines Neustaates, der effektive Staatsgewalt über sein Territorium und die dort lebende Bevölkerung ausübt, erkennt das Völkerrecht diesen tatsächlich eingetretenen Zustand an, ohne auf die Rechtmäßigkeit des Sezessionsprozesses zu rekurrieren. Allerdings besteht eine „Wechselwirkung" zwischen dem Effektivitätsprinzip und dem Selbstbestimmungsrecht, das unter bestimmten Umständen zu einer Sezession berechtigt. Besteht ein Sezessionsrecht, kommt diesem nämlich insofern eine die Neustaatengründung legitimierende Wirkung zu, als an das Vorliegen der Effektivität der neuen Staatsgewalt auf dem sezedierenden Gebiet, insbesondere hinsichtlich deren Wirksamkeit und der Prognose der Dauerhaftigkeit, geringere Anforderungen zu stellen sind; e contrario ist im Falle des Fehlens eines Sezessionsrechts die tatsächliche und dauerhafte gesicherte Durchsetzung der Staatsgewalt der neuen Regierung auf dem sezedierenden Territorium gegenüber der Hoheitsgewalt des Mutterstaates zu verlangen.
   Die Anerkennung des Neustaates durch die Staatengemeinschaft ist keine konstitutive Voraussetzung für die Staatlichkeit des unabhängig gewordenen Gebietsteils, trägt jedoch wesentlich zur Konsolidierung der Staatlichkeit bei und begründet völkerrechtliche Beziehungen zum anerkennenden Staat. Die Völkerrechtsmäßigkeit der Anerkennung setzt voraus, dass sie erst nach Abschluss der effektiven Neustaatengründung erfolgt, oder dass im Falle der Anerkennung im Vorstadium einer effektiven Staatsgründung ein Sezessionsrecht besteht, das den Verstoß einer vorzeitigen Anerkennung gegen das Verbot der Intervention in innere Angelegenheiten des Mutterstaates (vgl. Art. 2 Nr. 1 *UN-Charta*) aufgrund seiner legitimierenden Wirkung quasi „kompensiert".

6. Ein der Sezession nachfolgender völkerrechtsrelevanter Aspekt betrifft die Frage des Verlaufs der Grenzen des Neustaates Québec. Zwar hat das uti possidetis-Prinzip, dem zufolge die ehemaligen innerstaatlichen Provinzgrenzen im Zeitpunkt der Erlangung von Unabhängigkeit zu internationalen Grenzen des Neustaates werden, außerhalb des Dekolonisierungskontextes noch keine gesicherte völkergewohnheitsrechtliche Geltung erlangt. Für seine Anwendung spricht jedoch, dass es erst nach erfolgter Neustaatenbildung zum Tragen kommt und auf das für die Entstehung von Staaten maßgebende Effektivitätsprinzip zurückgeführt werden kann, wenn das effektiv beherrschte Gebiet, das unabhängig wird, der ursprünglich durch innerstaatliche administrative Grenzen festgelegten Gebietseinheit entspricht. Mangels eines ius cogens-Charakters des uti possidetis-Prinzips steht es einer einvernehmlichen Grenzregelung zwischen dem ehemaligen Mutterstaat und der sezedierenden Einheit nicht entgegen.
   Hinsichtlich der Nachfolge in völkerrechtliche Verträge ist die Rechtslage aus völkerrechtlicher Sicht nicht gesichert. Abzulehnen ist die Anwendung des in der *Wiener Konvention über Staatennachfolge in Verträge von 1978* verankerten „clean slate"-Prinzips auf den unabhängig gewordenen Gliedstaat. Es ist von einer Kontinuität der Verträge, die in ihrem Regelungsgehalt auf das Territorium des Neustaates bezogen sind, auszugehen; auch die von Québec im Rahmen der verfassungsrechtlichen Kompetenzen der Provinz geschlossenen Abkommen mit Drittstaaten gelten für ein unabhängiges Québec fort. Die Aufteilung von Schulden und Vermögen im Falle einer Sezession ist nicht völkergewohnheitsrechtlich geregelt. Zu befürworten ist unter Heranziehung der in der *Wiener Konvention über die Staatennachfolge in Staatsvermögen, -archive und -schulden von 1983* enthaltenen Regelungen eine verhältnismäßige Aufteilung zwischen dem Mutterstaat und dem sezedierenden Staat, unter Einbeziehung der jeweiligen territorialen und sonstigen besonderen Umstände. Eine automatische Mitgliedschaft eines unabhängig gewordenen Québecs in den internationalen Organisationen, in denen Kanada gegenwärtig Mitglied ist, kommt nicht in Betracht. Einen Mitgliedstatus in internationalen Organisationen erlangt Québec nur im Wege der Einhaltung der in den jeweiligen Gründungsverträgen vorgesehenen Beitrittsvoraussetzungen.

7. Die Sezession der frankophonen Bevölkerung ist nach kanadischem Verfassungsrecht nur rechtmäßig, wenn sie im Wege einer Verfassungsänderung erfolgt. Bejaht werden kann nur die Herausbildung einer „constitutional convention", die ein Selbstbestimmungsrecht der Québecer Bevölkerung, nicht jedoch ein Sezessionsrecht – etwa auf der Grundlage eines positiven Votums der Provinzbevölkerung in einem Referendum – gewährt. Auch aus der „compact theory of Confederation" kann kein Sezessionsrecht in Gestalt eines vertraglichen Austrittsrecht aus der kanadischen Föderation abgeleitet wer-

den. Die Annahme eines Sezessionsrechts wird von den Vertretern dieser umstrittenen Theorie damit begründet, dass die kanadische Föderation basierend auf dem *British North America Act von 1867* als Vertrag zwischen den britischen Kolonien und Québec als frankophoner Kolonie gegründet worden sei. Als Verfahren für eine Verfassungsänderung, mit der eine Sezession ermöglicht werden kann, kommt, da die Voraussetzungen der spezielleren Verfahren, insbesondere des Einstimmigkeitsverfahrens gemäß Art. 41 *Constitution Act von 1982* nicht erfüllt sind, nur das Verfahren des Art. 38 *Constitution Act von 1982* in Betracht. Das allgemeine Verfahren des Art. 38 *Constitution Act von 1982* setzt für eine Verfassungsänderung einfache Mehrheiten im Senat und Unterhaus sowie den gesetzgebenden Versammlungen auf Provinzebene voraus, wobei mindestens zwei Drittel der Provinzen, die zusammen mindestens 50 % der kanadischen Gesamtbevölkerung ausmachen, zustimmen müssen. Eine Zustimmung durch die von der Sezession betroffene indigene Bevölkerung Québecs ist nach dem gegenwärtigen Stand des Verfassungsrechts für das Wirksamwerden einer Verfassungsänderung nicht erforderlich.

8. Als tatsächlich realisierbare Alternative zu einer vollständigen Unabhängigkeit Québecs von Kanada kommt eine weitergehende asymmetrische Struktur des kanadischen Föderalismus in Form der Zuerkennung von Sonderrechten und -kompetenzen für Québec, die der Provinz einen Sonderstatus gegenüber den übrigen kanadischen Provinzen verleihen, in Betracht. Die Konstellation einer nur zweigliedrigen Union mit den Gliedstaaten Québec und (Rest-) Kanada ist hingegen aufgrund der Schwierigkeiten bei der politischen Entscheidungsbildung und der daraus resultierenden Gefahr der Instabilität der Union nicht als bestandsfähig anzusehen. Auch eine wirtschaftliche und politische Partnerschaft zwischen einem unabhängigen Québec und (Rest-) Kanada ist somit aus den gleichen Gründen wie eine bipolare Föderation zum Scheitern verurteilt.

Literaturverzeichnis

Abbott, Frederick M.: The North American Integration Regime and its implications for the World Trading System, in: Weiler, J. H. H. (Hrsg.): The EU, the WTO, and the NAFTA. Towards a Common Law of International Trade?, Oxford Univ. Press, 2000; S. 169-199.

Alfredsson, Gudmundur: Different forms and claims to self-determination, in: Clark, Donald/Williamson, Robert (Hrsg.), Self-determination. International perspectives, London, New York, 1996; S. 58-86.

Anonyme Note: The Logic of Secession, in: The Yale Law Journal 89 (1979-1980), S. 802-824.

Antonopoulos, Constantine: The principle of uti possidetis iuris in contemporary international law, in: Revue Héllenique de Droit International 49 (1996), S. 29-88.

Arbour, J.-Maurice: Droit International Public, Cowansville (Québec), 4. Auflage 2002.

Arès, Richard: Dossier sur le pacte fédératif de 1867. La conféderation: pacte ou loi?, Montréal, 1967.

Armbruster, Hubert: Selbstbestimmungsrecht, in: Strupp, Karl/Schlochauer, Hans-Jürgen (Hrsg.), Wörterbuch des Völkerrechts, Dritter Band, Berlin, 1962; S. 250-255.

Baer, Stephanie: Der Zerfall Jugoslawiens im Lichte des Völkerrechts, Frankfurt a. M., Berlin, Bern, New York, Paris, Wien, 1995.

Bagwell, Ben: Yugoslavian constitutional questions: Self-determination and secession of member republics, in: Georgia Journal of International and Comparative Law 21 (1991), S. 489-523.

Barberis, Julio A.: Les règles spécifiques du droit international en Amérique latine, in: Recueil des Cours (Académie de droit international) 235 (1992) IV, S. 81-230.

Barsh, Russel Lawrence: Revision of the ILO-Convention No. 107, in: American Journal of International Law 81 (1987), S. 756-762.

Bayefsky, Anne F. (Hrsg.): Self-determination in International Law: Québec and Lessons Learned, Toronto, 2000.

Bayefsky, Anne F.: The Human Rights Committee and the Case of Sandra Lovelace, in: Canadian Yearbook of International Law 20 (1982), S. 244-265.

Beauchamp, Caroline: De l'existence d'une convention constitutionnelle reconnaissant le droit du Québec à l'autodétermination, in: Revue Juridique des Etudiants et Etudiantes de l'Université Laval 6 (1992), S. 55-68.

Beaudoin, Gérald-A.: The Charlottetown Accord and Central Institutions, in: McRoberts, Kenneth/Monahan, Patrick J. (Hrsg.), The Charlottetown Accord, the Referendum and the Future of Canada, Toronto, Buffalo, London, 1993; S. 73-81.

Beckmann-Petey, Monika: Der jugoslawische Föderalismus, Oldenbourg, 1990.

Beigbeder, Yves: International monitoring of plebiscites, referenda and national elections – Self-determination and transition to democracy, Dordrecht, 1994.

Bennigsen, Sabine: Befreiungsbewegungen, in: Wolfrum, Rüdiger (Hrsg.), Handbuch Vereinte Nationen, München, 2. Auflage 1991; Nr. 6. *(zit.: Verfasser, in: Hdbuch VN)*

Beran, Harry: A liberal theory of secession, in: Political Studies 32 (1984), S. 21-31.

Beran, Harry: A philosophical perspective, in: Maccartney, W. J. Allan (Hrsg.), Self-determination in the Commonwealth, Aberdeen Univ. Press, 1988; S. 23-35.

Berber, Friedrich: Lehrbuch des Völkerrechts, Erster Band: Allgemeines Friedensrecht, München, 2. Auflage 1975.

Bernhardt, Rudolf (Hrsg.): Encyclopedia of Public International Law, Amsterdam, Volume I (1992), Volume II (1995), Volume III (1997), Volume IV (2000). *(zit.: Verfasser, in: EPIL)*

Bernhardt, Rudolf: Federalism and Autonomy, in: Dinstein, Yoram (Hrsg.), Models of Autonomy, New Brunswick (U.S.A.), London (U.K.), 1981; S. 23-28.

Bérnier, Gérard/Boily, Robert: Wirtschafts- und Sozialstruktur, in: Kempf, Udo (Hrsg.), Quebec. Wirtschaft-Gesellschaft-Politik, Hagen, 2. Auflage 1999; S. 61-113.

Berny, Victor: La sécession du Katanga, in: Revue Juridique et Politique 19 (1965), S. 563-577.

Beyerlin, Ulrich: Rechtsprobleme der lokalen grenzüberschreitenden Zusammenarbeit, Berlin, Heidelberg, 1988.

Bilfinger, Carl: Vollendete Tatsache und Völkerrecht, in: Zeitschrift für ausländisches Recht und Völkerrecht 15 (1953/1954), S. 453-481.

Binette, André: Le droit des peuples: l'autodétermination dans le contexte canadien, in: Canadian Yearbook of International Law 34 (1996), S. 215-232.

Bleckmann, Albert: Völkerrecht, Baden-Baden, 2001.

Bleckmann, Albert: Grundgesetz und Völkerrecht. Ein Studienbuch, Berlin, 1975. *(zit.: Bleckmann, Grundgesetz und Völkerrecht)*

Blum, Daniel S.: The apportionment of public debts and assets during state secession, in: Case Western Reserve Journal of International Law 29 (1997), S. 263-298.

Blumenwitz, Dieter/Gornig, Gilbert H./Murswiek, Dietrich (Hrsg.): Ein Jahrhundert Minderheiten- und Volksgruppenschutz, Köln, 2001.

Blumenwitz, Dieter: Das Sezessionsrecht innerstaatlicher Rechtsgemeinschaften, in: Verfassung und Recht in Übersee 3 (1970), S. 429-442.

Blumenwitz, Dieter/Meissner, Boris (Hrsg.): Das Selbstbestimmungsrecht der Völker und die deutsche Frage, Bonn, 1984.

Bothe, Michael: Völkerrecht und Bundesstaat. Gedanken zu einem juristischen Gegenverkehr, in: Festschrift für Hermann Mosler, 1983, S. 111-143. *(zit.: Verfasser, in: FS Mosler)*

Bothe, Michael: Die Entwicklung des Föderalismus in den angelsächsischen Staaten, in: Jahrbuch des Öffentlichen Rechts der Gegenwart 31 (1982), S. 109-167.

Bothe, Michael/Schmidt, Christian: Sur quelques questions de succession posées par la dissolution de l'URSS et celle de la Yougoslavie, in: Revue Générale de Droit International Public 96 (1992), S. 811-842.

Bouchez, Leo J.: Bays and Gulfs, in: Bernhardt, Rudolf (Hrsg.): Encyclopedia of Public International Law, Amsterdam, Volume I (1992); S. 357-359. *(zit.: Verfasser, in: EPIL)*

Brebner, Adam: Things fall apart ? NAFTA after Quebec secession, in: The Dalhousie Journal of Legal Studies 6 (1997), S. 287-306.

Brilmayer, Lea: Secession and Self-determination: A territorial interpretation, in: The Yale Journal of International Law 16 (1991), S. 177-202.

Brockhaus-Enzyklopädie in 24 Bänden; Band 2: Mannheim, 19. Auflage 1987; Band 23: Mannheim, 19. Auflage 1994.

Brölmann, Catherine/Lefeber, René/Zieck, Marjoleine (Hrsg.): Peoples and Minorities in International Law, Dordrecht, Boston, London, 1993.

Brölmann, Catherine/Zieck, Marjoleine: Indigenous peoples, in: Brölmann, Catherine/Lefeber, René/Zieck, Marjoleine (Hrsg.), Peoples and Minorities in International Law, Dordrecht, Boston, London, 1993; S. 187-220.

Brossard, Jacques/Patry, André/Weiser, Elisabeth: Les pouvoirs extérieurs du Québec, Montréal, 1967.

Brossard, Jacques: Les droits et pouvoirs extraterritoriaux du Canada et du Québec en matières fiscale, judiciaire et consulaire, in: Brossard, Jacques/Patry, André/Weiser, Elisabeth: Les pouvoirs extérieurs du Québec, Montréal, 1967; S. 163-294.

Brossard, Jacques: Le droit du peuple québécois de disposer de lui-même au regard du droit international, in: Canadian Yearbook of International Law 15 (1977), S. 84-145.

Brown-John, C. Lloyd: Canada: Consensus Report on the Constitution. The Charlottetown Agreement of August 26, 1992, in: Kramer, Julia (Hrsg.), Föderalismus zwischen Integration und Sezession: Chancen und Risiken bundesstaatlicher Ordnung: Ein internationales Symposium, Baden-Baden, 1993; S. 145-167.

Brühl-Moser, Denise: Die Entwicklung des Selbstbestimmungsrechts der Völker unter besonderer Berücksichtigung seines innerstaatlich-demokratischen Aspekts und seiner Bedeutung für den Minderheitenschutz, Basel, 1994.

Bruha, Thomas: Kanadischer Patriierungsstreit zwischen Politik und Verfassungstheorie. Zur verfassungsdogmatischen und verfassungspolitischen Bedeutung der Urteile des Supreme Court vom 28. September 1981 und 6. Dezember 1982, in: Zeitschrift für ausländisches öffentliches Recht und Völkerrecht 43 (1983), S. 585-619.

Brun, Henri: Les assises juridiques de l'accession à la souveraineté, in: L'Action Nationale 86 (1996), S. 151-165.

Brun, Henri: Les conséquences territoriales de l'accession du Québec à la souveraineté, in: L'intégrité territoriale du Québec dans l'hypothèse de l'accession à la souveraineté, in: Commission d'étude des questions afférentes à l'accession du Québec à la souveraineté, Exposés et études (Vol. 1): Les attributs d'un Québec souverain (Assemblée Nationale) 1992; S. 478-490. *(zit.: Verfasser, in: Exposés et études)*

Brun, Henri/ Tremblay, Guy: Droit Constitutionnel, Cowansville (Québec), 4. Auflage 2002.

Brunner, Georg: Minderheiten in der Sowjetunion, in: German Yearbook of International Law 34 (1991), S. 354-412.

Bryant, Michael J.: International practice regarding referendums on sovereignty, in: National Journal of Constitutional Law 8 (1997), S. 53-76.

Buchanan, Allen: Democracy and Secession, in: Moore, Margaret (Hrsg.), National Self-Determination and Secession, Oxford University Press, 1998; S. 14-33.

Buchanan, Allen: The Morality of Political Divorce from Fort Sumter to Lithuania and Quebec, Boulder, San Francisco, Oxford, 1991.

Buchheit, Lee C.: Secession. The Legitimacy of Self-determination, New Haven, 1978.

Burgess, Michael: Ethnicity, Nationalism and Identity in Canada-Quebec Relations: The Case of Quebec's „Distinct Society", in: The Journal of Commonwealth and Comparative Politics 34 (1996), S. 46-64.

Cairns, Alan C.: Why is it so difficult to talk to each other ?, in: McGill Law Journal 42 (1997), S. 63-90.

Caportorti, Francesco: Study on the Rights of Persons Belonging to Ethnic, Religious and Linguistic Minorities, UN-Doc.E/CN.4/Sub.2/384/Rev.1 (1979).

Carlton, Grant H.: When reality sets in: Why Quebec could not exist as an independent nation, in: Detroit Journal of International Law and Practice 7 (1998), S. 465-490.

Carrillo-Salcedo, Juan-Antonio: Droit international et souveraineté des États. Cours général de droit international public, in: Recueil des Cours (Académie de droit international) 235 (1996), S.35-221.

Carstens, Margret: Indigene Land- und Selbstbestimmungsrechte in Australien und Kanada unter besonderer Berücksichtigung des internationalen Rechts, Frankfurt am Main, New York, 2000.

Carstens, Margret: From native title to self-determination? Indigenous rights in Australia and Canada – a comparison, in: Law and Anthropology. International Yearbook for Legal Anthropology 11 (2001), S. 248-281.

Cassese, Antonio: Self-determination of peoples. A legal reappraisal, Univ. Press Cambridge, 1995.

Cassese, Antonio: International Law, Oxford Univ. Press, 2001.

Castellinho, Joshua: The secession of Bangladesh in international law: Setting new standards?, in: Asian Yearbook of international law 7 (1997), S. 83-104.

Castellinho, Joshua: International Law and Self-Determination. The Interplay of the Politics of Territorial Possession with Formulations of Post-Colonial „National" Identity, The Hague, Boston, London, Developments in International Law 38 (2000).

Castellinho, Joshua/Allen, Steve: The doctrine of uti possidetis: Crystallization of modern post-colonial identity, in: German Yearbook of International Law 43 (2000), S. 205-226.

Charbonneau, Christian: Le droit des peuples à disposer d'eux-mêmes: Un droit collectif à la démocratie et rien d'autre, in: Revue Québécoise de Droit International 9 (1995-1996), S. 111-130.

Charney, Jonathan I.: Maritime Jurisdiction and the Secession of States: The case of Québec, in: Vanderbilt Journal of Transnational Law 25 (1992), S. 343-427.

Charney, Jonathan I.: The maritime boundaries of Québec, in: L'intégrité territoriale du Québec dans l'hypothèse de l'accession à la souveraineté, in: Commission d'étude des questions afférentes à l'accession du Québec à la souveraineté, Exposés et études (Vol. 1): Les attributs d'un Québec souverain, (Assemblée Nationale) 1992; S. 493-577.
(zit.: Verfasser, in: Exposés et études)

Clark, Donald/Williamson, Robert (Hrsg.): Self-determination. International perspectives, London, New York, 1996.

Claydon, John/White, John D.: Les aspects juridiques de l'indépendance du Québec, in: Simeon, Richard (Hrsg.): Le Canada face à son destin, Québec, 1978; S. 301-325.

Cobo, Martinez J.R.: Study of the Problem of Discrimination against Indigenous Populations, UN-Doc.E/CN.4/Sub.2/1983/21/Add.8.

Colak, Ferdo: Das Selbstbestimmungsrecht der Völker zwischen Recht und Machtpolitik, Zagreb 1996.

Conley, Richard S.: Sovereignty over the status quo? The 1995 Pre-Referendum debate in Quebec, in: The Journal of Commonwealth and Comparative Politics 35 (1997), S. 67-92.

Cook, Ramsay: Provincial autonomy, minority rights and the compact theory, 1867-1921. Study No. 4 of the Royal Commission on Bilingualism and Biculturalism, Ottawa, 1969.

Corten, Olivier: Droit des peuples à disposer d'eux-mêmes et uti possidetis: deux faces d'une même médaille?, in: Corten, Olivier/Delcourt, Barbara/Klein, Pierre/Levrat, Nicolas, Démembrements d'états et délimitations territoriales: l'uti possidetis en question(s), Bruxelles, 1999; S. 403-435.

Cottier, Michael: Die Anwendbarkeit von völkerrechtlichen Normen im innerstaatlichen Bereich als Ausprägung der Konstitutionalisierung des Völkerrechts, in: Schweizerische Zeitschrift für internationales und europäisches Recht 9 (1999), S. 403-440.

Craven, Greg: Of Federalism, Secession, Canada and Québec, in: The Dalhousie Law Journal 14 (1991), S. 231-265.

Craven, Matthew C.R.: The European Community Arbitration Commission on Yugoslavia, in: British Yearbook of International Law 66 (1995), S. 333-413.

Crawford, James: The Creation of States in International Law, Oxford, 1979.

Crawford, James: The Rights of Peoples: „Peoples" or „Governments"?, in: Crawford, James (Hrsg.): The Rights of Peoples, Oxford, 1988, S. 55-67.

Crawford, James: Report „State Practice and International Law in Relation to Unilateral Secession", in: Bayefsky, Anne F. (Hrsg.): Self-determination in International Law: Québec and Lessons Learned, Toronto, 2000, S. 31-56.

Creighton, D. G.: Confederation: The use and abuse of history, in: Journal of Canadian Studies 1 (1996), S. 3-11.

Crepeau, François: The law of Quebec's secession, in: The American Review of Canadian Studies 27 (1997), S. 27-46.

Cristescu, Aureliu: The Right of Self-Determination. Historical and Current Development on the Basis of the United Nations Instruments, UN-Doc.E/CN.4/Sub.2/404/Rev.1 (1982).

Croisat, Maurice/Petiteville, Franck/Tournou, Jean: Le Canada d'un référendum à l'autre. Les relations pratiques entre le Canada et le Québec (1980-1992), Association française d'études canadiennes, Grenoble, 1992.

Currie, John: Public International Law, Toronto, 2001.

Dahm, Georg: Völkerrecht, Band I, Stuttgart, 1958.

Dahm, Georg/Delbrück, Jost/Wolfrum, Rüdiger: Völkerrecht, Band I/1: Die Grundlagen. Die Völkerrechtssubjekte, Berlin, 2. Auflage 1988.

Dahm, Georg/Delbrück, Jost/Wolfrum, Rüdiger: Völkerrecht, Band I/3: Die Formen des völkerrechtlichen Handelns; Die inhaltliche Ordnung der internationalen Gemeinschaft, Berlin, 2. Auflage 2002.

Daillier, Patrick/Pellet, Alain: Droit International Public, Paris, 7. Auflage 2002.

Dawson, Mary: Reflections on the opinion of the supreme court of Canada in the Quebec secession reference, in: National Journal of Constitutional Law 11 (1999-2000), S. 5-48.

Demers, Fanny S./Demers, Michel: European Union: A viable model for Quebec-Canada?, Ottawa, 1995.

Demissie, Derege: Self-determination including secession vs. the territorial integrity of nation-states: a prima-facie case for secession, in: Suffolk Transnational Law Review 20 (1996), S. 165-192.

Dicey, A.V.: Introduction to the study of the law of the Constitution, London, New York, 10. Auflage 1965.

Dicke, Klaus: Die UN-Deklaration zum Minderheitenschutz, in: Europa-Archiv 48 (1993/1), S. 107-116.

Doehring, Karl: Völkerrecht. Ein Lehrbuch, Heidelberg, 2. Auflage 2004.

Doehring, Karl: Effectiveness, in: Bernhardt, Rudolf (Hrsg.): Encyclopedia of Public International Law, Amsterdam, Volume II (1995); S. 43-48. *(zit.: Verfasser, in: EPIL)*

Doehring, Karl: Das Selbstbestimmungsrecht der Völker als Grundsatz des Völkerrechts, in: Berichte der deutschen Gesellschaft für Völkerrecht 14 (1974).

Doehring, Karl: Das Selbstbestimmungsrecht der Völker; nach Art. 1, in: Simma, Bruno (Hrsg.), The Charter of the United Nations. A Commentary, Vol. I, München, 2. Auflage 2002.

Dörr, Oliver: Die föderale Staatsstruktur als Element der völkerrechtlichen Friedenssicherung? Lehren aus dem Abkommen von Dayton, in: Aulehner, Josef u.a. (Hrsg.), Föderalismus - Auflösung oder Zukunft der Staatlichkeit?, München, 1997; S. 207-233.

Dörr, Oliver: Die Inkorporation als Tatbestand der Staatensukzession, Berlin 1995. *(zit.: Dörr, Inkorporation)*

Dorion, Henri: Les frontières du Québec: l'état de la question, in: Commission d'étude des questions afférentes à l'accession du Québec à la souveraineté, Exposés et études (Vol. 1): Les attributs d'un Québec souverain, (Assemblée Nationale) 1992; S. 353-374.
(zit.: Verfasser, in: Exposés et études)

Dunsmuir, Mollie: The Belanger-Campeau and Allaire-Report, Ottawa, 1991.

Duplé, Nicole: La réforme constitutionnelle et la notion de société distincte, in: Revue Générale de Droit 24 (1995), S. 65-79.

Dupuis, Renée: L'avenir du Québec et les peuples autochtones, in: Le Choix (série Québec-Canada) 1 (1995), S. 20-33.

Dupuis, Renée: Le statut juridique des peuples autochtones en droit canadien, Scarborough, 1999.

Dupuis, Renée/McNeil, Kent: Canada's fiduciary obligation to Aboriginal peoples in the context of accession to sovereignty by Québec, Vol. 2: Domestic Dimensions (Royal Commission on Aboriginal Peoples), Ottawa, 1995.

Ebenroth, Carsten Thomas: Staatensukzession und Internationales Privatrecht, in: Berichte der Deutschen Gesellschaft für Völkerrecht 35 (1996), S. 235-345.

Ebenroth, Carsten Thomas/ Grashoff, Thomas: Öffentliche Schulden im Prozeß desintegrierender Staatensukzession – die Zuordnung von Staatsschulden auf Nachfolgestaaten, in: Zeitschrift für Vergleichende Rechtswissenschaft 92 (1993), S. 1-28.

Eide, Asbjorn: In search of constructive alternatives to secession, in: Tomuschat, Christian (Hrsg.), Modern Law of Self-determination, Dordrecht, 1993; S. 139-176.

Elsner, Bernd Roland: Die Bedeutung des Volkes im Völkerrecht – unter besonderer Berücksichtigung der historischen Entwicklung und Praxis des Selbstbestimmungsrechts der Völker, Berlin, 2000.

Elton, David: The Charlottetown Accord Senate: Effective or Emasculated?, in: McRoberts, Kenneth/Monahan, Patrick J. (Hrsg.), The Charlottetown Accord, the Referendum and the Future of Canada, Toronto, Buffalo, London, 1993; S. 37-55.

Emerson, Rupert: Self-determination, in: American Journal of International Law 65 (1971), S. 459-475.

van Ert, Gibran: The legal character of Provincial Agreements with foreign governments, in: Les Cahiers de Droit 42 (2001), S. 1093-1124.

Farley, Lawrence T.: Plebiscites and Sovereignty. The Crisis of Political Legitimacy, Westview Press. Boulder/London, 1986.

Fastenrath, Ulrich: Art. 3, in: Simma, Bruno (Hrsg.), The Charter of the United Nations. A Commentary, Vol. I, München, 2. Auflage 2002.

Fastenrath, Ulrich: Das Recht der Staatensukzession, in: Berichte der deutschen Gesellschaft für Völkerrecht 35 (1995), S. 9-48.

Fastenrath, Ulrich: Lücken im Völkerrecht. Zu Rechtscharakter, Quellen, Systemzusammenhang, Methodenlehre und Funktionen des Völkerrechts, Berlin, 1991.

Finkelstein, Neil/Vegh, George/Joly, Camille: Does Quebec have the right to secede at international law?, in: The Canadian Bar Review 74 (1995), S. 225-260.

Fitzmaurice, G.G.: Law of Treaties, Report, Document A/CN.4/115, in: Yearbook of the International Law Commission 1958, Vol. II; S. 20-46.

Foster, Caroline E.: Articulating self-determination in the draft declaration on the rights of indigenous peoples, in: European Journal of International Law 12 (2001), S. 141-157.

Franck, Thomas M.: Postmodern Tribalism and the right to secession, in: Brölmann, Catherine/Lefeber, René/Zieck, Marjoleine (Hrsg.), Peoples and Minorities in International Law, Dordrecht, Boston, London, 1993; S. 3-27.

Frankel, Lawrence M.: International law of secession: New rules for a new era, in: Houston Journal of International law 14 (1992), S. 521-564.

Freeman, Alan/Grady, Patrick: Dividing the House. Planning for a Canada without Quebec, Toronto, 1995.

Frowein, Jochen A.: Self-determination as a limit to obligations under international law, in: Tomuschat, Christian (Hrsg.), Modern Law of Self-Determination, Dordrecht, 1993; S. 211-223.

Gall, Gerald R.: The Canadian Legal System, Toronto, 4. Auflage 1995.

Gaudreault-Des Biens, Jean-Francois: The Quebec Secession Reference and the judicial Arbitration of conflicting narratives about law, democracy and identity, in: Vermont Law Review 23 (1999), S. 793-843.

Geiger, Rudolf: Grundgesetz und Völkerrecht, München, 3. Auflage 2002.

Gérin-Lajoie, Paul: Constitutional Amendment in Canada, Toronto, 1950.

Girard, Pascal: L'intégrité du territoire québécois dans l'hypothèse de la souveraineté, in: Revue Juridique des Etudiants et Etudiantes de l'Université Laval 6 (1992), S. 25-54.

Gornig, Gilbert H.: Die Definition des Minderheitenbegriffs aus historisch-völkerrechtlicher Sicht, in: Blumenwitz, Dieter/Gornig, Gilbert H./Murswiek, Dietrich (Hrsg.), Ein Jahrhundert Minderheiten- und Volksgruppenschutz, Köln 2001; S. 19-48.

Gotlieb, A.E.: The Meech-Lake-Accord: Linguistic Duality and the distinct society, Library of Parliament, 1990.

Goy, Raymond: L'indépendance de l'Erythrée, in: Annuaire Français de Droit International 39 (1993), S. 337-356.

Grabell, Alison: New Northern Neighbor? An independent Quebec, the United States, and the NAFTA, in: Southwestern Journal of Law and Trade in the Americas 2 (1985), S. 265-291.

Grammond, Sébastien: Les effets juridiques de la convention de la Baie James au regard du droit interne canadien et québécois, in: McGill Law Journal 37 (1992), S. 761-800.

Grand Council of the Crees: Sovereign injustice. Forcible Inclusion of the James Bay Crees and Cree Territory into a sovereign Quebec, Nemaska (Eeyou Astchee), Québec, 1995.
(zit.: Grand Council of the Crees, Sovereign Injustice)

Grand Council of the Crees (Eeyou Astchee): Never without consent – James Bay Crees' Stand Against Forcible Inclusion into an independent Quebec, Toronto, 1998. *(zit.: Grand Council of the Crees, Never without consent)*

Gray, Christine: Self-Determination and the Breakup of the Soviet Union, in: Yearbook of European Law 12 (1992), S. 465-503.

Grazin, Igor: The International Recognition of National Rights: The Baltic States' Case, in: Notre Dame Law Review 66 (1991), S. 1385-1419.

Greenwood, Murray F.: The legal secession of Quebec - a review note, in: University of British Columbia Law Review 12 (1978), S. 71-84.

Gros-Espiell, Héctor: Der Begriff des Selbstbestimmungsrechts der Völker in heutiger Sicht, in: Vereinte Nationen 20 (1982), S. 54-58.

Gros-Espiell, Héctor: The Right of Self-Determination. Implementation of United Nations Resolutions, UN-Doc.E/CN.4/Sub.2/405/Rev.1 (1980).

Gusy, Christoph: Selbstbestimmung im Wandel. Von der Selbstbestimmung durch den Staat zur Selbstbestimmung im Staat, in: Archiv des Völkerrechts 30 (1992), S. 385-410.

Hailbronner, Kay: Der Staat und der Einzelne als Völkerrechtssubjekte, in: Graf Vitzthum, Wolfgang (Hrsg.), Völkerrecht, Berlin, 3. Auflage 2004; S. 149-243.

Haljan, David P.: A constitutional duty to negotiate amendments: Reference re secession of Quebec, in: International and Comparative Law Quarterly 48 (1999), S. 447-457.

Haltern, Ulrich B.: Die Haftung der Mitgliedstaaten für Verbindlichkeiten Internationaler Organisationen. Zugleich ein Beitrag zur non liquet-Situation im Völkerrecht, in: Zeitschrift für Vergleichende Rechtswissenschaft 93 (1994), S. 231-267. *(zit.: ZVglRWiss)*

Handschug, Stephan: Einführung in das kanadische Recht, München, 2003.

Hannum, Hurst: The rights of self-determination in the Twenty-First-Century, in: Washington and Lee Law Review 55 (1998), S. 773-780.

Hannum, Hurst: Rethinking self-determination, in: Virginia Journal of International law 34 (1993), S. 1-69.

Hannum, Hurst/Lillich, Richard B.: The concept of autonomy in international law, in: American Journal of International Law 74 (1980), S. 858-889.

Hannum, Hurst: Autonomy, sovereignty, and self-determination. The accommodation of conflicting rights, Univ. of Pennsylvania Press, Revised Edition 1996.

Haverland, Christine: Secession, in: Bernhardt, Rudolf (Hrsg.): Encyclopedia of Public International Law, Amsterdam, Volume IV (2000); S. 354-359. *(zit.: Verfasser, in: EPIL)*

Heard, Andrew: Canadian Constitutional Conventions. The Marriage of Law and Politics, Toronto, Oxford Univ. Press, 1991.

Heard, Andrew/Swartz, Tim: The Regional Veto Formula and Its Effects on Canada's Constitutional Amendment Process, in: Canadian Journal of Political Science 30 (1997), S. 339-356.

Héctor, Pascal: Das völkerrechtliche Abwägungsgebot. Abgrenzung der Souveränitätssphären durch Verfahren, Berlin, 1962.

Heidelmeyer, Wolfgang: Das Selbstbestimmungsrecht der Völker. Zur Geschichte und Bedeutung eines internationalen Prinzips in Praxis und Lehre von den Anfängen bis zu den Menschenrechtspakten der Vereinten Nationen, Paderborn, 1973.

Heintze, Hans-Joachim (Hrsg.): Selbstbestimmungsrecht der Völker – Herausforderung der Staatenwelt. Zerfällt die internationale Staatengemeinschaft in Hunderte von Staaten?, Bonn, 1997. *(zit.: Verfasser, in: Heintze (Hrsg.), Selbstbestimmungsrecht der Völker)*

Heintze, Hans-Joachim: Wege zur Verwirklichung des Selbstbestimmungsrechts der Völker innerhalb bestehender Staaten, in: Heintze, Hans-Joachim (Hrsg.), Selbstbestimmungsrecht der Völker – Herausforderung der Staatenwelt. Zerfällt die internationale Gemeinschaft in Hunderte von Staaten?, Bonn 1997; S. 16-59. *(zit: Verfasser, in: Heintze (Hrsg.), Selbstbestimmungsrecht der Völker)*

Heintze, Hans-Joachim: Selbstbestimmungsrecht und Minderheitenrechte im Völkerrecht – Herausforderungen an den globalen und regionalen Menschenrechtsschutz, Baden-Baden, 1994.
(zit.: Heintze, Selbstbestimmungsrechte und Minderheitenrechte)

Henderson, James Sákéj Youngblood: Commentary, in: Law Commission of Canada: In Whom We Trust: A Forum on Fiduciary Relationships, Toronto, 2002; S. 81-112.

Heraclides, Alexis: The Self-Determination of Minorities in International Politics, London, 1991.

Herndl, Kurt: Zur Frage des rechtlichen Status der Entscheidungen eines Staatengemeinschaftsorgans: Die „views" des Menschenrechtsausschusses, in: Festschrift für Karl Zemanek zum 65. Geburtstag; S. 203-221.
(zit.: Verfasser, in: FS Zemanek)

Hertig, Maya: Die Auflösung der Tschechoslowakei. Analyse einer friedlichen Staatsteilung, München, 2001.

Hillgruber, Christian: Die Aufnahme neuer Staaten in die Völkerrechtsgemeinschaft. Das völkerrechtliche Institut der Anerkennung von Neustaaten in der Praxis des 19. und 20. Jahrhunderts, Frankfurt am Main, Berlin, 1998.

Hilling, Carol: Les frontières du Québec dans l'hypothèse de son accession à l'indépendance: pour une interpretation contemporaine de l'uti possidetis, in: Corten, Olivier/Delcourt, Barbara/Klein, Pierre/Levrat, Nicolas, Démembrements d'états et délimitations territoriales: l'uti possidetis en question(s), Bruxelles, 1999; S. 223-260.

Hilpold, Peter: Die Anerkennung der Neustaaten auf dem Balkan, in: Archiv des Völkerrechts 31 (1993), S. 387-408.

Hilpold, Peter: Sezession und humanitäre Intervention – völkerrechtliche Instrumente zur Bewältigung innerstaatlicher Konflikte?, in: Zeitschrift für öffentliches Recht – Austrian Journal of Public and International Law 54 (1999), S. 529-602.

Hobe, Stephan: Quo vadis Kanada? Zu den Zukunftsperspektiven des kanadischen Bundesstaates, in: Jahrbuch des Öffentlichen Rechts der Gegenwart 42 (1994), S. 595-612.

Hobe, Stephan/Kimminich, Otto: Einführung in das Völkerrecht, Tübingen, 8. Auflage 2004.

Hogg, Peter W.: Principles Governing the Secession of Quebec, in: National Journal of Constitutional Law 8 (1997), S. 19-51.

Hogg, Peter W.: Constitutional law of Canada, 4. Auflage (Student Edition), Toronto, 2002.

Hogg, Peter W.: Meech Lake constitutional accord annotated, Toronto, Calgary, Vancouver, 1988.

Hoskova, Mahulena: Die Selbstauflösung der CSFR. Ausgewählte rechtliche Aspekte, in: Zeitschrift für ausländisches öffentliches Recht und Völkerrecht 53 (1993), S. 689-735.

Howard, Rhoda E.: The National Question in Canada: Quebec, in: Human Rights Quarterly 13 (1991), S. 412-419.

Hummer, Waldemar: Probleme der Staatennachfolge am Beispiel Jugoslawien, in: Schweizerische Zeitschrift für internationales und europäisches Recht 4 (1993), S. 425-459.

Iglar, Richard F.: The Constitutional Crisis in Yugoslavia and the International Law of Self-Determination: Slovenia's and Croatia's Right to secede, in: Boston College International and Comparative Law Review 15 (1992), S. 213-239.

Ijalaye, David A.: Was „Biafra" at any time a state in international law?, in: American Journal of International Law 65 (1971), S. 551-559.

Ipsen, Knut: Völkerrecht, München, 5. Auflage 2004.

Islam, Rafigul M.: Secessionist Self-determination: Some lessons from Katanga, Biafra and Bangladesh, in: Journal of Peace Research 22 (1985), S. 211-221.

Jellinek, Georg: Allgemeine Staatslehre, Berlin, 3. Auflage 1922.

Jennings, R.Y.: The acquisition of territory in international law, Manchester, New York, 1963.

Jennings, Sir Ivor: The Law and the Constitution, London, 5. Auflage 1959.

Jennings, Sir Robert/Watts, Sir Arthur: Oppenheim's International Law, Volume I: Peace, Parts 2 to 4, Harlow, Essex, 9. Auflage 1992.

Johnson, Harold S.: Self-determination within the Community of Nations, Leyden, 1967.

Junkers, Stephanie: Ethnische Konflikte und Staatenteilung am Beispiel der Tschechoslowakei, Marburg, 2001.

Kadelbach, Stefan: Zwingendes Völkerrecht, Berlin, 1992.

Kamminga, Menno T.: State Succession in Respect of Human Rights Treaties, in: European Journal of International Law 7 (1996), S. 469-484.

Kempen, Bernhard: Art. 32, in: von Mangoldt, Hermann/Klein, Friedrich/Starck Christian (Hrsg.): Das Bonner Grundgesetz, Zweiter Band: Art. 20-78, München, 4. Auflage 2000.

Kempf, Udo (Hrsg.): Quebec. Wirtschaft-Gesellschaft-Politik, Hagen, 2. Auflage 1999.

Kempf, Udo: Der gesellschaftliche Umbruch: Die Auswirkungen der „Stillen Revolution" auf Politik, Wirtschaft und Gesellschaft, in: Kempf, Udo (Hrsg.), Quebec. Wirtschaft-Gesellschaft-Politik, Hagen, 2. Auflage 1999; S. 9-41.

Kempf, Udo: Der politische Prozeß, in: Kempf, Udo (Hrsg.), Quebec. Wirtschaft-Gesellschaft-Politik, Hagen, 2. Auflage 1999; S. 177-226.

Kimminich, Otto: Die Staatensouveränität wird durchlässig. Zur Frage eines föderalen Selbstbestimmungsrechtes, in: Vereinte Nationen 41 (1993), S. 5-10.

Kimminich, Otto: A „federal" right of self-determination?, in: Tomuschat, Christian (Hrsg.), Modern Law of Self-Determination, Dordrecht, 1993; S. 83-100.

Kindred, Hugh M. et. al. (Hrsg.): International law. Chiefly as interpreted and applied in Canada, Toronto, 6. Auflage 2000.

Kirgis, Frederic L.: The Degrees of Self-determination in the United Nations Era, in: American Journal of International Law 88 (1994), S. 304-310.

Kisker, Gunter: Kooperation im Bundesstaat. Eine Untersuchung zum kooperativen Föderalismus in der Bundesrepublik Deutschland, Tübingen, 1971.

Kiss, Alexandre: The peoples' right to self-determination, in: Human Rights Law Journal 7 (1986), S. 165-175.

Klabbers, J./Lefeber, René: Africa: Lost between Self-determination and uti possidetis, in: Brölmann, Catherine/Lefeber, René/Zieck, Marjoleine (Hrsg.), Peoples and Minorities in International Law, Dordrecht, Boston, London, 1993; S. 47-76.

Klein, Eckart: Das Selbstbestimmungsrecht der Völker und die deutsche Frage, Berlin, 1990.

Klein, Eckart: Die Nichtanerkennungspolitik der Vereinten Nationen gegenüber den in die Unabhängigkeit entlassenen südafrikanischen homelands, in: Zeitschrift für ausländisches öffentliches Recht und Völkerrecht 39 (1979), S. 69-195.

Klein, Eckart: Völker und Grenzen im 20. Jahrhundert, in: Der Staat 32 (1993), S. 357-378.

Klein, Eckart: Vereinte Nationen und Selbstbestimmungsrecht, in: Blumenwitz, Dieter/Meissner, Boris (Hrsg.), Das Selbstbestimmungsrecht der Völker und die deutsche Frage, Bonn, 1984; S. 107-122.

Klein, Friedrich: Der Rechtscharakter des Selbstbestimmungsrechts der Völker (nach westlicher Auffassung), in: Kloss, Heinz (Hrsg.), Beiträge zu einem System des Selbstbestimmungsrechts, Wien, 1970; S. 6-28.

Kloss, Heinz: Die Ausübung und die Verwirklichung des Selbstbestimmungsrechts, in: Kloss, Heinz (Hrsg.), Beiträge zu einem System des Selbstbestimmungsrechts, Wien, 1970; S. 153-171.

Kofman, Daniel: Secession, Law, and Rights: The Case of the Former Yugoslavia, in: Human Rights Review 1 (2000), S. 9-26.

Krieger, Heike: Das Effektivitätsprinzip im Völkerrecht, Berlin, 2000.

Krüger, Herbert: Völkerrecht im Bundesstaat, in: Festschrift für Erich Kaufmann, Stuttgart, Köln, 1950; S. 239-248. *(zit.: FS Kaufmann)*

Krugmann, Michael: Das Recht der Minderheiten. Legitimation und Grenzen des Minderheitenschutzes, Berlin, 2004.

Kunig, Philip: Entkolonisierung, in: Wolfrum, Rüdiger (Hrsg.), Handbuch Vereinte Nationen, München, 2. Auflage 1991; Nr. 15. *(zit.: Verfasser, in: Hdbuch VN)*

Kunig, Philip: Völkerrecht und staatliches Recht, in: Graf Vitzthum, Wolfgang (Hrsg.), Völkerrecht, Berlin, 3. Auflage 2004; S. 79-148.

Kunz, Josef L.: Plebiszit, in: Strupp, Karl/Schlochauer, Hans-Jürgen (Hrsg.), Wörterbuch des Völkerrechts, Zweiter Band, Berlin, 1961; S. 770-774.

Kymlicka, Will: Is federalism a viable alternative to secession?, in: Lehning, Percy B. (Hrsg), Theories of secession, London, New York, 1998, S. 111-150.

Labeau, Pierre-Christian: Le droit des peuples à disposer d'eux-mêmes: Son application aux peuples autochtones, in: Les Cahiers de Droit de l'Université Laval 37 (1996), S. 507-542.

Lajoie, Andrée: Le sens de l'expression „question claire" dans le Renvoi relatif à la sécession du Québec, in: L'Action Nationale 90 (2000), S. 13-22.

Lajoie, Andrée: With friends like these... two perspectives on fiduciary relationships, in: Law Commission of Canada: In Whom We Trust: A Forum on Fiduciary Relationships, Toronto 2002; S. 57-80.

Lane, Robert C./Malanczuk, Peter: Verfassungskrise und Probleme des Föderalismus in Kanada, in: Der Staat 20 (1981), S. 539-570.

Lauterpacht, Hersh: Recognition in International Law, Cambridge Univ. Press, 1947.

Lauterpacht, H.: Law of Treaties, Report, Document A/CN.4/63, in: Yearbook of the International Law Commission 1953, Vol. II; S. 90-162.

Law Commission of Canada: In Whom We Trust: A Forum on Fiduciary Relationships, Toronto, 2002.

Larenz, Karl: Methodenlehre der Rechtswissenschaft, Berlin, Heidelberg, New York, 6. Auflage 1991.

Leder, Martin: Das Selbstbestimmungsrecht der Völker. Recht oder Ziel? Eine Untersuchung unter Berücksichtigung der deutschen Frage und der Anerkennung neuer Staaten im ehemaligen Jugoslawien, Sinzheim, 1997.

Lemarchand, René: The limits of self-determination: The case of the Katanga secession, in: The American Political Science Review 56 (1962), S. 404-416.

Leroux, Tara: Les frontières terrestres d'un Québec souverain à la lumière du droit international contemporain, in: Revue de Droit Université de Sherbrooke 25 (1994-1995), S. 241-285.

Leslie, Peter M.: The Maastricht Model. A Canadian Perspective on the European Union, Kingston, 1996.

Leslie, Peter M.: Asymmetry: Rejected, Conceded, Imposed, in: Seidle, F. Leslie (Hrsg.), Seeking a new Canadian Partnership: Asymmetrical and Confederal Options, Québec, Ottawa, 1994; S. 37-69.

Levits, Egil: Die Auseinandersetzung zwischen der Sowjetunion und den baltischen Staaten um die Wiederherstellung der Unabhängigkeit, in: Ehrhart, Hans-Georg (Hrsg.), Die „sowjetische Frage“: Integration oder Zerfall?, Baden-Baden, 1991; S. 43-56.

Lloyd, David O.: Succession, Secession, and State membership in the United Nations, in: New York University Journal of International Law and Politics 26 (1993), S. 761-796.

Loungnarath, Vilaysoun: Les implications constitutionnelles, pour le Canada, d'un éventuel partenariat avec un Québec souverain, in: Les Cahiers de Droit de l'Université Laval 39 (1998), S. 753-802.

Luchterhand, Otto: Das Recht Berg-Karabaghs auf staatliche Unabhängigkeit aus völkerrechtlicher Sicht, in: Archiv des Völkerrechts 31 (1993), S. 30-81.

Lyall, Francis: An Introduction to British Law, Baden-Baden, 2. Auflage 2002.

MacDonald, Roderick A.: ...Meech Lake to the contrary notwithstanding (Part I), in: Osgoode Hall Law Journal 29 (1991), S. 253-328.

Mack, Carlos E.: Der völkerrechtliche Konflikt zwischen dem Prinzip der freien Selbstbestimmung der Völker und dem Prinzip der territorialen Integrität (Souveränität) der Staaten im Rahmen des Entkolonisierungsprozesses, München, 1993.

Maguire, Robert J.: The decolonization of Belize: Self-determination v. territorial integrity, in: Virginia Journal of International law 22 (1982), S. 849-879.

Majzub, Diba B.: Does Secession means succession? The International Law of Treaty Succession and an independent Quebec, in: Queen's Law Journal 24 (1999), S. 411-450.

Makovka, Aaron: Les limites territoriales et maritimes d'un Québec souverain, in: Revue Québécoise de Droit International 8 (1993-1994), S. 309-323.

Malenovsky, Jiri: Problèmes juridiques liés à la partition de la Tchécoslovaquie, in: Annuaire Français de Droit International 39 (1993), S. 305-336.

Mallmann, Walter: Völkerrecht und Bundesstaat, in: Strupp, Karl /Schlochauer, Hans-Jürgen (Hrsg.), Wörterbuch des Völkerrechts, Dritter Band, Berlin, 1962; S. 640-650.

von Mangoldt, Hermann/Klein, Friedrich/Starck Christian (Hrsg.): Das Bonner Grundgesetz, Zweiter Band: Art. 20-78, München, 4. Auflage 2000.

Marauhn, Thilo: Anspruch auf Sezession?, in: Heintze, Hans-Joachim (Hrsg.), Selbstbestimmungsrecht der Völker – Herausforderung der Staatenwelt. Zerfällt die internationale Gemeinschaft in Hunderte von Staaten?, Bonn 1997; S. 105-121.

Marchildon, Gregory/Maxwell, Edward: Quebec's Right of Secession under Canadian and International law, in: Virginia Journal of International Law 32 (1992), S. 583-623.

Marek, Krystyna: Identity and continuity of states in public international law, Genève, 1968.

Marshall, Geoffrey: Constitutional conventions. The rules and forms of political accountability, Oxford, 1984.

Marzo, Luigi Di: Component Units of Federal States and International Agreements, Alphen an den Rijn, Rockville 1980.

Massa, Salvatore: Secession by mutual assent: A comparative analysis of the dissolution of Czechoslovakia and the separatist movement in Canada, in: The Regents of the University of Wisconsin. The Wisconsin International Law Journal 14 (1995), S. 183-222.

Massicotte, Louis: Quebec Politics after Bouchard: End of an Era?, in: Zeitschrift der Gesellschaft für Kanada-Studien 42 (2003), S. 96-116.

McRoberts, Kenneth/Monahan, Patrick J. (Hrsg.): The Charlottetown Accord, the Referendum and the Future of Canada, Toronto, Buffalo, London, 1993.

McWhinney, Edward: Canadian Federalism, and the Foreign Affairs and Treaty Power. The Impact of Quebec's „Quiet Revolution", in: Canadian Yearbook of International Law 7 (1969), S. 3-32.

Meakes, Steven: Congo and Katanga: Independence and attempted secession, in: Rowat, Donald C. (Hrsg.), The Referendum and separation elsewhere: Implications for Quebec, Ottawa, 1978; S. 141-159.

Meissner, Boris/Zieger, Gottfried (Hrsg.): Staatliche Kontinuität unter besonderer Berücksichtigung der Rechtslage Deutschlands, Köln, 1983.

de Mestral, Armand: Le Québec et les relations internationales, in: Colloque Québec-Communauté française de Belgique: Autonomie et spécificité dans le cadre d'un système fédéral, Montréal, 1991; S. 207-223.

Meyers Enzyklopädisches Lexikon, Band 24, Mannheim 1979.

Meyn, Karl-Ulrich: Die „Constitutional Conventions" in der britischen Verfassungsordnung, in: Jahrbuch des Öffentlichen Rechts der Gegenwart 25 (1976), S. 133-192.

Milne, David: Equality or asymmetry: Why choose?, in: Watts, Ronald L./Brown, Douglas M. (Hrsg.), Options for a new Canada, Toronto, 1991; S. 285-307.

Mohr, Manfred: Abgrenzung von Selbstbestimmungsrecht und Minderheitenschutz, in: Heintze, Hans-Joachim (Hrsg.), Selbstbestimmungsrecht der Völker – Herausforderung der Staatenwelt. Zerfällt die internationale Gemeinschaft in Hunderte von Staaten?, Bonn, 1997; S. 122-141.
(zit: Verfasser, in: Heintze (Hrsg.), Selbstbestimmungsrecht der Völker)

Monahan, Patrick J.: The law and politics of Quebec secession, in: Osgoode Hall Law Journal 33 (1995), S. 1-33.

Monahan, Patrick J.: Constitutional law, Toronto, 2. Auflage 2002.

Monahan, Patrick J.: La sécession du Québec: Considérations juridiques et politiques, in: Le Choix (série Québec-Canada) 1 (1995), S. 4-24.

Monière, Denis: Zur politischen Kultur in Québec, in: Kempf, Udo (Hrsg.), Quebec. Wirtschaft-Gesellschaft-Politik, Hagen, 2. Auflage 1999; S. 43-60.

Moore, Margaret (Hrsg.): National Self-Determination and Secession, Oxford University Press, 1998.

Moore, Margaret: The Territorial Dimension of Self-Determination, in: Moore, Margaret (Hrsg.), National self-determination and Secession, Oxford University Press, 1998; S. 134-157.

Morin, Jacques-Yvan: La personnalité internationale du Québec, in: Revue Québécoise de Droit International (1984), S. 163-304.

Morin, Jacques-Yvan: Démembrer le Québec ?, in: L'Action Nationale 86 (1996), S. 149-168.

Morin, Jacques-Yvan/Woehrling, José: Les constitutions du Canada et du Québec. Du régime français à nos jours, Montréal, 1992.

Morin, Jacques-Yvan/Rigaldies, Francis/Turp, Daniel: Droit international public: notes et documents, Tome II: Documents d'interêt canadien et québécois, Montréal, 3. Auflage 1997.

Morin, Michel: La situation des peuples autochtones en droit international et canadien: Une vue d'ensemble, in: Levrat, Nicolas (Hrsg.), Minorités et Organisation de l'Etat, Bruxelles, 1998, S. 631-662.

Morton, Desmond: A Short History of Canada, Toronto 1994.

Mosler, Hermann: Völkerrechtsfähigkeit, in: Strupp, Karl/Schlochauer, Hans-Jürgen (Hrsg.), Wörterbuch des Völkerrechts, Dritter Band, Berlin, 1962; S. 665-677.

von Münch, Ingo/Kunig, Philip: Grundgesetz-Kommentar, Band 2: Art. 20-69, München, 5. Auflage 2001.

Murswiek, Dietrich: Die Problematik eines Rechts auf Sezession – neu betrachtet, in: Archiv des Völkerrechts 31 (1993), S. 307-332.

Murswiek, Dietrich: Offensives und Defensives Selbstbestimmungsrecht. Zum Subjekt des Selbstbestimmungsrechts der Völker, in: Der Staat 23 (1984), S. 523-548.

Murswiek, Dietrich: Das Verhältnis des Minderheitenschutzes zum Selbstbestimmungsrecht der Völker, in: Blumenwitz, Dieter/Gornig, Gilbert/Murswiek, Dietrich (Hrsg.), Ein Jahrhundert Minderheiten- und Volksgruppenschutz, Köln, 2001; S. 83-99.

Musgrave, Thomas D.: Self-determination and national minorities, Oxford Univ. Press, 2000.

Naldi, Gino J.: The Organization of African Unity. An Analysis of its role, London, New York, 2. Auflage 1999.

Nanda, Ved. P.: Self-determination in international law. The tragic tale of the cities Islamabad (West-Pakistan) and Dacca (East Pakistan), in: American Journal of International Law 66 (1972), S. 321-336.

Nanda, Ved. P.: Self-determination under international law: Validity of claims to secede, in: Case Western Reserve Journal of International Law 13 (1981), S. 257-280.

Nesi, Giuseppe: L'uti possidetis hors du contexte de la décolonisation: Le cas de l'Europe, in: Annuaire Français de Droit International 44 (1998), S. 1-23.

Newman, Warren J.: Refléxions sur la portée véritable des principes constitutionnels dans l'interprétation et l'application de la Constitution du Canada, in: National Journal of Constitutional Law 13 (2001-2002), S. 117-164.

Nohlen, Dieter: Wahlrecht und Parteiensystem. Über die politischen Auswirkungen von Wahlsystemen, Augsburg, 1989.

Nolte, Barbara/Fitschen, Thomas: Konflikte, Kongo, in: Wolfrum, Rüdiger (Hrsg.), Handbuch Vereinte Nationen, 2. Auflage, München 1991; Nr. 62. *(zit.: Verfasser, in: Hdbuch VN)*

Norman, Wayne: The ethics of secession as the regulation of secessionist politics, in: Moore, Margaret (Hrsg.), National Self-determination and secession, Oxford Univ. Press, 1998; S. 34-61.

Nowak, Manfred: UNO-Pakt über bürgerliche und politische Rechte und Fakultativprotokoll: CCPR-Kommentar, Kehl am Rhein, Straßbourg, Arlington, 1989.

Oeter, Stefan: Selbstbestimmungsrecht im Wandel. Überlegungen zur Debatte um Selbstbestimmung, Sezessionsrecht und „vorzeitige" Anerkennung, in: Zeitschrift für ausländisches öffentliches Recht und Völkerrecht 52 (1992), S. 741-780.

Oeter, Stefan: Selbstbestimmungsrecht und Bundesstaat, in: Heintze, Hans-Joachim (Hrsg.), Selbstbestimmungsrecht der Völker – Herausforderung der Staatenwelt: Zerfällt die internationale Gemeinschaft in Hunderte von Staaten?, Bonn 1997; S. 73-104.
(zit.: Verfasser, in: Heintze (Hrsg.), Selbstbestimmungsrecht der Völker)

Opeskin, Brian R.: Federal States in the International Legal Order, in: Netherlands International Law Review 43 (1996), S. 353-386.

Partsch, Karl-Josef: Selbstbestimmung, in: Wolfrum, Rüdiger (Hrsg.), Handbuch Vereinte Nationen, München, 2. Auflage 1991; Nr. 101. *(zit.: Verfasser, in: Hdbuch VN)*

Partsch, Karl-Josef: Belgrads leerer Stuhl im Glaspalast. Das Einführen der UN-Mitgliedschaft Jugoslawiens durch Sicherheitsrat und Generalversammlung, in: Vereinte Nationen 40 (1992), S. 181-188.

Patry, André: La capacité internationale des états fédérés, in: Brossard, Jacques/Patry, André/Weiser, Elisabeth, Les pouvoirs extérieurs du Québec, Montréal, 1967; S. 19-100.

Pellet, Alain: The opinions of the Badinter Arbitration Committee. A Second Breath for the Self-Determination of Peoples, in: European Journal of International Law 3 (1992), S. 180-185.

Pellet, Alain: Report: „Legal Opinion on Certain Questions of International Law Revised by Reference", in: Bayefsky, Anne F. (Hrsg.): Self-determination in International Law: Québec and Lessons Learned, Toronto, 2000; S. 185-212.

Pelletier, Benoît: Les modalités de la modification de la Constitution du Canada, in: Revue Juridique Thémis 33 (1999), S. 1-58.

Pelletier, Benoît: La modification constitutionnelle au Canada, Scarborough (Ontario), 1996.

Pelletier, Benoît: La face à face entre le projet sécessioniste québecois et la Constitution du Canada, in: Revue du Barreau 57 (1997), S. 341-395.

Pelletier, Réjean: Constitution et fédéralisme, in: Tremblay, Manon/Pelletier, Marcel R. (Hrsg.), Le système parlementaire canadien, Québec, Les Presses de l'Université Laval, 1996; S. 17-44.

Peters, Anne: Das Gebietsreferendum im Völkerrecht. Seine Bedeutung im Lichte der Staatenpraxis nach 1989, Baden-Baden, 1995.

Pomerance, Michla: Self-determination in law and practice. The new doctrine in the United Nations, The Hague, Boston, London, 1982.

Pope, Joseph (Hrsg.): Confederation: Being a Series of hitherto unpublished documents bearing on the British North America Act, Toronto, 1895.

Pritchard, Sarah: Der völkerrechtliche Minderheitenschutz: historische und neuere Entwicklungen, Berlin, 2001.

Quane, Helen: The United Nations and the Evolving Right to Self-Determination, in: International and Comparative Law Quarterly 47 (1998), S. 537-572.

Parti Québécois: Quebec-Canada: A new deal. The Quebec government proposal for a new partnership between equals: Sovereignty-association, Québec, 1979.

Rabl, Kurt: Das Selbstbestimmungsrecht der Völker, Köln, Wien, 2. Auflage 1973.

Randelzhofer, Albrecht: Ziele und Grundsätze der UN, in: Wolfrum, Rüdiger (Hrsg.), Handbuch Vereinte Nationen, München, 2. Auflage 1991; Nr. 158. *(zit.: Verfasser, in: Hdbuch VN)*

Randelzhofer, Albrecht: Art. 2 (4), in: Simma, Bruno (Hrsg.), The Charter of the United Nations. A Commentary, Vol. I, München, 2. Auflage 2002.

Raschhofer, Hermann: Selbstbestimmungsrecht und Völkerbund. Das Juristengutachten im Aalandstreit vom 5. September 1920, Köln, 1969.

Ratner, Steven R.: Drawing a better line: Uti possidetis and the borders of new states, in: American Journal of International Law 90 (1996), S. 590-624.

Rauert, Fee: Das Kosovo. Eine völkerrechtliche Studie, Wien, 1999.

Rauschning, Dietrich: Gedanken zur Anerkennungserklärung, in: Götz, Volkmar/Selmer, Peter/Wolfrum, Rüdiger (Hrsg.), Festschrift Günther Jaenicke - Liber Amicorum zum 65. Geburtstag; S. 375-395. *(zit.: Verfasser, in: FS Jaenicke)*

Rauschning, Dietrich: Das Schicksal völkerrechtlicher Verträge bei der Änderung des Status ihrer Partner, Hamburg, 1963.

Rich, Roland: Symposium: Recent Developments in the Practice of State Recognition, in: European Journal of International Law 4 (1993), S. 36-65.

Rieken, Marion: Ein ganz normaler Machtwechsel? Die kanadische Unterhauswahl von 1993, in: Zeitschrift der Gesellschaft für Kanada-Studien 23 (1993), S. 7-19.

Rogers, Norman McL: The compact theory of confederation, in: The Canadian Bar Review 9 (1931), S. 395-417.

Rojahn, Ondolf: Art. 25, Art. 32, in: von Münch, Ingo/Kunig, Philip, Grundgesetz-Kommentar, Band 2: Art. 20-69, München, 5. Auflage 2001.

Rommelfanger, Ulrich: Das konsultative Referendum. Eine verfassungstheoretische, rechtliche und vergleichende Untersuchung, Berlin, 1988.

Rosas, Allan: Internal Self-Determination, in: Tomuschat, Christian (Hrsg.), Modern Law of Self-Determination, Dordrecht, 1993; S. 225-252.

Rotman, Leonard I.: Conceptualizing Crown-Aboriginal Fiduciary Relations, in: Law Commission of Canada: In Whom We Trust: A Forum on Fiduciary Relationships, Toronto, 2002; S. 25-56.

Rourke, John T./Hiskes, Richard P./Zirakzadeh, Cyrus Ernesto: Direct democracy and international politics. Deciding international issues through referendums, London, 1992.

Rousseau, Charles: Droit International Public, Paris, 1953.

Rowat, Donald C.: The Referendum and separation elsewhere: Implications for Quebec, Ottawa, 1978.

Rozakis, Christos L.: Territorial integrity and political independence, in: Bernhardt, Rudolf (Hrsg.), Encyclopedia of Public International Law, Amsterdam, Volume IV (2000); S. 812-818. *(zit.: Verfasser, in: EPIL)*

Rudolf, Walter: Bundesstaat und Völkerrecht, in: Archiv des Völkerrechts 27 (1989), S. 1-30.

Rudrakumaran, Visuvanathan: The „requirement" of plebiscite in territorial rapprochement, in: Houston Journal of International Law 12 (1989), S. 23-54.

Rumpf, Helmut: Integrität, in: Strupp, Karl/Schlochauer, Hans-Jürgen (Hrsg.), Wörterbuch des Völkerrechts, Zweiter Band, Berlin, 1961; S. 27-29.

Sabourin, Louis: Les relations internationales du Canada et du Québec par les textes, in: Labouz, Marie-Francoise (Hrsg.), Intégrations et identités nord-américaines vues de Montréal 1995-2000, Brüssel, 2001; S. 158-185.

Samson, André: La pratique des revendications québécoises en matière de conclusion d'ententes, in: Revue Québécoise de Droit International (1984), S. 69-77.

Sanders, Douglas: If Quebec secedes from Canada can the Cree secede from Quebec?, in: University of British Columbia Law Review 29 (1995), S. 143-158.

Sautter, Udo: Von der Eroberung zum Referendum: Historische Situationen des franko-anglokanadischen Verhältnisses, in: Zeitschrift der Gesellschaft für Kanada-Studien 35 (1999), S. 40-54.

Sautter, Udo: Geschichte Kanadas. Von der europäischen Entdeckung bis zur Gegenwart, München, 1992.

Sautter, Udo: Geschichte Kanadas, München, 2000.

Schermers, Henry G.: Succession of States and International Organizations, in: Netherlands Yearbook of International Law, Band VI (1975), S. 103-119.

Schneckener, Ulrich: Das Recht auf Selbstbestimmung. Ethno-nationale Konflikte und internationale Politik, Hamburg, 1996.

Schneider, Steffen: Québec am Scheideweg: Von der Provinzwahl 1994 zum Unabhängigkeitsreferendum, in: Schultze, Rainer-Olaf/Schneider, Steffen (Hrsg.), Kanada in der Krise. Analysen zum Verfassungs-, Wirtschafts- und Parteiensystemmodel seit den 80er Jahren, Bochum, 1997; S. 315-387.

Schneider, Steffen/Schultze, Rainer-Olaf: Quebec: Nation-Provinz-Staat in Kanada und Nordamerika, in: Zeitschrift der Gesellschaft für Kanada-Studien 26 (1994), S. 31-50.

Schneiderman, David (Hrsg.): The Quebec decision. Perspectives on the Supreme Court Ruling on Secession, Toronto, 1995.

Schultze, Rainer-Olaf/Schneider, Steffen (Hrsg.): Kanada in der Krise. Analysen zum Verfassungs-, Wirtschafts- und Parteiensystemmodel seit den 80er Jahren, Bochum, 1997.

Schweisfurth, Theodor: Zur Frage der Rechtsnatur, Verbindlichkeit und völkerrechtlichen Relevanz der KSZE-Schlußakte. Ein Diskussionsbeitrag zum Phänomen der außerrechtlichen (non-legal) zwischenstaatlichen Abmachung, in: Zeitschrift für ausländisches öffentliches Recht und Völkerrecht 36 (1976), S. 681-726.

Schweisfurth, Theodor: Vom Einheitsstaat (UdSSR) zum Staatenbund (GUS). Juristische Stationen eines Staatszerfalls und einer Staatenbundentstehung, in: Zeitschrift für ausländisches öffentliches Recht und Völkerrecht 52 (1992), S. 541-702.

Schweisfurth, Theodor: Ausgewählte Fragen der Staatensukzession im Kontext der Auflösung der UdSSR, in: Archiv des Völkerrechts 32 (1994), S. 99-129.

Schweisfurth, Theodor: Das Recht der Staatensukzession. Die Staatenpraxis der Nachfolge in völkerrechtliche Verträge, Staatsvermögen, Staatsschulden und Archive in den Teilungsfällen Sowjetunion, Tschechoslowakei und Jugoslawien, in: Berichte der deutschen Gesellschaft für Völkerrecht 35 (1996), S. 49-233.

Scott, Stephen A.: Autodétermination, sécession, division, légalité: observations preparées à l'intention de la Commission d'étude des questions afférentes à l'accession du Québec à la souveraineté, in: Commission d'étude des questions afférentes à l'accession du Québec à la souveraineté, Exposés et études (Vol. 1): Les attributs d'un Québec souverain, (Assemblée Nationale) 1992; S. 463-474.

Seiffert, Wolfgang: Von der Sowjetunion (UdSSR) zur Gemeinschaft Unabhängiger Staaten (GUS). Das verfassungsrechtliche und völkerrechtliche Schicksal der Sowjetunion seit dem August-Putsch 1991, in: Osteuropa-Recht 38 (1992), S. 79-95.

Sharma, Surya P.: Territorial acquisition, disputes and international law, The Hague, Boston, London, 1997.

Shaw, Malcolm N.: The Heritage of States: The Principle of uti possidetis juris today, in: British Yearbook of International Law 67 (1996), S. 75-154.

Shaw, Malcolm N.: Title to territory in Africa. International legal issues, Oxford, 1986.

Silagi, Michael: Ein Sezessionsmißverständnis und das Bundesverfassungsgericht, in: Recht in Ost und West 32 (1988), S. 151-157.

Silagi, Michael: Staatsuntergang und Staatennachfolge mit besonderer Berücksichtigung des Endes der DDR, Frankfurt am Main, 1996.

Silver, A.I.: The french-canadian idea of confederation 1864-1900, Toronto, Buffalo, London, 1982.

Simma, Bruno (Hrsg.): The Charter of the United Nations. A Commentary, Volume I, Volume II, München, 2. Auflage 2002.

Simeon, Richard (Hrsg.): Le Canada face à son destin, Québec, 1978.

Simmler, Christiane: Selbstbestimmungsrecht der Völker contra uti possidetis? Zum Verhältnis zweier sich angeblich widersprechender Regeln des Völkerrechts, in: Verfassung und Recht in Übersee 32 (1999), S. 210-235.

Simmler, Christiane: Das uti possidetis-Prinzip. Zur Grenzziehung zwischen neu entstandenen Staaten, Berlin, 1998.

Slattery, Brian: The independence of Canada, in: The Supreme Court Law Review 5 (1983), S. 369-404.

Slattery, Brian: First Nations and the Constitution: A question of trust, in: The Canadian Bar Review 71 (1992), S. 261-293.

Soberman, Dan: European integration: Are there Lessons for Canada?, in: Watts, Ronald L./Brown, Douglas M. (Hrsg.), Options for a new Canada, Toronto, 1991; S. 191-205.

Sorel, Jean-Marc/Mehdi, Rostane: L'uti possidetis entre la consecration juridique et la pratique: Essai de réactualisation, in: Annuaire Français de Droit International 40 (1994), S. 11-40.

Sornarajah, M.: Internal colonialism and Humanitarian Intervention, in: Georgia Journal of International and Comparative Law 11 (1982), S. 45-77.

Stanley, George F.G.: Act or Pact? Another look at Confederation, in: Francis, Douglas R./Smith, Donald B. (Hrsg.), Readings in Canadian History. Pre-Confederation, 2. Auflage 1986; S. 501-523.

Stein, Torsten/von Buttlar, Christian: Völkerrecht, Berlin, München, 11. Auflage 2005.

Steinberger, Helmut: Sovereignty, in: Bernhardt, Rudolf (Hrsg.): Encyclopedia of Public International Law, Amsterdam, Volume IV (2000); S. 500-521. *(zit.: Verfasser, in: EPIL)*

Stern, Klaus: Das Staatsrecht der Bundesrepublik Deutschland. Grundbegriffe und Grundlagen des Staatsrechts, Strukturprinzipien der Verfassung, Band I, München, 2. Auflage 1984.

Stevenson, Garth: Unfilled Union. Canadian Federalism and National Unity, Toronto, 1979.

Stöcker, Hans A.: Europäische Menschenrechtskonvention, Ordre-public-Vorbehalt und nationales Selbstbestimmungsrecht, in: Europäische Grundrechte-Zeitschrift 14 (1987), S. 473-480.

Strupp, Karl/Schlochauer, Hans-Jürgen (Hrsg.): Wörterbuch des Völkerrechts, Zweiter Band, Berlin, 1961; Dritter Band, Berlin, 1962.

Sturm, Roland: Der kanadische Senat und die Lehren aus den Bemühungen um seine Reform, in: Zeitschrift der Gesellschaft für Kanada-Studien 18 (1998), S. 53-65.

Taucar, Christopher Edward: Canadian Federalism and Quebec Sovereignty, New York, 2000.

The United Nations and the Independence of Eritrea. With an introduction by Boutros Boutros-Ghali, Secretary General of the United Nations, New York, 1996.

Thibodeau, Marc. A.: The legality of an independent Quebec: Canadian Constitutional law and self-determination in international law, in: Boston College International and Comparative Law Review 3 (1979), S. 99-142.

Thornberry, Patrick: The Democratic or Internal Aspect of Self-determination with some remarks on Federalism, in: Tomuschat, Christian (Hrsg.), Modern Law of Self-Determination, Dordrecht, 1993; S. 101-138.

Thürer, Daniel: Das Selbstbestimmungsrecht der Völker mit einem Exkurs zur Jura-Frage, Bern, 1976.

Thürer, Daniel: Das Selbstbestimmungsrecht der Völker, in: Archiv des Völkerrechts 22 (1984), S. 112-137.

Thürer, Daniel: Self-determination, in: Bernhardt, Rudolf (Hrsg.), Encyclopedia of Public International Law, Amsterdam, Volume IV (2000); S. 364-374. *(zit.: Verfasser, in: EPIL)*

Thunert, Martin: Grundrechtspatriotismus in Kanada? Zur politischen Integrationsfunktion der Canadian Charter of Rights and Freedoms, Bochum, 1992.

Thunert, Martin: Kanada – ein Land mit „blockierter" Verfassung? Canada Round und Charlottetown Accord in verfassungspolitischer Perspektive, in: Schultze, Rainer-Olaf/Schneider, Steffen (Hrsg.), Kanada in der Krise. Analysen zum Verfassungs-, Wirtschafts- und Parteiensystemmodel seit den 80er Jahren, Bochum, 1997; S. 75-119.

Tomuschat, Christian (Hrsg.): Modern Law of Self-Determination, Dordrecht, 1993.

Tomuschat, Christian: Self-Determination in a Post-Colonial World, in: Tomuschat, Christian (Hrsg.), Modern Law of Self-Determination, Dordrecht, 1993; S. 1-20.

Tomuschat, Christian: Protection of Minorities under Article 27 of the International Convenant on Civil and Political Rights, in: Festschrift für Hermann Mosler, Berlin, Heidelberg, 1983; S. 949-979. *(zit.: Verfasser, in: FS Mosler)*

Torelli, Maurice: Les relations extérieures du Québec, in: Annuaire Français de Droit international XVI (1970), S. 275-303.

Torres Bernárdes, Santiago: The „uti possidetis iuris principle" in historical perspective, in: Ginther, Konrad/Hafner, Gerhard/Lang, Winfried/Neuhold, Hanspeter/Sucharipa-Behrmann, Lilly (Hrsg.), Völkerrecht zwischen normativem Anspruch und politischer Realität, Festschrift für Karl Zemanek zum 65. Geburtstag, Berlin, 1994; S. 417-437.
(zit.: Verfasser, in: FS Zemanek)

Torres, Raidza: The rights of indigenous populations: The emerging international norm, in: The Yale Journal of International Law 16 (1991), S. 127-175.

Tremblay, Guy: La procédure implicite de modification de la Constitution du Canada pour le cas de la sécession du Québec, in: Revue du Barreau 58 (1998), S. 423-437.

Treviranus, Hans D.: Die Konvention der Vereinten Nationen über Staatensukzession bei Verträgen. Ergebnisse der Konferenz in Wien 1977 und 1978, in: Zeitschrift für ausländisches Recht und Völkerrecht 39 (1979), S. 259-300.

Türk, Danilo: Recognition of States: A Comment, in: European Journal of International Law 4 (1993), S. 66-71.

Turp, Daniel: Le droit de sécession en droit international public, in: Annuaire Canadien de Droit International 20 (1982), S. 24-78.

Turp, Daniel: L'émergence de nouveaux états et le droit de peuples à disposer d'eux-mêmes, in: Le Bouthillier, Yves/Rae, Donald M./Pharand, Donat (Hrsg.): Selected papers in international law (Contribution of the Canadian Council on International Law), The Hague, London, Boston, 2000; S. 245-259.

Turp, Daniel: L'avant-projet de loi sur la souveraineté du Québec. Texte annoté, Cowansville (Québec), 1995.

Turp, Daniel/van Ert, Gibran: International recognition in the Supreme Court of Canada's Quebec reference, in: The Canadian Yearbook of International Law 46 (1998), S. 335-346.

Turp, Daniel: The recognition of Quebec's right of self-determination and its exercise within a novel body politic, in: Clark, Donald/Williamson, Robert (Hrsg.), Self-determination. International politics, London, New York, 1996; S. 277-283.

Turp, Daniel: Le droit de choisir. Essais sur le droit du Québec à disposer de lui-même, Montréal, 2001.

Turpel, Mary Ellen: The Cultural Non-Homogeneity of Québec: Secessionism, Indigenous Legal Perspectives and Inseparability, in: Clark, Donald/Williamson, Robert (Hrsg.), Self-determination. International perspectives, London, New York, 1996; S. 284-290.

Uipobuu, Henn-Jüri: Plebiscite, in: Bernhardt, Rudolf (Hrsg.), Encyclopedia of Public International Law, Amsterdam, Volume III (1997); S. 1049-1054. *(zit.: Verfasser, in: EPIL)*

VanNijnatten, Debora L.: Quebec and Ottawa, in: Kempf, Udo (Hrsg.), Quebec. Wirtschaft-Gesellschaft-Politik, Hagen, 2. Auflage 1999; S. 227-257.

Vedder, Christoph: Art. 110, in: Simma, Bruno (Hrsg.), The Charter of the United Nations. A Commentary, Vol. I, Vol. II, München, 2. Auflage 2002.

Verdross, Albert/Simma, Bruno: Universelles Völkerrecht, Theorie und Praxis, Berlin, 3. Auflage 1984.

Graf Vitzthum, Wolfgang (Hrsg.): Völkerrecht, Berlin, 3. Auflage 2004.

Graf Vitzthum, Wolfgang: Begriff, Geschichte und Quellen des Völkerrechts, in: Graf Vitzthum, Wolfgang (Hrsg.), Völkerrecht, Berlin, 3. Auflage 2004; S. 1-77.

Vyver van der, Johan D.: Self-determination of the peoples of Quebec under international law, in: Florida State University Journal of Transnational Law and Policy 10 (2000), S. 1-37.

Watts, Ronald L.: Comparing federal systems, Montréal, Kingston, 2. Auflage 1999.

Watts, Ronald L.: Canada's constitutional options: An outline, in: Watts, Ronald L./Brown, Douglas M. (Hrsg.): Options for a new Canada, Toronto, 1991; S. 15-30.

Weatherston, Alex: The fiduciary duty of the federal crown to aboriginal peoples in Canada - Before and after Sparrow, Ottawa, 1991.

Webber, Jeremy: Die Legalität einer einseitigen Unabhängigkeitserklärung nach kanadischem Recht, in: Jahrbuch des öffentlichen Rechts der Gegenwart 48 (2000), S. 421-468.

Webber, Jeremy: Reimagining Canada. Language, Culture, Community and the Canadian Constitution, Montréal, Kingston, 1994.

Weber, Michael: „Uti possidetis iuris" als allgemeines Rechtsprinzip im Völkerrecht – Überlegungen zum Verhältnis von „uti possidetis", Selbstbestimmungsrecht der Völker und Effektivitätsprinzip, Göttingen, 1999.

Weimann, Götz-Karsten: Das Selbstbestimmungsrecht und die Landansprüche der indigenen Bevölkerung Kanadas, Regensburg, 1996.

Weller, Marc: The international response to the dissolution of the Socialist Federal Republic of Yugoslavia, in: American Journal of International Law 86 (1992), S. 569-607.

Wherrett, Jill: Aboriginal peoples and the 1995 Quebec referendum: A survey of issues, Ottawa, 1996.

Whites, Charles: Reference Re Secession of Quebec: Secession by Quebec is a nearly impossible talk, in: New York Law School Journal of International and Comparative Law 19 (1999), S. 323-345.

Wildhaber, Luzius: Bestandsänderungen in Bundesstaaten, in: Beyerlin, Ulrich/Bothe, Michael/Hofmann, Rainer/Petersmann, Ernst-Ulrich (Hrsg.), Recht zwischen Umbruch und Bewahrung. Völkerrecht, Europarecht, Staatsrecht. Festschrift für Rudolf Bernhardt, Berlin, Heidelberg, New York, 1995; S. 905-933. *(zit.: Verfasser, in: FS Bernhardt)*

Willershausen, Claudia: Zerfall der Sowjetunion: Staatennachfolge oder Identität der Russländischen Föderation; auch ein Beitrag zu Staatsuntergang und Staatennachfolge, Hamburg, 2002.

Williams-Vedder, Petra: Die Rechtsstellung der eingeborenen Völker in den USA und Kanada nach nationalem Recht und Völkerrecht, Frankfurt, 1995.

Woehrling, José: La constitution du Canada, la législation linguistique du Québec et les droits de la minorité anglo-québécoise, in: Levrat, Nicolas (Hrsg.), Minorités et organisation de l'Etat, Bruxelles, 1998; S. 561-630.

Woehrling, José: L'avis de la Cour Suprême du Canada sur l'éventuelle sécession du Québec, in: Revue Française de Droit Constitutionnel 37 (1999), S. 3-27.

Woehrling, José: Les aspects juridiques d'une éventuelle sécession du Québec, in: The Canadian Bar Review 74 (1995), S. 293-329.

Woehrling, José: L'évolution et le réaménagement des rapports entre le Québec et le Canada anglais, in: Morin, Jacques-Yvan/Woehrling (Hrsg.), José, Demain, le Québec... Choix politiques et constitutionnelles d'un pays en devenir, Québec 1994, S. 15-143.

Woehrling, José: L'évolution des rapports minorité-majorité au Canada et au Québec de 1867 à nos jours, in: Zeitschrift der Gesellschaft für Kanada-Studien 12 (1992), S. 93-112.

Woehrling, José: L'évolution constitutionnelle au Canada depuis le référendum de 1995 sur la souveraineté du Québec, in: Jahrbuch des Öffentlichen Rechts der Gegenwart 46 (1998), S. 527-549.

Woehrling, José: La constitution canadienne et l'évolution des rapports entre le Québec et le Canada anglais, de 1867 à nos jours, Centre d'études constitutionnelles, University of Alberta, 1993.

Woehrling, José: Les aspects juridiques de la redéfinition du statut politique et constitutionnel du Québec, in: Revue Québécoise de Droit International 7 (1991/1992), S. 12-41.

Woehrling, José: The Quebec Secession Reference: Some unexpected consequences of constitutional first principles, in: Schneiderman, David (Hrsg.), The Quebec decision. Perspectives on the Supreme Court Ruling on Secession, Toronto, 1995; S. 124-129.

Woehrling, José: Les aspects juridiques de la redéfinition du statut politique et constitutionnel du Québec, in: Commission sur l'avenir politique et constitutionnel du Québec, Eléments d'analyse institutionnelle, juridique et démolinguistique pertinents à la révision du statut politique et constitutionnelle du Québec, document de travail No. 2, 1991; S. 1-110.

Wolf, Lothar: Zur sprachpolitischen Situation in Québec, in: Zeitschrift der Gesellschaft für Kanada-Studien 1 (1981), S. 41-50.

Wolfrum, Rüdiger (Hrsg.): Handbuch Vereinte Nationen, München, 2. Auflage 1991. *(zit.: Verfasser, in: Hdbuch VN)*

Wolfrum, Rüdiger: Die Entwicklung des internationalen Menschenrechtsschutzes. Perspektiven nach der Weltmenschenrechtskonferenz von Wien, in: Europa-Archiv 48 (1993/1), S. 681-690.

Wolfrum, Rüdiger: The protection of indigenous peoples in international law, in: Zeitschrift für ausländisches öffentliches Recht und Völkerrecht 59 (1999), S. 369-382.

Young, Robert A.: The Secession of Quebec and the future of Canada, Montréal, Kingston, 1995.

De Zayas, Alfred: Selbstbestimmungsrecht und Vereinte Nationen, in: Heintze, Hans-Joachim (Hrsg.), Selbstbestimmungsrecht der Völker – Herausforderung der Staatenwelt. Zerfällt die internationale Staatengemeinschaft in Hunderte von Staaten?, Bonn, 1997; S. 144-176.
(zit.: Verfasser, in: Heintze (Hrsg.), Selbstbestimmungsrecht der Völker)

Zimmermann, Andreas: Staatennachfolge in völkerrechtliche Verträge. Zugleich ein Beitrag zu den Möglichkeiten und Grenzen völkerrechtlicher Kodifikationen, Berlin, Heidelberg, New York, 2000.

Zwecker, Jochen: Die Sezession Katangas und das Eingreifen der Vereinten Nationen, Marburg/Lahn, 1967.